la Catalogne

Pratt-Pries/DIAF

« Province trépidante ; dans les ports ensoleillés,
au milieu des matelots, des coltineurs, dans cette lumière
où éclate la beauté des fruits du Midi, dans la voix
des paquebots, c'est l'Espagne vivante qui s'affirme.
Peuple de la mer, façonné par la mer, il s'est tôt
répandu au-dehors (...) ; au 14e s., on voit une poignée
de Catalans défendre l'Empire grec contre les Turcs,
s'établir en Asie Mineure, chasser les Français
de Morée – une croisière inimaginable dont on douterait
presque s'il n'y avait pour nous la conter
cet extraordinaire Ramon Muntaner. »

J. Lucas-Dubreton
Le Voyageur d'Espagne

MICHELIN

Éditions des Voyages

46, avenue de Breteuil – 75324 Paris Cedex 07
☎ 01 45 66 12 34
www.michelin-travel.com
LeGuideVert@fr.michelin.com

Manufacture française des pneumatiques Michelin

Société en commandite par actions au capital de 2 000 000 000 de francs
Place des Carmes-Déchaux – 63 Clermont-Ferrand (France)
R.C.S. Clermont-Fd B 855 200 507

Ce guide a été réalisé avec la collaboration de la
 Generalitatat de Catalunya
Departement d'indústria,
Comerç i Turisme

© Michelin et Cie, Propriétaires-éditeurs, 2000
Dépôt légal août 2000 – ISBN 2-06-000159-5 – ISSN 0293-9436
Printed in France 03-01/2.2

Compogravure : NORD COMPO, Villeneuve d'Ascq
Impression-brochage : AUBIN Imprimeur, Ligugé

Maquette de couverture extérieure : Agence Carré Noir à Paris 17e

LE GUIDE VERT,
l'esprit de découverte

*Avec cette nouvelle collection
LE GUIDE VERT, nous avons
l'ambition de faire de vos vacances
des moments passionnants
et mémorables, d'accompagner votre
découverte de nouveaux horizons,
bref... de vous faire partager
notre passion du voyage.
Voyager avec LE GUIDE VERT,
c'est être acteur de ses vacances,
profiter pleinement de ce temps
privilégié pour découvrir, s'enrichir,
apprendre au contact direct du
patrimoine culturel et de la nature.
Le temps des vacances avec
LE GUIDE VERT, c'est aussi
la détente, se faire plaisir, apprécier
une bonne adresse pour se restaurer,
dormir, ou se divertir.
Explorez notre sélection !
Alors plongez vite dans LE GUIDE
VERT à la découverte de votre
prochaine destination de voyage.
Partagez avec nous cette ouverture
sur le monde qui donne au temps
des vacances son sens, sa substance
et en définitive son véritable esprit.
L'esprit de découverte.*

Jean-Michel DULIN
Rédacteur en Chef

Sommaire

Introduction au voyage   16

Vierge romane

D. Lérault/DIAF

Parc Güell : dragon en mosaïque

R.Mazin/DIAF

4

Villes et curiosités 47

Renseignements pratiques 261

Conditions de visite 278

Index 296

La Seu d'Urgell : cathédrale Santa Maria

Barcelone : restaurant Casa

Cartographie

LES PRODUITS COMPLÉMENTAIRES AU GUIDE

Plan de Barcelone n° 41

– un plan complet de la ville et de sa périphérie immédiate à 1/12 000, avec indication des sens uniques, des principaux parkings et des bâtiments publics et avec un plan du métro

– un répertoire des rues

Carte Michelin n° 443 España (Cataluña – Aragón – Baleares), qui couvre la totalité du territoire catalan

– cartographie à 1/400 000 avec le détail du réseau routier et l'indication des sites et monuments isolés décrits dans ce guide

– répertoire des localités

Atlas routier Michelin Espagne & Portugal

– la même cartographie que dans la carte n° 443, étendue à l'ensemble de la péninsule Ibérique

... et pour se rendre en Catalogne

Carte Michelin n° 990 (Espagne & Portugal)

– carte à 1/1 000 000 mettant en évidence le grand réseau routier de la péninsule Ibérique

Atlas routier Michelin Europe

– toute l'Europe à 1/1 000 000 présentée en un seul volume

– les grands axes routiers et 70 plans d'agglomération ou cartes d'environs

– la réglementation routière appliquée dans chaque pays

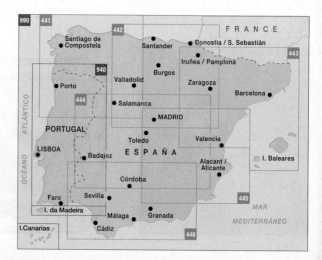

INDEX CARTOGRAPHIQUE

Cartes historiques

Schémas

Plans de villes

Plans de musées et monuments

Votre guide

Ce guide a été conçu pour vous aider à tirer le plus grand parti de votre visite en Catalogne. Il est présenté en trois grands chapitres : Introduction au voyage, Villes et Curiosités puis Renseignements pratiques, complétés par une sélection soigneuse de plans et de cartes.

● Les cartes générales, en pages 10 à 15, ont été conçues pour vous permettre de préparer votre voyage. La carte des **Principales curiosités** repère les sites de plus grand intérêt, la carte des **Itinéraires de voyage** suggère divers parcours et la carte des **Lieux de séjour** indique les meilleures destinations ou les plus belles plages.

Avant de commencer votre voyage, permettez-nous de recommander la lecture de l'**Introduction**, qui vous donnera toutes les informations nécessaires pour mieux comprendre l'histoire, l'art, la culture, les traditions et la gastronomie de la Catalogne.

● La partie **Villes et curiosités** répertorie les principaux sites d'intérêt touristique de la Catalogne, par ordre alphabétique. Afin de faciliter l'orientation du voyageur sur le terrain, nous avons conservé les noms des communes en catalan.

● Toutes les informations de nature pratique, les adresses, les transports, les fêtes, sont regroupées dans la partie **Renseignements pratiques**. Le symbole ⊙ placé après les curiosités décrites dans le chapitre précédent signale que les horaires de visite et les prix d'entrée sont indiqués dans le chapitre Conditions de visite.

● Les **Carnets d'adresses** fournis pour certaines villes et localités vous proposent une sélection d'hôtels, de restaurants et de boutiques et les informations utiles pour rendre votre séjour plus agréable.

Si vous avez des remarques ou des suggestions à faire, nous sommes à votre disposition sur notre site Web ou par courrier électronique :
www.michelin-travel.com
LeGuideVert@fr.michelin.com

Bon voyage !

Légende

★★★ **Vaut le voyage**

★★ **Mérite un détour**

★ **Intéressant**

Curiosités

⊙	Conditions de visite en fin de volume	►►	Si vous le pouvez : voyez encore…
	Itinéraire décrit Départ de la visite	AZ B	Localisation d'une curiosité sur le plan
	Église – Temple		Information touristique
	Synagogue – Mosquée		Château – Ruines
	Bâtiment		Barrage – Usine
■	Statue, petit bâtiment		Fort – Grotte
	Calvaire		Monument mégalithique
◎	Fontaine		Table d'orientation – Vue
	Rempart – Tour – Porte	▲	Curiosités diverses

Sports et loisirs

	Hippodrome		Sentier balisé
	Patinoire		Base de loisirs
	Piscine : de plein air, couverte		Parc d'attractions
	Port de plaisance		Parc animalier, zoo
	Refuge		Parc floral, arboretum
	Téléphérique, télécabine		Parc ornithologique, réserve d'oiseaux
	Chemin de fer touristique		

Autres symboles

	Autoroute ou assimilée		Poste restante – Téléphone
❶ ❶	Échangeur : complet, partiel		Marché couvert
	Rue piétonne		Caserne
	Rue impraticable, réglementée		Pont mobile
	Escalier – Sentier		Carrière – Mine
	Gare – Gare routière	B F	Bacs
	Funiculaire – Voie à crémaillère		Transport des voitures et des passagers
	Tramway – Métro		Transport des passagers
Bert (R.)…	Rue commerçante sur les plans de ville	③	Sortie de ville identique sur les plans et les cartes MICHELIN

Abréviations et signes particuliers

D	Conseil provincial (Diputació)		Gendarmerie (Guardia Civil)
G	Délégation du gouvernement (Delegación del Govern)		Parador (établissement hôtelier géré par l'état)
H	Hôtel de ville (Ajuntament)		Arènes
J	Palais de justice (Palau de Justicia)	❄	Station de sports d'hiver (Estación de deportes de invierno)
M	Musée (Museu)		Station thermale (Estación termal)
POL.	Police (Policia)		
T	Théâtre (Teatre)		Station balnéaire (Localidad de veraneo)
U	Université (Universitat)		

Principales curiosités

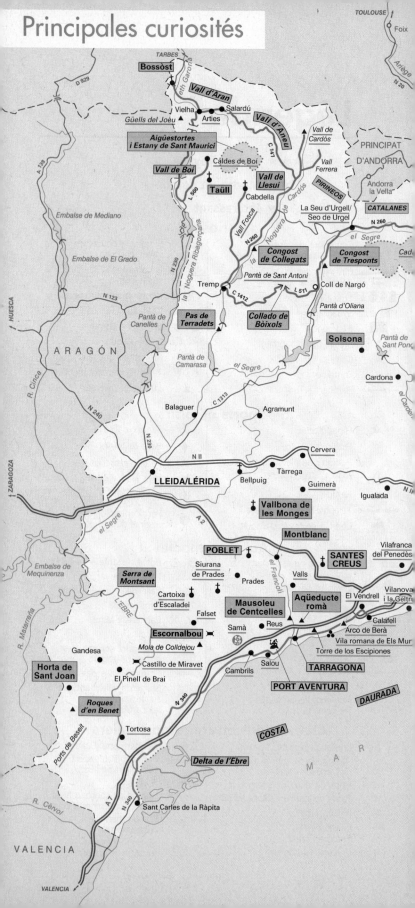

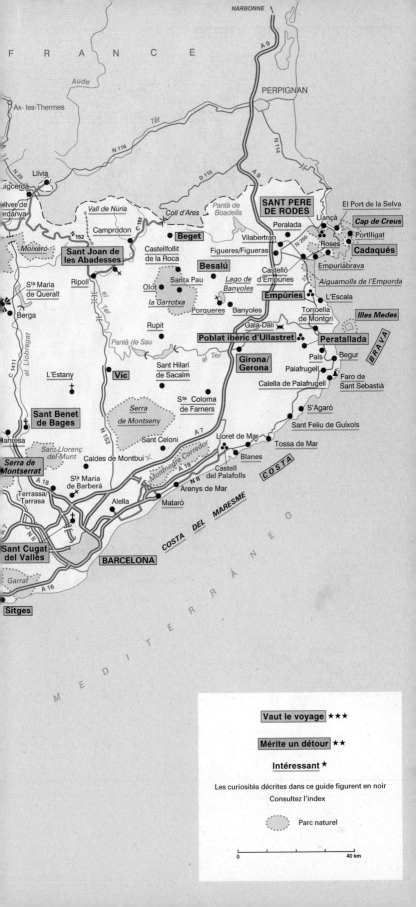

NARBONNE

F R A N C E

Aude

Ax-les-Thermes

Têt

PERPIGNAN

N 116

N 20

Llívia

uigcerdà

llver de
erdànya

D 115

A 9

Vall de Núria

Coll d'Ares

*Pantà de
Boadella*

**SANT PERE
DE RODES**

El Port de la Selva

Cap de Creus

N 152

Camprodon

C 157

Peralada

Llançà

Portlligat

Moixèró

Beget

Vilabertran

N 260

Roses

Cadaqués

**Sant Joan de
les Abadesses**

Castellfollit
de la Roca

Figueres/Figueras

Empuriàbrava

Sta Maria
de Queralt

Ripoll

el Ter

Olot

Santa Pau

Besalú

Castelló
d'Empúries

Aiguamolls de l'Emporda

la Garrotxa

*Lago de
Banyoles*

L'Escala

Berga

el Ter

Porqueres

Banyoles

Empúries

C 1411

el Llobregat

Rupit

Pantà de Sau

Gala-Dalí

Torroella
de Montgri

Illes Medes

Poblat ibèric d'Ullastret

Peratallada

el Ter

Pals

Begur

L'Estany

Vic

Sant Hilari
de Sacalm

**Girona/
Gerona**

Palafrugell

Faro de
Sant Sebastià

*Serra
de Montseny*

Sta Coloma
de Farners

Calella de Palafrugell

BRAVA

**Sant Benet
de Bages**

S'Agaró

N 152

A 7

Sant Feliu de Guíxols

lanresa

*Sant Llorenç
del Munt*

Sant Celoni

C. Montnegre Corredor

Lloret de Mar

COSTA

*Serra de
Montserrat*

Caldes de Montbui

A 19

Tossa de Mar

A 18

Blanes

Terrassa/
Tarrasa

Sta Maria
de Barberá

Castell
del Palafolls

N II

Alella

Arenys de Mar

**Sant Cugat
del Vallès**

Mataró

COSTA DEL MARESME

Garraf

BARCELONA

A 16

Sitges

M E D I T E R R A N E O

M E D I T E R R A N E O

Itinéraires de visite

TOULOUSE
Foix
Ariège
N 20

TARBES
D 929

★★ **Bossòst**
Salardú ★
Vielha
Arties ★
eth Garona

PIRINEOS CATALANES ★★★

PRINCIPAT
D'ANDORRA

4
★ Caldes de Boí
Aigüestortes i Estany de Sant Maurici
Vall de Cardós ★
Andorra la Vella ★

N 230
L 500
Cabdella
Vall de Boí
L 503
Llavorsí
Sort ★

★ La Seu d'Urgell/ Seo de Urgel
el Segre
★ Cadí Moixe

El Pont de Suert
N 260
Vall Fosca
la Noguera de Cardós
N 260
◆ **Congost de Collegats** ★★
Organyà ★
▲ **Congost de Tresponts** ★★

la Noguera Ribagorçana

Embalse de Mediano

Embalse de El Grado

N 123

Pantà de Canelles

N 230

Tremp
C 1311
C 1412
◆ Pantà de Sant Antoni
Collado de Bóixols
Coll de Nargó
L 511
C 1313
Pantà d'Oliana ★

2
Pantà de Sant Pon

HUESCA
R. Cinca

A R A G Ó N

Pantà de Camarasa

el Segre

L 301
★★ **Solsona**

★ Cardona

el Cardener

C 1313

N 240

N 230

ZARAGOZA

N II
LLEIDA / LÉRIDA

el Segre

L 241   T 224   C 241
★★ **Vallbona de les Monges**
Sta Coloma de Queralt
Igualada
B 22

1

A 2
L'Espluga de Francolí
★★★ **SANTES CREUS**
★ Vilafranca del Penedès

★★★ **POBLET**
★★ **Montblanc**
240
T 200
A 2
A 7

el Francolí

Reus ★

TARRAGONA

Embalse de Mequinenza

R. Matarraña

L'EBRE

Móra d'Ebre
Gandesa
T 3340   C 235
■ Castillo de Miravet ★
El Pinell de Brai
C 230

★★ **Horta de Sant Joan**
T 3300
T 3010

C 230

5

N 340

C O S T A   D A U R A D A

M A R

Tortosa ★
C 237
T 3443

Delta de l'Ebre ★★

A 7
N 340
Sant Carles de la Ràpita

R. Cènvol

V A L E N C I A

VALENCIA

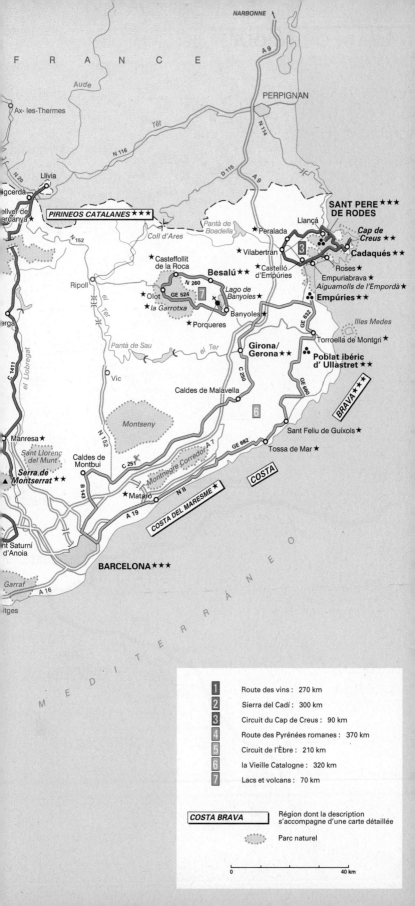

NARBONNE

F R A N C E

Aude

Ax-les-Thermes

Têt

PERPIGNAN

N 116

Llívia

N 20

llver de
erdanya ★

PIRINEOS CATALANES ★★★

Coll d'Ares

Pantà de
Boadella

SANT PERE ★★★
DE RODES

Llançá

Peralada

*Cap de
Creus* ★★

★ Casteffollit
de la Roca

Vilabertran

3

Cadaqués ★★

Besalú ★★

★ Castelló
d'Empúries

Roses ★

Ripoll

N 260

GE 524

7

Empuriabrava ★

Aiguamolls de l'Empordà ★

★ Olot

Lago de
Banyoles ★

Empúries ★★

la Garrotxa

GE 632

el Ter

Banyoles

Illes Medes

★ Porqueres

Pantà de Sau

el Ter

Torroella de Montgri ★

**Girona/
Gerona** ★★

**Poblat ibéric
d' Ullastret** ★★

C 250

Vic

Caldes de Malavella

6

Montseny

GE 680

BRAVA ★★★

Manresa ★

*Sant Llorenç
del Munt*

N 152

Caldes de
Montbui

C 251

Montnegre Corredor-A 7

GE 682

Sant Feliu de Guíxols ★

▲ **Serra de
Montserrat** ★★

B 143

★ Mataró

N II

Tossa de Mar ★

COSTA

COSTA DEL MARESME ★

A 19

nt Saturní
d'Anoia

BARCELONA ★★★

Garraf

A 16

itges

M E D I T E R R Á N E O

	Route des vins : 270 km
1	Route des vins : 270 km
2	Sierra del Cadí : 300 km
3	Circuit du Cap de Creus : 90 km
4	Route des Pyrénées romanes : 370 km
5	Circuit de l'Èbre : 210 km
6	la Vieille Catalogne : 320 km
7	Lacs et volcans : 70 km

COSTA BRAVA Région dont la description
s'accompagne d'une carte détaillée

Parc naturel

0   40 km

Lieux de séjour

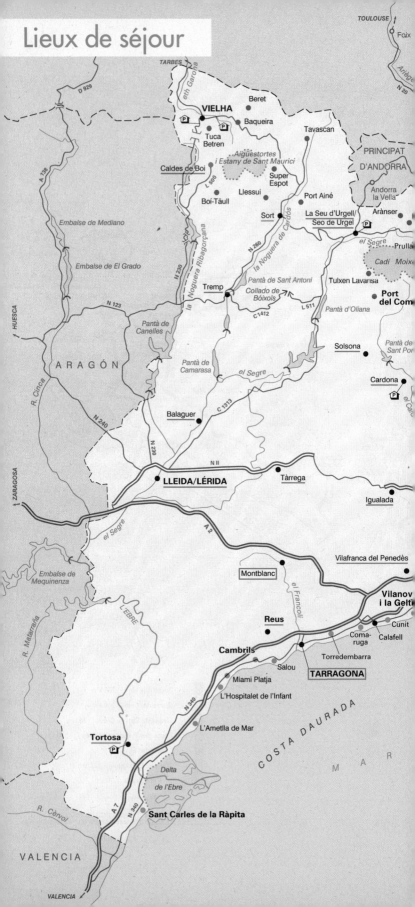

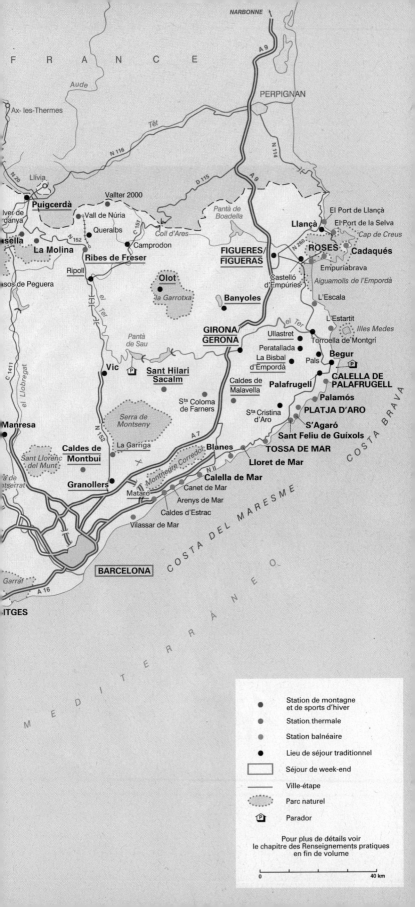

Aigua-Xellida – Costa Brava

Introduction
au voyage

Une mosaïque de paysages

La Catalogne forme un triangle de 31 930 km². Elle se situe au Nord-Est de l'Espagne, limitée à l'Ouest par l'Aragon, au Sud par la Communauté valencienne, à l'Est par 580 km de côtes sur la mer Méditerranée et au Nord par la chaîne des Pyrénées et la frontière française. Constituée d'une mosaïque de paysages, elle offre au voyageur une infinité de sites incomparables, depuis les terres de haute montagne et les plaines de l'intérieur jusqu'à ses plages privilégiées, ses criques et ses ports.

FORMATION ET RELIEF

La configuration physique de la Catalogne doit avant tout son origine à deux grandes étapes géologiques. Au cours de la première, à la fin de l'ère primaire, le territoire faisait partie d'un géosynclinal (fosse océanique de l'écorce terrestre) qui, lors du plissement hercynien, émergea dans les zones du massif de l'Èbre et du massif catalan-baléare selon une orientation Nord-Ouest/Sud-Est.

La seconde étape correspond au plissement alpin de l'ère tertiaire, lequel fut à l'origine des Pyrénées et du système méditerranéen (cordillères littorale et prélittorale) : un phénomène d'effondrement se produisit ensuite dans ces massifs, entraînant la formation des fosses tectoniques de la Cerdagne dans les Pyrénées et de la dépression prélittorale du système méditerranéen.

La dépression prélittorale doit ses origines à l'assèchement d'une mer intérieure qui accumulait des matières alluviales en provenance des montagnes pyrénéennes et méditerranéennes. Des phénomènes localisés tels que le volcanisme dans la région d'Olot, ainsi que l'action érosive de la glaciation pyrénéenne, finirent de modeler les formes actuelles du relief.

PAYSAGES

La Catalogne se caractérise par la grande variété et l'extrême beauté de ses paysages. Un relief montagneux occupe une grande partie de son territoire et comprend les plus hauts sommets des Pyrénées (altitudes parfois supérieures à 3 000 m). Les ports de Tortosa, dont les escarpements dominent le delta de l'Èbre, et bien d'autres éléments aussi singuliers que les massifs de Montserrat, de Montseny et de Garraf, complètent ce panorama. La vaste frange maritime de 580 km fait alterner des zones de côte très découpée, aux falaises plongeant brusquement vers la mer et dessinant de belles criques, avec d'autres, plus planes, où se déploient de longues plages de sable fin.

Les Pyrénées

La Catalogne occupe les versants méridionaux du secteur oriental de la grande chaîne alpine qui sépare la péninsule Ibérique du reste du continent européen. Cet ensemble constitue une vaste frange de 230 km, qui s'étend depuis les hauts pics du val d'Arán jusqu'aux monts Albères et plonge vers la mer dans la zone escarpée du cap Creus. On y trouve surtout des roches paléozoïques (gneiss, ardoises, schistes, marbres), des matériaux d'intrusion et des roches siliceuses.

Son paysage, très beau, offre une grande diversité. Le modelage glaciaire est en grande partie à l'origine de son aspect actuel, scandé de larges vallées, de vallées affluentes suspendues sur une vallée collectrice, et de nombreux cirques lacustres reliés entre eux et comportant de beaux étangs.

La population est concentrée au fond des vallées et des dépressions longitudinales, qui délimitent différentes régions naturelles et historiques, à forte personnalité.

Parallèlement aux Pyrénées s'étend un ensemble de chaînes subsidiaires, les **Prépyrénées**. Elles forment la zone de transition avec les terres basses de la dépression centrale et perdent progressivement de l'altitude et de l'amplitude en se rapprochant de la mer. Constitués de matériaux essentiellement calcaires de la période mésozoïque, les ensembles prépyrénéens les plus importants sont le massif de Montsec, les sierras de Boumort, de Port del Comte, del Cadí, de Moixeró et de Pedraforca.

Aujourd'hui, les Pyrénées catalanes constituent une zone touristique importante. À la beauté des paysages s'ajoutent le caractère pittoresque de nombreux petits villages aux édifices romans particulièrement intéressants, ainsi que les diverses possibilités de pratiques sportives : les sports d'hiver, les excursions, l'escalade, les sports d'aventure, la chasse et la pêche dans les régions où cela est autorisé.

Les cordillères littorales

Le système méditerranéen comprend trois ensembles parallèles à la côte : la chaîne, ou cordillère, littorale et la chaîne prélittorale séparées par la dépression prélittorale. La **cordillère littorale** (Cordillera Litoral), dite aussi cordillère catalane, de faible altitude, comprend du Nord au Sud, depuis l'embouchure du Ter jusqu'à Sitges, le massif de Begur, la sierra de Les Gavarres, le Puig de les Cadiretes, la sierra de Montnegre – point culminant à 759 m –, le Corredor, les massifs de Sant Mateu, de Collserola, de l'Ordal et de Garraf, succession d'espaces naturels boisés contrastant avec la concentration urbaine et démographique de la côte.

On observe des matériaux paléozoïques et granitiques au Nord du fleuve Llobregat ainsi que des calcaires mésozoïques dans le Garraf. C'est ce système qui est responsable de l'alternance de sites côtiers découpés ou au profil plus doux. Les premiers se retrouvent dans la zone méridionale de la Costa Brava et de la Costa de Garraf, les seconds dans les zones littorales sableuses de la Côte du Maresme et les plages situées au Sud de l'embouchure du Llobregat.

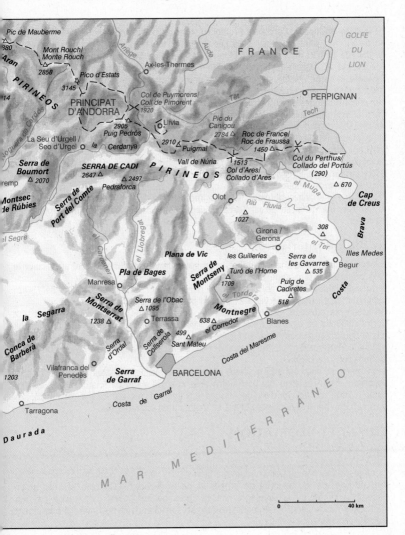

Sierra del Cad

La **cordillère prélittorale** (Cordillera Prelitoral), beaucoup plus imposante, s'étend au Sud du fleuve Ter, dans les massifs de Les Guilleries, du Montseny – culminant au Turó de l'Home (1 706 m) –, de Sant Llorenç de Munt, de Montserrat, les montagnes de Prades, du Montsant, de Cardó et des Ports de Beseit-Tortosa, où elle rejoint le Système ibérique. Même si l'on observe une certaine unité structurale, ces massifs, relativement isolés, possèdent une grande diversité morphologique. Nombre d'entre eux constituent des parcs naturels.

Dans la **dépression prélittorale** (Depresión Prelitoral), entre les deux chaînes, on trouve les régions les plus peuplées de Catalogne : le Gironès, la Selva, le Vallès, le Penedès et la plaine (el Camp) de Tarragone. Certaines agglomérations possèdent un riche patrimoine architectural (Gérone, Tarragone, Terrassa, Vilafranca del Penedès).

La façade littorale de la province de Tarragone, connue par les voyageurs sous le nom de Costa Daurada, comprend des sites touristiques aussi importants que Salou et Cambrils, où s'étendent de longues plages de sable fin. Plus au Sud encore se trouve le **delta de l'Èbre**, l'une des zones humides les plus importantes de la Méditerranée occidentale. À l'entrée du delta se situe Tortosa, siège épiscopal pourvu de monuments de caractère.

La plaine intérieure

Les terres intérieures correspondent, d'un point de vue morphologique, au secteur le plus oriental de la grande dépression de l'Èbre. Elles forment une série de plates-formes tertiaires plus ou moins travaillées par l'érosion, dont l'altitude varie de 750 m depuis la faille prépyrénéenne à 200 m au pied de la cordillère prélittorale.

On y compte plusieurs bassins d'érosion comme la plaine de Vic, celle du Bages, la Conca d'Òdena ou celle de Barberà. Ces bassins sont séparés par de hauts plateaux tels la Segarra, le Moianès et le Lluçanès, ainsi que, dans la zone occidentale, par des plaines comme celles constituées par les terrasses et les dépôts d'alluvions du Segre aux environs de Lérida.

D'un point de vue touristique, cette plaine rassemble des localités attachées à leurs traditions et au remarquable patrimoine artistique ; il s'agit parfois de sièges épisco-paux (Lérida et Vic), parfois de villages aux monastères cisterciens fort appréciés comme ceux de Poblet, Santes Creus et Vallbona de les Monges.

CLIMAT ET VÉGÉTATION

Climat

La diversité morphologique conditionne bien sûr les variations climatiques en fonction de l'altitude, de la proximité de la mer et de la pluviosité. On peut estimer qu'en général le climat de la Catalogne est de type méditerranéen, caractérisé par ses contrastes saisonniers, notamment des étés secs et chauds et des hivers modérément froids, relativement pluvieux.

On peut diviser le territoire en quatre grands groupes :
– la côte, avec des variations de température minimes, de faibles précipitations et une humidité normalement élevée ;
– la moyenne montagne du système méditerranéen catalan et de l'extrémité orientale des Pyrénées, d'influence également maritime mais avec des températures plus basses et des précipitations plus élevées dues à l'altitude ;
– les terres intérieures, en marge de l'influence méditerranéenne grâce aux chaînes littorales, avec un climat plus sec et des variations thermiques plus importantes ;
– et enfin, à partir de 2 000 m, un climat de haute montagne avec des hivers longs et froids.
Le val d'Arán est un lieu singulier au climat atlantique ; une forte humidité et des pluies régulières pendant toute l'année en sont caractéristiques.

Hêtre

Les précipitations moyennes annuelles varient, selon les zones, entre moins de 500 mm dans la dépression centrale et la frange maritime méridionale, et plus de 1 000 mm dans les hautes vallées pyrénéennes. De la même manière, les températures moyennes annuelles varient entre + 15 °C sur la bordure côtière et quelques régions prélittorales et – 5 °C sur les hauts sommets pyrénéens.

Végétation

Elle présente une grande variété directement liée à la diversité du climat et du paysage. Les bois et les taillis de type méditerranéen qui occupent une grande partie du territoire ont leur contrepoint dans les prés et les bois des hautes Pyrénées et dans les steppes de la région de Lérida.

Pin parasol

La végétation de **haute montagne** – entre 3 000 et 1 200 m – se rencontre dans les Pyrénées ainsi que sur les sommets les plus hauts du Montseny. À l'étage alpin – 2 300 à 3 000 m – apparaissent des espèces boréo-alpines et des prés de **fétuques**, tandis que les bois de conifères (pins noirs et sapins) et les prés naturels se partagent le niveau subalpin – 1 000 à 2 300 m. La végétation de moyenne montagne – 700 à 1 200 m – qui se trouve dans les zones les plus basses des Pyrénées, le Montseny, Les Guilleries, les montagnes de Prades et des Ports, compte essentiellement des bois de chênes rouvres, mélangés ou non à diverses variétés de pins. Les zones les plus humides sont boisées de hêtres et de chênes rouvres. Mais la plus grande partie du territoire appartenant au **domaine méditerranéen**, le chêne vert, le petit chêne vert, le pin vert et le pin parasol abondent. Dans les régions les plus arides, une végétation caractéristique de la steppe se développe, avec des maquis de chênes kermès et des épines noires (à l'intérieur des terres) ou de lentisques sans oublier les palmiers nains (sur le littoral).

Sapin

Politique et administration

LA « SENYERA »

Le drapeau catalan, à quatre bandes (« barres ») verticales rouges sur fond jaune, remonte à la tradition comtale de Barcelone. Il est décrit à partir du 13e s., bien que les armes catalanes aient déjà été trouvées dans le tombeau de Raymond Bérenger II, décédé en l'an 1082. Avec Alphonse Ier le Chaste, il devient l'emblème de la confédération catalano-aragonaise, puis également, ultérieurement, celui des pays rattachés au royaume d'Aragon.

Les « quatre barres »

Selon la légende, Charles le Chauve, roi des Francs, demanda de l'aide au comte de Barcelone, Jofré le Vieux, plus connu sous le nom de Wilfred le Poilu, lorsqu'il se fit attaquer par les Normands. Celui-ci répondit immédiatement à son appel. Le courage et la hardiesse de Wilfred et de ses chevaliers furent tels qu'ils réussirent à faire basculer la victoire du côté franc.
En signe de reconnaissance, le roi voulut accorder une faveur au comte catalan, dont les blessures reçues durant la bataille saignaient encore. Wilfred lui demanda des armoiries pour son bouclier, et le roi, mouillant quatre doigts de sa main droite avec le sang du blessé, dessina sur le bouclier du comte les quatre barres catalanes.

ORGANISATION POLITIQUE ET ADMINISTRATIVE

La Catalogne est l'une des 17 communautés autonomes de l'État espagnol. Les communautés autonomes sont totalement compétentes en matière notamment d'urbanisme, d'aménagement du territoire, de tourisme et d'assistance sociale, alors que le pouvoir décisionnaire en ce qui concerne la défense, la politique extérieure, la surveillance des frontières et la monnaie demeure entre les mains du seul État central. L'institution d'auto-gouvernement est la **Generalitat**, formée par le Parlement de Catalogne, le président de la Generalitat et le gouvernement catalan. Le Parlement, élu au suffrage universel tous les quatre ans, représente le peuple catalan, élit le Président parmi ses membres, élabore, discute et approuve les lois propres à la Catalogne. Le mode de représentation est celui d'une démocratie parlementaire dans laquelle le Parlement donne la responsabilité de former un gouvernement au candidat en mesure de réunir une majorité parlementaire suffisante.
Le président de la Generalitat, qui détient le plus haut degré de représentation de cette institution, propose, une fois élu, un gouvernement, ou Conseil exécutif, dont il dirige et coordonne les actions. Le gouvernement catalan est formé de douze ministères, ou *Conselleries*.
Le *Síndic de Greuges*, sorte de médiateur chargé de contrôler le fonctionnement de l'administration publique catalane afin de garantir le respect des droits et libertés du citoyen, et la *Sindicatura de Comptes*, organe chargé lui de contrôler la gestion économique, financière et comptable du secteur public catalan, dépendent du Parlement. L'organisation judiciaire propre culmine avec le *Tribunal Superior de Justícia de Catalunya*.

La Generalitat

Ses antécédents remontent à la Generalitat médiévale (14e s.), ou Diputació del General, qui était une commission permanente des Chambres (Corts). L'institution moderne a été créée en avril 1931, suite à la proclamation de la République. Son premier président fut **Francesc Macià**, populairement connu sous le nom sympathique de *L'avi* (le grand-père). En février 1939, les institutions de la Generalitat, présidée par Lluís Companys, s'exilèrent. Les présidents en exil assurèrent la continuité de la Generalitat jusqu'au retour de Josep Tarradellas, en 1977, lequel rendit cette phrase célèbre « Ja sóc aquí ! » (Me voici !).

En ce qui concerne l'organisation territoriale se superposent actuellement deux divisions administratives : celle de l'État, qui divise le territoire catalan en quatre provinces – Barcelone, Tarragone, Lérida et Gérone –, dotées de *diputaciones* (conseils généraux administrant les affaires locales), et celle de la Generalitat, divisée en 41 *comarcas* représentées par les *Consells Comarcals*. Les conseils généraux comme les Consells Comarcals se constituent en fonction des résultats obtenus aux élections municipales.

LES « COMARCAS »

La division actuelle de la Catalogne en « comarcas » est fondée sur un décret de 1936 approuvé par la Generalitat de l'époque républicaine ; elle répond à une série de propositions et d'études antérieures, réalisées en vue d'une décentralisation en réaction au système, trop rigide en Espagne, de division par province. Cette subdivision administrative, assimilable à un pays, est comparable par bien des points aux arrondissements français.

Les limites des comarcas sont déterminées selon des critères géographiques, historiques (juridictions anciennes) et fonctionnels (marché et services). Leurs dimensions sont variables mais, en général, les communes qui les composent ne sont pas éloignées de plus de 30 km du chef-lieu, qui d'une part concentre les établissements d'enseignement moyen, les établissements hospitaliers, les gares routières ou ferroviaires, etc., où d'autre part, chaque semaine, se déroulent les marchés.

Ainsi, des régions possédant leurs propres limites naturelles, tels l'Ampurdan, le Camp de Tarragona ou le Pallars, sont subdivisées en deux ou trois comarcas (Alt Empordà et Baix Empordà ; Alt Camp, Baix Camp et Tarragonès ; Pallars Jussà et Pallars Sobirà). Il n'en demeure pas moins que les villes et les localités les plus importantes d'un point de vue économique et démographique exercent, dans le secteur des services, une influence « supracomarcale » facilitée par les moyens de communication actuels.

Administrativement parlant, la comarca est un organisme local dirigé par un conseil élu au suffrage indirect par les conseillers municipaux des communes qui la composent, siégeant au chef-lieu de ladite comarca. Actuellement, la Catalogne comprend 41 comarcas, de caractère et d'importance démographique très différents.

Économie

Le proverbe selon lequel « les Catalans transforment les pierres en pains » comporte, comme la plupart des proverbes, une part de vérité. Ainsi ont-ils réussi à atteindre une qualité de vie élevée. Nous faisons ici allusion d'une part au manque de richesse en matières premières du territoire catalan et, d'autre part, à l'ardeur au travail de ses habitants.

INDUSTRIE

Elle constitue l'une des bases économiques les plus solides de la Catalogne, même si son importance rend l'économie catalane particulièrement vulnérable en période de crise et très dynamique en période de prospérité.
L'industrie s'est surtout tournée vers les procédés de transformation manufacturière. Avec la révolution industrielle, la Catalogne s'est transformée en usine de l'Espagne, en particulier pour la fabrication de tissus de laine et de coton ainsi que, plus tard, celle de fibres synthétiques, ou pour les industries à haute technologie : chimie, pharmacie, mécanique de précision, et, plus récemment, constructions automobiles, composants automoteurs, matériel ferroviaire, pétrochimie, électronique, etc.
La Catalogne a pu compenser son déficit permanent en ressources énergétiques par l'utilisation des cours d'eau, d'abord comme force mécanique puis, à partir de la fin du 19e s., comme énergie électrique, tirant ainsi le meilleur parti de son relief majoritairement accidenté. Durant ces dernières années, l'implantation d'un réseau de distribution en gaz naturel n'a cessé de se développer. Pour les années à venir, il faut espérer un développement croissant des énergies alternatives, les conditions naturelles du pays y étant propices.

COMMERCE

C'est le secteur le plus important de l'économie catalane dont il est aussi, historiquement, l'une des sources et ce depuis les débuts du Moyen Âge avec les consulats méditerranéens de la mer *(voir encadré p. 86)*. L'économie commerciale de la Catalogne est d'un grand dynamisme, point essentiel si l'on veut comprendre les principales caractéristiques socio-économiques du pays.

Construction – Tout comme le reste de la péninsule, il s'agit d'un des secteurs les plus dépendants de la conjoncture. Il s'est développé avec les grands flux migratoires des années cinquante–soixante et avec l'explosion touristique des années soixante–soixante-dix.

Usine Pagans à Celrà, près de Gérone

R. Manent/GC (DICT)

24

AGRICULTURE ET ÉLEVAGE

C'est un secteur peu important. L'**agriculture** s'est surtout orientée vers les cultures et les productions à grande valeur ajoutée : la floriculture et l'horticulture intensives dans le Maresme; les vins et les vins champagnisés *(voir carte au chapitre : Les vins)*; l'olive « arbequina » dont on extrait une huile d'olive de grande qualité ; les fruits sucrés dans la plaine fertile de la région de Lérida ; le riz, les fruits acides et les vergers dans la région de Tortosa et dans le delta de l'Èbre ; les fruits secs dans la plaine de Tarragone et dans les régions voisines ; les céréales, les fourrages, les aliments pour bétail dans les régions de l'intérieur et de l'Ampurdan, etc.

À l'exception de la zone pyrénéenne et prépyrénéenne, où une place relativement importante est donnée aux bovins et ovins et où se maintient difficilement l'élevage traditionnel de chevaux, de mules et d'ânes (le *guara,* ou âne catalan, était célèbre), l'**élevage** a toujours été considéré en Catalogne comme une activité secondaire. Néanmoins, on a assisté ces dernières années à un essor important des exploitations agricoles se consacrant à l'élevage des vaches laitières, des moutons, des poulets et des lapins.

PÊCHE

Cette activité de longue tradition sur le littoral catalan se trouve limitée par la précarité écologique générale du bassin méditerranéen, ce qui a entraîné des fermetures partielles ou totales, comme dans le cas des alevins. Les 60 000 t annuelles extraites de la mer sont de toute évidence insuffisantes pour la consommation interne. Récemment, l'ostréiculture a fait son apparition dans le delta de l'Èbre où des élevages piscicoles (dorades notamment) ont été installés tout comme sur le cours supérieur des rivières pyrénéennes (truites).

Quelques faits historiques

L'Antiquité

7ᵉ s. avant J.-C.	Les Grecs établissent un comptoir à Roses (Rhode).
6ᵉ s. avant J.-C.	Fondation d'Empùries.
218 avant J.-C.	Les **Romains** conquièrent Empùries et soumettent la région à une importante romanisation, en particulier à partir du 1ᵉʳ s. avant J.-C. Tarraco (Tarragone) est alors capitale de la province romaine dite Tarraconaise.

Il est possible que le **christianisme** ait été introduit dans la péninsule par Tarraco, où, selon la légende, prêcha saint Paul. Les Romains léguèrent à la Catalogne d'une part le droit romain, sur lequel se base le droit catalan, d'autre part le latin, mère de la langue catalane.

Les Wisigoths et les Arabes

4ᵉ s.	Les **Barbares** envahissent la Catalogne.
5ᵉ s.	Les **Wisigoths** s'emparent de l'Espagne et y fondent le royaume wisigothique de Tolède qui parvient à préserver sa relative indépendance.
711	**Invasion musulmane.** La présence des Maures fut de courte durée en Catalogne sauf dans la zone située au Sud du Llobregat.
732	**Bataille de Poitiers :** les Francs, après la défaite des musulmans, entreprennent la reconquête de la Cerdagne et du comté d'Urgel.
785	Reconquête de Gérone.
805	Reconquête de Barcelone.

Le Moyen Âge et le comté de Barcelone

9ᵉ s.	C'est l'époque de la **formation politique de la Catalogne** et de son développement extérieur. L'établissement des Francs amène le développement des structures féodales.

La **Marche d'Espagne**, créée en 801 pour servir de zone tampon entre l'Empire carolingien et les Maures, comprenait, outre le Toulousain et le Nîmois, plusieurs comtés catalans (Roussillon, Cerdagne, Urgel, Barcelone, Pallars, Ripagorce, Gérone, Vic, Ausona), qui se reconnaissaient vassaux des Francs. Le comté de Barcelone était le plus important de ces comtés qui, peu à peu, gagneront leur indépendance.

9ᵉ s.	**Wilfred le Poilu** (874-897), comte de Barcelone, obtient de l'empereur Charles le Chauve l'indépendance et le droit de laisser son comté à ses descendants. Il réunit les comtés de Barcelone, Urgel, Cerdagne, Gérone et Ausona (qui furent ensuite partagés entre ses héritiers) et repeuple son territoire.
897	**Almanzor** détruit Barcelone.
1010	Les comtes catalans pillent Cordoue.
1035	Démembrement du califat de Cordoue : **règne des taifas** (petites dynasties locales) à **Lérida** et à **Tortosa**.
11ᵉ s.	Réunion des comtés catalans sous l'hégémonie du comte de Barcelone, **Raymond-Bérenger Iᵉʳ**.
12ᵉ s.	Conquête des royaumes des taifas de Lérida et de Tortosa avec occupation définitive de Tarragone. Les comtes de Barcelone poursuivent leur expansion territoriale en pratiquant également une politique matrimoniale. Acquisition de la Provence et du Gévaudan par le mariage de Raymond-Bérenger III avec l'héritière des deux comtés en 1112.
1150	**Raymond-Bérenger IV** épouse Pétronille, fille de Ramire II d'Aragon ; leur fils, **Alphonse**, deviendra **roi d'Aragon** et **comte de Barcelone**. Les deux états restent séparés mais ont un seul et même souverain.
1153	Conquête de Siurana, dernier bastion musulman.

Les « **Corts Catalanes** » (13ᵉ-18ᵉ s.) étaient une assemblée politique convoquée et présidée par le roi. En 1283, on les institutionnalisa et on les réglementa. Elles comprenaient les représentants des trois classes sociales : la noblesse, le clergé et la bourgeoisie. Leurs fonctions étaient législatives (lois décidées entre le roi et ses sujets), économiques (subventions accordées au souverain) et judiciaires. Entre 1218 et 1706, on les convoqua 72 fois. Philippe V les supprima en 1709.

13ᵉ s.	Époque de développement économique des bourgs et des campagnes. La Catalogne et l'Aragon poursuivent leur expansion territoriale, inaugurée au début du siècle par le mariage de **Pierre II** avec l'héritière du comté de Montpellier.

LES COMTÉS CATALANS AUX 9E ET 10E S.

Possessions de Wilfred le Poilu

Zone repeuplée par Wilfred le Poilu (879-890)

Attaque musulmane sur Barcelone

Date de séparation des maisons comtales **920**

Territoires administrés par les fils de Wilfred le Poilu :

Miron II le Jeune

Sunifred II

Wilfred Borrel

Limite actuelle de la Catalogne —·—

1229	Conquête de **Majorque** par **Jacques I**er (1208-1276) et, peu après, d'Ibiza (1235).
1232-1245	Conquête du Pays valencien.
1258	**Traité de Corbeil** : Jacques Ier cède le Gévaudan à Saint Louis, qui renonce à ses droits sur Barcelone et le Roussillon.
1266	Jacques Ier soumet Murcie, qu'il remet à son gendre, le roi de Castille Alphonse X.
1272	*Ars Magna* de Ramon Llull.

L'expansion territoriale du royaume catalano-aragonais était en permanence compromise par le jeu de partages entre héritiers. Déjà la Provence était retournée à une semi-indépendance à la mort d'Alphonse II. Jacques Ier avait lui-même cédé à son second fils le royaume de Majorque, constitué des Baléares, du Roussillon, de Montpellier et de la Cerdagne. La Castille formant un obstacle au Sud et à l'Ouest, les Catalans se tournèrent vers la Méditerranée. Au cours des 13e et 14e s., la Catalogne devint, comme Gênes et Venise, l'une des plus grandes puissances de l'époque dont l'extension dans le bassin méditerranéen fut assurée par sa force de choc, les **Almogávares**.

1282	Conquête de la **Sicile** par Pierre III.
1302	**Traité de Caltabellota** : Jacques II le Juste assure la dynastie aragonaise en Sicile et cède à la Castille une partie du royaume de Murcia.
1323	Conquête instable de la **Sardaigne** par l'Aragon.
1343	**Pierre IV** annexe le royaume de **Majorque**.
1348	La peste noire provoque une grave crise.
1349	Pierre IV vend Montpellier au roi de France Philippe VI.

La Generalitat : les Corts Catalanes créèrent sous ce nom en 1359 un pouvoir délégué assumant la représentation de la totalité des compatriotes. Ayant un rôle politique et judiciaire, c'est sous son contrôle que les territoires catalans étaient gouvernés.

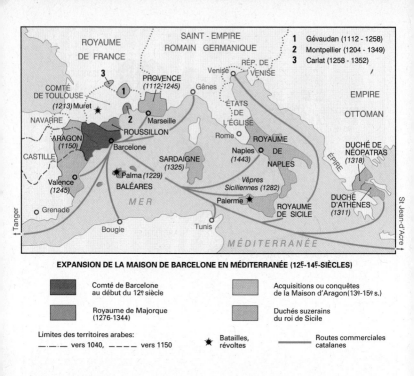

EXPANSION DE LA MAISON DE BARCELONE EN MÉDITERRANÉE (12^E-14^E-SIÈCLES)

Comté de Barcelone au début du 12e siècle

Royaume de Majorque (1276-1344)

Acquisitions ou conquêtes de la Maison d'Aragon (13e-15e s.)

Duchés suzerains du roi de Sicile

Limites des territoires arabes : —·—·— vers 1040, — — — vers 1150

Batailles, révoltes

Routes commerciales catalanes

Les Transtamare

1410	Mort sans héritier direct de Martin Ier l'Humain, qui avait réuni les trois couronnes d'Aragon, de Majorque et de Sicile.
1412	**Compromis de Caspe** : les représentants de Valence, de Catalogne et d'Aragon élisent le second fils du roi Jean Ier de Castille, Ferdinand d'Antequera, intronisant ainsi la dynastie de Transtamare.
1413	*Usatges, constitucions i altres drets de Catalunya*, premier code du droit commun catalan.
1442	Conquête de Naples par Alphonse V le Magnifique qui y installe sa cour. Il laisse son épouse, Marie de Castille, assurer la régence en Catalogne.
1462-1472	**Soulèvement** de l'aristocratie catalane contre Jean II d'Aragon et révolte des « payeses de remensa » (paysans affectés à des terres).
1469	Mariage de l'infant Ferdinand d'Aragon avec Isabelle de Castille.
1479	**Ferdinand II** (1452-1516) succède à son père Jean II d'Aragon.
1484-1485	Second soulèvement de « remensa » en Catalogne.
1492	**Fin de la Reconquête** : les Rois catholiques prennent Grenade. **Découverte de l'Amérique.**

Les Habsbourg

1516	Charles Ier d'Autriche, petit-fils de Ferdinand et d'Isabelle, futur empereur **Charles Quint**, réunit les couronnes de Castille et d'Aragon, mais les « cortes » castillane et aragonaise décident indépendamment l'une de l'autre d'accorder au roi les subsides ou les services qu'il demande.
16e et 17e s.	La couronne d'Aragon et toute la Catalogne sont confrontées à des **problèmes économiques.**

Les épidémies, la rupture de l'équilibre démographique et de la relation ville-campagne, les révoltes paysannes, les pestes sont à l'origine du recul économique catalan.

Au cours des 16e et 17e s., la Catalogne est confrontée à de graves problèmes de banditisme ainsi qu'aux incursions des Turcs, ce qui indiquait sa fragilité aux frontières et nuisait au commerce maritime avec le reste de la Méditerranée.

1640-1652	**Soulèvement** de la Catalogne contre Philippe IV. La Catalogne est occupée par la France.

Les dépenses permanentes dues aux guerres hispaniques, la pression fiscale et les conflits entre les institutions et le pouvoir feront germer le conflit qui débouchera sur le sanglant **Corpus de Sang** (1640) et sur la guerre des Moissonneurs (Guerra de los Segadores). En 1652, Don Juan José d'Autriche entre à Barcelone, mettant ainsi fin à la rébellion.

1659	**Traité des Pyrénées** : la Catalogne est amputée du Roussillon et d'une partie de la Cerdagne au profit de la France.

Les Bourbons

1702-1714	**Guerre de Succession :** le vainqueur, Philippe d'Anjou, inaugure la dynastie des Bourbons.

Les Catalans appuyèrent la candidature de l'archiduc Charles d'Autriche face à Philippe d'Anjou, successeur désigné par Charles II.

Ce fut le représentant de la maison des Bourbons qui gagna, régnant sous le nom de Philippe V. Barcelone fut prise en 1714 et on supprima les recueils de lois locales de la couronne d'Aragon. Après sa défaite, la Catalogne se retrouva soumise et la Generalitat fut abolie. Barcelone perdit alors ses privilèges et son Université. Cependant, le décret de Nueva Planta n'abolit pas le droit civil catalan *(el hereu)*.

L'« hereu » dans le droit civil catalan

L'institution de l'*hereu* (héritier masculin, l'héritière féminine étant désignée par le nom de *pubilla*), clairement inspiré du droit romain, est l'une des plus caractéristiques du droit civil catalan.

L'hereu succède au défunt dans tous ses rapports juridiques, actifs ou passifs. Il reçoit en héritage tous les biens et droits excepté la « légitime », qui représente le quart du patrimoine total et doit être répartie entre les héritiers légitimes. Cette institution a été la clef de l'évolution de l'économie catalane, notamment pour la capitalisation des revenus agricoles en évitant la fragmentation du patrimoine et la multiplication des petites exploitations.

18e s.	**Rattrapage économique.**
1758	Création de la *Junta de Comercio* (Conseil du Commerce).

Pendant la seconde moitié du 18e s., une grande transformation économique et sociale débute en Catalogne : croissance de l'agriculture et de la pêche, apparition de l'industrie des indiennes (tissus en coton imprimé), développement du commerce avec l'Amérique à partir de 1778, amélioration des moyens de communication, etc.

La bourgeoisie catalane se développe et pénètre le marché national. C'était le tout début de la Catalogne industrielle d'aujourd'hui. On crée la Junta de Comercio pour favoriser le développement commercial, industriel et agricole de la Catalogne.

1792	Publication du **Diario de Barcelona**, l'un des plus anciens journaux d'Europe.
1808-1814	**Guerre d'Indépendance.** Napoléon tente de s'appuyer sur le particularisme catalan, mais la Catalogne, comme les autres provinces, s'oppose à la domination française.
1820-1823	**Période constitutionnelle.** Le roi Ferdinand VII, sous la pression populaire, est amené à accorder une constitution libérale ; mais il fait appel à la France, dont l'intervention permet le rétablissement de l'absolutisme.
1823	Revue *El Europeo*, à Barcelone.
1833	*Oda a la Patria* de Aribau, début de la **Renaixença** : période du rattrapage culturel catalan.
	Première machine à vapeur à Barcelone : élan définitif vers l'industrialisation de la Catalogne. Apparition du prolétariat manufacturier.

Les troubles du 19e s.

Le catalanisme ressurgit ; on défend la langue ainsi que la tradition culturelle catalanes. Mythification du passé médiéval. Le désir d'autogouvernement se généralise.

1840	Première association ouvrière en Catalogne.
1842	**Soulèvement** des classes populaires et moyennes contre la politique de libre-échangisme du gouvernement. Espartero bombarde Barcelone.
1846-1848	Guerre dels Matiners.
1848	Premier chemin de fer espagnol : ligne Barcelone-Mataró.
1855	**Première grève générale** à Barcelone et en Catalogne : on tente d'obtenir la reconnaissance légale des associations ouvrières et la limitation de la journée de travail.
1868	Révolution de Septembre : la Catalogne en fut le foyer le plus dynamique.
1873	Proclamation de la **Première République**.
1874	**Restauration** des Bourbons : Alphonse XII.
1888	Exposition universelle à Barcelone. Fondation de l'UGT.
1901	Fondation de la « Lliga Regionalista » autour de Prat de la Riba.

La chute de la monarchie

1909 | **Semaine Tragique** (Barcelone).

La reprise de la guerre du Maroc et le système de recrutement provoquent une grève générale qui se transforme en une insurrection populaire inscrite dans l'Histoire sous le nom de Semaine Tragique. La répression, sous les ordres de l'armée soutenue par la bourgeoisie, est terrible.

1911 | Fondation de la **Confédération Nationale du Travail, CNT**. Le Syndicat anarchiste sera hégémonique à l'intérieur du mouvement ouvrier catalan jusqu'à la guerre civile.

1914 | **Mancomunitat catalana** : association des *diputaciones* (conseils généraux), constituant un embryon de gouvernement autonome.

1916 | Alliance de la CNT et de l'UGT.

1919 | Grève générale de Barcelone.

1923-1930 | **Dictature de Primo de Rivera.**

L'avènement de la dictature de Primo de Rivera, avec l'accord de la bourgeoisie catalane, supposa non seulement la prohibition et la persécution des organisations ouvrières, sauf l'UGT, mais aussi la dissolution de l'Association catalane (1929) ainsi qu'une dure attaque contre le catalanisme culturel et politique.

14 avril 1931 | L'ERC, parti dirigé par **Francesc Macià**, quelques heures avant l'instauration de la République espagnole, proclame la **Première République catalane**, qui se transforme trois jours plus tard, après des négociations menées avec Madrid, en **Generalitat** de Catalogne.

1931 | **Seconde République espagnole.**

1932 | **Statut d'autonomie.**

1934 | Companys succède à Macià à la présidence de la Generalitat.
Révolution d'Octobre en Catalogne et aux Asturies.

1936 | Triomphe électoral du Front Populaire. Soulèvement militaire.

1936-1939 | **Guerre civile.**

1938 | Bataille de l'Èbre : l'armée nationale commence l'attaque de la Catalogne.

1939 | Conquête de Barcelone et de Madrid. Fin de la guerre.

1939-1975 | **Gouvernement du général Franco.**

La fin de la guerre suppose l'exil de nombreuses personnes tout comme l'interdiction de toute manifestation de l'identité catalane (suppression de la Generalitat – le président Lluis Companys est fusillé en 1940 –, proscription de l'usage public du catalan, etc.).

Les années cinquante, avec leur plan de développement, amènent une faible ouverture politique qui permet les premières expressions publiques de la culture catalane.

L'autonomie

1975 | **Juan Carlos I⁰ʳ**, roi d'Espagne.

1977 | **Premières élections démocratiques.**

Octobre | **Retour de Josep Tarradellas**, président de la Generalitat en exil.

1979 | **Statut d'autonomie.**

1980 | Premières élections autonomes : victoire du CiU (Convergencia i Unió), Jordi Pujol, président de la Generalitat.

1992 | **Jeux olympiques** à Barcelone.

L'art

L'ANTIQUITÉ

Les témoignages artistiques les plus anciens du territoire de Catalogne sont les peintures rupestres de l'art levantin (El Cogul, El Perelló, Ulldecona), les monuments mégalithiques (Romanyà de la Selva, chaîne des Albères), ainsi que divers échantillons de la civilisation ibérique (« trésor » de Tivissa).

La **colonisation grecque** fut éphémère et se réduisit aux comptoirs de Roses et Empúries. Il en subsiste pourtant des vestiges et des pièces d'intérêt comme la statue de *Asclepio*. Les vestiges de la ville **romaine** de Empúries, érigée sur un camp militaire, sont bien plus nombreux. On y trouve des villas décorées avec de belles mosaïques. Mais c'est sans nul doute à Tarragone, l'ancienne Tarraco, que l'héritage romain est le plus représentatif. L'ancienne capitale de l'Hispanie citérieure conserve des témoignages encore imposants de son passé : murailles, forums, amphithéâtre, cirque, etc., ainsi qu'un important patrimoine de sculptures et de mosaïques dans ses musées. La profonde empreinte de la civilisation romaine s'observe surtout dans les villes de sa fondation : Barcelone,

L'Esculape d'Empúries
Musée archéologique de Barcelone

Badalona, Gérone, Vic, Lérida, Tortosa, Mataró, sans oublier les villas et les fameux thermes (appelés « caldes ») répartis sur tout le territoire et moins encore le magnifique mausolée de Centcelles, près de Tarragone, avec ses belles mosaïques.

L'ART ROMAN

Le pouvoir **wisigoth** a laissé quelques monuments, notamment les fonts baptismaux de Terrassa, dans le magnifique ensemble d'églises wisigothiques de l'ancienne Egara. L'occupation musulmane fut pour sa part si éphémère qu'il n'en reste que de rares témoignages.

Le style **roman**, par lequel l'art catalan s'apparente à l'art européen de l'époque – qui fut rappelons-le celle de la formation politique du pays –, fut aussi le premier à avoir son identité propre. La Catalogne en compte plus de 2 000 exemples, depuis les petites églises rurales jusqu'aux grandes cathédrales et collégiales. Ce style est surtout concentré en « Catalunya Vella », au Nord du chemin traditionnel vers l'Aragon, par opposition à la « Catalunya Nova » – régions léridane et tarragonaise –, qui ne fut reconquise sur les musulmans qu'au milieu du 12ᵉ s.

L'art **préroman** ou mozarabe (9ᵉ et 10ᵉ s.), dont la caractéristique est l'arc en fer à cheval (dit outrepassé), présente quelques exemples importants : petites églises (Sant Quirze de Pedret, Olèrdola), premiers monastères bénédictins (première phase de Sant Pere de Rodes, Porta Ferrada de Sant Feliu de Guíxols).

Le 11ᵉ s. est marqué par l'apparition de l'**influence lombarde**, avec des constructions austères décorées d'arcatures aveugles, de bandes verticales accolées aux murs (appelées bandes lombardes), d'absides au typique arc en plein cintre, de nefs individualisées par des rangées de piliers massifs supportant une lourde voûte en berceau. Les humbles clochers-murs alternent avec de belles et élégantes tours de clochers. Parmi les exemples intéressants de ce **« premier art roman »**, il convient de citer la magnifique série d'églises de la vallée de Boí, en pleine région pyrénéenne, les églises de Sant Jaume de Frontanyà, Bossóst, Olius, les anciens monastères de Cardona, Sant Serni de Tavèrnoles, Sant Llorenç del Munt, Breda, ainsi que les clochers des cathédrales de Vic et de Gérone.

Au 12ᵉ s. apparaît le **« second art roman »**, avec une architecture plus complexe – nefs, transept, diverses absides, tours-lanternes, déambulatoire, etc. –, qui développe un **décor sculpté** de premier ordre, d'influence roussillonnaise, provençale et toulousaine dans les porches, sur les tympans des portails, dans les cloîtres. Citons comme exemples la magnifique cathédrale de La Seu d'Urgell, italianisante, le cloître de la cathédrale de Gérone, le porche et le cloître de la cathédrale de Tarragone, les anciens monastères de Sant Benet de Bages, Sant Pau del Camp (Barcelone), Ripoll au cloître et porche exceptionnels, Sant Pere de Besalú, Sant Cugat del Vallès, Sant Pere de Galligants (Gérone), Vilabertran, Santa Maria de l'Estany, les églises de Covet, Sant Martí Sarroca, Terrassa, Talló et bien d'autres.

31

En « Catalunya Nova », il faut distinguer au 13e s. l'**école de Lérida**, qui laisse apparaître dans ses décorations de sculptures d'intéressants motifs d'inspiration arabe, en particulier dans les porches : cathédrale de Lérida, Agramunt, Gandesa, etc. Dans cette même région furent édifiés de grands monastères cisterciens : Santes Creus, Poblet, Vallbona de les Monges. Bien qu'entrepris sur le modèle roman, c'est le style gothique qui domine dans leur aspect définitif. C'est là aussi que se trouvent les principales forteresses de Templiers et des ordres hospitaliers, tels les magnifiques châteaux de Miravet et d'Ulldecona.

À cet important patrimoine architectural, il convient d'ajouter en premier lieu les magnifiques **peintures murales** des absides de Sant Climent et de Santa Maria de Taüll, Boí, Pedret, Sorpe, Àneu, Sant Pere del Burgal, La Seu d'Urgell, etc., toutes conservées au musée national d'Art de Catalogne (Barcelone), où se trouve l'une des collections de peinture romane les plus importantes du monde. On peut admirer bien d'autres exemples artistiques de cette époque dans les divers musées diocésains (Vic, Gérone, La Seu d'Urgell et Solsona). Il ne faut pas oublier non plus les superbes parements d'autels ni les sculptures en bois – sculptures mariales, Christs en majesté, descentes de croix –, certaines in situ et d'autres dans les musées cités. Parmi les manuscrits illustrés, on remarquera surtout le *Beatus* de La Seu d'Urgell et le *Beatus* de Gérone. Au musée capitulaire de la cathédrale de Gérone est conservée la célèbre *Tapisserie de la Création*, magnifique broderie datant de l'époque romane.

L'ART GOTHIQUE

En Catalogne, l'art gothique a coïncidé avec une période d'extrême splendeur. Après la conquête des Baléares et du royaume de Valence, la confédération catalano-aragonaise est devenue l'une des grandes puissances économiques de la Méditerranée. C'est à cette époque qu'apparut une classe sociale spécifiquement urbaine, la bourgeoisie. La fièvre de la construction s'empara des villes ; on rénova églises et cathédrales et on érigea de nouvelles

et importantes constructions : palais royaux, maisons seigneuriales, hôpitaux, murailles, sièges d'institutions politiques et de corporations citadines, bourses de commerce, couvents des nouveaux ordres mendiants. L'art gothique catalan possède une personnalité qui lui est propre si on le compare à toutes les manifestations du même art à travers l'Europe. Plus proche des modèles du monde méditerranéen – Occitanie et Italie – que de ceux du Nord, il est caractérisé par sa forme épurée, son sens des proportions, avec une certaine préférence pour l'amplitude spatiale – et non pour l'élévation – et pour l'intégration des éléments structuraux. L'arc brisé et la voûte d'ogives sont les éléments caractéristiques communs

Parement d'autel roman – Musée épiscopal de Vic

T. Vical/GC (DICT)

aux monuments gothiques. Ajoutons à cela les salles ou les nefs à arcs diaphragmes supportant la couverture de l'édifice. La chronologie s'étend du milieu du 13e s. jusqu'au 15e s., le goût pour ce style se prolongeant jusqu'au début du 16e s.

Barcelone, l'un des grands ports de la Méditerranée, résidence habituelle des souverains de la confédération, avec une riche oligarchie de citadins et de marchands, possède un éblouissant patrimoine gothique qui substitua ou masqua les constructions romaines et romanes. C'est pourquoi on a appelé son centre politique le « Barri Gòtic ». Il ne faut surtout pas manquer de voir la magnifique cathédrale, le palais de la Generalitat – l'un des meilleurs exemples du gothique civil catalan –, une bonne partie de la mairie avec son emblématique Salle des Cent, le grand salon du Tinell et la chapelle Sainte Agathe du Palais Royal, les anciennes Drassanes, qui constituent les chantiers navals médiévaux les mieux conservés du monde, la *Lonja de Contratació* (Bourse aux échanges), témoignage de l'importance du commerce maritime de la ville, l'hôpital de la Santa Creu, les très belles églises Santa Maria del Mar et Santa Maria del Pi, les maisons seigneuriales de la rue de Montcada, avec leurs jardins intérieurs caractéristiques, et le magnifique monastère de Pedralbes.

Mais les monuments gothiques enrichissent aussi l'ensemble du pays (cathédrales, églises, monastères, châteaux, ponts,...). Dans la zone touristique de la Costa Brava, c'est surtout le magnifique ensemble de la ville de Gérone qui retient l'attention : la cathédrale avec sa nef la plus large de tout l'art gothique européen, le palais épiscopal, l'église Sant Feliu, les murailles, les anciens couvents et les palais. Présentent également un très grand intérêt : Castelló d'Empúries, Peralada, Torroella de Montgrí, Tossa de Mar, Blanes, Hostalric et le monastère de Vilabertran.

En Catalogne centrale, on remarquera surtout le monastère de Sant Cugat del Vallès, près de Barcelone, la collégiale Ste-Marie de Manresa, connue sous le nom de « la Seu », le cloître de la cathédrale de Vic, et les peintures gothiques de Santa Maria de Terrassa. Dans la zone des Pyrénées, le cloître et les dépendances du monastère de Sant Joan de les Abadesses, l'église Ste-Marie et le pont de Camprodon, l'église de Vielha. Sur les terres de Lérida, la magnifique cathédrale, ou Seu Vella, qui domine la ville, est le monument le plus spectaculaire, sans oublier

Détail du retable de la Paeria, à Lérida

la Paeria, ou l'hôpital Ste-Marie. Ne manqueront pas non plus d'attirer l'attention : la cathédrale de Solsona, les églises de Balaguer – Ste-Marie et le couvent St-Dominique –, Cervera, Guimerà, et le monastère cistercien de Vallbona de les Monges.

En Catalogne méridionale, sur les terres de la Costa Daurada, sont érigés nombre de monuments de premier ordre : les cathédrales de Tarragone et de Tortosa, l'ensemble ceint de murailles de Montblanc, l'église Santa Coloma de Queralt, celles de L'Espluga de Francolí et d'Ulldecona, les grands monastères cisterciens de Santes Creus et Poblet.

La **peinture** gothique est fortement marquée par les influences européennes : après une brève période linéaire ou franco-gothique arrivèrent le courant italianisant (14e s.), représenté par Ferrer Bassa, Pere Serra, puis le courant international (15e s.), influencé par les gothiques flamand, allemand, italien, et représenté, entre autres, par Lluís Borrassà, Lluís Dalmau, Jaume Ferrer (père et fils), Bernat Martorell et Jaume Huguet. Dans le domaine de la **sculpture**, on retiendra surtout Aloi de Montbrai et Jaume Cascalls – tombes royales de Poblet –, Pere Joan – grand retable de la cathédrale de Tarragone – et Pere Sanglada. Leurs œuvres, comme celles des meilleurs orfèvres de l'époque, ont été conservées soit *in situ*, soit dans les musées d'art et diocésains du pays.

LA RENAISSANCE ET LE BAROQUE

En Catalogne, ces courants esthétiques ont moins d'importance que l'art gothique ou le modernisme. Cela s'explique par la perte, durant la période comprise entre les 16e et 18e s., de l'hégémonie maritime après la découverte de l'Amérique ainsi que par le transfert du pouvoir politique au centre de la péninsule avec l'avènement des Rois Catholiques. Mais il ne s'agit en aucun cas d'une période stérile. À Barcelone, il nous reste de précieux exemples : le trascor de la cathédrale (décoré entre autres par B. Ordóñez), ainsi que des chapelles, des tombeaux et des retables présentant un grand intérêt ; la façade élevée par Pere Blai et différentes parties Renaissance du palais de la Generalitat ; l'église de Betlem du couvent des Jésuites ; la maison de convalescence de l'hôpital de la Santa Creu ; le collège de chirurgie (aujourd'hui Académie de Médecine) de Ventura Rodríguez ; la basilique de la Mercè ; le palais de la Virreina et le palais del Lloctinent (actuelles archives de la Couronne d'Aragon), avec la tour connue sous le nom de Mirador del Rei Martí (Mirador du roi Martin).

Détail du retable de l'église Ste-Marie, à Cadaqués

Partout ailleurs en Catalogne, les monuments de cette époque sont souvent situés dans les centres urbains importants. C'est le cas de Tarragone, où l'archevêque Antoni Agustí (fin du 16e s.) favorisa l'art de la Renaissance, dont la cathédrale nous offre quelques magnifiques exemples. On compte aussi, parmi les plus remarquables exemples, la nouvelle cathédrale de Lérida (la Seu Nova), la façade et divers retables de la cathédrale de Gérone, la façade et les chapelles de la cathédrale de Tortosa, à côté des splendides collèges fondés par Charles Quint, le palais épiscopal de Solsona, la cathédrale de Vic, l'université et la mairie de Cervera, les édifices dédiés à saint Ignace à Manresa, la chapelle des Douleurs de A. Viladomat dans la basilique Ste-Marie de Mataró, l'église Ste-Marie de Montblanc, etc. Enfin, n'oublions pas de citer quelques **retables baroques** particulièrement captivants comme ceux du sanctuaire du Miracle (Solsonès), de Cadaqués (Costa Brava), d'Arenys de Mar (côte du Maresme), la chapelle de Els Colls de Sant Llorenç de Morunys, le mausolée de Ramon Folch de Cardona à Bellpuig d'Urgell, la citadelle de Roses, la façade Renaissance du château de Peralada et la façade de l'église du monastère de Poblet.

LE MODERNISME

Au 19e s., deux phénomènes particulièrement importants dans la vie catalane se produisirent : l'affermissement de la révolution industrielle, qui donna un élan économique décisif au pays, et la **Renaixença**, mouvement culturel et politique de revendication d'une identité propre, parallèlement aux nationalismes européens influencés par le romantisme.
Dans ce contexte coexistent l'architecture néoclassique et l'architecture néomédiévale débouchant sur l'éclectisme. Dans le domaine de la peinture, c'est le paysagisme et la peinture historique qui s'imposèrent. Se détachent surtout les figures du réaliste R. Marti Alsina (1826-1894), très influencé par le naturalisme, et de Mariano Fortuny (1838-1874), dont les coloris lumineux et la technique épurée ont acquis une célébrité internationale.
Les dernières décennies du siècle voient l'éclosion d'un brillant mouvement artistique, le modernisme, que ses propres caractéristiques n'éloignent pas cependant d'autres courants européens : Art nouveau (France et Belgique), Modern Style (Angleterre et États-Unis), Sécession (Autriche et Bohême) et Jugendstil (Allemagne). Il donna un nouveau sens esthétique et accorda une importance spéciale aux arts décoratifs et appliqués (verre, céramique, fer, métal, meubles, orfèvrerie, affiches et arts graphiques). Ce mouvement développe l'utilisation de nouveaux matériaux industriels tout en se présentant comme un art national associé au catalanisme politique.
Barcelone, libérée de la ceinture de murailles qui l'opprimait et disposant d'une magnifique zone d'expansion, le quadrillage de l'Ensanche, conçu par le grand urbaniste Ildefons Cerdà, devient la capitale du modernisme dès l'Exposition Universelle de 1888. Les trois plus grands architectes furent **Antoni Gaudí** (1852-1926), dont l'œuvre dépasse les limites du mouvement (Sagrada Familia, palais Güell, parc Güell, Casa Milà – « La Pedrera » –, Casa Batlló...), **Domènech i Montaner** (1850-1923), moderniste canonique (palais de la Musique catalane, Editorial Montaner et Simon – siège de la Fondation Tàpies –, Hôpital Sant Pau, château des Trois Dragons, Casa Lleó Morera...) et **Puig i Cadafalch** (1867-1957) (Casa Amatller, Casa de les Punxes, Casa Quadras...). Tous trois travaillèrent avec une pléiade de professionnels – architectes, ébénistes, vitriers... – et firent de la ville un ensemble moderniste unique en Europe *(voir la rubrique Barcelona)*.
L'art moderniste s'étendit à travers toute la Catalogne. Il se développa surtout dans les localités économiquement et démographiquement importantes, principalement sur la frange côtière, dans les zones industrialisées, les lieux de villégiature et les régions agricoles méridionales. Les constructions modernistes de Gérone (Rafael Masó), Reus (Domènech i Montaner), Terrassa (Lluís Muncunill), Manresa (Ignasi Oms), Lérida (F. Morea i Gatell), Mataró (Puig i Cadafalch), Canet de Mar (Domènech i Montaner), Sant Joan Despí (J.M. Jujol), les caves coopératives de César Martinell (Gandesa, Nulles, El Pinell de Brai, Rocafort de Queralt, etc.) et certains monuments singuliers comme la magnifique crypte de la **Colonia Güell**, œuvre de Gaudí à Santa Coloma de Cervelló près de Barcelone, comptent parmi les plus intéressantes.
Le modernisme incluait des personnalités très brillantes dans le domaine des arts plastiques. En **peinture, Ramon Casas** (1866-1932) et **Santiago Rusiñol** (1861-1931), dont les travaux étaient très proches de l'impressionnisme français, furent les plus connus. Ils ont été suivis d'une deuxième génération avec des artistes comme Nonell, Mir, le jeune Picasso et Anglada Camarasa. On peut noter aussi en **sculpture** Josep Llimona, Miquel Blai et Eusebi Arnau, en **arts décoratifs**, les ébénistes Homar et Busquets, les céramistes A. Serra et L. Escaler, les orfèvres Masriera. Les musées d'Art moderne de Barcelone, Cau Ferrat de Sitges et de Montserrat, parmi tant d'autres, conservent de belles œuvres de ces artistes.

L'AVANT-GARDISME ET L'ART ACTUEL

Pendant les premières décennies du 20e s., les exemples les plus tardifs du modernisme coexistèrent avec le **noucentisme** (ou Novecentismo) et l'apparition des premières manifestations avant-gardistes. **Eugeni d'Ors** fut l'idéologue du mouvement noucentiste (1911). Cette pensée se posait en réaction au modernisme et proposait un projet culturel et politique soutenant un retour aux sources classiques et méditerranéennes. Pour les arts plastiques, ce sont les peintres Torres-García, Joaquim Sunyer, le grand dessinateur Xavier Nogués, le fresquiste Josep Obiols qui marquèrent cette époque. En sculpture, ce furent Josep Clarà, Enric Casanovas et Esteve Monegal, influencés par Aristide Maillol.

L'**art d'avant-garde** arriva en Catalogne dans les premières années du siècle, grâce aux étroites relations entretenues entre les artistes catalans les plus novateurs et Paris. Ces relations avaient déjà commencé avec quelques modernistes et s'étaient développées grâce à la présence en France (1904) de Picasso, demeuré cependant fidèle à l'environnement de sa jeunesse. Implantés en Catalogne française, les noyaux du fauvisme (Ma-

Les maisons Amatller et Batlló, à Barcelone

tisse) à Collioure à partir de 1905 et du cubisme (Picasso, Braque, Gris) à Céret (1910) eurent une influence sur les artistes catalans, surtout à travers le personnage singulier de Manolo Hugué. Barcelone accueillit en 1917 Picabia, qui y édita la célèbre revue dadaïste **391**, sous la protection du marchand **Josep Dalmau**, personnage clef de la première vague avant-gardiste. C'est à Barcelone que Dalmau organisa les premières expositions des œuvres de **Joan Miró** en 1918 et de **Salvador Dalí** en 1925, dont les noms allaient devenir mondialement célèbres et dont des fondations ornent aujourd'hui Barcelone et Figueres. Dans le domaine de la sculpture, les deux personnages les plus importants, également très liés à Paris, furent **Julio González** et **Pau Gargallo**.

L'architecture novecentiste, d'origine populaire et influencée par les modèles italiens et nordiques, céda la place, vers 1920, au rationalisme européen. Barcelone devint le siège du **GATCAP**, groupe d'architectes qui a promu cette tendance. On doit surtout citer J.L. Sert, Torres Clavé, Churruca, Rodríguez Arias et Yllescas. La guerre civile fut une rude épreuve pour l'art avant-gardiste, car la politique culturelle réactionnaire contraignit de nombreux artistes à l'exil.

Les travaux du groupe de peintres constitué autour de la revue « **Dau al Set** » (1948-1954), d'origine surréaliste, ouvrirent la « **deuxième vague avant-gardiste** » en Catalogne. Parmi ses plus grands représentants, on compte Cuixart, **Tàpies** (le plus connu sur le plan international ; une fondation à Barcelone porte son nom), Joan Ponç, Tharrats et Brossa. Le non-formalisme de Tàpies (à partir de 1955) exerça une grande influence sur la peinture de cette époque. Divers courants se sont ensuite succédé parallèlement à ceux du reste du monde occidental.

Le **design** catalan, au prestige reconnu, préconisé par des institutions comme l'ADI/FAD (Agrupació de Disseny Industrial del Foment de les Arts Decoratives) puis le BCD (Barcelona Centre de Disseny), a permis la reconnaissance de noms aussi importants que ceux d'André Ricard, Miquel Mila, Oscar Tusquets et Javier Mariscal.

L'**architecture** des années soixante et l'urbanisme de la fin des années soixante-dix, représentés par des artistes et architectes tels que J.A. Coderch, Bohigas-Martorell-Mackay, R. Bofill, H. Piñón et A. Viaplana, ont connu une période d'essor particulièrement brillante. Cette époque de création et d'aménagement urbains a atteint son apogée avec le profond remaniement de la ville de Barcelone pour l'accueil des Jeux olympiques en 1992. À cette occasion, divers personnages internationalement connus sont intervenus dans la cité barcelonaise. La récente inauguration du musée d'Art contemporain de Barcelone, œuvre de Richard Meier, symbolise la volonté de l'art catalan de poursuivre le chemin de la modernité.

Antoni Tàpies – *Llibre-mur*

QUELQUES TERMES D'ART

Les termes espagnols ou catalans sans équivalents en français sont indiqués en bleu.

Abaque : pièce en forme de tablette qui couronne le chapiteau.

Abside : extrémité du chœur d'une église. Elle peut être semi-circulaire ou polygonale.

Absidioles : petites chapelles radiales s'ouvrant sur le déambulatoire dans une église romane ou gothique.

Ajimez : baie géminée en arc.

Alfiz : moulure rectangulaire qui encadre les arcs dans l'architecture arabe.

Almohadillado : se dit d'un bossage constitué de pierres de taille saillantes aux arêtes biseautées ou arrondies.

Arc :

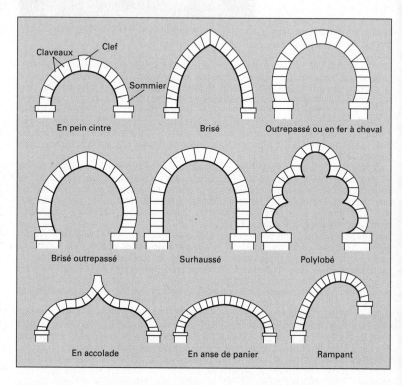

En pein cintre — Brisé — Outrepassé ou en fer à cheval

Brisé outrepassé — Surhaussé — Polylobé

En accolade — En anse de panier — Rampant

Arcade : ensemble constitué d'un arc et de ses supports dits jambages (ou piédroits).

Archivolte : ensemble de moulures concentriques, en retrait les unes par rapport aux autres, décorant la face externe d'un arc.

Atlante : statue masculine faisant fonction de colonne ou de pilier.

Bandes lombardes : bandes verticales de faible saillie, unies à leur sommet par de petites arcades soutenues par des corbeaux ou des modillons.

Beatus : moine asturien, auteur des Commentaires de l'Apocalypse à Liébana en 784. Par la suite, ce terme devient générique et désigne les copies manuscrites de l'œuvre.

Caisson : compartiment creux compris entre les solives d'un plafond, parfois décoré.

Camarín : petite chapelle en arrière de l'autel, située au premier étage, où l'on vénère généralement une statue de la Vierge précieusement vêtue.

Cariatide : statue féminine faisant fonction de colonne ou de pilier.

Chevet : partie extérieure du chœur d'une église.

Chœur : espace autour du grand autel, séparé de la nef par des marches ou une clôture.

Chrisme : monogramme du Christ formé par les deux premières lettres de Christos en grec (X et P) auxquelles on peut ajouter les lettres alpha et oméga, qui représentent le début et la fin de toutes choses.

Clef de voûte : claveau central d'un arc cintré ou pièce, souvent décorée, située à l'intersection d'une croisée d'arcs.

Console : organe en saillie supportant une corniche, un balcon, par exemple.

Contrefort : renfort de maçonnerie appliqué sur les murs extérieurs pour diminuer les effets de la poussée.

Cor : partie de l'église réservée au clergé, généralement située, dans les cathédrales espagnoles, dans la partie centrale de la nef principale ; précédant l'autel, le *coro* peut être de plain-pied ou surélevé.

Déambulatoire : voir Girola.

Écoinçon : partie de mur triangulaire, comprise entre deux arcs successifs.

Estípite : pilastre en forme de pyramide tronquée dont la base est plus petite que la partie supérieure.

Gâble : fronton triangulaire aigu, typique du gothique. Il peut comporter une décoration massive ou ajourée.

Géminé : se dit de tout élément groupé par paire.

Girola : déambulatoire, galerie prolongeant les deux nefs latérales d'une église et faisant le tour du chœur.

Grotesque : décoration typique de la Renaissance qui associe des éléments végétaux, des êtres fantastiques et des animaux enlacés formant un tout.

Jambages : montants verticaux, souvent décorés, qui soutiennent un linteau ou un arc d'une porte ou d'une fenêtre.

Lanterne : construction circulaire couronnant une coupole et percée de baies pour laisser entrer la lumière.

Linteau : pièce horizontale placée au-dessus d'une baie et reliant deux jambages, piliers ou colonnes.

Mâchicoulis : parapet d'un château, en saillie, soutenu par des consoles et percé verticalement d'ouvertures.

Meneau : montant ou traverse divisant une ouverture en deux ou plusieurs compartiments.

Miséricorde : petite console visible quand les sièges des stalles sont levés, et servant aux moines à s'appuyer en donnant l'impression qu'ils sont debout.

Modillon : ornement en forme de console placé sous la saillie d'une corniche.

Narthex : vestibule précédant une basilique.

Oculus : petite fenêtre circulaire ou elliptique, dite aussi œil-de-bœuf.

Pantocrator : représentation du Christ triomphant, très fréquente au Moyen Âge, avec les Évangiles dans la main gauche et la main droite en attitude de bénédiction.

Parteluz : meneau vertical (pilier ou colonne) qui divise en deux l'ouverture ou la lumière d'un porche ou d'une fenêtre.

Pendentif : construction en triangle concave ménagée entre les arcs supportant une coupole. Cette adjonction permet de passer d'un plan carré à un plan circulaire.

Péristyle : jardin entouré de colonnes, typique des maisons grecques. On l'utilise aussi pour désigner la galerie de colonnes qui entoure un bâtiment.

Pilastre : pilier adossé contre un mur.

Pinacle : couronnement en pointe – typique du gothique – d'un contrefort, d'un arc-boutant ou de la flèche d'une tour ; il est généralement décoré, ajouré.

Plementería : ensemble de pierres qui ferment, dans les voûtes gothiques, les espaces qui restent entre les arcs.

Prédelle : partie inférieure d'un retable (on l'appelle aussi banc).

Stuc : mélange de plâtre ou de chaux et de prêle (il peut aussi contenir de la poudre de marbre).

Tambour : élément architectonique cylindrique ou polygonal sur lequel s'élève une coupole semi-sphérique. Chacune des pièces cylindriques qui forment le fût d'une colonne (quand il ne s'agit pas de monolithe).

Tour lanterne : tour portée sur quatre grands arcs et percée de baies éclairant l'église. Elle s'élève sur la croisée du transept.

Travée : espace compris entre deux points d'appui.

Triforium : galerie circulant au-dessus des collatéraux et s'ouvrant sur la nef centrale.

Trompe : arc diagonal bandé placé dans les angles d'une construction carrée, permettant le passage d'un plan carré à un plan polygonal. On donne aussi ce nom aux petites voûtes tronquées supportant des constructions d'angle en encorbellement.

Tympan : surface intérieure d'un fronton. Espace généralement décoré, délimité par les archivoltes et le linteau dans les porches des églises.

Venera : ornement en forme de coquille Saint-Jacques, symbole des pèlerinages de Saint-Jacques-de-Compostelle.

Voûte d'arêtes : formée par la pénétration de deux voûtes en berceau de même diamètre se coupant à angle droit.

Voûte en berceau : succession d'arcs en plein cintre le long d'un axe longitudinal.

Voûte sur croisée d'ogives : voûte soutenue par deux arcs diagonaux dits ogives se croisant perpendiculairement à la clef de voûte et dont les arêtes renforcées de nervures saillantes délimitent quatre voûtins triangulaires.

Yesería : ouvrage de plâtre. Décor habituellement sculpté ou gravé et peint.

Langue et littérature

La langue propre à la Catalogne, officiellement admise au même titre que le castillan, est le catalan, langue romane qui à partir du territoire de l'ancienne Marche d'Espagne s'est étendue au cours du Moyen Âge à travers les territoires de la Catalogne contemporaine, le Roussillon, les îles Baléares, la frange située à la frontière de l'Aragon et la plus grande partie de l'actuelle Communauté valencienne.

Du 12e au 14e siècle

Les modèles les plus anciens de littérature catalane datent du 12e s. (une traduction du *Forum ludicum* et des homélies ont été retrouvées dans la paroisse d'Organyà). L'étroite relation existant entre la Catalogne et la Provence pendant le haut Moyen Âge suppose l'adoption du provençal en tant que langue poétique. Parmi les troubadours catalans de cette époque, on compte Guillem de Berguedà, Guillem de Cabestany, Ramon Vidal de Besalú et Cerverí de Gérone.

Le créateur de la prose littéraire catalane est **Ramon Llull** (1233-1315), Majorquin de parents catalans ; il est polyglotte, philosophe et mystique. Parmi les apports importants, on compte aussi **quatre grandes chroniques** : *El libre dels feyts*, dicté par Jacques Ier le Conquérant, la narration des faits liés au règne de Pierre III le Grand par Bernat Desclot, le récit de l'expansion catalane en Méditerranée par Ramon Muntaner (à partir de 1325) et la chronique du règne de Pierre IV le Cérémonieux, ou le Cruel, rédigée par le roi lui-même avec l'aide de Bernat Descoll et d'autres collaborateurs.

ROGER-VIOLLET

Ramon Llull, poète,
philosophe et mystique

15e siècle

C'est le siècle d'or du style lyrique catalan, très influencé par l'humanisme italien. Ses figures les plus brillantes sont valenciennes : **Jordi de Sant Jordi** et **Ausiàs Marc.** La grande école de prosateurs est la chancellerie royale, influencée par l'humanisme, dont on remarquera en particulier **Bernat Metge**, auteur de *Lo Somni* (Le rêve, 1399). Vers la même époque naît le roman chevaleresque en catalan, avec *Curial e Güelfa* (œuvre anonyme) et *Tirant lo Blanc*, œuvre du Valencien Joanot Martorell qui inspira le célèbre « El Quijote ». *L'Espill* (Le miroir), de Jaume Roig, autre Valencien, peut être considéré comme précurseur du roman picaresque espagnol du 16e s.

Du 16e au 18e siècle

La perte de l'hégémonie politique ainsi que la disparition de la Cour et de la Chancellerie entraînèrent pour la littérature catalane une longue période de **décadence**. Celle-ci va s'aggraver avec l'avènement des Bourbons et le décret de Nueva Planta, par lequel on cherche à imposer une uniformisation à la française aux territoires de la couronne d'Aragon, en interdisant l'usage du catalan dans la langue administrative.

19e siècle

La montée de la bourgeoisie commerçante et industrielle catalane et le romantisme sont à l'origine d'un mouvement de renouveau culturel, la **Renaixença**, engagé par **Bonaventura Carles Aribau** dans son *Oda a la Pàtria* (1833). Les grands poètes du siècle sont le prêtre **Jacint Verdaguer** (1845-1902) dont les poèmes épiques *(L'Atlàntida, El Canigó)* donnèrent une nouvelle vigueur au catalan savant à partir de son usage populaire, et **Joan Maragall** (1860-1911), dont l'œuvre éveilla une forte résonance civique. **Ángel Guimerà** *(Terra Baixa)*, dramaturge de renommée mondiale, connaît une popularité énorme.

20e siècle

La mise en place du catalanisme politique et son accès aux institutions publiques (la Mancomunitat présidée par Prat de la Riba) permettent, pour la première fois en deux siècles, la consolidation d'une « culture officielle ». Celle-ci sera décisive pour la modernité européenne et connue sous le nom de **noucentisme**. Le principal mentor idéologique est **Eugeni d'Ors** (1882-1954), grand essayiste et habile polémiste. Quant à **Pompeu Fabra**, il pose les bases grammaticales et lexicales du catalan moderne.

Jusqu'à la guerre civile, la littérature catalane vit une période de splendeur qu'on ne peut comparer qu'aux brillants 14e et 15e s. Il convient de mettre en évidence les poètes de la catégorie de Josep Carner, Jaume Bofill i Matas (Guerau de Liost), Josep López Picó et Josep Sagarra, célèbre dramaturge également. Nous devons aussi un hommage à **Carles Riba**, poète lyrique, et à Joan Estelrich, tous deux créateurs de la Fondation Bernat Metge, qui se consacre à la traduction des œuvres classiques.

Les courants avant-gardistes ont trouvé un écho auprès d'écrivains tels que l'anarchisant Joan Salvat-Papasseit ou Josep Vicenç Foix, qui associe la grande tradition d'un Ausias Marc avec les tendances littéraires les plus avancées. Joan Oliver, poète et dramaturge, introduit le sens de la critique mordante et socialement engagée. En ce qui concerne l'art de la prose, citons Caterina Albert, qui, sous le pseudonyme de **Victor Català**, écrivit le premier grand roman moderne catalan (Solitud, 1906), et **Josep Pla**

Le Dictionnaire général de Pompeu Fabra

(1897-1981), indispensable à la connaissance de la Catalogne du 20e s.

La prohibition sévère de l'usage public de la langue catalane après la guerre civile se traduisit par un effondrement de la littérature, surtout du style narratif. La littérature catalane de la première après-guerre est celle d'auteurs exilés, Pere Calders, **Mercè Rodoreda** (La place du diamant, 1960), Xavier Benguerel, Ferran de Pol et Vicenç Riera Llorca, ou pratiquement clandestins, avec les poètes **Salvador Espriu** (1913-1985) et le Valencien Vicent Andrés Estellés. À partir des années soixante, les attitudes de défense linguistique se multiplient et s'accompagnent d'un logique conservatisme. Parmi les nouveaux poètes, on compte surtout Josep Palau i Fabre et Joan Vinyoli, et parmi les narrateurs **Joan Sales** (Gloire incertaine, 1956, le grand roman sur la guerre civile), Maria Aurèlia Capmany, plus avant-gardiste, Joan Perucho et Jordi Sarsanedes, influencés par le réalisme fantastique. Manuel de Pedrolo est un romancier préoccupé par la nécessité d'introduire des genres modernes face à une narration trop limitée ; Joan Fuster (Nosaltres, els valencians) est un brillant essayiste clairement pan-catalaniste ; **Eduardo Mendoza** (1943), après avoir opté pour un genre parodique plein de verve et atteint la notoriété internationale avec Le Labyrinthe aux olives (1982), a fait représenter en 1991 une pièce de théâtre en catalan, Restauració.

Parmi les générations les plus récentes, nous citerons des poètes comme Miquel Martí i Pol, à l'œuvre intimiste et réféchie, Gabriel Ferrater (Les dones i els dies) et Maria Mercè Marçal. Jesús Moncada (Cami de sirga) est l'un des romanciers les plus intéressants de cette fin de siècle. Mentionnons enfin des écrivains plus populaires comme Josep M. Espinàs, Quim Monzó, Ferran Torrent et Maria Mercè Roca.

QUELQUES LIVRES

Art, histoire

Catalogne romane, en 2 volumes (Zodiaque, coll. « Nuit des Temps »)

Guide Gaudí « L'exaltation de Barcelone », par Xavier Güell (Guides visuels, Hazan)

Barcelone, Art nouveau, photographies de Melba Levick, textes de Lluís Permanyer (Albin Michel)

77 promenades dans Barcelone, par Xavier de Coster et Martine Lécluse (Casterman, coll. Découvrir l'architecture des villes)

Ricardo Bofill, par Annabelle d'Huart (Electa Moniteur, coll. Monographies d'architecture)

Dalí, par Ignacio Gómez de Liaño (Albin Michel, coll. Les Grands maîtres de l'art contemporain)

Joan Miró, par Jacques Dupin (Flammarion)

Les Promenades de Picasso, par Jacques Perry et Jean-Marie del Moral (Chêne)

Tapiès, par Victoria Combalia Dexeus (Albin Michel, coll. Les Grands maîtres de l'art contemporain)

La Catalogne, par Fransesc Granell (P.U.F., coll. Que sais-je ?)

Littérature

Ramón Llull : Principes et questions de théologie (Cerf), Le Livre des bêtes (éd. Ad'hoc), Livre de l'ami et de l'aimé (La Différence, coll. Orphée)

Miguel Llor : Laura (Jacqueline Chambon)

Baltazar Porcel : Galop vers les ténèbres (Actes Sud)

Joan Vinyoli : Promenades d'anniversaire (La Différence)

Jesús Moncada : Les Bateliers de l'Èbre *(Seuil)*

Salvador Espriu : La Peau de taureau, Les Rochers et la Mer, le Bleu *(éd. Ombre)*

Joan Sales : Gloire incertaine *(Gallimard)*

Joan Perucho : Le Hibou, histoires-presque-naturelles *(Julliard)*

Manuel Vázquez Montalbán : Le Labyrinthe grec *(10/11, Grands Détectives)*, Sabotage olympique *(Christian Bourgois)*, La Joyeuse Bande d'Atzavara *(Seuil)*, Galindez *(Seuil)*, Happy End *(éd. Complexe)*

Mercè Rodoreda : La Place du diamant *(Gallimard/l'Étrangère)*, Tant et tant de guerres *(Aralia Éditions)*, Comme de la soie *(Actes Sud)*

Eduardo Mendoza : Le Mystère de la crypte ensorcelée *(Seuil)*, Le Labyrinthe aux olives *(Seuil)*, La Ville des prodiges *(Seuil)*

Folklore et traditions

UN PAYS DE FÊTES ET DE TRADITIONS PROFONDES

Les fêtes populaires de la Catalogne, profondément méditerranéennes, reposent sur les fêtes du calendrier liturgique chrétien bien qu'elles conservent des racines païennes. Leur variété et leur éclat résultent de l'héritage d'une culture ancienne et de l'expression du caractère d'un peuple.

Le feu en est l'un des éléments les plus caractéristiques. Il est présent dans les bûchers ancestraux de la nuit de la Saint-Jean comme dans les *falles* (troncs de sapins en flammes que les jeunes gens portent en descendant la montagne en procession) pyrénéennes, présent lors des grandes solennités aux spectaculaires feux d'artifice ou lorsque les assourdissants pétards éclatent en série, présent avec les bandes de démons et d'animaux fantastiques comme le dragon ou la *mula-guita* (monstre à cou de girafe dont la gueule vomit du feu). Les célèbres fêtes de la **Patum**, par lesquelles la ville de Berga *(voir ce nom)* célèbre la Fête-Dieu, constituent une apothéose du feu.

Les **géants** qui, accompagnés des pittoresques **cabezudos** (grosses têtes), défilent et dansent à travers les villages au son des chalumeaux et du tambour font aussi partie des rites habituels des plus grandes fêtes. Une autre manifestation – partagée avec plusieurs pays européens – est celle des **balls de bastons**, quadrilles de jeunes qui dansent en faisant claquer leurs bâtons au rythme de la musique.

Les **castells** méritent d'être décrits plus en détail. Ils sont propres à la région du Camp de Tarragona (Reus, Tarragone, Valls qui en est le berceau) et du Penedès (El Vendrell, Vilafranca del Penedès, Vilanova i la Geltrú, Sitges). Leur vitalité est impressionnante, comme en témoigne la création récente d'équipes dans d'autres villes. Ces formations

La sardane, si bien chantée par Charles Trenet

de châteaux humains, qui peuvent aller jusqu'à s'élever sur neuf étages, sont couronnées par le salut d'un enfant, l'*anxaneta*. Supportés par une solide *pinya* (groupe), ces échafaudages vivants rivalisent d'agilité pour réaliser les exercices les plus difficiles, toujours au son des chalumeaux. Ils sont de toutes les fêtes populaires, à l'occasion desquelles sont organisés des concours très appréciés.

La **sardane** est la danse traditionnelle catalane par excellence, pratiquée par tous et non pas exécutée par les seuls groupes folkloriques. Elle se danse en formant de vastes cercles où les danseurs se tiennent par la main (dans de très rares occasions, ils se tiennent simplement côte à côte, et la sardane est alors dite « ouverte »), et réunit des couples, constitués par la danseuse qui se trouve à la droite d'un danseur, qu'il convient de ne pas séparer. La sardane est composée de figures de durée longue ou courte combinant des pas sautés qu'il faut toujours compter, la position des mains, basses ou à hauteur des épaules, marquant les trottés courts ou longs.

La musique est interprétée par des instruments à vent aux sons particulièrement plaisants : *flabiol* (sorte de chalumeau), *tamborí* (tambourin servant à scander la mesure), *tibles* (petits hautbois au timbre champêtre), *tenores* (grands hautbois graves), qui n'existent qu'en Catalogne, auxquels s'ajoutent trompettes, *fiscornes* (puissants barytons), trombone et contrebasse, l'ensemble constituant une **cobla**, groupe de 12 instruments. On danse généralement certains jours bien déterminés de la semaine, surtout le dimanche, sur de nombreuses places publiques.

D'autres danses, moins répandues et exécutées en costume typique lors de fêtes locales, s'inspirent soit des danses seigneuriales, comme la **Dansa o Gala de Castellterçol** et de Campdevànol, soit des danses populaires, comme les **balls de gitanes** du Vallès et du Penedès, qui s'accompagnent de castagnettes et de *panderetas* (tambours basques). N'oublions pas les **jotas** des régions de l'Èbre qui existent toujours grâce aux *esbarts dansaires*, groupes folkloriques parmi lesquels il convient de citer celui de Rubí.

Les « Festes majores »

Toute l'année se succèdent de nombreuses fêtes combinant les manifestations catalanes traditionnelles et les événements locaux. La fête du saint patron ou de la sainte patronne de chaque village ou quartier urbain constitue la **Festa major**, grande fête locale qui dure généralement trois ou quatre jours. Les rues se parent, on monte des abris en toile pour le bal, on célèbre de solennels offices religieux avec processions, on organise des défilés *(pasacarrers)* avec des géants et des grosses têtes. Mais, aussi, on joue de la musique, on installe des manèges et des attractions foraines, on organise des compétitions sportives, des sardanes ou des danses folkloriques locales, le point d'orgue étant le feu d'artifice final. L'été – notamment le jour de l'Ascension et celui de la Nativité de la Vierge – est, par essence, la période des fêtes locales. Les plus célèbres, pour la diversité de leurs spectacles, sont celles de Vilafranca del Penedès, Lérida, Sitges, Solsona, Cardona, Valls, Olot, Barcelone et son quartier de Gràcia, pour ne citer que quelques noms.

Calendrier des festivités

Les principales fêtes attachées au calendrier liturgique sont le jour de **Todos los Santos** (Toussaint), avec l'apparition des marchands de marrons et des *panellets* (où sont présentés bonbons aux pignons, amandes et massepain), et la visite au cimetière. Le jour de la **Saint-Martin** (11 novembre), on tue le cochon et on goûte le vin nouveau dans les zones rurales.

La période de **Noël** (Navitat) est particulièrement riche. Il existe une grande tradition de réalisation de crèches dans chaque foyer, avec des figurines sculptées qui représentent la naissance de Jésus. Ces petits personnages se vendent en même temps que la mousse et le liège à la foire de Sainte-Lucie (celle de Barcelone, devant la cathédrale, est très populaire). Les enfants donnent des représentations théâtrales dites *Pastorets*, reconstitutions de l'adoration des bergers. Plus modernes, les *Pessebres vivents* sont des crèches vivantes auxquelles participent les gens du lieu. Durant la *Nochebuena* (nuit de Noël), marquée par la *Misa del Gallo* (la messe de minuit est dite messe du coq, car c'est l'heure à laquelle le coq chante pour la première fois), le **tió**, une vieille souche placée dans les foyers pour garantir l'abondance, procure bonbons et cadeaux aux enfants. Le grand repas de Noël *(escudella i carn d'olla*, chapon ou dinde farcie, *turrones* et *cava*) fait partie des traditions ainsi que celui de la Saint-Étienne (26 décembre), au cours duquel on mange les célèbres *canelones* (cannelloni à base de bœuf émincé et de poulet). Comme dans le reste de l'Espagne, le jour des saints Innocents permet de faire beaucoup de farces et de commettre nombre de plaisanteries. La *Noche Vieja* – nuit de la Saint-Sylvestre – se fête de façon traditionnelle en mangeant, lorsque sonnent les douze coups de minuit, les douze grains de raisin destinés à donner du bonheur pendant les douze mois de l'année. Durant la nuit des Rois, au cours de cavalcades dans les rues des villes, les Mages installés en haut de somptueux carrosses jettent sur leur passage bonbons et confettis.

Le jour de **saint Antoine abbé** (17 janvier) correspond à la traditionnelle bénédiction des animaux à sabots, notamment des animaux de selle. La *Cavalcade dels Tres Tombs*, avec ses chevaux couverts de fleurs et de grelots, parcourt les rues de nombreux villages.

Les fêtes de **Carnaval** ont retrouvé aujourd'hui leur ancien éclat. Bals masqués, déguisements, mascarades, batailles de bonbons, enterrement de Sa Majesté Carnaval se succèdent tandis que l'on consomme une nourriture grasse et abondante.

Castell à Valls

Les carnavals de Vilanova i la Geltrú, de Solsona, de Sitges, de Reus, de Barcelone, de Platja d'Aro entre autres sont particulièrement brillants.

Au cours de la **Semaine sainte** se perpétuent des traditions qui commencent le dimanche des Rameaux *(Domingo de Ramos)* par la bénédiction des palmes et des *palmones* – que les parrains offrent à leurs filleuls – de laurier et d'olivier. Issue du drame liturgique médiéval, la représentation de la Passion par les habitants des villes se maintient à Olesa, Esparreguera, Cervera et Ulldecona. Les processions rassemblant corporations et confréries religieuses, avec leurs *encapuchados* (participants dont la tête est couverte d'une cagoule), leurs *pasos* (chars sculpturaux figurant des scènes de la Passion), leurs soldats romains et leurs fanfares sont encore nombreuses dans beaucoup de villes comme Gérone, Tarragone, Vic, Esterri d'Àneu, Mataró, Badalona ou Banyoles. La ville de Verges intègre dans sa représentation de la Passion et dans sa procession une impressionnante *Dança de la Mort* d'origine médiévale.

C'est lors de la **Pascua Florida** (Pâques fleuries), dite aussi Pascua de Resurrecció, que se manifeste l'une des plus anciennes traditions. Accompagnés à travers les rues et les logis de curieux instruments traditionnels, des hommes interprètent en chœur les caramelles, chants annonçant la fête de la résurrection, et reçoivent en échange nourriture et argent pour le repas traditionnel du lundi. C'est encore à Pâques que les parrains offrent à leurs filleuls les **mones**, pâtisseries en forme de couronne dont la décoration faite à l'origine avec des œufs s'est peu à peu transformée en créations de chocolat plus ou moins sophistiquées représentant les visages populaires de l'actualité. Le lundi de Pâques ont lieu les « roméries », pèlerinages vers l'une des nombreuses chapelles isolées ou un sanctuaire marial.

Le 23 avril, la **fête de saint Georges** – saint légendaire, patron de la Catalogne – nous offre une beauté particulière et de superbes coloris : on célèbre alors le *Día del Llibre i de la Rosa* (Journée du Livre et de la Rose), dit aussi Día de Sant Jordi i Día de Cervantes, car Cervantes mourut ce jour-là. Les hommes offrent une rose aux femmes qui, en retour, leur offrent un livre. Barcelone s'emplit de parades de roses rouges, cadeau galant ou d'amitié, et de livres (on y trouve de nombreuses nouveautés éditoriales et les auteurs y signent leurs ouvrages). La fête de saint Georges s'est étendue à d'autres villes. À Montblanc, on organise à cette occasion une Semaine médiévale à laquelle participent les habitants avec leurs anciens outils ; on y vend des produits médiévaux et on y représente des épisodes de la légende du saint.

Au printemps, ce sont les réminiscences de l'arbre de mai *(árbol de mayo)*, mais le jour le plus animé est celui de la **Fête-Dieu** (Corpus), avec la spectaculaire Patum de Berga *(voir plus haut)*, avec les tapis de fleurs de Sitges, les *Enramades* de Sallent et d'Arbúcies, sans oublier le populaire *Ou com balla* du cloître de la cathédrale de Barcelone.

Le solstice d'été se fête la **nuit de la Saint-Jean** (nuit du 23 au 24 juin) avec des fêtes populaires en plein air dont le feu est l'élément dominant : feux de joie, pétards, feux d'artifice. Dans le Pallars et le Val d'Arán, les hommes descendent de la montagne jusqu'à la place du village avec de gros troncs enflammés *(falles)*.

Les processions maritimes pour la *Virgen del Carmen* (Vierge du Carmel le 16 juillet), le chant des *habaneras* sur la Costa Brava, les fêtes de la moisson et des vendanges, les fêtes du bétail, les concours de chercheurs de champignons, entre autres, achèvent le cycle.

La **Diada** (11 septembre) est la fête nationale de la Catalogne. On y commémore la résistance héroïque et la chute de Barcelone face aux forces des Bourbons en 1714. On procède à un dépôt de fleurs sur le monument de **Rafael de Casanova**, ainsi qu'à des cérémonies politiques au *Fossar de les Moreres*.

Gastronomie

La cuisine catalane, typiquement méditerranéenne, a pour élément de base l'huile d'olive et utilise des matières premières de qualité. La diversité du territoire catalan offre une grande variété de produits qui vont des excellents poissons des côtes, des escargots, des champignons, des fruits, des légumes de ses plaines agricoles au gibier ou aux fromages des zones de montagnes.

SUR LA TABLE

Pain avec tomates et charcuterie – Simple mais indissociable du peuple catalan, le *pa amb tomàquets* (tranche de pain de pays, couverte de tomate et assaisonnée d'huile d'olive et de sel) se consomme accompagné de jambon ou de toute autre charcuterie, voire d'une omelette.

Les charcuteries catalanes sont célèbres pour leur qualité et leur variété. On les trouve conservées dans le sel (jambon, lard, échine), destinées à être cuisinées (saucisses et certaines variétés de *botifarres*, boudins catalans typiques), à déguster sèches (*longaniza* – saucisson de la région de Vic –, *fuet* – saucisson sec –) ou encore cuites (botifarres blanches – sans sang –, ou noires). Cette charcuterie, mélangée à des légumes verts, entre dans la composition de la salade catalane.

Un plat consistant : la escudella i carn d'olla – Tout à fait approprié pour les journées froides, ce plat, l'un des plus typiques de la Catalogne, est un pot-au-feu mêlant des légumes en abondance, du porc, du veau et de la poule, dont le bouillon constitue la *escudella* proprement dite et que l'on sert après le *caldo de galets*, pâte épaisse en forme d'escargot souvent utilisée dans les potages.

Légumes, escargots et champignons – Frits, l'oignon *(cebolla)*, l'ail *(ajo)* et la tomate sont les composants de base d'un grand nombre de plats catalans. Le poivron ou piment doux *(pimiento)* et l'aubergine *(berenjena)* au four donnent la escalivada et, frits avec la courgette *(calabacín)*, la *samfaina*. N'oublions pas les fèves *(habas)* à la catalane et le *xató*, salade d'anchois et de thon, typique de la Costa de Garraf. Les escargots *(caracoles)* et les champignons *(setas)* sont très appréciés et on les consomme seuls, en accompagnement ou en sauce : *caracoles dulces* ou *picantes*, *caracoles a la llauna* (escargots à la casserole), *conejo con caracoles* (lapin aux escargots), *sopa de fredolics* (potage aux petits-gris).

Poissons et fruits de mer – On les prépare aussi bien grillés ou frits qu'en courts-bouillons servis avec une sauce relevée *(zarzuelas)* ou en bouillabaisse à la tomate *(suquets)*. Préparés au sel, au four ou à la marinière, la dorade, le bar, le mérou sont délicieux. Le *romesco* est une savoureuse sauce au vin avec de l'huile d'olive, des amandes pilées et des épices qui accompagne les poissons. L'anguille ne se trouve que dans le delta de l'Èbre. Les langoustines de Sant Carles de la Rapità et les anchois de l'Escala et de Cadaqués sont réputés ainsi que les *espardenyes* de la Costa Brava. Le riz cuisiné avec le poisson occupe une grande place : *arroz a la cazuela, rossejat, arroz negro...*

Poissons et fruits de mer grillés

C. Sarramon

La paella aux escargots

Laisser jeûner les escargots pendant 3 jours afin qu'ils rendent toute leur bave. Les mettre dans une passoire et les laver abondamment à l'eau courante en les remuant fortement à la main pour éliminer toute trace de bave. Les saupoudrer de sel fin et les mettre dans un récipient contenant de l'eau froide pendant 2 ou 3 heures, puis les laver à nouveau sous le robinet. Les mettre dans une grande casserole d'eau tiède (plongés net dans l'eau bouillante, ils se recroquevillent au fond de leur coquille et sont difficiles à l'en extraire). Ajouter une bonne quantité de fenouil, un peu de thym et une cuiller de sel. Porter lentement à ébullition et laisser frémir durant 1 heure et demie afin d'attendrir les chairs. Égoutter soigneusement et servir soit en hors-d'œuvre avec une sauce telle que l'aïoli, ou ajouter dans une paella.

Recette pour 4 à 6 personnes : *1 tasse à café d'huile d'olive, 1 demi petit poulet, 250 g de porc maigre, 250 g de lotte ou de tout autre poisson blanc, 250 g de calmar ou de jeune poulpe nettoyé et taillé en morceaux, un demi oignon, une gousse d'ail, un poivron rouge, 2 tomates, 150 g de petits pois, 150 g de pois chiches, une cuiller à soupe de persil haché, une pincée de noix de muscade râpée, une pincée de thym, une feuille de laurier, safran, sel et poivre, 450 g de riz, 18 escargots, 12 crevettes (bouquets) cuites et 12 moules ou palourdes.*

Verser l'huile dans une paellera ou une grande poêle et frire poulet, porc et poisson découpés en gros dés. Lorsqu'ils sont bien colorés sur toutes les faces, ajouter l'oignon et l'ail très finement hachés et le poivron coupé en lamelles. Cuire doucement quelques minutes puis ajouter les tomates, pelées et en morceaux, les pois ainsi que toutes les herbes et la noix de muscade râpée. Verser environ 1/2 l d'eau, ajouter le sel et le poivre, et laisser frémir jusqu'à évaporation du liquide. Ajouter ensuite tout en mélangeant, le riz, le safran et les escargots. Verser doucement 1 l d'eau, porter à ébullition et laisser frémir durant 15 à 20 minutes sans remuer, afin que le riz cuise et absorbe la majeure partie du liquide. Disposer bouquets et moules sur le mélange, et soit couvrir le récipient et le laisser au feu à faible flamme, soit le mettre au four pendant 5 minutes, jusqu'à ce que les bouquets soient bien chauds et que les moules se soient ouvertes. Servir dans le plat de cuisson.

La **morue** *(bacalao)* se consomme de différentes manières : la *esqueixada* (salade à base de morue crue dessalée et émiettée), brandade, *bacalao a la llauna*...

Viandes, volailles, gibiers – Les viandes de mouton, de bœuf et de veau préparées à la braise se servent avec l'aïoli, mais peuvent aussi être cuites à l'étouffée ou en fricandeau. Le lapin *(conejo)*, souvent cuit à la braise et accompagné d'aïoli, peut être cuisiné de manière plus surprenante : *con chocolate* (au chocolat) ou *con langosta* (à la langouste). La recette du *pollo con langosta* ou *con cigalas* (poulet à la langouste, ou aux langoustines) est également typique. Le canard *(pato)* donne de bons foies gras frais *(frescos)* dans la zone pyrénéenne et sur la Costa Brava, tandis que les magrets sont caractéristiques comme les recettes de *pato con peras* (canard aux poires), *con ciruelas* (canard aux prunes) ou *con nabos* (canard aux navets). On trouve aussi de délicieux civets ou étouffades de sanglier *(jabalí)* et de lièvre *(liebre)*.

Deux spécialités méridionales – Les **calçots**, typiques de Valls, sont une variété d'oignons doux, cuits à la braise et servis en « tuiles », qui se trempent dans la *salvitxada* (variété de romesco). La *calçotada*, repas où les calçots constituent le plat d'honneur, est accompagnée d'un second plat de *chuletas* (côtelettes) d'agneau et de *botifarres* à la braise.

La **coca de recapte** est une tranche de pain très fine, cuite au four avec des oignons, des poivrons et d'autres légumes verts, garnie d'une saucisse ou de sardines.

Desserts et douceurs – Le roi des desserts est la **crème catalane** *(crema catalana)*, crème renversée nappée d'un léger voile de sucre caramélisé, sans oublier le *mel i mató*, fromage blanc au miel, les *postres de music* (avec des amandes, des noisettes et des raisins secs) et les *melocotones con vino* (pêches au vin). En pâtisserie, on trouve aussi une grande variété de *cocas dulces* (à l'huile et au sucre notamment), le *pa de pessic* (biscuit), les *panellets*, les *carquinyolis* et les *pastissets*.

LES VINS

Depuis l'Antiquité, la Catalogne est une zone marquée par une importante tradition viticole, grâce à la fertilité des terres et aux conditions climatiques favorables. Ses vins sont protégés sous 9 appellations d'origine contrôlée (D.O. : denominación de origen). Son vignoble de plus de 70 000 ha produit chaque année environ 3 000 000 hl de vin. Les vins blancs, les rosés, les vins rouges et bien sûr les *cavas* offrent une gamme étendue qui vous assure du bon choix quand vous voudrez accompagner la savoureuse gastronomie catalane.

DO Empordà – Costa Brava – Les plus connus sont les vins rosés de grande personnalité à l'arôme délicat ; ils sont frais et faiblement alcoolisés. Il existe aussi d'excellents vins rouges fruités et légers à consommer jeunes, ainsi que de généreux vins doux.

DO Alella – Produit essentiellement des vins blancs, secs ou doux, fruités et aromatisés. Bons vins rouges.

DO Penedès – C'est la région vinicole la plus importante de Catalogne avec une production supérieure à 1 500 000 hl de vin, qui comprend des vins blancs et rosés, frais et fruités faiblement alcoolisés, des vins rouges légers, doux et veloutés, et de généreux vins doux et secs.

DO Conca de Barberà – Produit des vins blancs faiblement alcoolisés et à la bonne acidité, des rosés légers et des vins rouges nouveaux.

DO Tarragona – On y élabore des vins blancs doux et légers, des vins rouges robustes, des rosés fins et élégants et des vins liquoreux.

DO Priorat – On remarquera en particulier les vins rouges de couleur grenat, robustes et aromatisés, et les généreux vins blancs secs ou doux.

DO Terra Alta – Produit des vins blancs, forts et aromatisés, des vins rouges avec du corps et des vins vieux de plus de 15°.

DO Costers del Segre – Vins blancs et rosés jeunes, légers et fruités, et vins rouges avec du corps, équilibrés et aromatisés.

DO Pla de Bages – Produit des vins blancs faibles en alcool, des rosés légers et des vins rouges à consommer jeunes.

La terre du cava

Le **cava** est un vin mousseux de qualité, élaboré selon la méthode champenoise traditionnelle. Environ 80 % de la production espagnole de cava sont d'origine catalane et proviennent plus précisément de la zone du Penedès et de ses environs. Les cavas catalans ont ouvert un important marché aux États-Unis où, grâce à leur qualité, ils sont de plus en plus appréciés.

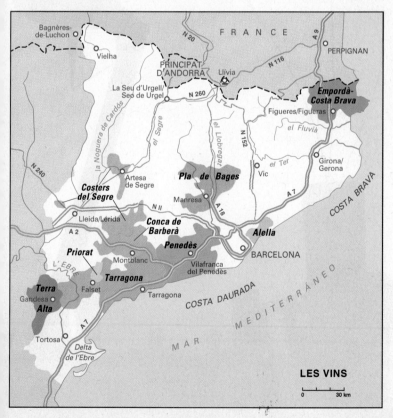

LES VINS

0   30 km

Barcelone – Tour de télécommunications, par Santiago Calatrava

Villes
et curiosités

AGRAMUNT

Urgell – Lleida – 4702 habitants
Carte Michelin n° 443 G 33 ou Atlas España-Portugal p. 31

Chef-lieu de la comarca d'Urgell, Agramunt, située sur la rive droite du Sió, est connue pour ses pâtisseries traditionnelles. Ses deux spécialités les plus célèbres sont les **tablettes de chocolat** « à la pierre » *(a la pedra)* et le **turrón d'Agramunt** : à base de blanc d'œuf, de miel, de noisettes ou d'amandes, ce dernier est fabriqué depuis le 18ᵉ s. et se présente sous la forme de tablettes rondes. La fête du Turrón et du Chocolat qui se déroule en octobre est le moment rêvé pour la dégustation de toutes les variétés de friandises existantes.

Santa Maria ⊙ – Cette église des 12ᵉ et 13ᵉ s., à trois vaisseaux et trois absides, est dotée d'un beau clocher (14ᵉ s.) rappelant les tours-lanternes de Poblet et de Vallbona de les Monges. On remarque l'exceptionnel **portail**★★ Ouest (début du 13ᵉ s.), dont la décoration géométrique appartient à l'école de Lérida. Les **chapiteaux** et la dernière archivolte – bien regarder la file de saints et de vierges – sont d'une excellente facture. L'élément central de l'ensemble, constitué par un groupe sculpté représentant la Vierge du Secours et des scènes de l'Annonciation et de l'Épiphanie, fut, selon une inscription, donné à la ville par la corporation des tisserands (1283). À l'intérieur, les vaisseaux étroits présentent de grands arcs reposant sur des chapiteaux ouvragés ; le retable polychrome du 17ᵉ s., dédié à la **Mare del Deu del Roser**, mérite d'être mentionné.

Ajuntament – À proximité de l'église, au milieu de vieilles rues à arcades se dresse la mairie, remarquable construction baroque (18ᵉ s.), dont le porche d'entrée est surmonté de l'écusson de la ville.

★**Espace Guinovart** ⊙ – **José Guinovart** (1927), peintre avant-gardiste dont les œuvres sont exposées dans l'ancien marché municipal, surprend par la technique employée dans ses tableaux et par la façon originale de traiter les traditions locales.

ENVIRONS

Château de Montclar ⊙ – *15 km au Nord par la L 302*. Cette fortification datant du 11ᵉ s., reconstruite au 17ᵉ s., conserve de bien curieux échantillons du mobilier et de la décoration de l'époque.

Parc naturel
AIGÜAMOLLS DE L'EMPORDÀ★

Alt Empordà – Girona
Carte Michelin n° 443 F 38 et 39 ou Atlas España-Portugal p. 19
Schéma : COSTA BRAVA

Les marais (« aigüamolls ») de l'Ampurdan constituent la deuxième zone marécageuse de la Catalogne, après le delta de l'Èbre. Situés au cœur de la Costa Brava, entre Castelló d'Empúries et Roses, leur importance biologique et la beauté de leurs paysages incitèrent à la création en 1983 du parc naturel, qui s'étend sur un peu plus de 4800 ha. Les oiseaux aquatiques (sarcelle d'été, martin-pêcheur, héron, flamant, cigogne et guêpier) y côtoient un grand nombre d'amphibiens (grenouilles et crapauds). Saules, peupliers noirs et blancs se dressent au bord des rivières et sur les lacs flottent de véritables tapis fleuris, des plantes et des renoncules aux couleurs vives.

Guêpier
d'Europe

Pie-grièche
à poitrine rose

Illustrations M. Guillou/MICHELIN

Visite du parc ⊘

Elle peut se faire en voiture par des sentiers balisés et des pistes non goudronnées. Le rio Muga divise le parc en deux zones. Dans la zone Nord, ou
Polygone 1, se trouvent les lagunes les plus importantes (Aigua Clara, Palau,
Albert y Mornau) et d'abondantes rizières, tandis qu'au Sud, Polygone 2,
on rencontre davantage de champs cultivés et des bois sur les berges des
rivières. Répartis sur l'ensemble du parc, des **observatoires ornithologiques** en
constituent le principal attrait.

Centre d'information : *El Cortalet, 4 km au Nord de l'étang d'En Túries, sur la*
route de Sant Pere Pescador – ☎ *972 45 42 22.* Le centre propose divers itinéraires (magnétophones et casques disponibles pour les visites individuelles).
La visite pourra également être préparée au **centre d'accueil et de récupération de**
la faune autochtone (Centro de Acogida y Recuperación de Fauna Autóctona).

Parc national d'AIGÜESTORTES
I ESTANY DE SANT MAURICI★★

Pallars Sobirà et Alta Ribagorça – Lleida
Carte Michelin n° 443 E 32 et 33 ou Atlas España-Portugal p. 17
Schéma : PYRÉNÉES CATALANES

Aigüestortes, dans la haute zone pyrénéenne de la province de Lérida, est le seul parc
national de Catalogne. La partie orientale, qui comprend l'étang de Sant Maurici, la
Sierra d'Els Encantats et les hautes vallées de l'Escrita et du Peguera, est accessible
depuis la vallée d'Espot. On accède à la partie occidentale – zone d'Aigüestortes et
haut bassin du río de Sant Nicolau, en aval du lac de Llebreta – par la vallée de Boí.

T. Vidal/GC (DICT)

Paysage du Parc national

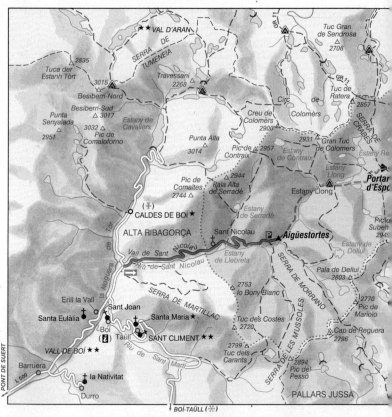

Les 14 119 ha du parc s'échelonnent entre 1 500 et 3 000 m d'altitude sur la cordillère axiale pyrénéenne. L'impressionnant relief d'ardoise et de granit s'est formé à l'ère primaire (il y a quelque deux cents millions d'années), émergeant du fond de la mer qui couvrait ces terres. Les convulsions telluriques combinées à l'action des glaciers ont modelé ces montagnes, dessinant des profils escarpés et des vallées profondes.

La beauté du paysage est exceptionnelle. Les pics se découpent sur un horizon blanc et dégagé et la végétation – de vastes étendues de pins rouge et noir, sapins, hêtres, bouleaux – se pare, au début de l'été, mais surtout en automne, d'une magnifique symphonie de couleurs. Pendant que les vaches foulent les prairies, dans les hautes montagnes les chamois peuplent les tertres les moins accessibles et les coqs de bruyère, les perdrix se tapissent au fond des bois. Le parc doit son nom aux nombreux torrents, marécages et chutes d'eau qui s'y trouvent, *aigües tortes* signifiant « eaux tortueuses » en catalan. On l'aura compris, l'eau est le personnage central du parc : plus de 50 lacs, ou *estanys*, d'origine glaciaire, avec les rivières qui divaguent dans les prés moussus, constituent l'un des plus beaux sites des Pyrénées.

Visite du parc ⏱

Que l'on accède au parc par **Espot**, à l'Est, ou par **Boí**, à l'Ouest, de grandes aires de stationnement sont à la disposition du public car, en effet, les véhicules de tourisme sont interdits à l'intérieur du parc. Location de 4x4 et possibilité de visite guidée.

Casa del Parque de Espot – *Prat del Guarda, 4* – ☎ *973 62 40 36.*

Casa del Parque de Boí – *Trejo, 3* – ☎ *973 69 61 89.*

Internet : *www.gencat.es/darp/medi/pein.eparcs05.htm*

Les deux centres proposent des circuits d'une demi-journée ou d'une journée complète, des ascensions, des traversées, l'observation de la faune. Ils disposent également d'un service de guides interprètes et d'une présentation vidéo du parc.

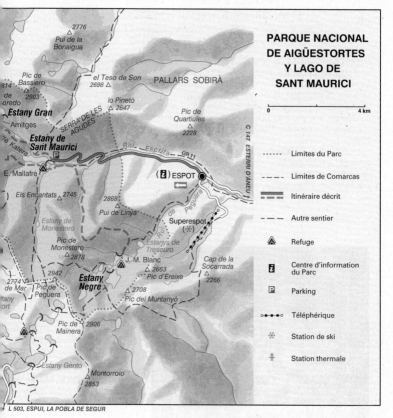

PARQUE NACIONAL DE AIGÜESTORTES Y LAGO DE SANT MAURICI

0   4 km

```
······    Limites du Parc

- - - -   Limites de Comarcas

━━━━    Itinéraire décrit

- · -     Autre sentier

▲         Refuge

🛈         Centre d'information
          du Parc

🅿         Parking

●━●━●     Téléphérique

❋         Station de ski

⚕         Station thermale
```

L 503, ESPUI, LA POBLA DE SEGUR

EXCURSIONS

Le choix d'excursions parfaitement balisées est vaste aussi bien au départ d'Espot qu'au départ de Boí.

À partir d'Espot

Estany de Sant Maurici – *À l'Ouest d'Espot par une route goudronnée.* Le circuit parcourt la vallée du río Escrita. Entourées de forêts, les eaux de ce miroir impressionnant – 450 m de long, 150 m de large – reflètent les pics de la Sierra dels Encantats.

Portarró d'Espot – *Depuis le lac de Sant Maurici, 3 h de marche A-R par un sentier forestier.* Le chemin s'enfonce dans la vallée de Sant Nicolau où abondent les vastes prés naturels. À la hauteur du lac Redó, à la limite du pays de Pallars Sobirà, on découvre de magnifiques **panoramas**★★ du secteur d'Aigüestortes.

Estany Gran – *Depuis le lac de Sant Maurici, 3 h de marche A-R par un sentier.* À côté de ce lac, situé dans la vallée de Ratera, les torrents forment de spectaculaires cascades. Les sommets enneigés du Bassiero (2 903 m) et du Tuc de Saboredo (2 824 m) dominent cette exceptionnelle zone de haute montagne.

Estany Negre – *Depuis Espot, compter 5 h A-R de marche. Par le chemin forestier qui part du lac de Sant Maurici, compter 4 h A-R de marche.* La vallée du Peguera et le cirque retenant les lacs de Trescuro *(très belles vues)*, de La Cabana et de Tort constituent un autre site d'une singulière beauté. La rivière se fond dans l'Estany Negre (étang Noir), qui doit son nom à ses eaux ténébreuses et qu'entourent les imposants sommets du Muntanyó et du pic d'Ereixe.

À partir de Boí

Aigüestortes – *Sur la route entre Caldes de Boí et Barruera, emprunter la piste (5 km).* Marécages, ruisseaux et torrents forment en été un véritable labyrinthe au beau milieu des prairies. Aigüestortes est entouré d'imposants sommets, tels le Pala Alta de Serrader et le Gran Tuc de Colomers. Le chemin longe le cours du río Sant Nicolau. Un sentier conduit à l'Estany Llong où se trouve un refuge gardé.

ARENYS DE MAR ✓

El Maresme – Barcelona – 11 408 habitants
Carte Michelin n° 443 H 37 ou Atlas España-Portugal p. 33
Schéma : COSTA DEL MARESME

Depuis ses origines comme quartier de pêcheurs au 14e s. jusqu'à la réalisation de son port de plaisance, l'histoire d'Arenys de Mar a toujours été centrée sur la mer. La ville, qui jouit jadis d'un grand prestige commercial, est devenue une station estivale dynamique, dont les plages de gros sable, bien entretenues, attirent un grand nombre de vacanciers. La plage la plus remarquable est celle de Cabaye qui se déploie sur plus de 500 m. Isolée par un massif montagneux de l'influence climatologique continentale, Arenys dispose d'un microclimat printanier, même en hiver.

Les immeubles résidentiels et les maisons de pêcheurs alternent avec de modernes édifices, constituant ainsi un véritable puzzle architectural. Des discothèques, des pubs et tout un ensemble de commerces consacrés aux loisirs complètent la gamme de ses équipements touristiques, auxquels il faut ajouter les fêtes de plein air qui se déroulent dans la station. Le port de plaisance, l'un des mieux équipés et l'un des meilleurs de toute la Catalogne, est le théâtre d'importantes compétitions nautiques. Il occupe la majeure partie du port mixte, fermé par le môle d'accostage des navires de pêche dont le retour donne lieu à une vente de poissons à la criée.

Détail du retable

R. Manent/GC (DICT)

Santa Maria ⊘ – Cette église du 16e s., à la façade baroque (18e s.), abrite le merveilleux **retable★★** de Pau Costa, œuvre de grandes dimensions où le plus petit détail fut traité avec la méticulosité propre au style baroque.

Museu Frederic Marès de la Punta ⊘ – La dentelle aux fuseaux est, avec les *ametlles* (amandes), l'un des symboles d'Arenys. À l'hôpital Xifré, actuellement siège du musée, on peut apprécier la virtuosité et la finesse de cette activité.

La maison attenante héberge le **musée Mollfulleda de Minéralogie** ⊘, qui renferme une riche collection de minéraux.

Cimetière municipal ⊘ – Situé en haut du chemin de La Pietat, il a été chanté par le poète **Salvador Espriu** (1913-1985) dans son livre *Cementeri de Sinera (Les cimetières de Sinera)*. Ses allées silencieuses accueillent des **monuments funéraires** réalisés par des sculpteurs modernistes très connus.

Si vous recherchez un hôtel ou un restaurant, consultez le carnet d'adresses de la Costa del Maresme.

Si vous êtes à la recherche d'un restaurant, consultez le carnet d'adresses de la Costa del Maresme.

BALAGUER

Noguera – Lleida – 13 086 habitants
Carte Michelin n° 443 G 32 ou Atlas España-Portugal p. 31

Chef-lieu de la comarca de Noguera mais aussi ancienne capitale de l'ancien comté d'Urgel *(voir La Seu d'Urgell)*, Balaguer s'étire sur les deux rives du Segre. Cette dynamique et entreprenante ville conserve quelques sections de sa muraille arabe et quelques rues médiévales (carrer del Pont – dont les arcades font face au Segre –, carrer Major et carrer del Castillo).

Au mois de juin se célèbre la **Festa del Transsegre** (fête à travers le Segre), curieuse compétition sportive qui consiste à descendre la rivière sur des embarcations bricolées par chacun.

Gaspar de Portolà

Militaire et explorateur, Gaspar de Portolà (1717-1786) naquit à Balaguer dont il est l'enfant le plus illustre avec l'écrivain Teresa Pamiès. Il dirigea la première expédition qui atteignit la baie de San Francisco par voie terrestre. Premier gouverneur de la Californie, il se rendit célèbre par son esprit de tolérance en matière religieuse. À l'occasion de son bicentenaire, l'état de Californie a tenu à offrir à Balaguer un monument où Portolà est immortalisé dans une attitude de défi.

CURIOSITÉS

Plaça del Mercadal – C'est l'une des plus grandes places à arcades de toute la Catalogne. Une fois par semaine s'y tient un important marché où l'on peut apprécier la richesse agricole du pays : les beaux fruits et légumes utilisés dans la confection d'exquises recettes.

★**Santa Maria** ⊙ – Sur une butte surplombant la rivière et la ville s'érige cette ancienne collégiale (14e s.) à vaisseau unique, dont les chapelles s'encastrent entre les contreforts, selon le modèle caractéristique de l'architecture gothique catalane. Sa construction débuta en 1351 à l'initiative de **Pierre IV le Cérémonieux**, né à Balaguer, mais ne s'acheva qu'au 16e s. À l'intérieur est conservé un beau retable gothique (14e s.) en pierre polychrome.
À remarquer aussi le solide clocher de base polygonale qui flanque la façade.

Couvent Sant Domènec ⊙ – Situé sur la rive droite du Segre, dans la ville nouvelle, cet ancien couvent dominicain est actuellement devenu un établissement franciscain. Construit en 1323 selon les dernières volontés du comte d'Urgel, Armengol X, l'édifice recèle un **cloître**★ gothique (fin du 14e s.), parmi les plus sveltes de la Catalogne ; ce dernier se distingue par la finesse des galeries et les détails décoratifs des arcs.

Monastère Santa Maria de les Franqueses – Au Sud de la ville, il ne subsiste de cet ancien monastère cistercien pour femmes que l'église romane (12e et 13e s.), d'une grande sévérité architecturale.

EXCURSION

Monastère Santa Maria de Bellpuig, à **Les Avellanes** – *138 km au Nord-Ouest par la L 904, sur le territoire communal de Os de Balaguer*. De cette ancienne abbaye (11e et 13e s.), convertie actuellement en séminaire mariste, il ne reste que le cloître roman à double colonnade et aux sobres chapiteaux.

Àger – *22 km au Nord-Ouest par la L 904*. Ce pittoresque village se trouve dans une vallée au pied du Montsec. Sur une colline s'élève l'ancienne **collégiale Sant Pere**★, bel exemple roman (fin du 9e s.) à trois vaisseaux, dont l'abside est ornée de colonnes, et cloître gothique (14e et 15e s.).
La route L 904 se rapproche du Nord du Pantà de Camarasa où l'on pratique divers sports aquatiques. 10 km plus loin, prendre en direction du Sud la C 147 jusqu'à Sant Oïsme.

La Baronia de Sant Oïsme – La route monte en lacet par l'impressionnant **défilé d'Els Terradets**★, offrant des **vues**★★ magnifiques. Le village, au bord du marécage de Camarasa et pratiquement désert, possède une petite église romane (11e s.) à vaisseau unique et trois absides. Perchée sur un rocher, la tour circulaire de l'ancien château est conservée.

BANYOLES★

Pla de l'Estany – Girona – 11 870 habitants
Carte Michelin n° 443 F 38 ou Atlas España-Portugal p. 19 – Schéma : COSTA BRAVA

Sise sur la rive droite du lac de Banyoles, la ville du même nom remonte à la fondation (9e s.) de l'ancien **monastère bénédictin Sant Esteve**. Aux 13e et 15e s., elle devint une importante cité médiévale comme l'attestent les nombreuses œuvres d'art de l'époque, encore conservées. C'est aux 16e et 17e s. qu'elle traversa une période de décadence, alors qu'elle obtenait le droit de frappe de la monnaie (les **Menuts de Banyoles**). Enfin, le 19e s. verra l'émergence des premiers touristes attirés par les eaux médicinales de la **Font Pudosa**.

Se loger

Mirallac – *Pº Darder, 50 –* ☎ *972 57 10 45 – fax 972 58 08 87 – 27 chambres –*
13 000 ptas.
Hôtel familial ouvrant sur le lac. Chambres confortables et pratiques. Piscine.

Se restaurer

VALEUR SÛRE

Quatre Estacions – *Pº de la Farga, 5 –* ☎ *972 57 33 00 – fermé le dimanche soir*
et le lundi.
Restaurant familial proposant une cuisine variée préparée avec soin.

CURIOSITÉS

Santa Maria dels Turers ⊘ – Cette élégante construction gothique (14ᵉ s.) présente des détails décoratifs d'une grande finesse. On s'attardera sur les beaux
vitraux et les archivoltes du portail principal. À l'intérieur, on remarquera l'ampleur
de la nef unique, agrémentée d'une belle abside gothique.

★**Museu Arqueològic Comarcal** ⊘ – Installé dans le bâtiment de la **Pia Almoina**★
(14ᵉ s.), qui recèle une salle gothique et la Sala Mayor, aux peintures murales, le
musée expose d'importants restes archéologiques retrouvés dans la comarca. Parmi
eux, on remarquera la réplique de la très célèbre **mâchoire de Banyoles**, vestige humain
du paléolithique inférieur, mis au jour en 1887 par un ouvrier. À noter également
les objets du paléolithique supérieur, extraits des grottes de Serinyà.

Museu Municipal Darder d'Història Natural ⊘ – C'est le zoologiste Francesc Darder,
initiateur du zoo de Barcelone, qui fonda en 1916 ce curieux musée où l'on peut voir
diverses collections de crânes humains, d'oiseaux empaillés et d'insectes exotiques.

Plaça Major – Sur cette belle place à arcades (13ᵉ s.) se tient un important marché
tous les mercredis.

Monastère Sant Esteve ⊘ – Cet édifice néoclassique recèle encore la porte
gothique de l'église et le retable, également gothique, de la **Mare de Déu de l'Escala**,
œuvre de Joan Antigó, mieux connu sous le nom de Maître de Banyoles.

ENVIRONS

★**Lac de Banyoles** – *3 km au Sud-Ouest par une route goudronnée.* Le lac de
Banyoles, flanqué à l'Ouest par les contreforts de la Sierra de Rocacorba, domine
une large plaine où cohabitent les bois de chênes verts et de chênes roux avec de
grands champs de culture. Il s'étale sur plus de 2 000 m de long et 235 m de
large. Outre la beauté de son paysage, il présente un grand intérêt écologique car
c'est le lieu de rendez-vous de nombreuses espèces protégées. La pêche sportive,
l'aviron et le triathlon disposent à Banyoles, qui fut site olympique pendant les Jeux
de Barcelone en 1992, d'un cadre magnifique et important.

★**Santa Maria** ⊘ à **Porqueres** – *Par une route de 8 km qui longe le lac, on atteint la*
commune de Porqueres, sur la rive Ouest. Située dans une agréable zone jardinée,
l'église est un exceptionnel exemple de l'art roman. Son portail, orné de beaux chapiteaux dissimule sa nef unique, séparée de l'abside par un grand arc, où sont
sculptés de curieux personnages.

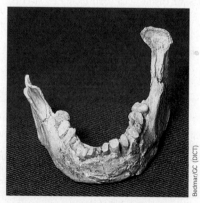

La mâchoire de Banyoles

BARCELONA★★★

BARCELONE – Barcelonès – Bàrcelona – 1 681 132 habitants
Plans Michelin Barcelona 1/12 000 n° 40 et 41 (avec index des rues)
Plan des environs : carte Michelin n° 443 et Guide Rouge España-Portugal
Carte Michelin n° 443 H 36 ou Atlas España-Portugal p. 32

Capitale économique et politique de la Catalogne, Barcelone est située sur le front de mer entre les fleuves Besòs et Llobregat, et protégée à l'arrière par la sierra de Collserola, où se trouve la montagne du Tibidabo (542 m).
Ses principales sources de richesse sont les industries textiles et métallurgiques, mais son port est l'un des plus actifs de la Méditerranée. Barcelone jouit d'un climat doux aux hivers agréables et aux étés chauds. Son tissu social et sa richesse culturelle ont généré une tradition artistique de premier plan. Ville cosmopolite s'il en est, son caractère dynamique s'est affirmé avec la célébration des Jeux olympiques en 1992.

UN PEU D'HISTOIRE

Bien que l'origine mythologique de la ville soit attribuée à Hercule, Barcelone fut une colonie romaine fondée sous l'empereur Auguste (1er s. avant J.-C.) sous le nom de **Barcino**, forme latine du nom ibère Barkeno. C'était alors un modeste village situé sur une petite butte, connue plus tard sous le nom de « Mons Taber » et aujourd'hui située au centre de la ville. Avant l'installation des Romains, la région était occupée par des Ibères, qui habitaient les bourgs parsemant la plaine située entre les Besòs et le Llobregat. Bien que ces bourgs aient été fondés plusieurs siècles avant notre ère, on ne sait à peu près rien à leur sujet.
Attirés par la proximité de la mer et par la douceur du climat, nombre d'anciens soldats romains se retirèrent dans la colonie et firent la prospérité de la bourgade. Les remparts édifiés au 4e s. sont le principal vestige romain.

L'époque des comtes

Après une brève domination musulmane, la ville, libérée par l'empereur Louis le Pieux, fit partie de l'Empire carolingien, se situant en limite de la Marche d'Espagne, zone frontière censée éviter une possible progression des musulmans vers le Nord *(voir en Introduction : Quelques faits historiques)*. La domination carolingienne se prolongea jusqu'au milieu du 10e s., moment où naquit la Catalogne historique avec l'implantation définitive de la dynastie comtale à Barcelone sous le règne de Borrel II, descendant du mythique Wilfred le Poilu, premier souverain indépendant.
Après s'être imposée aux autres comtés, une période de grande splendeur commença pour la ville : les comtes bâtirent la cathédrale, le palais épiscopal, la Pía Almoina *(voir p. 72)*, toujours dans un style roman très simple mais auquel les influences mozarabes et françaises combinées donnent un aspect très personnel.
Avec **Raymond Bérenger IV**, la maison comtale de Barcelone devint maison royale, apportant à la couronne la prépondérance économique et politique. Avec le 13e s. débuta une période de grande prospérité, Barcelone développant alors un important réseau commercial. Les navires transportant des produits dominaient le trafic maritime du bassin occidental méditerranéen. Ses marchands faisaient aussi du commerce avec des contrées lointaines et les bénéfices spectaculaires qu'ils obtenaient en firent très vite les habitants les plus prospères de la ville *(voir Carrer de Montcada, p. 99)*.
La puissance de la ville, devenue dans le même temps le centre politique de la couronne d'Aragon, se refléta rapidement dans son splendide développement architectural. On commença à construire, sur les monuments romains, des édifices gothiques austères échappant pratiquement à toute influence mudéjar. Pendant ces siècles, la ville forgea sa personnalité, se dotant d'organes d'autogouvernement (Consell de Cent, Generalitat). C'est dans le Barri Gòtic que se concentrèrent tous les organes dirigeants, civils, royaux et religieux, faisant de ce quartier le symbole de la prospérité de la ville.
Avec le règne des Rois Catholiques, la Cour quitta Barcelone et la ville entra dans une période de décadence qu'accentua la découverte du Nouveau Monde, la plupart des activités commerciales étant transférées de la Méditerranée à la façade atlantique.

La guerre de Succession

Le 11 septembre 1714, après une résistance désespérée, Barcelone dut se rendre aux troupes du nouveau roi Bourbon d'Espagne, Philippe V. La prise de la ville mit fin à la guerre de Succession au cours de laquelle la Catalogne avait pris le parti de l'archiduc Charles d'Autriche contre celui de Philippe d'Anjou, candidat français au trône espagnol. L'assaut de Barcelone marqua la déroute politique la plus importante de l'histoire de la ville et sa reddition eut pour conséquence non seulement l'abolition de ses instances dirigeantes, comme la Generalitat et le Consell de Cent, mais aussi la perte de son autonomie politique. D'autres réformes politiques suivirent, comme la suppression du système légal et constitutionnel et l'interdiction d'employer la langue catalane dans les écoles et les tribunaux. C'est à cette époque qu'est créé le quartier de la Barceloneta et, pour parer à d'éventuelles rébellions, que Montjuïc est fortifié et la citadelle élevée. On interdit aux Barcelonais de construire dans un rayon de 2 km en dehors des murs, ce qui correspondait à la portée des canons. Cependant, ce siècle fut une période de croissance démographique et économique sans précédent et, vers la fin du 18e s., le nombre d'habitants de Barcelone avait triplé. Surgit alors une dynamique industrielle fondée sur la production et l'exportation d'articles en coton. Pendant cette époque, Barcelone consolida sa position de premier centre industriel de la péninsule Ibérique.

De la Barcelone industrielle aux Jeux olympiques

Barcelone fut profondément modifiée par la révolution industrielle des 18e et 19e s. C'est alors que quelques-uns des secteurs emblématiques de la ville (les Ramblas ou la Barceloneta) ont acquis leur aspect actuel. Une période de forte croissance économique et démographique rendit nécessaire la démolition des remparts (1854) et permit d'initier, avec le Plan Cerdà *(voir L'Eixample et l'architecture moderniste, p. 89)*, un processus d'urbanisation qui transforma la ville en un important centre métropolitain. Barcelone augmenta alors sa superficie en englobant les anciennes municipalités périphériques (actuels quartiers de Gràcia, Sants, Horta, Sarrià, Les Corts, Sant Andreu de Palomar, Sant Martí de Provençals).

L'Exposition universelle de 1888 permit la consolidation du modernisme, mouvement artistique impulsé par la bourgeoisie barcelonaise et largement soutenu par la ville. Avec le changement de siècle et les tentatives de l'anarchisme pour imposer son hégémonie (création de la CNT en 1911), Barcelone connut d'impitoyables luttes politiques. Après l'Exposition universelle de 1929, la ville prit un nouveau visage, tronqué par l'explosion de la Guerre Civile (1936-1939). Barcelone fut l'une des villes où la répression de l'après-guerre fut extrêmement marquée. Néanmoins, le rattrapage économique des années cinquante lui fut favorable et le contexte politique et culturel structuré lui permit d'affronter la transition démocratique. En recouvrant ses institutions et son autonomie, Barcelone a également retrouvé sa condition de capitale administrative et culturelle. La célébration des Jeux olympiques de 1992 a favorisé un important développement de grands projets d'urbanisme (remodelage de la façade maritime, refonte de la vieille ville et de Montjuïc, construction de boulevards périphériques, etc.) et d'initiatives culturelles (Centre de Culture contemporaine, réhabilitation du musée d'Art de Catalogne, musée d'Art contemporain de Barcelone, installations universitaires et bien d'autres encore).

D. Lerault/DIAF

Monument Colomb

Les ducs de Vendôme et la Catalogne

De 1640 à 1652, la Catalogne fut annexée à la France, qui confia son gouvernement à des vice-rois. De 1649 à 1651, la fonction fut exercée par Louis de Bourbon, duc de Vendôme (1612-1669), petit-fils de Henri IV et de Gabrielle d'Estrées.

Mais c'est son fils, Louis-Joseph (1654-1712), qui a sans aucun doute marqué à jamais l'histoire de la Catalogne et de l'Espagne. Connu par sa goinfrerie et ses vices, il était cependant hardi général, et l'Espagne, où il occupa une première fois la Catalogne de 1695 à 1697, lui doit son premier roi Bourbon et un premier ministre. Pendant la guerre de Succession, il servit en Italie puis en Flandre avant d'être chargé de secourir Philippe V, auquel il assura le trône par sa victoire à Villaviciosa en 1710. Son goût pour l'exhibitionnisme fut à l'origine de l'ascension d'**Alberoni** : c'était sur sa chaise percée qu'il recevait ses visiteurs, et Saint-Simon raconte que Alberoni, simple abbé mandaté auprès du duc, exprima une telle admiration pour le fessier ducal que Vendôme en fit son secrétaire puis son confident, avant que Philippe V n'en fît un cardinal et son premier ministre en 1716.

Demeuré en Catalogne, Vendôme eut un jour la fantaisie de se retirer à Vinaròs, bourgade située à la limite de la Catalogne et du pays valencien « pour y manger du poisson tout son soûl ». Il tint parole et s'y donna de tout au cœur joie près d'un mois », dit toujours Saint-Simon. Il en mangea tant, qu'il en mourut d'indigestion…

LES QUARTIERS

Le passé de Barcelone se retrouve dans ses quartiers. Anciens villages indépendants durant des siècles pour la plupart, ils ont été absorbés par l'expansion urbaine, réglementée par le Plan Cerdà. Certains conservent toute la vigueur de leur personnalité.

Barri Gòtic (CDST) – Pendant les années 20, après une vaste entreprise de restauration, l'ensemble des bâtiments monumentaux de la vieille ville a pris le nom de Quartier Gothique.

Ciutat Vella (CST) – La vieille ville comprend des quartiers aussi différents que Santa Anna, La Mercè, Sant Pere et Raval. Ce dernier, précédemment appelé Barri Chino (Quartier Chinois) et exemple remarquable de rénovation urbaine, accueille les centres culturels les plus importants de la ville.

Eixample (CRS) – Aménagé après la destruction des anciens remparts médiévaux, l'Eixample (l'Expansion) personnifie la Barcelone bourgeoise et raffinée de la fin du 19e s. On y trouve des boutiques de prestige, des avenues élégantes et les meilleurs échantillons de l'architecture moderniste (« La Pedrera » et « La Manzana de la Discordia »).

Gràcia (BR) – Situé à l'extrémité du Passeig de Gràcia, c'est le quartier qui possède la personnalité la plus marquée de Barcelone. Village agricole à l'origine, Gràcia doit sa croissance aux commerçants, artisans et ouvriers. Tout au long du 19e s., le quartier a affirmé son esprit républicain. De nombreuses associations prirent part aux soulèvements ouvriers les plus importants, telle la révolte de 1870 contre « las quintas », au cours de laquelle la cloche de Gràcia, sur la tour de la place Rius y Taulet, sonna sans arrêt, devenant ainsi le symbole même de la rébellion.
Le quartier est le cadre de nombreuses fêtes populaires. Le 15 août les rues de Gràcia pavoisent pour commémorer **La Mare de Déu d'Agost**, une des fêtes les plus populaires de Barcelone. **Sant Medir**, attendu avec la même impatience, voit des cavaliers descendre la rue **Gran de Gràcia (BCR)** – la grande artère commerciale – et arroser la foule d'une véritable pluie de bonbons.

La Ribera (DS) – Ce vieux quartier de pêcheurs préserve, grâce à ses ruelles étroites et ses bâtiments gothiques, un charme tout particulier. La rue de Montcada, le marché du Born et, en particulier, l'église Santa Maria del Mar sont ses principaux attraits.

Sants (BS) – Quartier ouvrier par définition. Son périmètre compte une bigarrure d'échantillons d'architecture industrielle, de modestes maisons, quelques commerces de la fin du 19e s. et la gare centrale.

Les Corts (AS) – Situé dans le secteur haut de la Diagonal, on y retrouve la **Cité universitaire (AS)** et le **Camp Nou (AS)**, stade du Fútbol Club Barcelona dont la capacité dépasse 120 000 spectateurs. Ses vastes installations abritent le **musée du Barça** ⟁, qui renferme les trophées obtenus par ce fameux club catalan tout au long de son histoire.

El « Barça » ? Aixó és més que un club

Le 22 octobre 1899, un comptable d'origine suisse, Joan Camper, fit publier dans un quotidien une annonce afin de prendre contact avec les amateurs de football, sport presque inconnu encore en Espagne. Trente jours plus tard, dans un gymnase barcelonais, douze jeunes gens fondaient le Fútbol Club Barcelona.
Les membres du club, le plus important de la ville avec le RCD Espanyol, portent des maillots à bandes bleues et grenat et ses supporters sont appelés « cules », car dans le premier stade du FCB on pouvait contempler les postérieurs de 6 000 personnes assises, fait des plus inhabituels à l'époque.
Depuis sa création, le « Barça », diminutif utilisé par tous les Catalans, a compté dans ses rangs les meilleurs entraîneurs et joueurs du monde, rivalisant ainsi avec son ennemi juré : le Real Madrid. Il doit son palmarès impressionnant – il a obtenu plusieurs titres de la Ligue espagnole, la Coupe de l'UEFA et la Coupe d'Europe en 1992 – non seulement à son équipe de football mais aussi à ses autres sections (basket, hand-ball, hockey sur glace), dont le renom sur le plan international est aussi grand. Le prestige du club est tel que l'on dit souvent à son propos : « Aixó és més que un club » (C'est plus qu'un club) pour mettre en évidence le fait que sa popularité en fait un phénomène de société.

D. Lerault/DIAF

La ville vue du Tibidabo

Sarrià (AR) – Construit au pied de la chaîne montagneuse de Collserola, l'ancien village a gardé son caractère paisible et traditionnel. Dans ses environs, **Pedralbes (AS)** et **Sant Gervasi de Cassoles (BR)**, dominés par le Tibidabo, sont devenus les quartiers privilégiés de la haute bourgeoisie.

Horta-Guinardó (CR) – Peuplé tout d'abord par des paysans puis par certains groupuscules ouvriers, ce quartier se situe au pied du Collserola. Il abrite le **Laberint de Horta** ☉ *(au Nord)*, ancienne propriété du 18ᵉ s. marquée par une belle maison bâtie pour le marquis d'Alfarràs selon les préférences éclectiques de l'époque. Son parc, orné de sculptures de personnages mythologiques, de niches et d'éléments d'origine arabe, présente un bucolique labyrinthe de cyprès taillés. Le **vélodrome**, cadre de compétitions sportives et d'importants événements musicaux, se trouve à proximité. Les bars du vélodrome sont des lieux très fréquentés en été.

Vila Olímpica (DS) – Construite entre 1989 et 1992 et appelée Nova Icària, elle a accueilli les sportifs qui ont pris part aux Jeux olympiques de Barcelone. Aujourd'hui, elle est prolongée par un quartier moderne coupé de larges avenues et parsemé d'espaces verts qui donnent un accès direct aux plages réaménagées du littoral barcelonais.

Poble Sec (CT) – Situé sur un des versants de la montagne de Montjuïc, c'est un des quartiers ouvriers les plus anciens de la ville. Il est longé pour partie par le Paralelo, rue qui fut autrefois connue pour ses cabarets et son atmosphère désinvolte.

Barceloneta (DS) – Connu pour ses buvettes, ses restaurants et son charme aux évocations navales, il a accueilli à partir de 1714 les habitants du quartier de La Ribera qui fuyaient ses ruines.

Autres quartiers – Le Nord de Barcelone renferme des quartiers très plaisants, tels que **Vallvidriera (AR)**, ayant une vue imprenable sur la ville et les maisons bourgeoises, ainsi que le **Tibidabo (AR)**, où se trouve le parc d'attractions. Importants également, quoique d'un moindre intérêt touristique, **Sant Andreu (DR)**, qui conserve des vestiges de son passé industriel, et **Poblenou (DR)**, autrefois appelé le Manchester catalan, qui abrite de nombreux bars et salles de concerts.

Le « Call » de Barcelone

C'était le quartier de l'une des communautés juives les plus prospères de la Méditerranée, dont il subsiste, derrière le Palau de la Generalitat, un ensemble de ruelles aux noms évocateurs de leur passé lointain (Carrer del Call, de Sant Domènech del Call, Baixada de Santa Eulàlia, Carrer dels Banys Nous). La présence juive à Barcelone est l'une des mieux connues d'Espagne. On sait par exemple qu'une partie importante de la population de ce « ghetto » était composée d'artisans, courtiers, cambistes et libraires. Nombre de ces juifs étaient de riches propriétaires d'immeubles, pas seulement dans le quartier mais aussi dans le voisinage du cimetière communautaire, situé sur la montagne de Montjuïc.

SE LOGER

La recherche d'un hôtel à Barcelone peut se révéler une tâche ardue. En raison du grand nombre de touristes et des prix accrus, il est vivement recommandé de réserver sa chambre dans un délai suffisant et d'en vérifier le coût au moment de la réservation. En effet, dans la plupart des établissements, les prix augmentent en haute saison (entre le printemps et l'automne).

Nous donnons ici un certain nombre d'adresses choisies pour leur situation, leur caractère ou leur rapport qualité-prix.

Cette sélection a été répartie en trois catégories répondant à tous les budgets. Pour chacune, les hôtels sont classés dans l'ordre ascendant des prix. Sauf mention contraire, les prix indiqués correspondent au tarif hors taxes d'une chambre double en haute saison, petit déjeuner non compris *(voir au chapitre Hébergement, dans les Renseignements pratiques, l'équivalence des catégories et des prix)*.

À BON COMPTE

Peninsular – *Sant Pau 34 (Ciutat Vella)* – ☎ *93 302 31 38* – 60 chambres (un bon nombre d'entre elles sans climatisation) – 9 000 ptas (prix TTC, petit déjeuner inclus).
Les chambres spartiates et quelque peu bruyantes (lorsqu'elles donnent sur la rue) de cet hôtel central entourent un curieux patio où l'on sert le petit déjeuner et l'apéritif. Clientèle jeune et étrangère.

Hostería Grau – *Ramelleres, 27* – ☎ *93 301 81 35* – fax *93 317 68 25* – 24 chambres – 9 000 ptas.
À deux pas de la Plaça de Catalunya, dans une rue animée, cet hôtel est doté de chambres fort modestes. Demander les chambres avec salle de douche et wc.

Condal – *Boquería, 23* – ☎ *93 318 18 82* – fax *93 318 19 78* – 53 chambres – 9 000 ptas.
À deux pas de La Rambla, la petite rue commerçante où se trouve le Condal est un bon point de départ pour visiter la Ciutat Vella. Accueil agréable et chambres modestes avec salle de bains.

Abalón – *Travessera de Gràcia 380-384 (Gràcia)* – ☎ *93 450 04 60* – fax *93 435 81 23* – 40 chambres – 9 900 ptas.
Tout proche du Medicis (tous deux appartiennent au même groupe hôtelier), cet hôtel fonctionnel propose des chambres propres et un service efficace.

España – *Sant Pau 9-11 (Ciutat Vella)* – ☎ *93 318 17 58* – fax *93 317 11 34* – 69 chambres – 10 000 ptas.
Inauguré à la fin du 19e s., l'hôtel España est l'un des plus anciens de la ville. Installé dans un exubérant édifice, il compte deux salles à manger conçues par Domènech i Montaner. Bien qu'il ait perdu sa splendeur d'antan, il demeure une bonne adresse centrale pour les petits budgets.

VALEUR SÛRE

Internacional – *Ramblas, 78 (Ciutat Vella)* – ☎ *93 302 25 66* – fax *93 317 61 90* – 60 chambres – 12 800 ptas.
Installé dans un élégant bâtiment de Las Ramblas, en face du théâtre du Lycée, cet hôtel, malgré sa simplicité, est une bonne solution d'hébergement central.

Medicis – *Castillejos, 340 (Gràcia)* – ☎ *93 450 00 53* – fax *93 455 34 81* – 30 chambres – 12 900 ptas.
Situé près de l'hôpital Sant Pau et de la Sagrada Familia, cet hôtel dispose de chambres confortables. Bon rapport qualité/prix.

Metropol – *Ample 31 (Ribera)* – ☎ *93 310 51 00* – fax *93 319 12 76* – 68 chambres – 13 000 ptas.
À proximité du quartier de la Ribera, cet établissement décoré avec goût propose des chambres spacieuses et fonctionnelles.

Gran Vía – *Gran Vía Corts Catalanes, 642* – ☎ *93 318 19 00* – fax *93 318 99 00* – 53 chambres – 15 000 ptas.
Bâti dans le dernier tiers du 19e s. pour y loger un important banquier, cet impressionnant édifice fut transformé en hôtel dès 1936, et conserva sa touche élégante. Son charme n'a pas d'effet inflationniste sur ses prix.

Gaudí – *Nou de la Rambla 12 (Ciutat Vella)* – ☎ *93 317 90 32* – fax *93 412 26 36* – 73 chambres – 15 500 ptas.
Situé en face du palais Güell. Hall dans le goût moderniste. Les chambres sont spacieuses ; à noter celles des étages élevés sur rue, qui ont des terrasses d'où l'on a un coup d'œil surprenant sur la ville et les toits du palais Güell.

Mesón Castilla – *Valldonzella 5 (Ciutat Vella)* – ☎ *93 318 21 82* – fax *93 412 40 20* – 56 chambres – 16 000 ptas.
Situé dans un bâtiment remarquable, près du MACBA et du CCCB, ce plaisant hôtel, au mobilier rustique en bois peint, possède une décoration pittoresque, et réserve un accueil convivial.

L'hôtel Arts et la tour Mapfre

Turín – *Pintor Fortuny 9-11 (Ciutat Vella)* – ☎ *93 302 48 12 – 60 chambres – 16 900 ptas.*
Noter sa situation près de La Rambla, au centre du Raval. Le bâtiment est dépourvu de charme, mais les chambres sont spacieuses ; quelques-unes disposent même d'une terrasse. À noter la salle des petits déjeuners ornée d'*azulejos* polychromes et de poutres en bois rustiques.

UNE PETITE FOLIE !

Mercure Barcelona Rambla – *Rambla 124 (Ciutat Vella)* – ☎ *93 412 04 04 – fax 93 318 73 23 – 74 chambres – 22 000 ptas.*
Élégant hôtel à la décoration raffinée, il est situé sur La Rambla, à proximité de la plaça de Catalunya. Ses chambres lumineuses ouvrent sur la pittoresque promenade et en offrent d'excellentes vues.

Ritz – *Gran Via de les Corts Catalanes 668 (Eixample)* – ☎ *93 318 52 00 – fax 93 318 01 48 – 85 chambres – 49 500 ptas.*
Le Ritz conserve un prestige inchangé depuis 1919. Bâtiment de grande classe à la décoration luxueuse et raffinée, il propose un service à la hauteur de sa catégorie. Le restaurant Diana fait partie de la maison.

Arts – *Marina 19-21 (Vila Olímpica)* – ☎ *93 221 10 00 – fax 93 221 10 70 – 455 chambres – 55 000 ptas.*
Le plus récent et le plus luxueux hôtel de Barcelone. Situé au cœur du Village olympique, ses quarante-quatre étages ouvrent des perspectives impressionnantes sur la ville.

SE RESTAURER

Les restaurants proposés ont été choisis pour leur décor particulier, leur atmosphère ou leur nature insolite. Si vous souhaitez une sélection suivant des critères gastronomiques plus rigoureux, consultez le **Guide Rouge España & Portugal**. Les établissements sont classés par quartiers, et leurs prix concernent un repas complet (voir le chapitre Restauration, *dans les Renseignements pratiques, l'équivalence des catégories et des prix*). Néanmoins, il faut tenir compte du nombre de plats et des boissons commandées : une bouteille de bon vin peut faire augmenter de façon appréciable le montant de la note..
Les restaurants sont ouverts de 13 à 16 h et de 21 h à minuit en soirée.

On retrouvera des informations plus détaillées sur la cuisine catalane au chapitre Gastronomie de l'introduction de ce guide.

Ciutat Vella

À BON COMPTE

Ca l'Estevet – *Valldonzella 46* – ☎ *93 302 41 86.*
Petit restaurant où l'on retrouve un service de type familial, Ca l'Estevet est décoré de jolis azulejos et de photographies de personnages en vue.

Àgut – *Gignàs 16* – ☎ *93 315 17 09.*
Situé près du Moll de la Fusta, dans un secteur de ruelles étroites, il possède une vaste salle au charme désuet : panneaux en bois sur le corps inférieur des murs, nappes blanches et vieilles chaises de bureau. La formule du midi tourne autour de 2 000 ptas.

VALEUR SÛRE

Brasserie Flo – *Jonqueres 10* – ☎ *93 319 31 02*.
Une brasserie dans le plus pur style français, fréquentée par les musiciens et les artistes.

Can Ramonet – *Maquinista 17* – ☎ *93 319 30 64* – *fermé le dimanche soir*.
Un des restaurants de poissons et fruits de mer typiques de la Barceloneta.

Los Caracoles – *Escudellers 14* – ☎ *93 302 31 85*.
Restaurant traditionnel, très touristique, dans un cadre typique.

7°Portes – *Passeig d'Isabell II-14* – ☎ *93 319 30 33*.
Fondé dans le premier tiers du 19e s., cet emblématique restaurant est connu surtout pour ses plats de riz. Il ferme tard le soir.

Ca l'Isidre – *Flors 12* – ☎ *93 441 11 39* – *fermé le dimanche et les jours fériés*.
Cet établissement réputé a été fréquenté par la bohème artistique de Barcelone.

Casa Leopoldo – *Sant Rafel 24* – ☎ *93 441 30 14* – *fermé les lundis et jours fériés le soir*.
Le fameux détective Pepe Carvalho, création de Manuel Vázquez Montalbán, est un des habitués de ce classique barcelonais. Sa décoration pittoresque est faite de sujets de la corrida, de photos dédicacées de personnages en vue et d'une singulière collection de bouteilles.

Eixample

À BON COMPTE

La Llotja – *Aribau 55* – ☎ *93 453 89 58*.
Restaurant moderne et central, décoré de photographies des footballeurs du Barça.

La Provença – *Provença 242* – ☎ *93 323 23 67*.
Agréable établissement où la décoration soignée apporte une note de gaieté.

VALEUR SÛRE

Folquer – *Torrent de l'Olla 3* – ☎ *93 217 43 95* – *fermé le samedi midi et le dimanche*.
Ce petit restaurant décoré de travaux graphiques de peintres catalans (Tàpies, Hernández Pijuan, Ràfols Casamada..), est situé près du Passeig de Gràcia. À signaler les formules du midi *(environ 1 500 ptas)*.

El Tragaluz – *Passatge de la Concepció 5* – ☎ *93 487 01 96*.
Élégant restaurant décoré comme une serre chaude (le toit est en verre) rehaussé de détails de conception moderne. Bar à tapas et salle de service rapide.

UNE PETITE FOLIE !

Casa Calvet – *Casp 48*. ☎ *93 412 40 12* – *fermé les dimanches et jours fériés*.
Installé dans ce qui fut les bureaux d'une société textile, dans un très bel exemple de bâtiment moderniste conçu par Gaudí.

Gràcia

UNE PETITE FOLIE !

Roig Robí – *Sèneca 20* – ☎ *93 218 92 22* – *fermé le samedi midi et le dimanche*.
Élégant établissement qui possède une magnifique terrasse pour des repas à ciel ouvert.

Jean Luc Figueres – *Santa Teresa 10* – ☎ *93 415 28 77* – *fermé le samedi midi et le dimanche*.
Ce restaurant de prestige est un des hauts lieux du paysage gastronomique barcelonais.

Sarrià-Sant Gervasi

À BON COMPTE

El Asador de Aranda – *Avenida del Tibidabo 31* – ☎ *93 417 01 15* – *fermé les dimanches et jours fériés le soir*.
Installé dans l'ancien hôtel particulier moderniste de Frare Blanc, sur le flanc du Tibidabo. Agréable atmosphère, grands salons et belles terrasses.

UNE PETITE FOLIE !

Via Véneto – *Ganduxer 10* – ☎ *93 200 72 44* – *fermé le samedi midi et le dimanche*.
Un véritable classique : plus de vingt-cinq ans d'existence cautionnent la cuisine catalane de ce restaurant très connu. Décoration dans le style Belle Époque.

Neichel – *Beltran i Rozpide 16 bis* – ☎ *93 203 84 08* – *fermé les dimanches, lundis et jours fériés*.
L'une des tables catalanes traditionnelles les plus raffinées de la ville. Les détails modernes et le mobilier traditionnel font l'essentiel de la décoration.

Vila Olímpica

À BON COMPTE

Agua – *Passeig Marítim Barceloneta 30* – ☎ *93 225 12 72.*
Vastes locaux décorés de meubles design et de sculptures africaines. Sa terrasse, très courue en été, est l'endroit idéal pour un dîner calme face à la mer.

UNE PETITE FOLIE !

Talaia Mar – *Marina 16* – ☎ *93 221 90 90.*
Établissement ultramoderne dans le Port olympique, et bénéficiant d'une vue exceptionnelle.

TAPAS

La tradition du *tapeo* n'est pas le propre de la Catalogne, à l'inverse de ce que l'on retrouve dans d'autres régions espagnoles, mais Barcelone compte néanmoins certains endroits intéressants.

Euskal Etxea – *Plaça Montcada, 1-3* – *Ciutat Vella.* L'endroit idéal pour goûter le *txacolí* et les excellentes tapas basques.

El Xampanyet – *Montcada 22* – *Ciutat Vella.* Les anchois et le vin champagnisé qui donne son nom au restaurant sont célèbres.

Estrella de Plata – *Plaça Palau, 9* – *Ciutat Vella.* Très proche de la Santa María del Mar, c'est sans nul doute le premier bar à tapas barcelonais.

Sagardi – *Argenteria, 62* – *Ciutat Vella.* La halte idéale pour un repos bien mérité après une journée de tourisme dans la Ciutat Vella. Très agréable le soir.

Irati – *Cardenal Casanyes, 17* – *Ciutat Vella.* Il sert un grand choix de tapas disposées à la basque sur le comptoir.

Tapa Tapa – *Passeig de Gràcia 44* – *Eixample.* Large variété de tapas et de petits sandwiches.

Casa Tejada – *Tenor Viñas 3* – *Sarrià-Sant Gervasi.* Bien connu pour ses *bravas* et son jambon.

SORTIR

La nuit barcelonaise peut se prolonger jusqu'au petit matin, en particulier le week-end. Les propositions sont variées, elles vont du café classique pour une conversation tranquille aux discothèques les plus modernes, en passant par les bars où il fait bon prendre un verre.

Cafés

Café de l'Opera – *Rambla dels Caputxins 74 (Ciutat Vella).* Ce café de vieille tradition situé en pleine Rambla est l'un des endroits les plus réputés de Barcelone. Visite obligée.

Quatre Gats – *Montsió 3 bis (Ciutat Vella).* Symbole de la Barcelone moderniste et bohème, ce café classique, réalisé par Puig i Cadafalch, fut le rendez-vous des artistes tels que Picasso, Casas et Utrillo. Formule du midi intéressante.

Café de l'Opera

Café del Sol – *Plaça del Sol (Gràcia).* Café ancien et calme animé d'une terrasse très agréable les soirs d'été.

El Paraigua – *Pas de l'Enseyança 2.* Ce singulier café situé dans un ancien magasin de parapluies possède une belle décoration de miroirs et de meubles modernistes.

Bars

Ils reflètent souvent l'atmosphère du quartier environnant. Les plus courus se trouvent dans la Vila Olímpica et le Maremàgnum, alors que

Bar Nick Havanna

dans la partie haute de la ville et dans l'Eixample, on retrouve les bars dits « de design ». La Ciutat Vella possède des bars à l'ambiance artistique et bohème – autour de la zone du Born, dans le quartier de la Ribera – et des établissements variés et populaires près de la Plaça Reial. Les bars bruyants accueillant des présentations *live* abondent dans le quartier de Gràcia.
Ils ferment un jour par semaine *(le lundi ou le mercredi)*.

CIUTAT VELLA

Pastís – *Santa Mònica 4*. C'est un bar vieux de quarante ans et plus, où on déguste le pastis en écoutant Jacques Brel, Georges Moustaki ou Édith Piaf.

Marsella – *Sant Pau 65*. Miroirs anciens et tables en marbre ornent cet établissement ouvert depuis 1820.

London – *Nou de la Rambla 34*. Ouvert depuis 1909, il était prisé des gens du cirque. Son ambiance particulière a également attiré Hemingway, Miró et bien d'autres encore.

Margarita Blue – *Josep Anselm Clavé 6*. Son décor bigarré (miroirs de toutes tailles et formes, objets insolites, lampes hors d'âge) en ont fait un des endroits les plus fréquentés de Barcelone. Diverses présentations ont lieu toutes les semaines. Cuisine tex-mex.

Glaciar – *Plaça Reial 3*. Ce classique barcelonais situé sur la très fréquentée Plaça Reial était autrefois le lieu de rencontre des écrivains, des artistes et autres habitués. Son agréable terrasse est un lieu de passage obligé pour ceux qui veulent prendre un verre en plein air.

EIXAMPLE

Nick Havanna – *Rosselló 208*. Son design moderne a fait sa réputation.

Luz de Gas – *Muntaner 246*. Un ancien théâtre Belle Époque héberge ce bar fréquenté par les plus « branchés ». Un jour par semaine, spectacles musicaux divers *(country, jazz, soul et salsa)*.

La Fira – *Provença 171*. Endroit pittoresque décoré d'automates et d'attractions foraines.

VILA OLÍMPICA – POBLE NOU

Xiringuito Escribà – *Playa de Bogatell*. Situé face à la mer en un lieu privilégié, c'est une des « buvettes » les plus courues pendant l'été.

Ceferino – *Pamplona 68 intérieur*. L'une des premières salles aménagées dans une ancienne usine du quartier de Poble Nou. La musique la plus fréquente est le *pop* local et le rock.

SARRIÀ-SANT GERVASI

Merbeyé – *Plaça Dr. Andreu*. Sur le flanc du Tibidabo, terrasse très fréquentée l'été.

Mirablau – En face du précédent. Magnifique vue sur la ville.

Discothèques

Bien qu'ouvertes plus tôt en soirée, elles ne s'emplissent que vers 2 h du matin. Des concerts live y sont très fréquemment donnés.

CIUTAT VELLA

Karma – *Plaça Reial 10*. Rock et *revivals* des années quatre-vingt sur une piste où règne le plus étonnant des cosmopolitismes.

Mojito Bar – *Maremàgnum, Local 059*. L'une des adresses les plus courues du Maremàgnum, où le choix de musique caribéenne est particulièrement soigné.

SANTS - MONTJUÏC

Torres de Ávila – *Poble Espanyol, Avenida del Marquès de Comillas*. Décorée par les designers Mariscal et Arribas, c'est en été la discothèque des noctambules en quête de distractions.

LES CORTS

Bikini – *Déu i Mata 105*. Située dans l'Illa Diagonal, cette discothèque animée donne aussi des concerts.

Up & Down – *Numància 179*. Endroit prestigieux où les tenues habillées sont de rigueur.

SARRIÀ - SANT GERVASI

Otto Zutz – *Lincoln 15*. Joue en alternance les rôles de discothèque et de salle des spectacles.

Cinéma et théâtre

Barcelone compte 50 salles de cinéma et de nombreux théâtres. Les séances commencent en général vers 16 h et s'achèvent après minuit, une séance supplémentaire *(extra)* ayant lieu le vendredi et le samedi passé minuit. Quelques salles proposent des réductions certains jours de la semaine, généralement le lundi ou le mercredi (jour du cinéphile). Les salles de cinéma **Verdi**, **Casablanca** et **Renoir** sont bien connues, et projettent en général des exclusivités ; la **Filmoteca de Catalunya** propose des cycles de films non commerciaux et des cycles consacrés à des metteurs en scène de prestige.

En ce qui concerne le théâtre, Barcelone compte de nombreuses salles réputées. Le moderne **Teatre Nacional de Catalunya**, le **Lliure**, le **Poliorama** et le **Mercat de les Flors** sont quelques-unes des salles les plus prestigieuses.

Servicaixa – Les distributeurs de billets de La Caixa permettent de consulter la liste des spectacles à l'affiche et, pour la plupart, d'acheter des billets.

Musique

Les grands concerts « pop » qui se donnent à Barcelone ont en général pour cadre le **Palau Sant Jordi** *(voir p. 97)*, le **vélodrome de Horta** *(voir p. 58)*, la **Plaça de Toros Monumental** et le **Sot del Migdia** (**BT**), situé au centre même de la montagne de Montjuïc.

Le **Festival del Grec** commence fin juin et se prolonge jusqu'à la première semaine d'août, sur plusieurs scènes, parmi lesquelles le **Teatre Grec de Montjuïc**. Le **Festival de Tardor**, similaire au précédent mais moins connu, se déroule en automne.

Le **Palau de la Música Catalana** *(voir p. 103)*, le **Gran Teatre del Liceu** *(voir p. 81)* et le tout nouveau **Auditori** *(voir p. 105)* sont les salles de concerts les plus importantes de Barcelone.

Le centre municipal d'information culturelle se trouve dans le palais de la Virreina, sur la Rambla (☎ *93 301 77 75*).

LÈCHE-VITRINE

Barcelone est une ville éminemment commerçante, où se côtoient aussi bien les boutiques datant du 19ᵉ s. que les boutiques ultramodernes. La plupart des commerces ouvrent du lundi au samedi de 9 h 30 à 14 h et de 17 h à 20 h. Les grandes surfaces situées en centre-ville ne ferment pas à midi. Dans certains quartiers, il est possible de trouver le dimanche tous les produits alimentaires, y compris le pain du jour.

Grands magasins, rues et centres commerciaux

L'Illa Diagonal – *Diagonal 557 (Les Corts)*. Centre commercial dû au crayon des architectes Rafael Moneo et Ignasi de Solà-Morales : comprend un hôtel, des écoles, des palais des congrès et d'innombrables librairies, boutiques de vêtements, cadeaux, accessoires..

Maremàgnum – *Moll d'Espanya (Ciutat Vella)*. Récemment inauguré, ce vaste espace diversifie les activités commerciales et de loisirs ; ses boutiques recèlent les objets les plus insolites comme les vêtements griffés.

Complexe Marina Village – *Marina 19-21 (Vila Olímpica-Poble Nou)*. Ses 14 000 m² accueillent un grand nombre de restaurants, bars et boutiques de cadeaux.

Carrer Comtal – *(Ciutat Vella)*. Le long de cette rue l'on trouvera des objets à offrir, des boutiques de médecine naturelle et des accessoires pour mariées.

Carrer del Pi – *(Ciutat Vella)*. Grand nombre de petits magasins spécialisés : bijouterie, articles de cadeau, layette, cartes de vœux insolites et autres.

Carrer Pelai – *(Ciutat Vella)*. Rue très fréquentée où s'alignent nombre de boutiques de vêtements. On y trouve une succursale des magasins anglais C&A, une boutique de la chaîne Zara et de nombreux chausseurs.

Carrer Petritxol – *(Ciutat Vella)*. Concentration d'établissements divers où l'on peut acheter tout genre d'article en rapport avec les beaux-arts, de la papeterie spécialisée, des animaux en peluche de toutes les tailles, sans oublier les maquettes des bâtiments les plus remarquables de Barcelone.

Carrer Portaferrisa – *(Ciutat Vella)*. Consacrée dans sa quasi-totalité à la mode « jeune » : jeans, articles psychédéliques, accessoires.

Pla del Palau – *(Ribera)*. De nombreux bazars proposent autour des Porxos d'en Xifré des articles électroménagers et des appareils électroniques à des prix intéressants.

Avenida del Portal de l'Àngel – *(Ciutat Vella)*. L'offre y est variée, et c'est là que l'on rencontre les spécialistes des travaux d'aiguilles et de la passementerie.

Artisanat

Cerería Subirà – *Baixada de la Llibreteria (Ciutat Vella)*. Ce magasin de cierges et bougies à la décoration 19e s. est le plus ancien de la ville.

Plaça de Sant Josep Oriol - *(Ciutat Vella)*. Idéal pour l'achat de peintures et de gravures.

Poble Espanyol - *Marquès de Comillas (Sants-Montjuïc)*. Les ateliers ouverts au public permettent d'admirer les diverses traditions artisanales espagnoles.

Galeries

Les galeries les plus réputées de la ville se regroupent dans le secteur délimité par la rue Consell de Cent – **Carles Tatché**, **René Metras**, **Sala Gaudí** –, puis sur La Rambla de Catalunya – **Joan Prats** –, autour du marché du Born et autour du MACBA. La **galerie Maeght** et la **sala Montcada** se trouvent carrer Montcada.

Antiquités/Brocante

Plaça de la Catedral – *(Ciutat Vella)*. Un petit marché proposant les objets anciens les plus insolites se tient ici tous les jeudis.

Plaça de Sant Josep Oriol - *(Ciutat Vella)*. Deux fois par semaine, le samedi et le dimanche, on vend des miroirs, meubles, tableaux et ustensiles anciens.

Carrer de la Palla et **carrer Banys Nous** – *(Ciutat Vella)*. Remarquables pour leurs commerces d'objets anciens de grande réputation.

Bulevard Antiquaris – *Passeig de Gràcia 55 (Eixample)*. Sur ce vaste espace l'on retrouve plus de soixante-dix boutiques consacrées à la peinture et à l'ancien.

Les boutiques des musées

Museu d'Art Contemporani de Barcelona – *Plaça dels Àngels 1 (Ciutat Vella)*. Des créations des designers barcelonais d'avant-garde.

Fondació Joan Miró – *Plaça Neptú (Sants-Montjuïc)*. Une large gamme d'objets rattachés à l'univers du génial artiste catalan.

Museu d'Història de la Ciutat – *Baixada Llibreteria (Ciutat Vella)*. À ne pas manquer pour un souvenir de Barcelone.

Museu Tèxtil i de la Indumentària – *Montcada 12-14 (Ribera)*. Livres, affiches et accessoires d'habillement.

MARCHÉS

Les marchés de Barcelone sont ouverts tous les jours de 9 h à 20 h sauf les dimanches et jours fériés.

Mercat de Sant Josep – *Ramblas 91 (Ciutat Vella)*. À « la Boqueria », on trouvera les denrées de meilleure qualité, les plus variées de Barcelone.

Mercat de la Concepció – *Aragó 313 (Eixample)*. Ce marché moderne est situé dans un bâtiment dernièrement réaménagé. Innombrables étals de primeurs.

Marché Sant Josep

Els Encants Vells – *Plaça de les Glòries (Eixample).* Marché aux puces dans la tradition du Rastro de Madrid. Ouvert le lundi, le mercredi, le vendredi et le samedi. Il convient particulièrement de bien examiner les objets et de savoir marchander.

Mercat de Sant Antoni – *Comte d'Urgell 1 (Ciutat Vella).* Installé à l'extérieur du marché municipal du même nom, il n'ouvre que le dimanche matin. Indispensable pour les amateurs de vieux magazines, journaux d'époque, bandes dessinées, timbres-poste et toutes sortes de livres hors catalogue, à des prix très intéressants.

PARCS ET JARDINS

La présence de parcs publics à Barcelone est une vieille tradition : le plus ancien est celui de **la Ciutadella** *(voir p. 87),* créé en 1869. Il n'y a donc rien de surprenant à ce que les espaces verts aient été multipliés lors des récentes transformations urbaines.

Parc Joan Miró (**BST**) – Généralement connu sous le nom de « L'Escorxador » (l'abattoir), il se trouve à côté des arènes. C'est l'un des parcs les plus populaires auprès des touristes, attirés par l'énorme sculpture phallique de Joan Miró intitulée *Dona i ocell (Femme et oiseau),* qui s'élève 22 m au-dessus du petit bassin qui l'entoure.

Parc de la Estació Nord (**DS**) – *Almogàvers 75 (Eixample).* Il comprend toute la vaste esplanade qui entoure l'ancienne gare du Nord, reconvertie en gare routière. Une sculpture singulière en faïence bleu et blanc, de Beverly Pepper, anime cet espace et sert en même temps de toboggan « magique » pour les plus petits.

Parc de l'Espanya Industrial (**BST**) – *Rector Triadó (Sants-Montjuïc).* Situé à l'Ouest de la gare de Sants, c'est un espace urbain très moderne. Réalisé entre 1982 et 1985, il occupe les terrains d'une ancienne usine. La partie basse possède un étang où des barques sont proposées en location pour faire quelques coups de rame. L'esplanade supérieure est dominée par 10 tours surmontées de projecteurs et de miradors pour rappeler les camps de concentration de la Seconde Guerre mondiale.

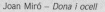

Joan Miró – *Dona i ocell*

Parc de la Creueta del Coll (BR) – *Mare de Déu del Coll 89 (Gràcia)*. Une carrière abandonnée est devenue un parc agrémenté d'un lac artificiel où la natation est autorisée l'été. Suspendue au-dessus de l'eau, on aperçoit la monumentale sculpture en pierre *Elogio del Agua (Éloge de l'eau)* d'Eduardo Chillida.

Turó Park – *Pau Casals (Sarrià-Sant Gervasi)*. Vicente Aranda a tourné dans ces jardins mélancoliques le film *La Fée Morgane*.

Jardins de Pedralbes – *Diagonal 686 (Les Corts)*. Conçus par l'ingénieur Rubió i Tudurí, ils étalent une large variété de bougainvillées, de cyprès, de pins et de cèdres provenant de diverses latitudes.

Costa i Llobera – *Route de Miramar 1 (Sants-Montjuïc)*. Il s'agit du jardin exotique le plus vaste de Barcelone, avec toutes sortes d'espèces.

Jardin Cervantes – *Diagonal 706 (Les Corts)*. Neuf hectares de pentes douces servent de cadre à une importante roseraie. Endroit idéal pour pratiquer le *footing*.

Parc forestal de Collserola – *Route de Vallvidriera à Sant Cugat*. Vaste espace à l'extérieur de la ville où l'on peut effectuer des excursions et se tracer des itinéraires à vélo.

Jardin Botánico – *Avenida Montanyans 25 (Sants – Montjuïc)*. Situé à côté du Palacio Nacional, il possède une remarquable collection de plantes.

Parc d'attractions du Tibidabo ⊘ – *Fermé l'hiver*. Situé à 532 m d'altitude dans la chaîne de Collserola, il a vu s'édifier à son côté la gigantesque tour de télécommunications dessinée par Norman Foster, que l'on aperçoit de nombreux endroits de la ville. Du parc même, où se trouve le singulier **musée des Automates** ⊘, comme du temple du Sacré-Cœur, témoin d'innombrables mariages barcelonais, on bénéficie d'une **vue panoramique**★★ extraordinaire sur la ville, la mer et les environs.

BARCELONE ET SES FÊTES

Le 8 décembre, la **Fira de Santa Llúcia** (Foire de sainte Lucie – *voir p. 72*) permet d'acheter tous les articles de décoration et objets spécifiques à Noël. Une foire analogue se déroule devant la Sagrada Familia.

Dans l'après-midi du **5 janvier**, les Rois mages arrivent à Barcelone par bateau. Après cet étrange débarquement, en début de soirée, évolue un long défilé sur les principales artères. Au cours de cette manifestation sont distribués des bonbons.

Le **carnaval** barcelonais dure une semaine et prend fin avec « l'enterrement de la sardine », le mercredi des Cendres.

Le 23 avril, on célèbre la Sant Jordi, patron de la Catalogne. Le même jour, date anniversaire de la mort de Cervantès, a lieu le **Jour du Livre et de la Rose** (Dia del Llibre i de la Rosa), qui voit traditionnellement les amoureux échanger un livre et une rose.

Le 11 mai, dans la rue de l'Hospital, de nombreux vendeurs proposent herbes aromatiques et médicinales, miel, confitures.. Cette vente marque le début de la **Fira de Sant Ponç**.

La veille du 24 juin, fête de **Sant Joan**, a lieu la *verbena*. Au cours de cette kermesse, Barcelone devient un « enfer » où éclatent les pétards et crépitent les feux d'artifice. Les « diables » participent au *contrefoc*, spectacle pyrotechnique très animé. Les gens envahissent les rues et la fête se prolonge jusqu'au petit matin. Par tradition on mange la *coca* – tarte décorée de pignons, de fruits ou de crème fraîche – et on boit la *cava (voir en Introduction le chapitre : Gastronomie)*.

La fête nationale de la Catalogne, le **11 septembre**, commémore l'entrée dans Barcelone des troupes de Philippe V.

La **Festa Major** est célébrée en l'honneur de la Virgen de la Mercé, patronne de la ville. Pendant une semaine, spectacles, bals et concerts en pleine rue sont nombreux.

INFORMATIONS TOURISTIQUES

Office de tourisme de la Generalitat – *Passeig de Gràcia 107 (Palau Robert) – 08008 Barcelona* – ☎ *93 238 40 00 – fax 93 238 40 10 – www.gencat.es/probert*

Offices de tourisme de Barcelone – *Plaça de Catalunya, 17-S; Plaça de Sant Jaume et gare de Sants* – ☎ *90 630 12 82 – www.barcelonaturisme.com*

Centre d'information de la Virreina – *La Rambla, 99 (Palau de la Virreina)* – ☎ *93 301 77 75.*

Publications – Publication hebdomadaire, la *Guía del Ocio* donne le programme des événements culturels à Barcelone et en Catalogne (disponible chez tous les marchands de journaux). L'Institut culturel édite chaque semestre

Barcelone sur Internet

www.bcn.es : site de la municipalité, en catalan, espagnol et anglais.
www.barcelonaturisme.com : site de l'Office de tourisme, en catalan,
espagnol, anglais et français.
www.gencat.es/probert : site de la Généralité proposant des informations en catalan, espagnol, anglais et français.
http://barcelona.lanetro.com/ : tout type de renseignement sur Barcelone.
www.barcelona-on-line.es : abondante source d'information et liens avec d'autres pages, en catalan, espagnol et anglais.
www.timeout.com/barcelona/index.html : tout type d'information, mais en anglais seulement.
www.guiadelociobcn.es : programme hebdomadaire très complet des cinémas, spectacles, expositions... En espagnol.

la *Guía de los Museos de Barcelona*, mine d'informations sur les expositions, les horaires d'ouverture, les tarifs... On peut trouver à l'aéroport et dans les bureaux de tourisme toute la gamme des publications éditées par le service d'Indústria, Comerç i Turisme de la Généralité de Catalogne.

Horaires d'ouverture et de fermeture des musées et des monuments – Ils sont en général ouverts tous les jours sauf le lundi ; les jours fériés, l'horaire d'ouverture est restreint à la demi-journée. Pour plus de précisions, consulter le chapitre Conditions de visite à la fin de ce guide.

Billets combinés et réductions – Trois cartes donnent droit à différentes réductions.

– **Barcelona Card** (24 h, 48 h et 72 h) permet d'avoir accès aux transports gratuits, donne droit à des remises de 30 à 50 % dans 30 musées ainsi qu'à des billets réduits dans certaines salles de spectacles, boutiques et dans divers restaurants. La délivrent les offices de tourisme de Barcelone sur la Plaça de Catalunya et Plaça de Sant Jaume. Renseignements : ☏ 90 630 12 82 et Internet www.barcelonaturisme.com

– **Articket** permet de visiter, moyennant une réduction de 50 %, le MNAC, la Fundació Joan Miro, la Fundació Antoni Tàpies, le CCCB, le Centre culturel de la Caixa et le MACBA. ☏ 90 210 12 12.

– **Multiticket de la Ruta del Modernismo** offre l'accès à 9 endroits emblématiques du modernisme (palais Güell, palais de la Musique, La Pedrera, La Sagrada Familia...), moyennant une remise de 50 % sur les billets d'entrée. Renseignement auprès de la Casa Amatller, ☏ 93 488 01 39.

Change – Il est possible de changer des devises dans les banques, ouvertes du lundi au vendredi de 8 h 45 à 14 h 45, dans quelques hôtels et dans les bureaux de change. De nombreux distributeurs automatiques de billets permettent d'obtenir de la monnaie locale avec les cartes bancaires les plus répandues.

Numéros utiles

Renseignements (depuis Barcelone) – 010
(hors de Barcelone) – 906 42 70 17

Urgences – 061

Pharmacies de garde – 93 481 00 60

Police nationale – 091

Police municipale – 062

Trains – Renfe (lignes internationales) : 93 490 11 22 ; Renfe (lignes intérieures) : 93 490 02 02. Estació de Sants : 93 490 38 51 ; Estació de França : 93 496 34 64 ; Estació de Passeig de Gràcia : 93 488 02 36

Taxis – Radio Taxi Barcelone : 93 300 11 00 ; Tele-Taxi : 93 392 22 22

PTT – 93 318 38 31

Aéroport – 93 298 38 38 ou 93 298 40 00

Gare routière Barcelone Nord – 93 265 65 08

Gare maritime – 93 443 13 00 ou 93 443 02 62

TRANSPORTS

Les aménagements urbains entrepris lors des Jeux olympiques de 1992 ont fait de Barcelone une ville aux communications aisées. Le quadrillage de l'Eixample s'est vu complété par la construction des « Rondas », boulevard périphérique de 40 km qui décongestionne le centre-ville.

Aéroport – Il se trouve à 15 km du centre-ville. Son accès se fait par des :
– **trains de banlieue**, qui assurent la liaison entre l'aéroport et la plaça de Catalunya *(départ toutes les 15 mn, de 6 h à 22 h environ)*,
– **navettes** qui relient, toutes les 15 mn environ, la plaça de Catalunya et la plaça d'Espanya avec l'aéroport. La durée du trajet est de 45 mn environ,
– en **taxi** : le trajet jusqu'au centre-ville revient à près de 2 000 ptas.

Taxis – C'est un moyen de transport rapide, mais onéreux. Facilement reconnaissables à leurs couleurs jaune et noir, ils attendent aux stations réparties un peu partout, mais pratiquent aussi la maraude.

Transports publics – Grâce à leurs horaires et à leur prix, ils sont un moyen privilégié pour parcourir la ville.
Le métro, les Chemins de fer de la Generalitat de Catalunya, le « Tramvía Blau » (tramway), qui ne parcourt que le secteur haut de la Diagonal, et les lignes d'autobus métropolitains proposent des billets qui mettent à portée de la main n'importe quel point de Barcelone. Nombre de stations sont équipées pour accueillir les handicapés ; pour une information plus précise ☎ 93 412 44 44.

Métro – *Les stations de métro sont repérées sur les plans de ce guide.* Renseignements ☎ 93 318 70 74 ou www.tmb.net. Le réseau compte cinq lignes : L1 (Feixa Llarga/Fondo), L2 (Paral.lel/La Pau), L3 (Zona Universitària/Montbau), L4 (Roquetes/Pep Ventura), L5 (Cornellà/Horta). Les rames circulent de 5 h à 23 h les jours ouvrables – à l'exception des vendredis et veilles de jours fériés –, de 5 h à 2 h les vendredis, samedis et veilles de jours fériés ; de 6 h à 24 h les dimanches et de 6 h à 23 h les jours fériés en semaine. Leur fréquence varie de 5 à 9 mn selon les lignes.

Tickets et cartes de métro : ils sont également valables pour les Chemins de fer de la Generalitat de Catalunya, les autobus et le Tramvia Blau. Bien que les tickets soient vendus à l'unité, pour un séjour de plusieurs jours il convient d'acheter la **carte T-1**, valable pour dix déplacements, la **T-DIA**, qui propose un nombre illimité de déplacements au cours d'une journée, ou encore la **carte** valable pendant **3 à 5 jours**. La carte T50-30, permet de réaliser 50 déplacements par période de trente jours et la T-MES, permet de payer en une seule mensualité tous les déplacements que l'on voudrait faire au cours du mois.

Autobus métropolitains – Les lignes relient différents points de la ville. Certaines fonctionnent même jusqu'à 2 h du matin. Les tickets de métro sont utilisables.
Quelques lignes utiles :
– 25 relie l'hôpital de la Santa Creu et la Sagrada Familia au Parc Güell.
– 24 assure la liaison entre le Parc Güell et Paseo de Gràcia (La Pedrera).

Funiculaires – **Funicular de Montjuïc (CT)** : Paral.lel/Parc de Montjuïc ; **Funiculaire du Tibidabo (AR)** : Plaça del Funicular/Tibidabo ; **Funiculaire de Vallvidriera (AR)** : Peu del Funicular/Vallvidriera Superior.

Transports touristiques :

Téléphérique – Teleférico de Montjuïc (CT) : Castell de Montjuïc / Parc de Montjuïc.
« Bus Turístic » – Ce singulier autobus assure de nombreux parcours touristiques, tous les jours au départ de la plaça de Catalunya, à 9 h.
Titibús – Cet autobus relie la plaça de Cataluña et le parc d'attractions du Tibidabo. En service toutes les heures à partir de 11 h.
Las Golondrinas – Cette société propose des promenades en bateau dans le port de Barcelone depuis l'Exposition universelle de 1888. Deux possibilités sont offertes, au départ de El Portal de la Pau, en face du monument dédié à Colomb : visite du port à bord d'un brise-lames *(35 mn)* ou croisière dans une embarcation de type catamaran *(1 h 30)*. **Renseignements** ☎ 93 442 31 06 ou www.lasgolondrinas.com

Location de voitures

AVIS – ☎ 90 213 55 31, www.avis.es
BUDGET – ☎ 90 120 12 12, www.eurorenting.org/budget/
EUROPCAR – ☎ 93 298 33 00
HERTZ – ☎ 90 240 24 02, www.hertz.es
ATESA – ☎ 93 298 34 33

Renfe – Les lignes de banlieue de la Renfe permettent de visiter les environs de Barcelone, comme par exemple les communes du Maresme (Mataró, Canet, Calella...), de la Costa Daurada (Sitges) ou de l'intérieur (Vic). **Renseignements** www.renfe.es

BARCELONA

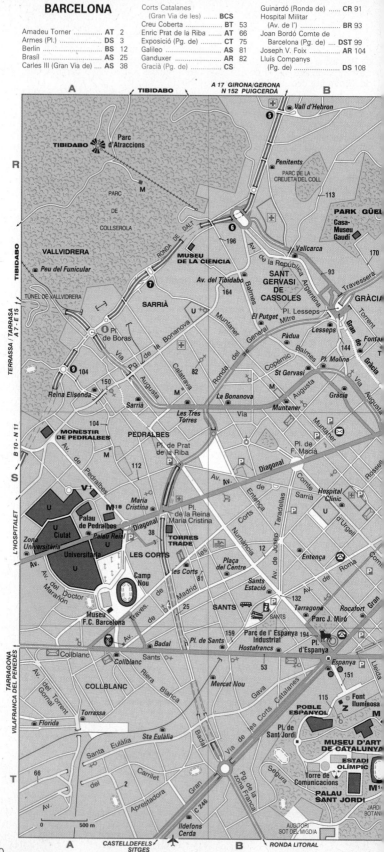

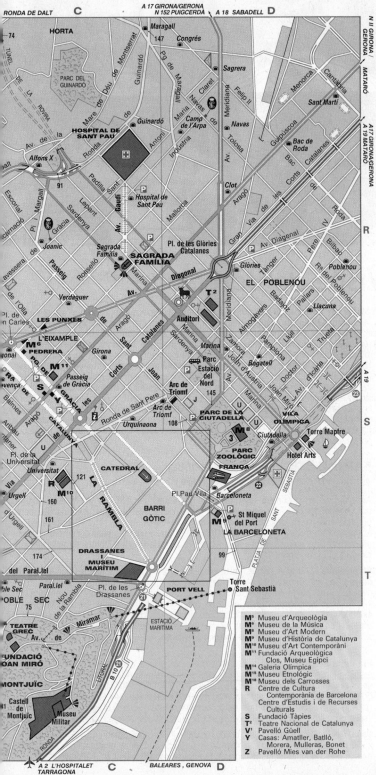

Mⁱⁱⁱⁱ **M⁵** Museu d'Arqueologia
M⁶ Museu de la Música
M⁸ Museu d'Art Modern
M⁹ Museu d'Història de Catalunya
M¹⁰ Museu d'Art Contemporàni
M¹¹ Fundació Arqueològica
  Clos, Museu Egipci
M¹⁴ Galeria Olímpica
M¹⁵ Museu Etnològic
M¹⁸ Museu dels Carrosses
R Centre de Cultura
  Contemporània de Barcelona
  Centre d'Estudis i de Recursos
  Culturals
S Fundació Tàpies
T² Teatre Nacional de Catalunya
V¹ Pavelló Güell
Y Casas: Amatller, Batlló,
  Morera, Mulleras, Bonet
Z Pavelló Mies van der Rohe

La Rambla

Visite de Barcelone

Barcelone est une ville de vifs contrastes. Dans un espace géographique assez réduit, les éléments hérités du passé se mêlent à ceux laissés par une rageuse modernité. C'est en essayant de respecter toujours cette pluralité qu'ont été tracés les itinéraires permettant de découvrir la ville. Le **Barri Gòtic**, avec ses élégants bâtiments au cœur même de la ville, est l'échantillon de la grande Barcelone médiévale. La **Rambla**, artère de tous les contrastes, est devenue l'image emblématique de cette ville outrageusement méditerranéenne. La rénovation de la **façade maritime** a réconcilié la ville avec son passé portuaire et augmenté du même coup ses possibilités de loisirs. Le quartier de l'**Eixample** et l'**architecture moderniste** s'identifient au flamboiement économique et culturel de la bourgeoisie barcelonaise. Contrastes encore à **Montjuïc**, où culture et sport semblent indissociables. Enfin, le secteur qui s'étend de la **Carrer de Montcada** au **Palau de la Música Catalana** permet un long voyage à travers les ruelles qui ont accueilli les maisons corporatives d'abord, et la bohème ensuite.

★★ BARRI GÒTIC (QUARTIER GOTHIQUE)

4 h de visite des musées. Voir plan détaillé p. 76.

Ainsi appelé en raison de ses bâtiments gothiques des 13ᵉ, 14ᵉ et 15ᵉ s., il est, en fait, beaucoup plus ancien puisqu'on y a trouvé des vestiges romains. De cette période subsistent des parties de la muraille barcelonaise (4ᵉ s.), visibles en de nombreux endroits. Au cours du 19ᵉ s., les monuments les plus durement endommagés ont été soumis à une soigneuse restauration, qui a donné au quartier son élégante physionomie.

Plaça Nova – Au tout début, cette place était un des replats formés par les portes de la ville. Ici commençait l'extrême Ouest du « cardo » romain, auquel on accédait par une porte flanquée de deux tours cylindriques qui existent encore. En 1355, avec l'extension de la ville, ce replat devint une place. Le 16 août, on y célèbre la fête de saint Roch, pendant laquelle on danse les populaires sardanes. Sur son côté droit, la place est fermée par la façade baroque du palais épiscopal. En face, on remarque aussi le **Collegi d'Arquitectes**, avec une frise en béton décorée de sgraffites de Picasso.

Pla de la Seu – L'avenue de la Cathédrale, qui relie la Plaça Nova à la Via Laietana, est une large promenade – paradis des patineurs – conduisant jusqu'à l'imposant escalier de la cathédrale où s'étale la Pla de la Seu. Cette place, construite en 1421, doit sa célébrité à la fête qui y a lieu chaque 8 décembre, la « Fira de Santa Llucía », foire très fréquentée où l'on peut acheter toutes sortes d'accessoires pour les crèches de Noël. La place est entourée par les maisons de la Canonja et de l'Ardiaca.

Casa de la Canonja – L'ancienne résidence des chanoines (1546) conserve de curieux détails sculptés sur la façade et à l'intérieur. À sa droite se trouve le bâtiment de la **Pia Almoina**, institution de bienfaisance créée en l'an 1009 pour venir en

R. Camprubí/GC (DICT)

aide aux pauvres de la ville. Les deux bâtiments a été totalement réhabilités et abritent aujourd'hui le **musée du Diocèse de Barcelone** ⊘, où sont exposés tableaux, sculptures, pièces d'orfèvrerie et vêtements à caractère religieux. Des expositions temporaires s'y déroulent également.

★**Catedral** ⊘ – Les restes les plus anciens de la cathédrale, ou « Seu », consacrée à sainte Eulalie, patronne de la ville, furent trouvés dans le sous-sol de la rue dels Comtes. Cette première cathédrale, à demi détruite pendant l'invasion d'Almanzor (985), fut remplacée par une autre de style roman entre les années 1046 et 1058. L'édifice actuel, érigé sur le terrain jouxtant l'ancienne cathédrale romane, fut entrepris à la fin du 13e s., sous le règne de Jacques II, et achevé en 1450.
La **façade principale** et la flèche sont récentes (19e s.), mais construites selon le beau dessin gothique réalisé en 1408 par le maître Carli, ce qui explique sa décoration très française de crochets, gables et pinacles.

★**Intérieur** – Les trois vaisseaux ont été réalisés selon le plus pur style gothique catalan. La légèreté et la sveltesse des piliers donnent une remarquable sensation d'élévation, intensifiée par la lumière ténue et indirecte de la lanterne, érigée non pas à la croisée comme il est habituel, mais à l'entrée du sanctuaire. À droite de l'entrée principale se trouve la **chapelle du Saint Sacrement** (capella del Santíssim), ancienne salle capitulaire couverte par une voûte octogonale étoilée. Commencée en 1400, elle fut reconstruite au 17e s. pour recevoir le tombeau de saint Olégarius. C'est là que se trouve le Christ de Lépante (15e s.), crucifix qui, selon la tradition, ornait la proue de la galère commandée par don Juan d'Autriche au moment de la bataille de Lépante (1571).

R. Manent/GC (DICT)

Stalles de la cathédrale

Dans la chapelle suivante (1), consacrée aux saints Côme et Damien, on peut admirer un retable gothique réalisé par Bernat Martorell.

La cinquième chapelle (2) contient le tombeau de Raimundo de Peñafort, membre de l'ordre des Dominicains et l'un des saints locaux les plus vénérés.

Chapelle Santa Llúcia – Elle mérite une attention particulière car c'est l'unique vestige de la cathédrale romane. Elle fut construite en 1268 et consacrée à sainte Lucie, patronne de la vue et de l'intelligence, sainte très estimée des Barcelonais.

Chevet – Sous le maître-autel et la croisée se trouve la **crypte de sainte Eulalie★**, couverte par une voûte nervurée très basse. On pourra admirer les très intéressants détails sculptés du perron, qui conduit jusqu'à la chapelle où se trouve le sarcophage de la sainte, pièce d'albâtre réalisée par des artistes toscans au 14e s. À droite du *presbyterium* (espace devant l'autel), contre un mur, se trouvent les **tombeaux** (3) des fondateurs de la cathédrale romane : Raymond Bérenger le Vieux et son épouse Almodis.

Les chapelles du déambulatoire abritent des retables gothiques et baroques, dont un chef-d'œuvre, la **Transfiguration★**, de Bernat Martorell, œuvre classique entre toutes de la peinture catalane ancienne.

Dans la branche orientale du transept, au-dessus de la porte Sant Iu (saint Yves), se trouve l'orgue monumental.

★★Cor – La perspective de la nef est tronquée par cette enceinte, associée, comme dans nombre de cathédrales espagnoles, au maître-autel et fermée de murs gothiques finement sculptés. Elle présente deux rangées de stalles polychromes : celle du haut, dont les riches dossiers sont ornés d'aiguilles minutieusement travaillées, fut réalisée vers la fin du 14e s., celle du bas vers le milieu du 15e s.

Au début du siècle suivant, on ajouta aux stalles du haut une frise à motifs végétaux et des colonnes platéresques. En l'an 1519, à l'occasion d'une réunion de l'ordre de la Toison d'or, les dossiers furent décorés des armoiries de chaque chevalier. Chargé de cette tâche, Jean de Bourgogne réalisa l'un des ensembles héraldiques les plus extraordinaires de toute l'Europe. Il ne faut pas manquer d'admirer aussi la finesse et l'humour des scènes ornant les miséricordes des stalles. On monte à la **chaire épiscopale** (trona) contiguë par un escalier en pierre rehaussé de deux ouvrages en fer forgé : une balustrade aux fleurs de lis et une porte. La chaire octogonale en bois est décorée de nombreuses figurines.

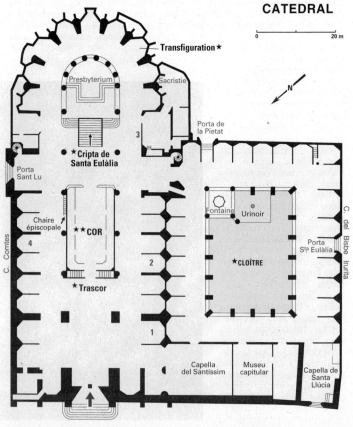

CATEDRAL

0   20 m

Transfiguration ★

Presbyterium

Sacristie

N

Porta de la Pietat

3

★ Cripta de Santa Eulàlia

Porta Sant Iu

Fontaine

Urinoir

C. del Bisbe Irurita

Chaire épiscopale

★★ COR

4

2

Porta Sta Eulàlia

★ CLOÎTRE

C. Comtes

★ Trascor

1

Pla de la Seu

Capella del Santíssim

Museu capitular

C. de Santa Llúcia

Capella de Santa Llúcia

Le **trascor★** (façade postérieure du cor) du 16ᵉ s., en marbre blanc, est l'œuvre de Bartolomé Ordóñez – qui vraisemblablement intervint dans la réalisation des stalles –, achevée après sa mort par Pierre Villar. Il présente des bas-reliefs retraçant le martyre de sainte Eulalie, vierge dont le culte s'est développé au 4ᵉ s.

Après avoir visité le cor, tourner à gauche.

En venant du déambulatoire, on passe devant la **chapelle de la Vierge de Montserrat** (4), patronne de la Catalogne, connue sous le nom de « la Moreneta », dont le culte se développa autour de la montagne du même nom, où l'on créa un monastère au début du 4ᵉ s. *(voir Sierra de Montserrat)*. Plus loin se trouve le superbe retable de saint Marc, patron des cordonniers.

★**Cloître** – C'est l'un des endroits les plus sereins de la ville. Quatre galeries aux voûtes en croisées d'ogives servent d'écrin à un patio où palmiers, magnolias, néfliers et orangers enserrent une fontaine dédiée à saint Georges, patron de la Catalogne et de l'Aragon. L'**urinoir** du 15ᵉ s., à côté de la fontaine, apporte une touche pittoresque à cette oasis. Les galeries ont été enrichies de grilles en fer forgé (admirer les détails floraux du 14ᵉ s.) et quelques chapelles conservent de curieux retables. Dans le mur Nord est inhumé Mossén Borrá, bouffon du roi Alphonse V.

Museu capitular ⊘ – Deux somptueuses salles accueillent le musée de la cathédrale. On y conserve quelques peintures du 15ᵉ s., telle la **Pietá** de Bartolomé Bermejo, qui reprend ici le même thème que la sculpture en bois de la porte de la Pietat. Il faut s'attarder devant la tombe de style médiéval tardif de l'archidiacre Luis Desplà et le missel de sainte Eulalie, décoré de fines miniatures.

Sortir de la cathédrale par la porte Santa Eulàlia, située dans le cloître, et prendre la rue dels Montjuïc del Bisbe.

★**Casa de l'Ardiaca** – Bâtie au 12ᵉ s. sur la muraille romaine, la **maison de l'archidiacre** fut agrandie vers la fin du 15ᵉ s. par l'archidiacre Luis Desplà pour donner plus de dignité à sa charge.

Elle possède trois façades : la principale fait face à la chapelle Santa Llúcia, la deuxième regarde vers la rue del Bisbe Irurita et la troisième, vers la place de la Seu. Ce bâtiment mêle des éléments décoratifs gothiques et Renaissance. Admirer le **petit patio intérieur★** de forme rectangulaire, authentique havre de paix orné d'une frise en carreaux de faïence émaillée qui, quoique très postérieure (1920), s'harmonise bien avec l'ensemble. Au premier étage on trouve l'**Arxiu Històric de la Ciutat** (Archives municipales d'Histoire).

Plaça de Sant Felip Neri – Là s'élèvent l'église néoclassique du même nom, bâtie en 1752, et le curieux **musée de la Chaussure** (Museu del Calçat ⊘ – **M¹⁷**), qui conserve, parmi d'autres curiosités, la chaussure de Colomb, de même dimension que celle que porte la fameuse statue à l'extrémité des Ramblas. Cet espace tranquille est entouré de maisons Renaissance déplacées ici lors de l'ouverture de la Vía Laietana.

Prendre la rue Sant Felip Neri et revenir à la rue del Bisbe Irurita par la rue Sant Sever.

Carrer del Bisbe Irurita – Après le palais épiscopal se trouve la petite **plaça Garriga i Bachs**. Le monument qui orne l'un de ses côtés, dédié aux Barcelonais morts pendant l'occupation napoléonienne, est l'œuvre du sculpteur **Josep Llimona** (1864-1934). Sur le côté droit de la rue, depuis la petite place jusqu'à la place Sant Jaume, se dresse la longue façade du Palau de la Generalitat, relié par une galerie néogothique (1929) sur voûte en étoile aux anciennes **Cases dels Canonges** (Maisons des chanoines), remarquable exemple de construction du 14ᵉ s.

Plaça Sant Jaume – Sur cette place se croisaient jadis les deux rues principales de la ville romaine : le *cardo* et le *decumanus*.

La galerie néogothique de la rue del Bisbe Irurita

E. Baret

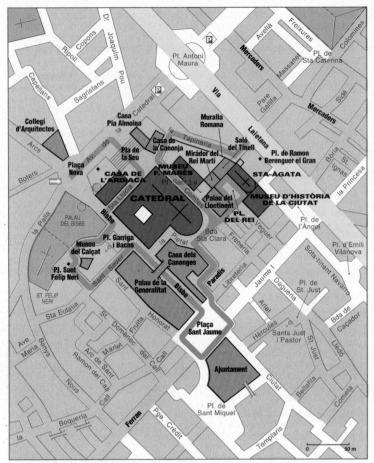

C'était, à l'époque, l'emplacement de l'agora. Elle conserve encore une partie de cet usage, car on y trouve les deux bâtiments qui symbolisent la grande Barcelone du 14e s. : l'hôtel de ville et le palais de la Généralité.

Palau de la Generalitat ⊘ – La Generalitat *(voir en Introduction le chapitre : Politique et Administration)* apparut au 14e s. sous la forme d'une commission du Parlement catalan constituée de deux représentants de chaque classe (clergé, noblesse et bourgeoisie urbaine), dont la mission principale consistait à percevoir les impôts. Le palais est un grand édifice à trois étages, construit au début du 14e s. dans le style gothique mais modifié ultérieurement. La **façade** sur la place Sant Jaume, érigée vers 1600 par Pere Blay, principal architecte catalan de cette période, est un bel exemple de l'architecture Renaissance.

Ajuntament ⊘ – L'hôtel de ville se trouve sur la partie orientale de la place Sant Jaume, face au palais de la Généralité. Il fut construit dans le dernier tiers du 14e s. mais sa façade principale, d'un style néoclassique puriste, est postérieure (19e s.). La **façade latérale gothique** (vers 1400) sur la rue de la Ciutat est plus ancienne et plus intéressante. On peut voir à la porte une représentation en pierre de l'archange saint Raphaël ainsi que les armoiries de la ville et du roi.
L'aménagement d'origine a presque totalement disparu car plusieurs transformations ont détruit les pièces des 16e et 17e s. On peut cependant admirer le **Saló de Cent★**, salle de réunion du Conseil des Cent, ou assemblée générale, noyau du futur conseil municipal. Si elle a subi de nombreuses modifications, elle n'en conserve pas moins une remarquable richesse ornementale.

Carrer Paradís – Cette rue doit son nom au jardin qui s'y trouvait jadis. Au n° 10, un édifice gothique accueille le **Centre Excursionista de Catalunya**, célèbre club d'alpinisme fondé en 1876. À ce même endroit, édifié en l'honneur d'Auguste, s'élevait le temple le plus grand de la ville, dont les vestiges sont accessibles par un patio. Quatre **colonnes corinthiennes★**, témoignage spectaculaire du passé romain de la ville, sont intégralement conservées. On peut admirer une maquette du temple au musée d'Histoire de la Ville. La rue Paradís débouche dans la rue de la Pietat, bordée à gauche par les façades gothiques des maisons des chanoines. En face, la porte du cloître de la cathédrale est ornée d'une Piétà en bois du 16e s.

Emprunter la rue de la Pietat et rejoindre la Baixada de Santa Clara.

★★**Plaça del Rei** – Cette place, cadre de nombreuses activités culturelles (concerts, pièces de théâtre, etc.), est le poumon du quartier gothique. On peut y contempler d'un même regard quelques-uns des plus importants bâtiments médiévaux de la ville : au fond, la façade du Grand Palais Royal, à droite la chapelle Sainte-Agathe et à gauche le Palais du Lieutenant (Lloctinent). À l'angle droit de la place se trouve la maison Clariana-Padellàs, qui abrite le musée d'Histoire de la Ville.

★★**Museu d'Història de la Ciutat** – *Entrée par la rue del Veguer.* Le bâtiment qui accueille ce musée porte le nom d'une noble famille barcelonaise. Il a été transféré, pierre par pierre, depuis son site d'origine – rue dels Mercaders – jusqu'à la Plaça del Rei où il se trouve actuellement. Il s'agit d'une construction du 15e s., d'une belle architecture civile gothique. Sa ligne et sa sobriété reflètent les caractéristiques architectoniques les plus en vogue à cette époque.

Visite ⊙ – La visite débute par la projection d'un film audiovisuel retraçant l'histoire de Barcelone *(30 mn).* Elle se poursuit par une promenade au milieu des vestiges de l'ancienne ville romaine, découverts dans le sous-sol de la place. Ce tronçon du parcours traverse toute la place avant d'aboutir au Grand Palais Royal, dont le Salon du Tinell et la chapelle Sainte-Agathe peuvent être visités.

★★★**La ville romaine** – Dans le sous-sol de la maison Clariana-Padellàs et de la Plaça del Rei, on a découvert la ville romaine et wisigothique qui fut l'embryon de Barcelone (4e-7e s.). Peu de villes au monde permettent cette bizarre promenade souterraine à travers des ruelles, des maisons et des ateliers romains. Au nombre des vestiges encore visibles, signalons une fabrique de salaison, une laverie, une fabrique de vin où l'on peut voir de nombreuses amphores ainsi qu'un intéressant ensemble épiscopal de la Barcelone wisigothique.

Plaça del Rei et Palau Reial Major

Du souterrain de la ville romaine on passe aux deux salles aux voûtes romanes en berceau qui faisaient partie de l'ancien palais des comtes. On y trouve quelques sculptures, épigraphes, et bustes du 1er au 4e s. Plus loin, la salle Jaime Ier présente de grandes peintures murales gothiques (13e s.), découvertes en 1998.

Palau Reial Major – La visite se poursuit – après avoir traversé la Plaça del Rei – par celle de ce palais qui fut la demeure des comtes de Barcelone et, ultérieurement, des rois d'Aragon. L'édifice, dont la construction débuta aux 11e et 12e s. au milieu de la muraille romaine, ne cessa de s'agrandir pour atteindre vers la fin du 14e s. sa taille actuelle. Au 16e s., une aile fut occupée par le Tribunal de l'Inquisition. La façade possède une structure monumentale avec de grands arcs adossés, résultant de la réunion des contreforts. Au fond de ces arcs se trouve l'ancienne façade romane à triplets et rosaces gothiques.

★★ **Capela de Santa Águeda** – La chapelle palatine fut bâtie par Jaime II au 14e s. avant d'être consacrée à sainte Agathe au 17e s. À vaisseau unique, elle est couverte d'un maillage minutieux de bois polychrome. Elle renferme le merveilleux **retable du Connétable**★★ (1465) de Jaume Huguet, ainsi nommé pour avoir été commandé par le connétable Pierre de Portugal, et représentant des scènes de la vie de la Vierge et de Jésus. On remarquera sur la planche centrale l'Adoration des Rois Mages, l'une des pièces dominantes de la peinture catalane, et sur la partie haute, un Calvaire.

C'est par un perron latéral que l'on accède au **mirador del Rei Martí**, tour de cinq étages qui permet d'avoir une **vue**★★ privilégiée de tout le périmètre ancien de la ville, avec la coupole de la basilique de La Mercè, au fond.

Saló del Tinell – Construit entre 1359 et 1362, c'est une grande pièce de 17 m de haut, avec une couverture à deux versants soutenue par six monumentaux arcs en plein cintre. Son nom provient du vieux mot catalan désignant la crédence où l'on gardait la vaisselle précieuse, nom qui fut élargi à la salle où se déroulaient les grands banquets. Selon la tradition, c'est là que les Rois Catholiques reçurent (1493) Christophe Colomb à son premier retour d'Amérique.

Palau du Lloctinent – Ce palais fut construit de 1549 à 1557 pour servir de résidence aux « lieutenants » du roi, c'est-à-dire aux vice-rois de Catalogne, après qu'eut été réalisée l'unité espagnole. Ses trois façades, la première sur la Plaça del Rei, la seconde sur la Baixada de Santa Clara et la troisième sur la rue dels Comtes sont sévères et très dépouillées. Le style gothique tardif prédomine avec des éléments Renaissance, exemple typique de l'architecture du 16e s.

Par l'entrée principale, rue dels Comtes, on accède à un patio avec de grands arcs au rez-de-chaussée et une galerie toscane aux voûtes d'arêtes. Ce beau patio d'influence italienne est complété par un escalier décoré et couvert d'une exceptionnelle toiture en bois taillé.

Retourner à la Baixada de Santa Clara et prendre la rue dels Comtes.

★ **Museu Frederic Marès** ☺ – L'impressionnante collection du sculpteur Frederic Marès est divisée entre le musée Frederic Marès à Montblanc *(voir ce nom)*, le musée Marès de la Punta à Arenys de Mar *(voir ce nom)*, le musée Militaire de Montjuïc et ce musée, installé en 1948 dans une partie du Palau Reial Major qui fut occupée à partir du début du 18e s. par les clarisses.

L'entrée principale est située sur la **plaça de Sant Iu**, par laquelle on peut aussi accéder à la cathédrale. Cette toute petite place est l'un des endroits les plus fréquentés du Barri Gòtic, car il s'y passe toujours quelque chose, avec des mimes ou des musiciens qui rendent plus agréable la promenade dans les ruelles.

La collection du musée se répartit en deux sections :

Section sculpture – Occupant deux étages et la crypte du palais, elle est composée d'œuvres classées chronologiquement de l'époque ibérique jusqu'au 19e s. Le regroupement de ces pièces est réalisé selon les régions et les écoles afin de permettre les comparaisons et de juger de la variété de l'art espagnol.

Il faut remarquer l'importante **collection**★ de crucifix et calvaires en bois polychrome (12e au 14e s.), une **Mise au tombeau**★ du 16e s., composée de six personnages indépendants, et **La Vocation de saint Pierre**★, marbre du 12e s. réalisé par le maître Cabestany. On admirera la singulière expression des visages dont les yeux ovales semblent sortir des orbites.

Museu sentimental – Il rassemble plus de 50 collections d'objets de la vie quotidienne. On distingue surtout les salles de divertissements, la salle du fumeur et la salle féminine (lunettes, éventails, toilettes et ombrelles).

Continuer par la rue dels Comtes et prendre la rue de la Tapineria.

Plaça de Ramon Berenguer el Gran – C'est une des images symboliques de l'ancienne Barcelone. Derrière la statue équestre en bronze de Raymond Bérenger III, œuvre du sculpteur Josep Llimona, s'étend un jardin entouré de cyprès. Au fond du jardin on voit une importante partie de la **muraille romaine** qui se prolonge vers les rues de la Tapineria et des Murallas Velles. Hautes de 18 m avec deux étages aux fenêtres en arcs semi-circulaires, trois des sept tours d'origine sont entièrement conservées et au pied de ces vieux murs s'alignent quelques *cupas* romains, blocs de pierre ou de marbre portant des inscriptions.

Au 13e s. les trois tours situées au fond de la place furent reliées par des voûtes afin de construire au-dessus la chapelle du palais royal.

Barcelone vue par Théophile Gautier

« L'aspect de Barcelone ressemble à Marseille, et le type espagnol n'y est presque plus sensible ; les édifices sont grands, réguliers, et, sans les immenses pantalons de velours bleu et les grands bonnets rouges des Catalans, l'on pourrait se croire dans une ville de France. Malgré sa Rambla plantée d'arbres, ses belles rues alignées, Barcelone a un air un peu guindé et un peu roide, comme toutes les villes lacées trop dru dans un justaucorps de fortifications. »

★★LA RAMBLA *2 h*

Plus connue sous le nom de « Las Ramblas » car sectionnée en plusieurs tronçons portant des noms différents, elle s'étend de la Plaça de Catalunya au monument de Christophe Colomb sur la Plaça Portal de la Pau. Cette artère colorée et animée était, à l'origine, un torrent qui marquait la limite occidentale de la ville. Aménagée entre les 15ᵉ et 17ᵉ s., elle est devenue au 19ᵉ s. la célèbre promenade que l'on connaît aujourd'hui.

La partie haute, la plus proche de la Plaça de Catalunya, s'appelle **Rambla de Canaletes** (**LV 27**) du fait de la présence d'une fontaine portant le même nom. La tradition veut que le visiteur qui boit son eau est assuré de revenir à Barcelone. Il n'est pas inhabituel de rencontrer dans cette partie piétonne des Ramblas de petits groupes discutant de thèmes les plus inattendus, les discussions les plus fougueuses se rapportant au football ou à la politique.

La partie suivante, la **Rambla dels Estudis** (**LX**), doit son nom à la première université de Barcelone – El Estudio General – qui s'y élevait jadis. On la nomme aussi Rambla dels Ocells (oiseaux) car de nombreux moineaux nichent dans les arbres et on y trouve des marchands d'animaux exotiques.

Tourner à gauche dans la rue de Portaferrissa.

Palau Moja (**LX**) – Cet important édifice de style baroque de la fin du 18ᵉ s., où vécut le grand poète **Jacint Verdaguer** (1845-1902), a subi les influences françaises (retour à un certain classicisme et sobriété dans les lignes). Les peintures murales du grand salon central sont remarquables. Depuis sa restauration en 1982, il est devenu le siège du bureau du Patrimoine Culturel de la Généralité et des expositions temporaires s'y tiennent.

Revenir sur la Rambla et la traverser.

Église de Betlem (**LX**) – Les premières crèches publiques furent organisées dans cette église de style baroque (17ᵉ et 18ᵉ s.), qui faisait partie du couvent des jésuites. Seule la façade monumentale sur la rue del Carme a été sauvegardée après qu'un incendie eut détruit l'intérieur en 1936.

Suivre la rue del Carme, puis monter à droite par la rue dels Àngels.

★★ Museu d'Art Contemporàni de Barcelona (MACBA – CS M¹⁰) ⊘ – Barcelone a transformé son ancien **Barri Chino** (**LY**), ou Raval, source d'inspiration de nombreux écrivains (voir l'œuvre de **Juan Marsé** et surtout *Izas, rabizas y colipoterras* de Camilo José Cela), en une zone regroupant les équipements culturels les plus modernes. La physionomie

populaire et canaille de ce quartier portuaire a été altérée par l'apparition d'une série de constructions spectaculaires, symboles du dynamisme de la ville, dont l'exemple le plus frappant est le musée d'Art contemporain de Barcelone, réalisé par l'architecte américain Richard Meyer.

Cet **édifice★★** monumental se rattache à la tradition rationaliste méditerranéenne, qui apporte sa touche personnelle à l'architecture contemporaine. À l'extérieur apparaissent des œuvres représentatives, telles *La Ola*, de Jorge Oteiza, placée face à la façade vitrée, et la peinture murale de Eduardo Chilida, *Barcelona*, visible depuis tous les angles de la place qui précède le musée.

C. Sarramon

Façade du MACBA

Ses vastes salles blanches, dans lesquelles la lumière naturelle se glisse en préservant toutes ses nuances, sont un cadre parfait pour la **collection permanente★**, composée de quelque 1 500 œuvres des dernières cinquante années du 20e s., où une place particulière est accordée aux apports catalans et aux tendances étrangères ayant particulièrement marqué l'art contemporain en Catalogne.

On y trouve des œuvres représentatives du constructivisme et de l'abstraction (*Beschwingte Bindungen*, de Paul Klee, deux extraordinaires mobiles d'Alexander Calder, le *Concetto Spaziale* de Lucio Fontana, la *Femme dans la Nuit* de Joan Miró, *Planos de color con dos maderas superpuestas*, de Joaquín Torres-García et les magnifiques variations autour de la *Desocupación no cúbica del espacio*, de Jorge Oteiza) ; des travaux d'une nature plus expérimentale (*Réserve des Suisses morts*, de Christian Boltanski, *Das Glab in den Lüften*, d'Anselme Kiefer et *Portrait*, de Muntadas), ainsi que des pièces représentatives des années quatre-vingt (*Tríptic de Granada*, de Joan Hernández Pijuan, *Dues creus negres*, d'Antoni Tàpies, *Pintura 2* (hommage à Joan Miró) d'Alberto Refols Casamada, *Black Flower*, de José María Sicilia). Il faut également faire mention de *Saison des pluies, 2* (1990), œuvre de Miquel Barceló, qui est son interprétation personnelle de la pluie en tant que symbole de la fécondité et métaphore de la régénération, et *Asociació Balnearia 2* (1987), sculpture monumentale de Susana Solano, où la robustesse du fer forgé trouve son complément dans les troncs d'arbre empilés le long du mur, créant ainsi un contraste saisissant entre la diversité de la nature et la froideur de la construction humaine.

S'y déroulent aussi de nombreuses expositions temporaires, cycles de conférences, concerts et autres activités de diffusion de l'art contemporain. La bibliothèque spécialisée est remarquable.

Par la rue dels Àngels, rejoindre la rue de Montalegre.

Centre de Cultura Contemporània de Barcelona ⊘ (**CCCB – CS R**) – Une partie du MACBA, le CCCB et le Centre d'études et de ressources culturelles occupent l'ancienne Casa de la Caritat (Maison de la Charité).

Le **Centre de culture contemporaine de Barcelone**, édifice remodelé par les architectes Piñón et Viaplana, associe dans son spectaculaire **patio★** la décoration originale – réalisée à partir de sérigraphies et de mosaïques reproduisant des motifs floraux – et les tendances modernes. L'élément le plus regardé est la gigantesque paroi de verre qui s'élève en son milieu et reflète les toitures de l'édifice.

Les activités de ce dynamique centre culturel sont des plus diverses : conférences, cours d'art contemporain, expositions temporaires et toute sorte de manifestations ayant un rapport avec la culture contemporaine, ainsi que des études et analyses sur les grandes métropoles urbaines.

Centre d'Estudis i de Recurses Culturals ⊘ (**CS R**) – Appelé aussi Patio Manning, il offre des services similaires et parfois complémentaires au CCCB. Le patio intérieur, comprenant deux étages de colonnes et de décors de mosaïques, constitue un cadre de choix pour ce secteur consacré à la recherche et à la culture.

Revenir à la rue del Carme.

Hospital de la Santa Creu (**LY**) – Ce complexe hospitalier représente l'une des plus importantes initiatives du règne de Martin Ier. Avant sa fondation (1401), les hôpitaux, dispersés dans la ville, étaient à la charge des églises et des ordres religieux. Avec la construction de l'hôpital de la Sainte-Croix, on a non seulement regroupé les services sanitaires de Barcelone mais aussi doté la ville d'un ensemble architectural civil.

C'est par la rue del Carme que l'on pénètre dans le patio accédant aux trois édifices monumentaux de l'ancien hôpital. Sur la droite se trouve la façade en pierres taillées de la **maison de convalescence**, dont le dépouillement cache un vestibule aux exubérantes plinthes de mosaïque polychrome et un calme patio à deux étages de colonnes toscanes. Actuellement, c'est le siège de l'Institut d'études catalanes.

En face, on peut voir la façade du **collège de chirurgie**, actuelle faculté de Médecine.

★**Patio central** – L'amplitude de ce patio gothique produit un effet impressionnant. Deux escaliers centraux conduisent aux immenses salles des étages supérieurs où étaient soignés les malades et abritant aujourd'hui la **bibliothèque de Catalogne** (à l'usage exclusif des membres), créée en 1914.

À côté se trouve l'**école Massana**, école des Beaux-Arts.

Prendre la rue de l'Hospital et revenir à la place de la Boqueria. Traverser la Rambla et prendre la rue del Cardenal Casañas.

★**Santa Maria del Pi** ⊘ (**LX**) – Cette grande basilique gothique du 14e s. abritait un nombre important de chapelles et beaucoup de cérémonies privées et collectives y étaient célébrées. En effet, tout le secteur était occupé par diverses corporations dont les confréries avaient élu siège à l'église Santa Maria del Pi. Elle se dresse sur la petite **plaça del Pi** (**LX 137**), où s'élève toujours (no 1) le bâtiment de l'archiconfrérie du Très Pur Sang, dont les membres devaient, en pénitence, accompagner les condamnés à mort jusqu'à l'échafaud.

La façade principale de l'église donne sur cette place et son ornement le plus significatif est une **rosace** de grande taille, flanquée de deux tours inachevées.

L'**intérieur**★ présente la structure typique des églises gothiques catalanes (une seule nef et des chapelles latérales). Malgré la simplicité de la décoration, le volume de la nef centrale apporte caractère et sobriété à l'ensemble.

★**Plaça de Sant Josep Oriol** (LX 167) – Devant l'imposante façade latérale géométrique de Santa Maria del Pi, cette place, très fréquentée, accueille le monument érigé à la mémoire du dramaturge **Àngel Guimerà** (1845-1924). C'est l'un des endroits les plus prisés des touristes et de la bohème car ses terrasses sont fréquentées par des peintres, des musiciens et des poètes qui donnent une touche pittoresque à ce coin de Barcelone.

Revenir sur la Rambla à hauteur de l'église de Betlem.

Si la partie haute des Ramblas semble vouée aux sonorités, la **Rambla de les Flors** (LX 168), ou Rambla de Sant Josep, explose de couleurs.

Quintessence de la ville, cette étroite allée flanquée de platanes ramenés du parc de la Devesa de Gérone *(voir Girona)* à la fin du 19e s. se faufile entre les étals des fleuristes et la foule des passants. Le très réputé peintre catalan **Ramón Casas** (1866-1932), initiateur de l'impressionnisme en Catalogne, l'immortalisa dans de nombreux tableaux et épousa même une belle fleuriste.

★**Palau de la Virreina** (LX) – À la fin du 18e s., Manuel Amat, noble barcelonais qui avait été vice-roi du Pérou, revint à Barcelone avec une grande fortune. Pour montrer sa richesse, il fit construire ce somptueux palais, mélange de styles baroque et rococo. Les dépendances et le patio servent de cadre à d'importantes expositions temporaires.

Au début de la **Rambla del Centre** ou **dels Caputxins** (MY 35), on peut observer le pavement dessiné par Joan Miró pour la **Pla de la Boqueria** (LXY), petite esplanade face à l'entrée du Liceu et du **Mercat de Sant Josep** – ou de la Boqueria – (LX), marché traditionnel recouvert d'une structure de fer. C'est le marché le mieux achalandé de la ville où l'on trouve un mélange bigarré de senteurs et de couleurs qu'il ne faut surtout pas manquer.

Jadis, de nombreux édifices religieux s'élevaient le long de ce tronçon, mais révolutions et incendies ont transformé l'allée en une longue suite de terrasses de cafés, d'hôtels et de boutiques de souvenirs, très animés pendant les périodes estivales.

Barcelone, terre d'opéra

La présence du Liceu a développé chez les Barcelonais un vif intérêt pour l'opéra. Quelques-uns des principaux représentants du monde lyrique sont passés par le Centre dramatique du Liceu. Parmi les plus connus, citons la soprano **Montserrat Caballé**, dont le timbre est l'un des plus puissants de la scène internationale et qui s'est notamment distinguée par son interprétation de *Lucrèce Borgia* ; **José Carreras**, dont l'admirable voix de ténor excelle dans l'exécution des œuvres de Verdi ; **Victoria de los Ángeles**, soprano à la tessiture pure et souple qui révèle toutes ses qualités dans les lieder, et **Jaume Aragall**, ténor que ses grandes facultés vocales ont spécialisé dans le répertoire italien.

★**Gran Teatre del Liceu** ☉ (LY) – Le théâtre a été totalement reconstruit à la suite du tragique incendie de 1994.

Il fut créé au milieu du 19e s. par la société culturelle Liceu Filhàrmonico-Dramàtic Barcelonès, avec la participation financière de la bourgeoisie barcelonaise. Le premier bâtiment, œuvre de J. O. Mestres et M. Garriga i Roca, construit sur les terrains de l'ancien couvent des Trinitaires, fut inauguré en 1847. En 1861 un incendie le dévastait, mais en un an on le reconstruisit.

Lieu de rencontre de la bourgeoisie industrielle et financière naissante, le Liceu devint de ce fait la cible des groupes anarchistes, qui y commirent un grave attentat en 1893. Depuis le début du 20e s., le théâtre a vu se donner la première de plusieurs œuvres des plus grands compositeurs contemporains. Les meilleures voix de tous les temps y sont passées, et les saisons de ballet ont atteint un grand prestige.

Prendre à droite la rue Nou de La Rambla.

★★**Palau Güell** ☉ (LY) – Ce singulier édifice construit en 1889 est un bel exemple des recherches d'Antoni Gaudí en matière d'architecture. Entreprise pour agrandir la maison familiale des Güell, qui avaient 10 enfants, l'œuvre s'est achevée en une spectaculaire demeure.

Sur la façade, en pierre blanche, se mêlent des symboles catalans comme le dragon et les « quatre barres » *(voir p. 22)*, ornés de motifs imaginaires et des initiales d'**Eusebi Güell**. La grande innovation est constituée par les arcs paraboliques de l'entrée, terminés par des **grilles** extravagantes, typiques du modernisme.

BARCELONA

A   Casa de l'Ardiaca
B   Casa dels Canonges
C   Saló del Tinell
E   Palau del Lloctinent
F   Capella Sta-Agata
G   Duana Nova
H   Ajuntament
K   Mirador del Rey Marti
L   Collegi d'Arquitectes
M¹ Museu d'Història
    de la ciutat
M² Museu Frederic Marès
M³ Museu de Cera
M⁷ Castell dels tres Dragons,
    Museu Zoologia
M¹² Museu Barbier-Mueller
    d'art precolombi
M¹³ Museu Geologia
M¹⁶ Palau del Marquès de Lljó
    (Museu Textil i de la
    Indumentària)
M¹⁷ Museu del Calçat
M²⁰ Convento de Santa Mònica
N   Casa Pia Almoina
S   Palau Marc
V   Casa de la Canonja

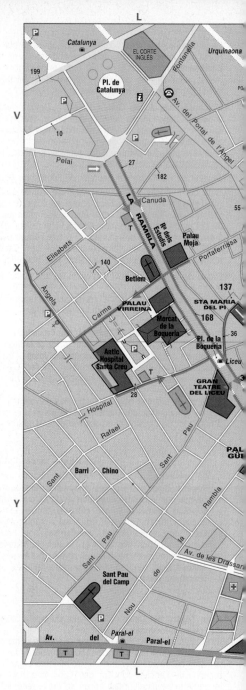

Un escalier monumental amène jusqu'au hall supérieur, qui occupe toute la largeur du bâtiment et qu'éclaire une haute coupole. Il ne faut pas manquer d'admirer dans les appartements la décoration du sol faite de mosaïques en pierre et en céramique.
Revenir à la Rambla et la traverser.

★★ Plaça Reial (**MY**) – Elle fut édifiée entre 1840 et 1850 sur le terrain de l'ancien couvent de capucins, selon les plans de Francesc D. Molina, qui s'inspira à la fois des boulevards français et des places castillanes.
Cet harmonieux ensemble architectural est constitué de bâtiments uniformes à pilastres corinthiens et d'arcades, décorés de motifs évoquant les navigateurs et explorateurs du Nouveau Monde. Le sol a été goudronné récemment tout en respectant les réverbères – dessinés par le jeune Gaudí – et la touffe de palmiers.
Il est devenu l'un des coins incontournables de la nuit barcelonaise. Sous les arcades fleurissent les « cervecerías » (bars à bière) et le dimanche se tient un marché aux

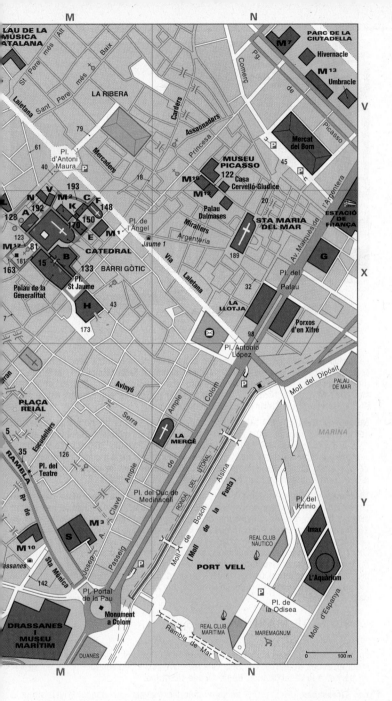

timbres et monnaies. Ne pas oublier de visiter le **passeig Bacardí** (**MY 4**), galerie de fer et de verre très parisienne d'aspect.

La place est reliée par un passage à la **carrer de Ferran** (**MXY**), longue avenue commerçante qui va vers la place de Sant Jaume, et de l'autre côté à la **carrer dels Escudellers** (**MY**), gagnée par l'ambiance du Barri Chino. C'est entre ces deux rues, en remontant vers la place de Sant Jaume, que se trouve la **carrer d'Avinyó** (**MY**), dont les anciens bordels inspirèrent Picasso pour peindre son tableau *Les demoiselles d'Avignon* (1907).

Revenir à la Rambla.

La **Pla del Teatre** (**MY**) est une esplanade où se dressent l'ancien Théâtre Principal et le monument à la mémoire du dramaturge satirique Frederic Soler, mieux connu sous le nom de « **Pitarra** ». Caricaturistes, peintres et maîtres du tarot se sont approprié le secteur et l'ont transformé en un lieu bizarre et controversé.

R. Mazin/DIAF

La place Royale

La **Rambla de Santa Mònica** (**MY**) marque la jonction de la Rambla avec la mer. Dans cette large promenade se trouve l'ancien **couvent de Santa Mònica** (**MY M²⁰**), désormais **centre d'art** ◷ contemporain recevant des expositions temporaires, et le **Palau Marc** (**MY M³**), bel édifice néoclassique dont le patio intérieur couvert est le siège du Département de Culture de la Généralité.

Museu de Cera ◷ (**MY M³**) – Installé depuis 1973 dans un hôtel particulier du 19ᵉ s. Sur sa façade, quelques sculptures anciennes côtoient *Superman* et *C-3 P-2*, le fameux androïde de la *Guerre des Étoiles*. Plus de 360 figures reproduisent des personnages célèbres – tirés de la réalité ou de la fiction – d'époques et de domaines divers. La cafétéria Bosc de las Fades vaut le coup d'œil : il s'agit d'une grotte ténébreuse qui représente une forêt enchantée.

Monument Colomb ◷ (**MY**) – Sur la place Portal de la Pau, juste devant les Drassanes *(voir la rubrique consacrée à la Façade maritime)*, surgit le monument érigé à la mémoire de Christophe Colomb *(voir illustration, p. 56)*. Construit en 1886 par Gaietà Buïgas, il commémore la réception que les Rois Catholiques donnèrent en l'honneur du navigateur génois après son premier voyage en Amérique. Une grande colonne en fonte sur une base de pierre porte la statue du découvreur. À l'époque de sa construction, cette statue représentait tout un symbole de progrès en raison du matériau utilisé, le fer. Aujourd'hui, elle est l'une des marques de l'identité de Barcelone, plus par le prestige que lui ont attribué les Barcelonais que par sa beauté.

★ LA FAÇADE MARITIME *1/2 journée*

Cet espace qui s'étend depuis le bas de Montjuïc jusqu'à l'embouchure du Besòs, en passant par la Barceloneta et les plages d'El Poble Nou, symbolise le caractère méditerranéen de Barcelone. Si la ville retrouve peu à peu son identité, c'est grâce, en partie, à la réhabilitation de sa façade maritime.

★★ **Les Drassanes** (**MY**) – Ces anciens chantiers navals, ou arsenal royal, situés à l'extrémité de la Rambla, près du monument Colomb, sont les plus importants et les plus complets de type médiéval au monde. En outre, ils constituent l'un des meilleurs exemples d'architecture civile gothique catalane.

Barcelone et le théâtre

Ville de vieille tradition théâtrale, Barcelone est le siège de nombreuses compagnies de réputation internationale, parmi lesquelles il faut citer **Dagoll Dagom**, qui propose des mises en scène spectaculaires, **La Cubana**, dont la spécialité sont les pièces amusantes et originales, **Els Joglars**, qui pratique la fusion de l'humour et de la satire politique et **La Fura dels Baus**, compagnie d'avant-garde qui a assuré la création de la cérémonie d'inauguration des JO de 1992.

Pendant le règne de Pierre III le Grand (v. 1240-1285), on dressa un bâtiment composé d'un patio fortifié entouré de porches et de tours de défense aux angles. Pierre IV le Cérémonieux (1319-1387) élargit les porches Est et Ouest et les transforma en salles voûtées composées de huit nefs parallèles où l'on pouvait travailler sur trente galères à la fois. Vers la fin du 16e s., les chantiers devinrent propriété de la Généralité qui y ajouta huit nefs de plus de 100 m. La découverte du Nouveau Monde marqua la prédominance de l'Atlantique sur la Méditerranée et, par voie de conséquence, la décadence des galères. Démantelées, les Drassanes furent transformées en quartier d'artillerie. Cédées par les autorités militaires à la ville, en 1936, la partie la plus ancienne abrite le musée de la Marine.

★ **Museu Marítim** ⊘ – Ce dynamique musée permet d'effectuer une fructueuse promenade à travers l'histoire de la marine catalane en proposant une visite interactive parmi des pièces de grande valeur.

Dans l'espace consacré à la cartographie, on remarquera le *Portulan de Gabriel de Vallseca* (1439), carte nautique qui appartint à Amerigo Vespucci.

La grande nef centrale abrite la reproduction, grandeur nature, de la galère commandée par don Juan d'Autriche à Lépante (1571), construite à cet endroit, dont on admirera l'ornementation sculptée et les peintures allégoriques.

Le bâtiment Pere IV présente une belle collection de mascarons de proue.

Emprunter le Passeig de Colom.

La réhabilitation du secteur portuaire barcelonais a débuté avec le projet urbain du **Moll de Bosch i Alsina** ou **Moll de la Fusta** (Quai du bois – **NY**), promenade bordée de palmiers qui dispose d'une large terrasse surélevée.

Utilisé jusqu'au milieu du 20e s. pour stocker le bois avant l'embarquement, ce quai est devenu l'un des secteurs les plus dynamiques de la ville ; on y respire un air chargé de modernité – voir les sculptures d'artistes contemporains tels Robert Krier et Roy Lichtenstein –, qui contraste avec la paisible vision des bateaux amarrés au port et des flottilles de plaisance du Club Nautique et du Club Maritime.

★ **Port Vell** (**NY**) – Le **vieux port** est devenu un important secteur de loisirs très fréquenté. Par une moderne passerelle de bois, la **Rambla de Mar**, on gagne le Moll d'Espanya, qui réunit l'Aquàrium, le complexe **Maremagnum**, grand centre commercial avec restaurants, terrasses animées, cinéma multisalles, bars à musique, et discothèques, et l'**IMAX** ⊘, dont le spectaculaire écran à 180° offre en trois dimensions des images de documentaires ou de concerts.

★ **Aquàrium** ⊘ – C'est l'un des plus grands zoos marins d'Europe. Une vingtaine de bassins permettent de voir évoluer toutes les espèces méditerranéennes et des spécimens tropicaux. Au cours de la visite, on emprunte sous le regard circonspect des requins l'**oceanario**, un tunnel de méthacrylate transparent long de 80 m. Un espace ludique et pédagogique à la fois, Explora, permet aux plus jeunes de participer à des activités interactives.

Prendre, à gauche, la rue d'en Serra.

D. Lerault/DIAF

Galère de don Juan d'Autriche

★**La Mercè** ⊙ **(NY)** – La basilique actuelle, consacrée à la patronne de Barcelone, date de 1760. En dépit des dommages subis pendant la guerre civile, les deux façades sont parfaitement conservées. La façade principale, sur la place de la Mercè, est le seul exemple barcelonais de façade baroque courbe. Dans la rue Ample, la seconde, de style Renaissance, fut transportée jusqu'ici depuis une église voisine en 1870.

La coupole, de facture éclectique de la fin du 19ᵉ s., est surmontée par une statue monumentale de La Mare de Déu de la Mercè, visible depuis la tour du roi Martin. L'intérieur, à vaisseau unique avec des chapelles latérales et un court transept, présente une riche décoration à base de revêtements de marbre et de grandes fenêtres aux jalousies très travaillées. La belle **statue**★ gothique représentant la **Mare de Déu de la Mercè**, réalisée par Pere Moragues (1361), est particulièrement intéressante.

Remonter le Passeig de Colom jusqu'à la vía Laietana.

Vía Laietana **(MNX)** – Cette grande artère rectiligne, qui traverse la vieille ville en direction du port, fut ouverte dans la première décennie du 20ᵉ s., entraînant le déplacement ou la démolition de nombreux bâtiments importants.

Traverser la vía Laietana et poursuivre par le Passeig d'Isabel II.

★**La Llotja** ⊙ **(NX)** – À l'origine, la **Bourse de commerce** se trouvait sous un porche à l'air libre où se négociaient les marchandises parvenues au port. Les relations commerciales de Barcelone s'intensifiant, il fallut agrandir ces installations et, à la fin du 14ᵉ s., les marchands entreprirent la construction d'un vaste bâtiment, qui devint le siège du Consulat de la Mer.

L'édifice actuel a été reconstruit à la fin du 18ᵉ s. dans le style néoclassique. De l'édifice médiéval ne subsiste que la grande **salle gothique**★★, dont les énormes proportions n'ont d'égale que la « loggia » de Florence. Ses trois nefs, séparées par de triples arcades en plein cintre, sont une réponse strictement méditerranéenne au gothique élancé des pays septentrionaux.

La façade principale sur la rue del Consolat de Mar, tout comme les façades latérales, ont été réalisées selon les tendances françaises à la grande monumentalité. Actuellement, le bâtiment est le siège de la Chambre de Commerce et d'Industrie.

Porxos d'en Xifré (NX) – Après la découverte de l'Amérique, de nombreux Catalans partirent y faire fortune. Beaucoup d'entre eux, après leur réussite comme agents commerciaux ou à la tête de petites affaires, revinrent à Barcelone. Ces *indianos*, comme on les a appelés, devenus des figures influentes grâce à leur richesse ostentatoire, prirent l'habitude de se faire construire de magnifiques demeures privées à Barcelone ou dans leur village d'origine. Ce fut le cas de **Josep Xifré i Cases** (1777-1856), marchand de son état, qui après avoir amassé une grosse fortune à Cuba, devint l'homme le plus riche de Barcelone. L'ensemble de bâtiments néoclassiques à arcades qu'il fit construire abrite actuellement un labyrinthe de magasins très fréquentés.

Prendre l'avenue Marquès de l'Argentera.

Duana Nova (NX G) – Le bâtiment détruit par un incendie en 1777 fut reconstruit dans un goût néoclassique aux tendances rococo. Depuis 1902, il est le siège de la Préfecture.

Continuer par l'avenue Marquès de l'Argentera.

Le « Consolat de Mar »

Les marchands furent les véritables moteurs de l'économie catalane dès le 12ᵉ s. Ils nouèrent des relations avec les pays d'Afrique et du Levant, y créant des « alfondics », dépôts dont l'implantation facilita l'expansion catalane en Méditerranée *(voir en Introduction : Quelques faits historiques)*. Mais vendre suppose une réglementation. Les commerçants d'outre-mer en vinrent bientôt à créer le Consulat de la Mer, sorte d'assemblée corporative ayant pouvoir de juger n'importe quel litige du commerce maritime. Les conflits étaient résolus selon des règles élaborées par les commerçants eux-mêmes. Ce règlement, qui envisageait tous les cas de figure, y compris les règles concernant l'abordage des navires et les pertes en mer, fut rédigé dès 1258 et édité pour la première fois en 1484. Le *Llibre del Consolat de Mar* eut une influence notable sur toute la Méditerranée car il constituait le **premier traité de droit maritime** au monde.

L'institution de la Llotja se généralisa dans l'ensemble du monde méditerranéen et l'on comptait 56 consuls autour de la Méditerranée au 14ᵉ s. Valence, Palma de Majorque et Perpignan avaient des centres du même type, mais celui de Barcelone, symbole du pouvoir et de la richesse du commerce catalan, était le plus puissant et influent.

La cascade

★ **Estació de França** (**NX**) – Bâtie en 1929, c'est de cette énorme **structure de fer**, couverte d'un toit de verre, que partent les lignes « longs parcours ». Elle est aussi la scène de grandes manifestations culturelles, tel le Salon annuel de la bande dessinée (Saló del Comic).

★ **Parc de la Ciutadella** ⊘ (**DS**) – Après la longue période de résistance opposée par Barcelone au siège de Philippe V (1714), celui-ci décida de construire une citadelle d'où il pourrait dominer la ville. En 1715 débuta la construction d'un ensemble de bâtiments et de remparts, selon les innovations françaises en matière de fortifications, qui nécessita la démolition de plus de mille maisons du quartier de la Ribera : ainsi ce district marin, densément peuplé et d'une grande activité économique, fut rasé quasi complètement. La Citadelle devint, comme le château de Montjuïc, le symbole de la répression aux yeux de la population, et l'une des principales revendications du nationalisme catalan au 19ᵉ s. était sa démolition. Celle-ci intervint après la révolution libérale de 1868 et, sur l'emplacement, fut créé un parc public où, plus tard, se tint l'Exposition universelle (1888).

L'accès monumental au parc, le **Passeig de Sant Joan** (**CRS**), fut conçu comme une longue avenue descendant du centre-ville et pénétrant à l'intérieur de l'enceinte. Cette ligne droite s'ouvre face à l'entrée du parc avec l'**Arc del Triomf** (**DS**), construit pour servir de symbolique porte d'accès à l'Exposition et récemment restauré.

★★ **Castell dels Tres Dragons** (**NV M⁷**) – Ce monumental bâtiment en fer et brique rouge de style néogothique, réalisé par Domènech i Montaner en 1887 pour servir de restaurant à l'Exposition universelle, se dresse sur l'avenue dels Tells, longue promenade bordée d'arbres et de parterres fleuris. À l'extérieur, on peut remarquer les grandes fenêtres d'inspiration gothique, les créneaux de style roman et les panneaux en céramique sur lesquels sont peintes des figures allégoriques et des images fantastiques.

★ **Museu de Zoologia** ⊘ (**NV M⁷**) – Il présente une large collection d'espèces de tous les groupes zoologiques. Le rez-de-chaussée, où préside un magnifique squelette de baleine, est consacré aux expositions temporaires. Au premier étage, on trouve l'exposition permanente « Sistemática del Reino Animal », avec, entre autres, des mammifères, des oiseaux, des reptiles, des coléoptères, des lépidoptères et des mollusques. Ne pas manquer la salle des enregistrements sonores d'animaux.

Cascade – Construite avec la participation de Gaudí, encore étudiant en architecture, cette cascade géante est précédée par une large place circulaire. Sur sa droite, on trouve un petit étang où il est possible de louer des barques.

Plaça de Armes (**DS 3**) – Cet espace rectangulaire au centre du parc conserve les seuls vestiges de l'ancienne forteresse : l'**arsenal**, bel édifice baroque où siège actuellement le Parlement de Catalogne et où se trouve le musée d'Art moderne, le palais du Gouverneur (transformé en école) et la chapelle.

Sur la place s'étale un étang ovale au centre duquel se trouve la sculpture, très connue, *Desconsol (Chagrin)*, œuvre de Josep Llimona.

Museu d'Art Modern ⊘ (**DS M⁸**) – Section du musée national d'Art de Catalogne (*voir p. 96*), il présente une intéressante collection d'œuvres de la fin du 19ᵉ s. et du début du 20ᵉ s. dont ressortent les peintures de Fortuny (salle 1), artiste fortement influencé par Delacroix en ce qui concerne la couleur et le traitement des sujets, les exemples de mobilier moderniste (salon de la maison Lleó i Morera, salle 10 ; *voir p. 92*), et les grandes toiles d'Isidro Nonell, où le temps qui passe est traité au moyen de couleurs foncées et d'atmosphères dramatiques.

★ **Parc Zoològic** ⊘ (**DS**) – L'intérieur du « zoo » est présidé par la célèbre Dama del paraguas (La femme au parapluie), sculpture qui montre une jeune dame habillée à la mode de 1888.
Parmi les diverses espèces d'animaux qui peuplent ce parc, il faut souligner les dauphins dressés et surtout le populaire **Floquet de Neu** (Flocon de neige), unique exemplaire au monde de gorille albinos en captivité.

Hivernacle i Umbracle (**NV**) – Devant le **Museu de Geologia** ⊘ (**M¹³**) se trouve la **serre**, exemple d'architecture en verre et en fer typique des débuts du 20ᵉ s. Plus significative encore est la construction de brique et son toit en bois, où poussent les espèces les plus variées de plantes tropicales.

Revenir par l'avenue Marquès de l'Argentera jusqu'à la Pla del Palau et prendre à gauche le Passeig Nacional.

★ **La Barceloneta** (**DS**) – Après la démolition du quartier de la Ribera, l'ingénieur militaire J. Martín de Cermeño projeta la construction d'un nouveau quartier qui prit avec le temps le nom de La Barceloneta. Ce secteur, formé par quinze rues longues coupées par quinze rues courtes, est habité aujourd'hui par des pêcheurs, des dockers et d'autres travailleurs du port.
L'église **Sant Miquel del Port★** ⊘, élégant édifice élevé en 1753, est le noyau de ce quartier qui s'étend du parc de la Citadelle à la mer. Appelé le « Naples barcelonais », il est très agréable de musarder au milieu de ces ruelles pittoresques inondées de soleil et des couleurs du linge flottant aux balcons, ou de s'arrêter pour goûter l'une des exquises recettes marinières que proposent restaurants et gargotes.
De la **torre de Sant Sebastià** (**DT**) un téléphérique gagne les jardins de Miramar *(voir p. 99)*, à 80 m au-dessus de la mer, sur le flanc de Montjuïc. De cet endroit, on a une **perspective★★** privilégiée de La Barceloneta et ses quais.

Museu d'Història de Catalunya ⊘ (**DS M⁹**) – Situé dans les anciens entrepôts du port de Barcelone, cet ensemble de bâtiments 1900 récemment rénovés abrite une exposition permanente, qui propose un parcours du passé de la Catalogne allant de la préhistoire à l'époque contemporaine. D'intéressantes expositions temporaires mettant en scène divers thèmes historiques y sont présentées. Les locaux accueillent aussi le **Centre de documentation historique de Catalogne**, qui possède un riche patrimoine bibliographique et audiovisuel.

★ **Vila Olímpica** (**DS**) – Si la Barceloneta est un quartier qui conserve une grande partie de son charme traditionnel, la Vila Olímpica est un des secteurs les plus modernes et les mieux aménagés de la Barcelone actuelle. Construite sur la zone côtière de El Poblenou pour loger les 15 000 sportifs qui participaient aux JO de 1992, elle a apporté un grand dynamisme à toute la façade maritime.
Le projet d'aménagement est l'œuvre des architectes **Martorell, Bohigas** et **Mackay**, et les différents blocs d'appartements ont été confiés à des architectes locaux récompensés des prix FAD (Foment de les Arts Decoratives : Société d'encouragement aux Arts Décoratifs) d'architecture.
En outre, la Vila Olímpica possède de beaux jardins, ornés de sculptures contemporaines, de larges avenues et un singulier échantillonnage commercial et ludique.
Le nouveau **port de plaisance★★**, œuvre de l'ingénieur J.R. de Clascà, est devenu l'une des plus importantes zones de loisirs de la ville. Aux plages réhabilitées d'El Poblenou (**Bogatell, Somorrostro, Nova Icària**) s'ajoutent de nombreux cafés-terrasses, bars et restaurants pour former un ensemble bigarré où règne une grande animation, souvent jusqu'au petit matin. Parmi les nombreux édifices de cette zone, les **deux tours**, de 153 m de hauteur, sont les plus remarquables. Ces deux gratte-ciel constituent le symbole de la volonté de progrès et de modernité de Barcelone.
La première tour abrite l'**Hotel Arts Barcelona** qui fait partie de la chaîne internationale Ritz-Carlton. Œuvre collective de plusieurs architectes américains, sa structure de fer donne une sensation de solidité doublée d'une gracilité certaine.
La **Torre Mapfre**, œuvre d'Íñigo Ortiz et Enrique León, possède également 44 étages mais ses façades en verre la différencient totalement.
Du haut de ces tours, la **vue★★★** est un véritable émerveillement ; par beau temps il est possible de voir se profiler à l'horizon l'île de Majorque.

Le design catalan

Depuis le début des années soixante, le design s'est fortement développé en Catalogne. La fondation à Barcelone de l'ADI/FAD (Agrupació de Disseny Industrial, section du Foment de les Arts Decoratives) puis, plus tard, la création des écoles Elisava, Eina et Massana ont permis de faire connaître au-delà des frontières le travail de nombreux designers catalans, dont les plus représentatifs sont **Antoni de Moragas, André Ricard, Miquel Milà, Joan Antoni Blanc, Óscar Tusquets** et **Enrich Franch**, dont les recherches concernent aussi bien le design industriel que le design d'intérieur et le design graphique. Mais le plus célèbre d'entre tous est sans conteste **Javier Mariscal**, le créateur de *Cobi*, la sympathique mascotte olympique.

L'EIXAMPLE ET L'ARCHITECTURE MODERNISTE (CS)

1 journée avec les visites – Plan p. 71

La croissance économique du début du 19ᵉ s. avait engendré chez les Barcelonais le désir de se libérer du cercle de murailles médiévales qui empêchait le développement de leur ville. En diverses occasions, et profitant de moments de désordre, les gens avaient déjà essayé de détruire les remparts, mais on les avait aussitôt reconstruits. Finalement, en 1851, la municipalité de Barcelone demanda officiellement que la ville cesse d'être une place forte. Trois ans plus tard, les murailles étaient abattues.

En 1859 est lancé un appel d'offres pour distribuer l'espace dans lequel la ville de Barcelone devait s'étendre. La municipalité choisit l'architecte local Antoni Rovira pour mener à bien le projet mais le gouvernement central imposa celui de l'ingénieur **Ildefons Cerdà** (1815-1875). Alors que le plan de Rovira prévoyait des axes radiaux qui auraient fait de la vieille ville le noyau central de Barcelone, Cerdà, qui avait une réelle vision du futur et le souci d'une meilleure répartition sociale, conçut un réseau de rues de 20 m de large, parallèles à la mer, dont les carrefours avec de grandes avenues perpendiculaires s'effectueraient en chanfrein. Cet urbanisme rationnel prévoyait la construction de pâtés de maisons pourvues de jardins ouverts sur l'intérieur. Bien que les projets de Cerdà concernant les jardins n'aient pas été suivies, 50 ans après Barcelone avait quintuplé sa superficie.

La construction de l'Eixample coïncida avec l'une des périodes les plus brillantes de la société barcelonaise. Le développement économique et industriel avait provoqué l'éclosion d'une bourgeoisie vigoureuse, dont le souci majeur était de faire de Barcelone une grande ville. Cette croissance sociale se concrétisa dans le domaine artistique par le **modernisme**, symbole visuel de l'Eixample. Flâner par ces rues savamment ordonnées, c'est découvrir la grande richesse de l'architecture moderniste avec ses nombreux bâtiments extraordinairement décorés – les nouveaux matériaux, fer, verre, céramique, apportant une touche originale aux façades monumentales – et ses petites boutiques, pharmacies, boulangeries et autres.

La « **Promenade du Modernisme** » (Ruta del Modernismo) présente le plus grand intérêt. Cet itinéraire, qui part du palais Güell et aboutit au parc Güell, permet, grâce à ses panneaux d'information et à la signalisation au sol, de repérer les bâtiments modernistes les plus caractéristiques de la ville. Le *Guía de la Ruta del Modernismo* contient des informations plus détaillées.

Plaça de Catalunya (LV) – Ce large espace laissé par la démolition des remparts est le trait d'union de la vieille ville avec l'Eixample. Aménagée en 1927 par F. de P. Nebot, elle présente d'intéressantes sculptures de Llimona et de Gargallo, et une copie de la Deesa de Josep Clarà, chef-d'œuvre du noucentisme *(voir en Introduction le chapitre : L'art)*.

★Rambla de Catalunya (CS) – Cette promenade qui s'étend à travers tout le secteur de l'Eixample relie la **Gran Vía de les Corts Catalanes** (BCS), avenue traversant la ville, avec l'Avinguda Diagonal.

Les bâtiments démodés de cette partie très animée de la ville alternent avec les structures de fer et de verre et avec des maisons aux lignes plus modernes, composant une authentique mosaïque très variée et toujours surprenante.

★★Fondació Antoni Tàpies ⊘

(**CS S**) – Créée par l'artiste lui-même en 1984, cette fondation est installée dans le bâtiment moderniste de l'ancien **Editorial Montaner Simón★**, œuvre de Domènech i Montaner. Ce bâtiment est l'un des meilleurs exemples de la rénovation architecturale et urbaine de Barcelone à la fin du 19ᵉ s. Cette importante construction de brique rouge porte en haut de sa façade la grande sculpture de tubes d'aluminium réalisée par Antoni Tàpies, *Núvol i cadira (Nuage et chaise)*, emblème de la fondation représentant l'univers symbolique de l'artiste.

Les rues de l'Eixample

En 1863, **Víctor Balaguer**, écrivain connu, historien et homme politique, était chargé officiellement de choisir les noms des nouvelles rues. Interprétant parfaitement le sentiment patriotique du mouvement littéraire Renaixença, dont il était l'un des animateurs, il revendiqua noms et faits célèbres de l'histoire de la Catalogne. Ainsi, les premières rues reçurent le nom des institutions gouvernementales catalanes du Moyen Âge : Corts, Diputació, et Consell de Cent. Les suivantes furent baptisées aux noms des principales composantes du royaume d'Aragon : Aragó, Valencia, Mallorca, Provença, Rosselló, Sardenya... et l'on ne manqua pas d'honorer les grandes figures de l'histoire : Balmes, Aribau, Muntaner, Casanova et bien d'autres.

L'architecture moderniste

Le modernisme, qui se développa entre 1890 et 1920, est la version catalane personnalisée de mouvements similaires : l'Art nouveau en France, le Modern Style en Angleterre, le Jugendstil en Allemagne. L'architecture moderniste, fruit d'une recherche liée aux possibilités des nouveaux matériaux industriels et aux techniques modernes de construction, se distingue par l'adoption de lignes sinueuses, de différents éléments décoratifs comme les vitraux et l'usage combiné du métal et de la céramique.

Antoni Gaudí i Cornet (1852-1926) – Né à Reus au sein d'une humble famille de chaudronniers, il fit ses études d'architecture à Barcelone tout en travaillant dans différents cabinets d'architectes et d'entrepreneurs.

Sa production personnelle, réalisée pour l'essentiel à Barcelone, peut se diviser en quatre étapes. La première étape, qui va de 1878, année de l'obtention de son diplôme, jusqu'à 1882, est marquée par la communion de l'architecte avec l'idéologie coopérativiste : toutes ses œuvres ont alors un caractère urbain et social et il construit notamment l'usine de la coopérative « La Obrera Mataronense ».

L'étape suivante va de 1883, où il commence à travailler sur le projet de la Sagrada Familia, à 1900. Cette période est caractérisée par une volonté marquée de dépasser l'historicisme en faveur d'une plastique et de structures architecturales propres, deux aspects clés pour comprendre le style Gaudí. Ce sont des années d'intense activité, où il fait la connaissance d'Eusebi Güell et construit notamment le palais Güell (1886-1891), les pavillons Güell (1884-1887), la maison Vicens (1883-1885) et la Casa de los Botines, à León (1891-1894). Cette période le voit faire un usage emphatique, très libre et personnel, de l'art musulman et des styles gothique et baroque. C'est aussi la période où Gaudí invente un nombre considérable de systèmes et de mécanismes, montrant par là ses idées révolutionnaires en matière d'architecture, surtout en ce qui concerne la finition d'intérieurs.

De 1900 à 1917 a lieu l'étape la plus novatrice, celle où il développe un style propre et original : le parc Güell (1900-1914), la maison Milà – dite La Pedrera – (1906-1910) et la rénovation de la maison Batlló (1904-1906).

De 1918 à sa mort tragique – il périt écrasé sous un tramway –, il est obsédé par la Sagrada Familia, cherchant à faire la synthèse entre ses aspects symboliques de l'église et sa future fonctionnalité.

Homme intensément religieux, son attitude face à l'architecture témoigne d'une volonté de perfection absolue et apparaît comme la justification transcendantale de son travail et de son œuvre, le tout mêlé à un sentiment nationaliste très fort. Figure de proue du complexe mouvement moderniste, il a été, sans aucun doute, le meilleur architecte catalan et l'un des artistes les plus remarquables du 19e s. Son style mêle la dextérité manuelle et une recherche architecturale s'inspirant toujours des formes de la nature.

Lluís Domènech i Montaner (1850-1923) – Cet architecte, historien et politicien barcelonais étudia à Barcelone et à Madrid, où il obtint son diplôme en 1873. C'est en 1888, à l'occasion de l'Exposition universelle, qu'il réalisa ses premières œuvres originales : l'Hôtel International et le restaurant du parc de la Ciutadella. Ses œuvres les plus importantes, au style très personnel, utilisant la brique et le fer forgé et décorées de céramique vernie polychrome et d'abondants thèmes floraux, sont le Palais de la Musique Catalane (1905-1908), la maison Lleó i Morera (1905) et l'hôpital Sant Pau (1902-1912). Ses recherches eurent surtout pour but de déterminer les caractéristiques d'un art national catalan. L'ensemble de son œuvre architecturale et sa personnalité en ont fait l'une des figures principales du modernisme.

Il adhéra successivement à différents partis politiques, fonda aussi le journal *El Poble Català*, et sut faire la part tant à l'engagement politique qu'à l'écriture, en publiant des ouvrages sur l'architecture et l'histoire de la Catalogne.

Josep Puig i Cadafalch (1867-1956) – Architecte, historien d'art et homme politique né à Mataró, il dirigea en 1895 la construction de la maison Martí, où plus tard s'installa le populaire café « Els Quatre Gats ». Déjà s'y manifestent les caractéristiques de son style : appropriation des formes du gothique septentrional et prédominance des arts appliqués, que l'on retrouve à Barcelone dans la maison Amatller (1900), la maison Macaya (1901) et la maison Quadras (1905), dite « Casa de les Punxes ».

De plus, il mena à bien plusieurs chantiers de restauration d'églises et donna un nouvel élan aux recherches archéologiques d'Empúries à travers l'Institut d'Estudis Catalans, dont il fut cofondateur et longtemps président.

Il adhéra à la Lliga de Catalunya et collabora aux hebdomadaires *La Veu de Catalunya* et *La Renaixença*, où ses articles étaient particulièrement percutants. Conseiller municipal, député provincial, il s'exila pendant la guerre civile espagnole à Paris où il poursuivit ses études sur l'art roman en Catalogne.

91

L'intérieur, formé de deux niveaux principaux et d'un sous-sol, est un espace imposant aux couleurs ténues éclairé d'une lumière zénithale traversant la coupole et la pyramide du toit. Les fonds du musée, essentiellement des œuvres léguées par Tàpies, constituent la collection la plus complète de l'artiste catalan et comprennent un échantillonnage de son prolifique parcours depuis 1948. Sont exposés, par roulement, plus de 300 tableaux, gravures et sculptures et, en même temps, sont organisés expositions temporaires d'art contemporain, symposiums et conférences.

Parmi les diverses œuvres *(voir illustration p. 35)*, il faut remarquer celles, réalisées dans les années cinquante et soixante, qui font partie de la fameuse « serie matérica », où Tàpies s'est interrogé sur le papier mural, considéré comme miroir ou métaphore du temps. L'expressivité de cette surface rugueuse et informe semble mise en relief par les symboles que l'artiste y a introduits (un bout de papier et différentes lettres). Les diverses nuances de couleur s'ajoutent aux crevasses et aux plis du matériau pour créer une atmosphère dramatique.

Enfin, la bibliothèque, qui a conservé les étagères de bois éditoriales, possède un fonds exhaustif de documents sur l'art et les artistes du 20ᵉ s., outre les archives sur l'œuvre de Tàpies et une importante section consacrée aux arts et à la culture orientaux qui ont tant influencé l'œuvre du peintre.

Revenir à la Plaça de Catalunya et monter par le Passeig de Gràcia.

★★Passeig de Gràcia (CS) – À l'origine, il reliait la vieille ville au village de Gràcia, mais avec l'Eixample il est devenu la zone résidentielle de la haute bourgeoisie. De riches industriels, femmes luxueusement vêtues et politiciens reconnus se promenaient le long de cette large avenue.

Les **lampadaires★** de cette artère sont l'un des symboles de son identité. Dessinés par Pere Faqués en 1900, ils démontrent la tendance moderniste pour des matériaux tels que le fer et la céramique.

Il regroupe les plus beaux bâtiments de l'architecture caractéristique de ce changement de siècle, spécialement ceux de Gaudí, Domènech i Montaner et Puig i Cadafalch.

« Un de ses charmes les plus évidents lui vient de son plan incliné, doux mais marqué. Les rues légèrement en pente, juste ce qu'il faut, rendent élégant le pas de ces dames, donnant à leurs mouvements une certaine grâce élancée. Dans ce sens, le Passeig de Gràcia a beaucoup fait pour la ville. »
Josep Plà.

★★ « La Manzana de la Discordia » (CS Y) – Ce pâté de maisons doit son curieux nom, allusion au jugement mythologique de Pâris chargé d'accorder la pomme d'or à la plus belle des déesses, à un jeu de mots sur le mot « manzana » qui signifie à la fois pomme et pâté de maisons, les bâtiments qui le composent permettant aussi une comparaison – passionnée également – entre les trois architectes les plus importants du modernisme.

★★Casa Batlló (1905) – Œuvre de Gaudí, la maison présente sur la **façade polychrome** et ondulante une allégorie de saint Georges tuant le dragon. Si l'extérieur surprend par le dynamisme et la profusion d'images et de couleurs, l'intérieur n'est pas en reste. Les boîtes aux lettres, les perrons, la toiture, tout concorde avec le génie de l'architecte.

★Casa Amatller (1900) – Ce bâtiment de Puig i Cadafalch possède une belle façade avec des fresques aux motifs floraux. Ce n'est plus le délire gaudien, mais les grandes baies vitrées gothiques – très au goût de l'architecte – et les grilles de balcons et de portails sont d'une finesse exquise *(voir illustration p. 35)*.

Elle héberge l'**Institut Amatller** ⊘ et le **Centre du modernisme**, bureau d'information qui organise des expositions temporaires et des visites guidées des principaux édifices modernistes de Barcelone *(pour plus de détails, voir le carnet d'adresses)*.

★Casa Lleó i Morera (1905) – La maison fut bâtie par Domènech i Montaner qui introduit ici une certaine sobriété dans les formes modernistes.

À côté de ces trois bâtiments emblématiques coexistent, dans la « Manzana de la Discordia », d'autres non moins significatifs telles la **Casa Ramón Mulleras** (1911), œuvre d'Enric Sagnier, ou la **Casa Bonet** de Jaume Brossà.

Fondació Arqueològic Clos ⊘ ; **Museu Egipci de Barcelona** (CS) – Récemment installé dans ce nouveau bâtiment, cet intéressant musée privé possède environ 600 pièces représentatives des diverses périodes de la civilisation égyptienne. La collection exposée selon des critères didactiques se divise par thème. Du fonds exposé, on retiendra en particulier les sarcophages, les momies et les masques funéraires qui témoignent de l'importance de la religion et de la vie d'outre-tombe dans l'esprit des Égyptiens ainsi qu'une luxueuse collection de **bijoux★**, et d'objets d'intérieur. Une statue de Ramsès II mérite également qu'on s'y attarde.

★★★Casa Milà (La Pedrera) ⊘ (CS P) – C'est l'une des plus célèbres réalisations de Gaudí. Appelé communément « La Pedrera », ce bâtiment a été construit grâce au mécénat de la noble famille des Milà. Le projet initial prévoyait d'achever

Casa Milà (La Pedrera)

les façades ondulantes par un hommage à la Vierge Marie, mais Pere Milà rejeta l'idée à cause de l'atmosphère politique très tendue du début du 20e s. Gaudí quitta alors le chantier, laissant quelques cheminées inachevées.

Le bâtiment est une authentique explosion de fantaisie. La **façade**★★ faisant montre d'une architecture pleine de subtilités rappelle le mouvement de la mer. Admirer les **grilles** des fenêtres. Sa présence sur le Passeig de Gràcia est imposante et dépasse en beauté tous les bâtiments qui l'entourent.

À l'un des étages, **El Piso**★ est la fidèle reconstitution de l'intérieur d'une demeure bourgeoise du début du 20e s. : sur plus de 500 m², on peut contempler avec force détails le mobilier, les appareils électroménagers et les ustensiles de la vie quotidienne d'une famille aisée de l'époque.

Une récente restauration a permis de remettre en valeur les arcs paraboliques des combles, qui, dégagés, accueillent l'**Espai Gaudí**, où études, maquettes, photos et films retracent la vie et l'œuvre de l'architecte. Ne manquez pas de sortir sur la terrasse pour une promenade dans une forêt magique de formes et de volumes.

De là s'offrent de spectaculaires **vues**★ de Barcelone.

Au rez-de-chaussée, quelques salles accueillent des expositions temporaires.

Sur la Plaça de Joan Carles I, prendre la Diagonal à droite.

Avinguda Diagonal (**AS DR**) – Cette longue avenue traverse la ville, traçant une diagonale d'Est en Ouest. Sur le haut (**AS**) de la Diagonal se trouvent la **Cité Universitaire** et le **Camp Nou**, stade du FC Barcelone. On trouve aussi dans ce secteur les **Torres Trade**★, situées sur l'avenue Carles III, ensemble de tours cylindriques à base ondulée, beau symbole de la nouvelle architecture barcelonaise, réalisées en 1968 par **Josep A. Coderch**.

Museu de la Música ⊘ (**CS M⁶**) – Il est installé dans la **Casa Quadras**, un beau bâtiment moderniste de Puig i Cadafalch (1904). Parmi les nombreux instruments qui y sont exposés, il faut signaler une viole de gambe faite à Hambourg par Joachim Tielke (1694), un « chitarrone », œuvre de Petrus Olivereis (1527), et un piano de Johannes Zumpe (1770).

★**Casa Terrades** (1905) (**CR Q**) – Cet édifice est plus connu sous le nom de **« Casa de les Punxes »** en raison de sa toiture en forme d'aiguilles, autre témoignage d'ingéniosité dans l'architecture de Puig i Cadafalch. C'est dans cette œuvre que l'influence du style néogothique est la plus sensible.

Place Mossèn Jacint Verdaguer, bifurquer à gauche dans la rue de Mallorca.

★★★**La Sagrada Familia** ⊘ (**CR**) – C'est l'œuvre la plus connue d'Antoni Gaudí. Consacrée à la sainte Famille et à saint Joseph, patron des ouvriers, son créateur prétendait qu'elle était une expiation du matérialisme du monde moderne et une expression de la fraternité et de la solidarité entre les peuples.

S'inspirant de l'église du Sacré-Cœur de Paris, Josep M. Bocabella, fondateur d'une confrérie à la dévotion de saint Joseph, avait conçu l'idée de faire construire une église néogothique pour accueillir son association. Le chantier débuta en 1882, mais les travaux furent arrêtés à cause de différents conflits internes. En 1883 Gaudí participa au projet et, après avoir terminé la crypte, remplaça le plan initial

La Sagrada Familia

par un autre beaucoup plus ambitieux. Durant les quarante années qu'il consacra à cette œuvre, Gaudí rendit chaque jour plus complexe le caractère symbolique d'une église jusqu'à la rendre hermétique.

Ce révolutionnaire projet gaudien prévoyait un plan en forme de croix latine avec 5 vaisseaux et un transept à 3 vaisseaux. Il devait y avoir trois façades : celle de la Nativité, située à l'Est dans le bras droit du transept, celle consacrée à la Passion et à la Mort, dans le bras opposé, et, pour terminer, la façade de la Gloire, au Sud.

Les quatre tours de chaque façade symbolisaient les douze apôtres, tandis que la grande tour sur l'abside était le symbole de la Vierge. Quatre grandes tours consacrées aux évangélistes entouraient la flèche sur la croisée, symbole imposant du Christ. La nef centrale devait ressembler à une forêt de colonnes.

À la mort de Gaudí seules avaient été réalisées la crypte, l'abside et la façade de la Nativité. Malgré de vives polémiques, les travaux pour mener à bien ce vaste projet ont repris. Josep Maria Subirachs (1927), a réalisé les sculptures très controversées de la façade de la Passion, entrée actuelle du sanctuaire.

Bien que l'intérieur en travaux présente un état assez précaire, il est possible d'accéder aux tours du bâtiment qui offrent une **vue panoramique**★★ exceptionnelle. Mais c'est la nuit, quand sa silhouette est illuminée, que la Sagrada Familia présente son aspect mystérieux et inquiétant.

★★ **La façade de la Nativité** – Quatre tours de 115 m de haut surmontent les trois portails de cette pompeuse façade. À gauche se trouve le portail de l'Espérance, parachevé par le symbole de Marie et des scènes de la sainte Famille. Au centre, le portail de la Charité est décoré d'une profusion de motifs floraux ; en haut du seuil apparaît l'arbre généalogique de Jésus et son monogramme. Le portail de la Foi, avec le symbole de saint Joseph et des sculptures sur l'enfance de Jésus et la Visitation, se trouve à droite.

Crypte – On y descend par un escalier situé dans l'abside. Elle renferme le tombeau de Gaudí bien que les besoins de l'actualité ait nécessité son aménagement en musée où sont présentés des plans, des maquettes, des dessins des différentes étapes de construction et des projets non réalisés encore.

L'**avinguda de Gaudí** (**CR**) associe les deux architectes les plus importants du Modernisme : Lluís Domènech i Montaner et Antoni Gaudí. En effet, cette large allée piétonne prend naissance au pied de la façade de la Nativité et s'étend jusqu'à l'entrée de l'hôpital Saint-Paul, œuvre de Domènech i Montaner.

★**Hospital de Sant Pau** (**CR**) – Le bâtiment de brique rouge construit entre 1902 et 1912 occupe une superficie de plus de 10 000 m². Dans la réalisation de cette œuvre monumentale, l'architecte avait comme collaborateurs, entre autres, les prestigieux sculpteurs **Pablo Gargallo** et **Eusebio Arnau**. Les différents pavillons sont décorés de mosaïques dont les thèmes se rapportent à la mythologie et à l'histoire de la Catalogne. Cette décoration à base de céramique vernissée est en parfaite harmonie avec les jardins où se promènent les convalescents.

★★**Park Güell** ⊘ (**BR**) – La plus connue des commandes faites par Güell à Gaudí devait être une cité-jardin qui n'a en fait jamais été réalisée comme telle.

Le parc s'ouvre sur deux singuliers bâtiments en forme de champignon, propres aux contes de fées. Un escalier présidé par un dragon composé d'ingénieuses mosaïques mène jusqu'à la **salle des Cent Colonnes**. La vue de cet ample espace, prévu pour servir de marché et qui, en réalité, n'a que 86 colonnes doriques très penchées, est superbe. Dans la mosaïque du toit, tout en ondulations, sont encastrés les objets les plus divers : morceaux de verre et d'assiettes, poupées de porcelaine, etc. Au-dessus de cette salle se trouve la grande place circulaire, extraordinaire **mirador** sur la ville, entourée par le célèbre et interminable **banc ondulant**★★, où la fantaisie chromatique de Gaudí semble sans limites.

La visite de cet endroit magique, où fantaisie et réalité se confondent, doit se compléter avec celle de la **Casa-Museu Gaudí**★ ⊘. La maison, où vécut l'architecte de 1906 à 1926, permet d'apprécier une belle collection de meubles conçus par Gaudí.

★**MONTJUÏC** (**BCT**) – *1 journée avec les visites – Plan p. 71*

La « montagne des juifs » culmine à 173 m entre les embouchures des fleuves Besòs et Llobregat. En raison de sa position stratégique, en surplomb du port, elle a été utilisée dès le Moyen Âge à des fins militaires.

Vers la fin du 18ᵉ s., les bizarres profils rocheux de Montjuïc – il ne faut pas oublier que beaucoup de bâtiments barcelonais furent construits avec la pierre provenant des carrières du mont – ont servi de source d'inspiration aux artistes et graveurs. C'est l'Exposition universelle de 1929 qui amena la transformation de cette montagne, dont les flancs devinrent des jardins – selon le projet du prestigieux jardinier français Forestier, assisté par Nicolau Rubió i Tuduri – et où l'on construisit d'importants édifices qui furent réhabilités pour les Jeux olympiques de 1992.

Depuis la **Plaça d'Espanya** (**BT**), dominée par une fontaine monumentale ornée de sculptures de **Miquel Blay** (1866-1936), on accède à l'enceinte où, chaque année, a lieu la foire-exposition. Deux **tours** inspirées du Campanile de Venise lui servent d'entrée. De là s'ouvre une **perspective**★ spectaculaire sur l'avenue de María Cristina, aux gigantesques **fontaines lumineuses** (**BT F'**) et changeantes de Gaietà Buïgas, et sur l'escalier qui conduit au Palais National.

Parmi les nombreux bâtiments construits à l'occasion de l'Exposition universelle, on distingue le **Pavelló Mies van der Rohe**★★ ⊘ (**BT Z**), conçu pour représenter l'Allemagne par l'architecte très connu du même nom. Considéré comme l'un des modèles de l'architecture rationaliste, on peut voir dans ses installations modernes la chaise dite de Barcelone, œuvre du même Mies van der Rohe.

Au pied du Montjuïc, entre la plaça d'Espanya et la mer, s'étend l'ancien quartier industriel du **Poble Sec** (**CT**), au milieu duquel se dressent les cheminées de la centrale thermique de la FECSA. Ce quartier est délimité par la grande **avinguda del Paral.lel** (**LY**), ainsi appelée car elle passe exactement sur le parallèle 41° 44' de latitude Nord. Au début du 20ᵉ s., l'avenue était un secteur de théâtres, cabarets et spectacles frivoles que l'on appelait le **Montmartre de Barcelone**.

La « Nova Cançó » catalane

La « Nova Cançó » (Nouvelle Chanson) est un mouvement musical qui réunissait divers groupes, tel « Els Setze Jutges », auquel se joignirent de jeunes auteurs-compositeurs et des ensembles « folk » ou de musique populaire. Leurs textes, très influencés par ceux interprétés par des chanteurs français comme Georges Brassens, Yves Montand et Jacques Brel, manifestent à la fois une revendication de l'usage du catalan et une évidente contestation sociale. De ce point de vue, *l'Estaca*, interprétée par Lluís Llach, est l'une des chansons les plus significatives. **Guillermina Motta, Francesc Pi de la Serra, Maria del Mar Bonet, Marina Rosell, Ovidi Montllor, Raimon, Lluís Llach** et surtout **Joan Manuel Serrat**, qui chante souvent son quartier de Poble Sec, sont les principaux représentants de ce mouvement qui, avec le temps et le succès d'auteurs élargissant leurs thèmes d'inspiration, se démembre.

Château de Montjuïc (CT) – C'est en 1640 que fut bâti le premier château, au pied duquel les troupes catalanes gagnèrent la bataille du 26 janvier 1714 contre Philippe V. Détruit pendant la guerre de Succession, il fut reconstruit au 18e s. tel qu'on peut le voir aujourd'hui : une forteresse en étoile avec de larges remparts et fortins.

Le château, qui comme la citadelle était jusqu'au milieu du 19e s. l'un des points stratégiques du système défensif de Barcelone, pouvait aussi servir de base pour attaquer la ville, ce que fit Espartero qui en 1842 pointa les canons contre Barcelone. Pendant longtemps, il servit également de prison militaire et c'est là qu'en 1909 on fusilla le pédagogue anarchiste **Ferrer i Guardi** puis en 1940 le président de la Généralité, Luis Companys.

C'est maintenant un lieu de promenade aux vues exceptionnelles sur le port et la ville abritant le **musée de l'Armée** (Museu militar) ⊘, où sont exposés, autour de l'ancienne place d'armes, diverses collections d'armes, drapeaux historiques et uniformes.

★★★ **Museu Nacional d'Art de Catalunya** (BT) ⊘ – Le MNAC comprend le musée d'Art de Catalogne, le Cabinet de dessins et gravures, le musée d'Art moderne *(voir p. 87)*, le Cabinet numismatique de Catalogne et la Bibliothèque Générale d'Histoire de l'Art. Le musée d'Art est installé au Palais national de Montjuïc, édifice monumental construit à l'occasion de l'Exposition universelle de 1929.

Le Pantocrátor de Sant Climent de Taüll

On y expose de splendides **collections romanes et gothiques**★★★ provenant de nombreuses églises de Catalogne et d'Aragon, et une partie de la collection Francesc Cambó, avec des œuvres du 16e au 18e s. Prochainement, les sections d'art Renaissance, baroque et une partie du fonds du musée d'Art moderne seront à nouveau présentées.

Section d'art roman – Aux 12e et 13e s., les vallées pyrénéennes virent l'essor d'un art populaire très expressif et d'une grande maturité.

Les fresques sont exposées dans des chapelles et de grandes salles recréant le cadre des églises de l'époque. On y remarque l'influence des mosaïques byzantines : le dessin surligné de noir, la composition en frises superposées, l'absence de perspective et les attitudes rigides. Néanmoins, les détails réalistes et expressifs font de cet art solennel une création réellement autochtone.

Les œuvres les plus remarquables sont les peintures (12e s.) provenant de l'église Sant Joan de Boí (salle II) représentant la lapidation de saint Étienne, le fauconnier, le Paradis et l'Enfer, les absides latérales de l'église Sant Quirce de Pedret (fin du 11e s., salle III. *Voir aussi Solsona*), l'ensemble de Santa Maria de Taüll (12e s., salle VII), qui présente une profusion d'images présidée par une belle Épiphanie, et, pour terminer, Sant Climent de Taüll (salle V), dont l'abside, ornée d'un extraordinaire **Pantocrátor**, constitue l'un des chefs-d'œuvre de la peinture romane. Remarquer la volonté antinaturaliste et la subtile géométrisation des formes.

Les **parements** sont divisés en deux catégories : ceux qui sont simplement formés d'une plaque peinte, tels ceux de Sant Martí d'Ix et de la Seu d'Urgell ou celui des Apôtres, et ceux en relief, dont les plus beaux viennent d'Esterri de Cardós et de l'église Santa Maria de Taüll.

Le musée possède également une magnifique **collection★** de chapiteaux (salle VI), d'orfèvrerie et d'émaux (salle XV).

Section d'art gothique – L'itinéraire à travers le monde gothique catalan du 13e au 15e s. permet d'admirer notamment l'*Annonciation* du **maître d'Anglesola** (salle III), influencée par le gothique linéaire français, les retables en pierre attribués à **Jaume Cascalls** (salles IV et V), une importante collection gothique internationale (salle IX) regroupant les plus importants peintres de Barcelone (**Guerau Gener**, **Joan Mates**, **Ramón de Mur**, **Joan Antigó**, **Bernardo Despuig** et **Jaume Cirera**). La salle XI consacrée à **Bernardo Martorell** met en évidence les particularités de l'artiste, qui donne une grande importance au détail et aux nuances picturales ; la salle XII contient la fameuse Vierge des « Consellers » de **Luis Dalmau**. Ne pas manquer les œuvres du **maître de la Seu d'Urgell**, groupées en salle XV, ni en fin de section l'espace consacré à la sculpture funéraire des 14e et 15e s. (salle XVIII).

★**Poble espanyol** ⊘ **(BT)** – Cette suggestive reproduction de bâtiments caractéristiques des différentes régions espagnoles fut construite par Miquel Utrillo et Xavier Noguès pour l'Exposition de 1929.

La Plaza Mayor, place aux larges arcades, où sont célébrées kermesses et fêtes folkloriques, est le noyau de ce site. Marchés majorquins, façades baroques de Valence, maisons galiciennes ou places castillanes se côtoient dans ce parcours qui reconstitue l'histoire architecturale de l'Espagne. Le remarquable **barrio andaluz** (quartier andalou), où la blancheur des façades n'est altérée que par les couleurs des géraniums et des œillets, transporte le visiteur au cœur même de l'Andalousie. Ces derniers temps, le village s'est transformé en véritable centre de loisirs, accueillant le **musée des Arts, Industries et Traditions populaires** ⊘, où sont réunis un grand nombre d'ustensiles ménagers, d'outils d'artisans et d'objets se rapportant aux mœurs et aux croyances des diverses régions d'Espagne.

Depuis la porte du Poble Espanyol, on voit la **Plaça de Sant Jordi (BT)**, magnifique **mirador** sur l'embouchure du Llobregat et la mer. Au centre de cette place se dresse la **statue équestre de saint Georges★**, imposante sculpture de bronze dans laquelle Josep Llimona se détache de la traditionnelle image triomphaliste donnée à ce saint, lui conférant une grande expressivité.

★**Anella Olímpica (BT)** – Construit pour être le cadre des principales épreuves sportives des JO de 1992, l'**Anneau olympique** occupe une immense esplanade sur la partie haute de la montagne. Le **stade olympique★** ⊘, dont la façade date de 1929 et qui fut totalement remanié à l'intérieur, et le **palau Sant Jordi★★** ⊘, palais des sports couvert par une grande structure métallique, œuvre du grand architecte japonais Arata Isozaki, forment le cœur de cette zone entièrement consacrée au sport.

Les autres ouvrages intéressants sont le Pavillon de l'INEFC, l'Université du Sport, réalisée par l'Atelier de Ricardo Bofill, et la grande **tour de télécommunications** *(illustration p. 46)*, œuvre de Santiago Calatrava qui conjugue beauté et modernisme.

Cérémonie d'ouverture des Jeux olympiques

Galerie olympique ⊙ (**M**[14]) – Elle permet de rappeler l'esprit des Jeux olympiques. Les médailles gagnées par les sportifs espagnols, les photos détaillées des épreuves les plus émouvantes…, tous les objets relatifs à l'olympisme ont leur place dans cette galerie qui ressuscite les meilleurs moments de Barcelone-92.

★★★ **Fondació Joan Miró** ⊙ (**CT**) – **Joan Miró** (1893-1983) est sans conteste l'une des figures de proue de l'avant-gardisme européen du 20e s. Son œuvre intègre certains des aspects de ce mouvement tout en créant un langage nouveau, très personnel, fondé sur la spontanéité et la force expressive.

Né à Barcelone, il fit des études commerciales puis entra aux Beaux-Arts. Une grave maladie, pendant sa jeunesse, le contraignit à faire un long séjour dans une ferme de la campagne tarragonaise. Installé à Paris entre 1921 et 1922, il y peint La Masía, tableau marquant l'abandon de la peinture figurative pour le symbolisme qui caractérise son œuvre. Le début de la guerre civile espagnole coïncide ensuite avec un retour de Miró au langage figuratif, au travers duquel il montre son rejet total des faits qui l'entouraient.

Entre 1939 et 1941, il réalise la série des vingt-trois Constellations, dans lesquelles il exprime son horreur de la Seconde Guerre mondiale, d'un point de vue très poétique. Les différents éléments qui font partie de ces compositions (la femme, la nuit ou le soleil) deviendront dès lors des éléments constants de son œuvre. Dans sa maturité, on observe une prédominance pour les grands formats – logotype de la Caixa de Pensions de Catalunya – et, réalisés avec une simplicité et une élégance sans précédent, ses dessins acquièrent une grande importance.

Le langage de Miró est une recherche sur les couleurs et les symboles. Sa peinture mêle la gaieté et le tragique dans le dessein de décrire l'homme prisonnier de ses instincts. Ceci se révèle par l'utilisation systématique d'objets pointus et de symboles sexuels au milieu d'une atmosphère magique de grande poésie.

Les oiseaux, les étoiles – logotype de la Caixa de Pensions de Barcelone –, la femme et la lune sont des symboles récurrents dans l'œuvre de l'artiste catalan car, à travers leur caractère ambivalent et mystérieux, ils renforcent la tension poétique. En raison de la profonde affection qui se dégage de ses tableaux, où l'usage de couleurs, de plans et de figures primaires évoque un état de grande pureté intérieure, on a parfois associé le nom de Joan Miró au monde des enfants.

Le **bâtiment**★★ qui abrite la fondation a été construit par **Josep Lluís Sert** (1902-1983), ami personnel du peintre. C'est l'une des plus belles œuvres du rationalisme méditerranéen, dont l'architecture se caractérise par la mise en relation de l'espace intérieur et extérieur, à la recherche d'un équilibre entre paysage et bâtiment. Le traitement de la lumière, qui s'infiltre verticalement dans les salles par de larges lucarnes, est très significatif de cette attitude. En 1988, Jaume Freixa agrandit l'édifice en respectant la conception originale de Sert.

Le fonds constitué par le peintre lui-même, réunissant plus de 10 000 œuvres, tant peintures, sculptures, et dessins que collages et œuvres graphiques, et dont on détachera la Série Barcelone, constituée de 50 lithographies en noir et blanc retraçant la guerre civile espagnole, représente la majeure partie des collections exposées. Une petite collection d'art contemporain créée un an après la mort du peintre représente l'hommage à Miró d'artistes tels que Chillida, Saura, Duchamp, Max Ernst ou Rauschenberg…

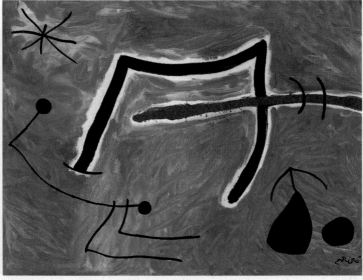

Joan Miró – *Personnages, oiseaux, étoile*

Depuis 1990 est exposée à la Fondation la **Fuente de Mercurio**★ de Alexander Calder, créée en 1937 pour le Pavillon espagnol de l'Exposition universelle de Paris et évoquant Almadén, ville où l'on trouve les mines de mercure les plus importantes du monde et qui fut l'une des plus touchées par la guerre civile.

En dernier lieu, il convient de signaler le **Jardin des Sculptures,** un très agréable coin en plein air où sont exposées différentes œuvres de jeunes artistes catalans.

Outre la diffusion de l'œuvre de Joan Miró, la Fondation organise des expositions temporaires afin de diffuser l'art du 20e s. et les créations de nouveaux artistes.

★**Teatre Grec** (**CT**) – Ce théâtre en plein air, entouré de beaux jardins et construit en 1929 sur le modèle de celui d'Épidaure, a comme arrière-scène le mur rocheux d'une carrière abandonnée.
En été, il devient une scène exceptionnelle pour les manifestations du **Festival del Grec** (voir p. 64).

> **La danse catalane**
>
> La Catalogne est devenue dernièrement le siège de spectacles de danse contemporaine très prisés. **Cesc Gelabert, Laura Azzopardi, Angels Margarit, Sol Picó** et **Danat Dansa** sont quelques-unes des grandes figures qui ont contribué à rapprocher du public cette forme d'expression artistique jusque-là méconnue.

Avinguda de Miramar (**CT**) – Cette esplanade située au Nord de la montagne offre – surtout la nuit – une belle **vue panoramique**★ de la ville et du port avec ses bateaux éclairés. Des terrasses permettent de profiter agréablement du climat méditerranéen sans être accablé par la chaleur. Un **téléphérique** ⊘ relie ce mirador à la tour Saint-Sébastien, située sur le port.

Museu Etnològic ⊘ (**BT M¹⁵**) – Construit à l'emplacement d'un petit pavillon de l'Exposition universelle, il comporte trois niveaux, deux destinés à l'exposition des collections et le troisième, en sous-sol, où se trouvent les ateliers de restauration et l'entrepôt.

La plupart des expositions sont temporaires, bien que de longue durée. Le fonds ethnologique provient de peuples indigènes d'Afrique, d'Australie, d'Amérique Centrale et de certaines régions d'Asie. Malgré quelques collections précolombiennes et japonaises, la plupart des pièces appartiennent aux cultures contemporaines.

★**Museu d'Arqueològia de Catalunya** ⊘ (**CT M⁵**) – Créé en 1935 à l'initiative de l'illustre archéologue **Pere Bosch Gimpera** (1891-1974), il fait partie d'un ensemble comprenant les musées homologues d'Empúries, Girona, Olèrdola et Ullastret.

L'archéologie catalane possède une grande tradition, que l'on constate avec les nombreuses fouilles effectuées sur tout le territoire catalan. On peut suivre les différentes étapes de l'histoire de l'homme à travers les pièces exposées : paléolithique, néolithique, âges du bronze et du fer, monde ibérique, colonisations grecque et phénicienne, culture romaine et époque wisigothique. Les différents objets présentés (outils, amphores, mosaïques ou sculptures votives) sont caractéristiques de chacune de ces périodes. La bibliothèque spécialisée (40 000 volumes), qui offre déjà une base solide pour la recherche, est complétée par d'autres services comme **l'atelier expérimental pour aveugles,** qui apprend la reconnaissance tactile du matériau archéologique.

★**DE LA RUE DE MONTCADA
AU PALAIS DE LA MUSIQUE CATALANE** 2 h – Plan p. 82

Cet itinéraire se déroule dans l'ancien quartier de la Ribera, un des secteurs les plus prospères de Barcelone depuis le 13e s. jusque vers la fin du 18e s. Cette promenade historique ne prétend pas seulement reconstruire le passé pré-industriel de la ville mais aussi confronter deux des mondes essentiels de l'histoire barcelonaise : les marchands, dont les grandes demeures se concentraient sur le secteur de la Ribera le plus proche de la mer, et les artisans, dont les corporations respectives avaient leurs sièges dans la partie haute du même quartier. Ce fascinant voyage conduira le visiteur depuis la ville médiévale, étroitement liée à la Méditerranée, jusqu'à cette Barcelone des corporations, qui connut son apogée aux 16e et 17e s.

★★**Carrer de Montcada** (**NVX 122**) – Le commerce maritime a joué un rôle fondamental dans l'histoire de la ville quand, aux 13e et 14e s., la marine barcelonaise dominait le trafic maritime du bassin occidental de la Méditerranée, notamment vers les Baléares, la Sardaigne, la Sicile et l'Italie méridionale.

Les familles de marchands ayant acquis un grand prestige social formèrent une solide oligarchie qui régna sur la ville jusqu'à une période récente, et la rue de Montcada fut la meilleure « vitrine » pour les parades de cette nouvelle classe sociale. En effet, symbole de la grande expansion maritime des Catalans en Méditerranée, cette rue, qui doit son nom à la puissante et noble famille **Montcada,** réunit en un ensemble unique hôtels particuliers et demeures aristocratiques datant pour la plupart de la fin du Moyen Âge. Son tracé rectiligne reliait le centre-ville avec le secteur du port, jadis appelé « Vilanova del Mar ».

Les Montcada

La famille Montcada (dont le nom est francisé en Moncade), qui a laissé son nom à cette rue de Barcelone, était une noble famille prétendant descendre des premiers ducs de Bavière, par un cadet venu lutter auprès des Catalans contre les Sarrasins au début du 8e s. et investi par l'empereur Louis le Débonnaire du fief catalan d'Aytona.

Au 12e s., elle avait acquis par mariage les vicomtés de Béarn et de Bigorre. Guillaume Raymond de Moncade, vicomte de Béarn et sénéchal de Catalogne, avait épousé en secondes noces une fille naturelle du roi Pierre II d'Aragon. D'autres alliances furent encore contractées avec la famille royale, la plus brillante étant, en 1322, le mariage du roi Jacques II avec Elisenda de Montcada, qui fondera plus tard le monastère Santa Maria de Pedralbes. Lors de la conquête de l'île par les Catalans, une branche s'établit en Sicile. La branche aînée, demeurée en Espagne, y exerça les plus hautes charges. Un de ses membres, Hugues de Moncade (1466-1528), vice-roi de Naples et général de Charles Quint, cité par Brantôme dans ses *Vies des grands capitaines étrangers*, s'empara de Fréjus et de Toulon en 1524. Un autre, François (1586-1635), ambassadeur à Vienne et généralissime des troupes espagnoles aux Pays-Bas, fit paraître en 1623 un ouvrage intitulé *Expédition des Catalans contre les Grecs et les Turcs*.

★**Palau Berenguer d'Aguilar** (NV) – Après avoir traversé la rue de la Princesa, première rue de la ville à avoir été pavée, ce palais, situé au n° 15, est le premier de ces hôtels particuliers. Cette magnifique résidence, modifiée aux 15e et 18e s., conserve un grand nombre d'éléments de l'architecture typique des demeures nobles de la Barcelone médiévale, inspirées des palais des marchands italiens.

La façade de pierre et de brique, très solennelle et peu ornée, présente des balcons en fer forgé ajoutés ultérieurement. Le **patio central**★ qui comporte un escalier conduisant au niveau supérieur, ou étage noble, complète son sobre aspect avec des arcades ouvertes, des moulures décoratives et différents ustensiles (jarres à huile, vin et eau) qui rappellent le passé marchand des propriétaires.

★**Museu Picasso** ⊘ (NV) – Témoignage de la relation entre l'artiste et Barcelone, ce musée est l'hommage de Picasso à la ville de ses premiers pas dans l'univers de l'art.

Les différentes collections – œuvres cédées par Jaume Sabartés et Picasso lui-même – sont installées pour l'essentiel dans un ensemble d'immeubles regroupant le palais Berenguer d'Aguilar, la **Casa del Baró de Castellet** (n° 17), dont le premier étage présente un splendide salon néoclassique du 19e s., ainsi qu'au **Palau Meca**, édifice baroque situé au n° 19.

La section consacrée à la jeunesse de l'artiste est des plus remarquables. On y trouve des dessins de son enfance, des exercices libres et des œuvres d'inspiration académique : *La Première Communion* (1896) et *Science et Charité* (1897).

De la « période bleue », première manifestation du style personnel de Picasso, on retiendra quelques pièces intéressantes : *Los Desamparados* (1903) et *El Loco* (1904).

La série de **Las Meninas**★ comprend 58 huiles, dont 44 inspirées de l'œuvre de Velázquez. Modifiant les couleurs de l'œuvre originale, Picasso utilise les gris et le noir pour symboliser le deuil ; les jaunes et les bleus lumineux ne se retrouvent qu'autour des personnages innocents, le reste baignant dans une atmosphère sombre et dramatique.

Rue de Montcada

J. Pareto/GC (DICT)

L'ensemble est complété par différentes toiles consacrées au thème des *Colombes* – symbole de paix et de liberté –, quelques paysages et d'autres pièces importantes : *Portrait de Jacqueline*, *Piano*, et *L'Arlequin*.

Palau du Marquès de Llió (n° 12) (**NV M¹⁶**) – Comme le palais précédent, il s'inscrit dans la typologie du gothique catalan : patio central, escalier conduisant à l'étage noble et rez-de-chaussée destiné aux dépendances. Les éléments de style qui le distinguent furent réalisés au cours d'une transformation effectuée au 18ᵉ s. À l'étage supérieur, une galerie ouverte servait apparemment à étendre les pièces de laine. Les fins triplets de la façade sont très typiques.
Dans le **patio**, une agréable terrasse fait office de bar-restaurant.
Actuellement, ce bâtiment est le siège du musée du Textile et de l'Habillement.

Museu Tèxtil i de la Indumentària ⊙ – On y trouve de remarquables exemples de tissus coptes, dont l'admirable « terna » de saint Valère, d'inspiration hispano-arabe, et la cape en soie de saint Fructuoso, réalisée au 13ᵉ s., ainsi qu'une collection très variée de pièces exotiques (Japon, Inde, Pérou, Inca, etc.).

Museu Barbier-Mueller d'Art precolombí ⊙ (**NVX M¹²**) – Installé dans l'élégant palais Nadal, il présente une collection d'art précolombien, avec de curieuses pièces de grande qualité. La quasi-totalité des civilisations antérieures à la Découverte y sont représentées. L'ensemble de statuettes votives d'Amazonie, surprenantes d'expressivité, est remarquable.

Casa Cervelló-Giudice (n° 25) (**NV**) – Cette maison, qui répond aux critères des palais gothiques catalans du 15ᵉ s., fut habitée par la noble famille des Cervelló et, plus tard, par les Giudice, banquiers génois.
L'intérieur, aux arcs gothiques et plafonds très bas, abrite la **galerie Maeght**.

Palau Dalmases (n° 20) (**NX**) – C'est la demeure qui conserve la plus grande richesse décorative. De construction ancienne, comme en témoigne la voûte de sa chapelle de style médiéval tardif, elle a été reconstruite à la fin du 17ᵉ s., après que la famille Dalmases l'eut achetée.
La transformation du bâtiment fut étroitement suivie par les Dalmases mêmes, fabricants de tissus qui s'étaient enrichis dans le commerce du textile. Ce sont eux qui dessinèrent les **frises★** d'une grande splendeur décorant l'escalier couvert du patio – orné de colonnes torsadées à cannelures (colonnes salomoniques) et de treilles entrelacées – et représentant des sujets mythologiques, tels l'Enlèvement d'Europe et le Char de Neptune.
Actuellement, une partie de ce bâtiment est réservée aux expositions de la **Salle Montcada**.

Au bout de la rue de Montcada, tourner à gauche dans le Passeig del Born.

Mercat del Born (**NV**) – Du 13ᵉ au 18ᵉ s. le centre de la ville se situait autour du Born avant de se déplacer sur la Rambla. Les nobles de la rue de Montcada suivaient les tournois – le mot « born » veut dire tournoi – qui se déroulaient dans le quartier et le peuple fréquentait cette promenade où se tenaient de nombreuses fêtes populaires.
Au bout de l'allée, où habituellement s'installent des étals de bazar et d'articles de cuir, est édifié le marché, œuvre de Josep Fontseré (1874). Sa structure métallique est l'un des premiers exemples d'architecture industrielle réalisés en Espagne. Il est actuellement en cours de rénovation et le secteur qui l'entoure a été relancé grâce aux nombreuses galeries marchandes qui s'y sont installées.

Revenir vers la rue de Montcada et continuer par la rue de Santa Maria jusqu'à la place du même nom.

★★**Santa Maria del Mar** ⊙ (**NX**) – « i Santa Maria ! » était l'un des cris de guerre de l'armée et des marins catalans. Jacques Iᵉʳ jura, après la conquête de Majorque, de consacrer une cathédrale à la Vierge. Cent ans plus tard, lorsque les flottes catalanes dominaient la Méditerranée, l'église Santa Maria del Mar était construite.
Si la cathédrale était le centre de l'ancienne ville comtale, Santa Maria présidait le quartier où habitaient marins et marchands, les nouveaux héros de la ville.
Construite au 14ᵉ s. avec une rapidité inhabituelle pour un édifice d'aussi grandes proportions, elle devint en peu de temps le centre spirituel du quartier. Elle est souvent appelée familièrement « la cathédrale de la Ribera », car les marins qui demeuraient dans ce quartier – la Ribera – aidèrent, malgré leurs modestes moyens, à la construction de l'église, voulant rivaliser avec les bourgeois qui finançaient alors la cathédrale.
Le résultat de cette initiative populaire fut cette merveilleuse église, dont l'harmonie et l'élégance ont fait l'objet des éloges d'architectes mondialement réputés.

★★**Extérieur** – C'est une des seules églises gothiques catalanes dont l'extérieur soit entièrement achevé. Ses trois façades – la principale donnant sur la place de Santa Maria, la seconde sur la rue de Santa Maria et la dernière sur l'allée du Born – sont représentatives du gothique catalan : prédominance de l'horizontalité, contreforts massifs, grand nombre de surfaces nues et piliers octogonaux.

Santa Maria del Mar

La façade principale est un exemple de savoir-faire architectural. Décorée de part et d'autre des statues de saint Pierre et de saint Paul, elle présente sur son tympan un important groupe sculpté. La **rosace**★ (15e s.), de style gothique flamand, flanquée de deux tours-clochers à base octogonale, est d'une qualité suprême.

L'édifice s'étend le long de la rue de Santa Maria, où s'ouvre une autre entrée. De ce côté de l'église, on peut apprécier les gargouilles des contreforts, le revers des vitraux et, avant tout, la régularité de la monumentale architecture.

La porte de l'abside (entrée habituelle), située sur l'allée du Born, bien que de style gothique, a été construite en 1542.

★★★ **Intérieur** – Santa Maria del Mar réunit les deux réussites les plus importantes de l'architecture gothique catalane : épuration des formes et amplitude de l'espace. Au lieu d'adopter la structure habituelle de corridors placés côte à côte, l'architecte conçut cette église comme un « hall » unique où les trois vaisseaux, presque identiques et de grande hauteur, sont séparés par des colonnes élancées. Avec cette disposition on obtient un effet considérable puisque les supports intérieurs sont réduits à leur plus simple expression.

L'harmonie de Santa Maria del Mar est fondée sur des calculs précis : les collatéraux mesurent 6,5 m, soit la moitié de la nef centrale, dont l'amplitude de 13 m est unique parmi les autres constructions de l'époque. La largeur totale de l'ensemble est égale à la hauteur des bas-côtés et la différence entre ces derniers et la nef centrale est identique à la largeur des collatéraux. Entre les contreforts de ces derniers se trouvent les chapelles disposées par groupes de trois.

Le maître-autel est entouré par une curieuse forêt de colonnes, qui se rejoignent en formant une voûte nervée.

D'une pureté géométrique inégalée, l'intérieur de cette église est un prodige de savoir-faire en matière d'architecture et ses dimensions procurent une indicible sensation de paix et de légèreté. Le regard se perd dans cette perspective aérienne et l'espace silencieux et troublant enveloppe le spectateur de sa solennelle immobilité.

Bien qu'après les désordres anticléricaux de 1936 la décoration intérieure ait complètement disparu, il reste encore dans la nef des pierres portant des inscriptions associées au monde de la mer (dockers, fabricants de voiles, ou portefaix). Il n'est pas étonnant de voir le maître-autel surmonté de la sculpture votive d'une embarcation du 15ᵉ s.

Aller jusqu'à Vía Laietana par la rue de l'Argenteria, prendre la direction de la place de Catalunya et tourner à droite dans la rue de Sant Pere més Alt.

Le quartier de la Ribera (MNVX) – Du 13ᵉ s. jusqu'à la fin du 18ᵉ s., la Ribera était le secteur le plus peuplé et le plus prospère de Barcelone. Mais la construction de la citadelle d'abord et celle de la Vía Laietana ensuite (1907) lui firent perdre son unité initiale et seuls restèrent, dans la partie haute, de nombreux vestiges de son passé corporatiste.

Les artisans eurent un rôle primordial dans l'histoire de Barcelone et leur importance, dépassant le cadre économique, se répercuta aussi sur les institutions politiques, religieuses et culturelles.

Au cours des 15ᵉ et 16ᵉ s., Barcelone perdit une part de son hégémonie commerciale et il fut nécessaire de consolider le marché intérieur. Les artisans traditionnels durent s'adapter aux nouvelles tendances et leurs produits se répandirent rapidement parmi l'importante classe moyenne barcelonaise dont le niveau de consommation suffit à éviter la chute de la production locale.

Malgré la disparition de la plupart des sièges de corporations, de nombreuses rues évoquent ce passé : **Assaonadors** (Tanneurs), **Carders** (Cardeurs), **Mercaders** (Marchands) et **Mirallers** (Miroitiers).

★★**Palau de la Música Catalana** ⊘ (MV) – Ce singulier monument aux fortes connotations politiques se trouve dans l'étroite rue de Sant Pere més Alt. C'est sans aucun doute le symbole le plus marquant de la bourgeoisie catalane des années 1900 et l'un des chefs-d'œuvre du modernisme.

Élevé par Domènech i Montaner *(voir p. 90)* entre 1905 et 1908, il conjugue le fort sentiment nationaliste de l'époque avec une volonté culturelle nettement internationale. Siège de l'**Orfeó Català**, organisme créé en 1891 par Lluís Millet (1867-1914) pour diffuser et encourager la musique populaire catalane, c'est la plus importante salle de concerts de Barcelone.

Le bâtiment, édifié dans un secteur aux ruelles étroites, a été agrandi et transformé en 1989, et, récemment, on a réhabilité les immeubles voisins afin d'offrir une belle vision d'ensemble sur le spectaculaire **extérieur**★. Sa décoration faite de mosaïques colorées et le groupe sculpté représentant la chanson populaire – situé à l'angle supérieur de l'entrée principale – ont été réalisés par Miquel Blay.

À l'intérieur de la salle de concerts, on peut admirer les baies vitrées et l'imposante **coupole inversée**★★, en verre polychrome, véritable merveille ornementale qui apporte une certaine délicatesse à cet ensemble grandiloquent.

À gauche de la scène, un buste de **Josep Anselm Clavé** (1824-1874), musicien fondateur de nombreuses chorales populaires, symbolise la musique catalane. À droite, rappelant le fort impact de la musique de Wagner sur les cercles musicaux de Barcelone, se dresse l'extraordinaire **Chevauchée des Walkyries** à côté d'un buste de Beethoven, allusion à la musique internationale. Ces dynamiques sculptures de Gargallo sont les compléments des curieuses **silhouettes de mosaïque** et du **buste en relief**, étalage d'imagination créatrice qu'Eusebi Arnau a placé au fond de la scène. Un luxe de détails insolites parsème cet espace surprenant dont la pompeuse atmosphère est adoucie par les fauteuils travaillés, les mosaïques à peine visibles et les jeux de couleurs des vitraux.

Pour circuler dans Barcelone, pour vous rendre d'un site à un autre, pour utiliser le métro, pour effectuer des démarches, pour visiter la ville, utilisez le plan Michelin nº 40 : Barcelona.

AUTRES CURIOSITÉS

★★**Monastère Santa Maria de Pedralbes** ⊘ (AS) – Fondé en 1326 par la reine Elisenda de Montcada, quatrième et dernière épouse de Jacques II, il accueille depuis le 14ᵉ s. une communauté de clarisses.

La place del Monestir s'ouvre devant l'entrée de l'**église**★, spacieuse construction à nef unique et chapelles latérales, abritant le mausolée de la reine Elisenda. L'intérieur est divisé dans le sens de la longueur en deux parties dont l'une seulement se visite, l'autre, séparée par un mur et une grille, étant réservée à la communauté religieuse. Sur la façade latérale du monastère, on peut observer les contreforts de l'église et le **clocher** en forme de prisme qui a tant impressionné Le Corbusier. À droite, un escalier raide monte jusqu'à la porte fortifiée dont la tour abritait la prison du couvent.

★**Cloître** – Magnifique exemple du gothique catalan du 14ᵉ s., il comporte trois niveaux. Les deux du bas, aux arcs en lancette reposant sur des colonnes cannelées, entourent un merveilleux jardin d'orangers et de palmiers. Dans la galerie du cloître sont ouvertes au public quelques cellules et dépendances.

La coupole inversée

À droite de l'entrée se trouve la **chapelle Saint-Michel**, petite pièce aux parois recouvertes de **peintures murales★★★** (1346) de **Ferrer Bassa**. Cet artiste, formé à l'école italienne du « Trecento », réussit une merveilleuse synthèse de la méticulosité de l'école de Sienne et des volumes des maîtres toscans. Dans la partie supérieure, des scènes de la Passion du Christ entourent une composition qui a pour thème le Calvaire ; les délicates peintures de la Vierge dans la partie inférieure sont des plus belles.

Collection Thyssen-Bornemisza ⊘ – C'est une partie du musée Thyssen de Madrid exposée dans l'ancien dortoir des religieuses et dans le salon principal du Palais. Elle est composée de 72 tableaux et de 8 sculptures (du Moyen Âge au 18e s.) à thème essentiellement religieux dont on retiendra diverses représentations de la *Vierge à l'Enfant* – B. Caddi (14e s.), L. Monaco (15e s.) –, **La Vierge d'Humilité★**, chef-d'œuvre de Fra Angelico dont les douces tonalités sont mises en valeur par une extraordinaire ornementation dorée, et **Sainte Marine** de Zurbarán. On verra aussi de très intéressants **portraits**, avec de beaux exemples de différentes écoles du 15e au 18e s.

Palau de Pedralbes (**AS**) – L'ancien village de Pedralbes – qui doit son nom à la profusion de pierres blanches *(pedres albes)* de la montagne – est aujourd'hui un quartier résidentiel de Barcelone.
On y trouve, outre le monastère Santa Maria, ce palais inspiré des palais italiens de la Renaissance qui fut construit entre 1919 et 1929 pour servir de demeure au roi Alphonse XIII. À l'intérieur on peut admirer les spacieuses chambres ornées de peintures baroques. Il abrite désormais le **musée des Arts décoratifs★** (Museu de les Artes Decoratives) ⊘, qui possède de belles collections nous guidant sur un parcours le long de l'histoire des objets ménagers du Moyen Âge jusqu'à l'ère industrielle. Des chaises, des lampes, des bahuts, des flacons, permettent de se faire une idée de l'évolution des mœurs et des habitudes des hommes, ainsi que des percées technologiques.
Le palais accueille aussi le **musée de la Céramique** (Museu de la Ceràmica) ⊘, qui permet de suivre l'évolution de cet art du 13e s. à nos jours. Remarquer les collections de céramiques catalanes et celles d'Alcora (18e et 19e s.).

★Pavillons Güell ⊘ (**AS V¹**) – On admirera dans ces anciennes écuries réaménagées par Gaudí la remarquable **grille** en fer forgé décorée d'un dragon.

Museu de la Ciència ⊘ (**AR**) – Idéal à visiter avec les plus jeunes, ce musée moderne logé dans un bâtiment du début du siècle, conjugue l'intérêt scientifique et les loisirs. Les principaux attraits sont un pendule de Foucault, qui démontre la rotation de la terre, le planétarium et les salles consacrées à l'optique, la perception et la météorologie, où l'on peut tenter des expériences. Étonnant, l'**atelier de la haute tension** permet de voir une allumette s'enflammer seule ou les cheveux réagir sous l'effet d'une décharge électrique inoffensive.

Sant Pau del Camp (**LY**) – Cette église (fin du 10e s.), qui faisait partie de l'ancien monastère bénédictin, fut pillée par Almanzor et les Almoravides et, bien plus tard, en 1908, incendiée pendant les événements de la Semaine tragique.

De style roman lombard, elle est bâtie selon un plan cruciforme. La façade est décorée d'arcatures aveugles soutenues par des supports sculptés. Quelques éléments wisigoths y sont encore visibles : deux chapiteaux de marbre portant deux impostes à entrelacs sur lesquelles reposent l'archivolte et de beaux reliefs des Tétramorphes et de la Main du Très-Haut. La lanterne octogonale, de style baroque, est surmontée d'un clocher ajouré.

L'intérieur, à nef unique et voûté en berceau, présente de sobres proportions. La chapelle du Saint-Sacrement, ancienne salle capitulaire, est accessible par le bras droit du transept. Le petit **cloître★** (11ᵉ-12ᵉ s.), avec sa galerie d'arcs trilobés et ses colonnes géminées, est l'un des endroits les plus agréables de l'ensemble.

Teatre Nacional de Catalunya (**DR T²**) – Le bâtiment qui abrite ce théâtre moderne, construit par Ricardo Bofill, est une synthèse de modernité et de classicisme architectural. On y accède par un vestibule en verre conçu comme une serre, qui enferme des palmiers et d'autres espèces de plantes. La grande salle, où sont données les représentations les plus importantes, adopte la forme des amphithéâtres classiques ; on y remarquera l'élégance de l'ornementation. La petite salle, également remarquable, est destinée à accueillir d'autres spectacles et manifestations (danse, musique, etc.).

Auditori (**DR**) – Il fait partie, avec le Théâtre national de Catalogne, d'un des ensembles culturels les plus importants de Barcelone. Création de Rafael Moneo, l'Auditorium est un bâtiment aux lignes architecturales dépouillées. Son équipement moderne lui permet d'accueillir des manifestations musicales de haut niveau.

La Colonia Güell

À quelques kilomètres de Barcelone, sur la rive droite du Llobregat, isolée au Nord de Sant Boí, s'élève la Colonia Güell. En 1890, pour créer ce quartier autour de son usine textile, **Eusebi Güell** fit d'abord appel à l'architecte Rubió i Bellver et à Francesc Berenguer, collaborateur de Gaudí, qui, de 1893 à 1915, dirigea lui-même la réalisation de la crypte de l'église. Bien qu'inachevée, elle est généralement considérée comme l'œuvre la plus aboutie de l'architecte, qui, associant à la pierre basaltique et à la brique de lumineuses mosaïques et verrières, innove en créant un édifice de plan ovale irrégulier à couvertures paraboliques et hyperboliques, aux voûtes irrégulièrement nervurées reposant sur des colonnes inclinées.

BEGUR★

Baix Empordà – Girona – 2 734 habitants
Carte Michelin nº 443 G 39 ou Atlas España-Portugal p. 19
Schéma : COSTA BRAVA

Située à 200 m au-dessus du niveau de la mer, la ville surplombe un bel ensemble de criques. Une promenade dans ses ruelles étroites permet la découverte de maisons du 18ᵉ s., généralement bien conservées, des tours de défense et de typiques maisons de pêcheurs. Sur la partie haute du village se dressent les ruines du château (16ᵉ-17ᵉ s.), d'où l'on peut contempler le pittoresque enchevêtrement des ruelles de la ville.

Consulter le carnet d'adresses de la Costa Brava, qui vous indiquera les hôtels et les restaurants.

Les criques – *Pour y accéder, suivre les indications.* Les anciens quartiers de pêcheurs sont devenus des zones touristiques et résidentielles de grand standing parmi lesquelles il faut signaler **Sa Tuna, Sa Riera** et **Aigüafreda**. Le paysage entourant ces lieux est spectaculaire : des montagnes abruptes couvertes de pinèdes tombant à pic dans la mer, des petites plages parsemées d'embarcations et, surtout, une vision privilégiée de la Méditerranée.

ENVIRONS

★**Pals** – *7 km au Nord-Ouest par la Gi 650.* Le village domine l'embouchure du Ter et possède un intéressant quartier ancien, **El Pedró★**, bien restauré. Cet ensemble monumental ceint d'une muraille restitue à la perfection l'atmosphère médiévale et conserve de beaux édifices parmi lesquels se détachent l'église gothique Sant Pere et la **Tour des Heures**, d'où l'on découvre un magnifique **panorama**. Ses ruelles aux maisons roses sont un véritable enchantement.

Dans les environs s'élèvent d'intéressantes fermes, dont plusieurs sont fortifiées. Ces édifices typiquement ruraux contrastent avec les réalisations plus modernes : nombreux lotissements à l'usage des estivants et terrain de golf.

BERGA

Berguedà – Barcelona – 14 324 habitants
Carte Michelin n° 443 F 35 ou Atlas España-Portugal p. 18

Berga, capitale de la comarca du Berguedà et ville de longue tradition commerciale, se trouve au pied de la **chaîne du Queralt★** et vit depuis longtemps de son importante industrie textile. En 1770, les frères Farguell inventèrent la « Berguedana », une machine qui révolutionna l'industrie du coton.

Dans le centre historique, de tortueuses rues en pente évoquent le passé médiéval tandis que vers le Sud s'étend la ville moderne, traversée par de larges avenues et de longs cours.

« La Patum » de Berga

Au mois de juin, pendant la Fête-Dieu, a lieu « La Patum », l'une des festivités les plus populaires de Catalogne. Tout le monde danse au rythme des *timbalers* (tambourineurs) tandis qu'éclatent les pétards et que géants et grosses têtes envahissent les rues. Si la fête, d'origine lointaine, a pour but de parodier la lutte du Bien – personnifié par l'archange saint Michel – et du Mal, elle célèbre en même temps une bataille contre les Arabes, symbolisée à un moment donné par l'assaut de la foule contre des cavaliers pour leur bloquer le passage.

J. Pareto/GC

ENVIRONS

★Santa Maria de Queralt ⊘ *– 4 km à l'Ouest. Prendre la route de Llorenç puis la BV 4242 vers Rasos de Peguera. Accès par le funiculaire ou l'escalier.* La **route** traverse un bois touffu de pins et monte jusqu'au sanctuaire, juché à 1 024 m d'altitude. Le **panorama★★** y est sublime. Vers le Nord apparaît la chaîne du Cadí, avec les massifs de Puigllançada, le Comabona et le Pedraforca, cernés d'un écran de montagnes majestueuses. Au Sud s'étend la plaine ondulée du Bas Berguedan, où voisinent les terres cultivées et les usines de textile, aux silhouettes imposantes. Au fond, recouvertes d'un fin brouillard, se profilent les montagnes de Montserrat. Le dernier dimanche du mois de juin a lieu l'*aplec de Sant Pere de Madrona* (rassemblement de Saint-Pierre de Madrona), où les participants reçoivent des bouquets de fleurs sauvages et la clé du saint.

★Sant Quirze de Pedret ⊘, à **Cercs** *– 2 km environ au Nord-Ouest de Berga. Quitter la ville par le chemin du Pedret puis garer la voiture sur le pont de pierre.* Sant Quirze est l'un des principaux exemples de l'art préroman catalan. À noter, les deux ensembles picturaux, auxquels l'église doit sa renommée, conservés par le Musée diocésain de Solsona et le musée d'Art catalan de Barcelone. La dernière restauration a rendu à l'église son aspect du 10e s., son portail (13e s.) a également été restauré et les peintures murales, qui recouvraient l'abside centrale (orant du 10e s. conservé à Solsona) ainsi que les absidioles Nord et Sud, ont été reproduites. Dans l'absidiole Sud, la scène illustre une Vierge à l'enfant, avec à sa droite les vierges prudentes et à sa gauche les vierges sottes.

BESALÚ★

Garrotxa – Girona – 2 099 habitants
Carte Michelin n° 443 F 38 ou Atlas España-Portugal p. 19

Situé dans une large vallée traversée par le río Fluvià, ce village fut du 10e au 12e s. la capitale du comté de Besalú. Son **centre historique★★** est l'un des plus riches ensembles romans de Catalogne. On y voit des restes de murailles, plusieurs constructions médiévales ornées de belles fenêtres géminées et un beau **pont fortifié★** d'origine romane, commencé au 12e s. et restauré à plusieurs reprises.

CURIOSITÉS

★Sant Pere ⊘ – Cette église romane (11e s.) faisait partie d'un monastère bénédictin. Construite selon un plan à trois vaisseaux, elle présente un curieux **déambulatoire**, formé de cinq arcs soutenus par quatre paires de colonnes. Les chapiteaux, minutieusement travaillés, dénotent l'influence de l'Italie du Nord.

Se loger

À BON COMPTE

Habitaciones Marià – *Plaça de la Llibertad, 7 – ☎ 972 59 01 06 – 7 chambres – 5 000 ptas.*
Petite pension située au centre de Besalú, à proximité de l'hôtel de ville. Chambres simples mais propres et correctes, dotées d'une salle de bains et d'un téléviseur. Quelques-unes donnent sur un charmant patio.

VALEUR SÛRE

Mas Salvanera, à Beuda – *3,5 km à l'Est de Besalú, par la route de Maià de Montcal – ☎ 972 59 09 75 – fax 972 59 08 63 – 8 chambres – 13 000 ptas.*
Cet ancien mas du 13e s. est un endroit délicieux pour y passer quelques jours. On retiendra également sa grande tranquillité malgré la proximité de la Costa Brava. Chambres décorées avec beaucoup de goût, chauffées et équipées d'une salle de bains. Le jardin est agrémenté d'une piscine.

Se restaurer

UNE PETITE FOLIE !

Els Fogons de Can Llaudes – *Plaza de Sant Pere, 6 – ☎ 972 59 08 58 – fermé le mardi sauf les jours fériés.*
Ce restaurant est un pur joyau de la gastronomie que la Catalogne réserve à son visiteur. Installé dans une ancienne chapelle romane, il sert une cuisine nouvelle assortie d'excellents vins. Vivement conseillé.

Admirer sur la façade la belle ouverture centrale entourée de reliefs sculptés, entre autres de lions et de motifs floraux.

Casa Llaudes – Située à l'extrémité de la place Sant Pere, elle possède un beau patio, sur le modèle des cloîtres romans.

« Mikwa » ⊘ – La maison médiévale des ablutions et des bains est située dans l'ancien quartier juif, aux rues étroites et tortueuses. Construite au 12e s., ses pièces reproduisent les rituels qui étaient célébrés tous les jeudis.

Sant Vicenç ⊘ – Ce bâtiment (12e et 13e s.) fait la transition entre le style roman et le style gothique. Outre une élégante abside et deux absidioles, l'église présente sur ses portails de remarquables éléments décoratifs (colonnes, chapiteaux, reliefs et archivoltes).

Le pont sur le río Fluvià

ENVIRONS

Serinyà – *7 km au Sud-Ouest par la C 150*. Ce village rural se trouve au Nord du Pla de Banyoles. L'**église Sant Andreu** ⊙ est un remarquable exemple d'architecture romane (13ᵉ s.) avec une porte ornée d'archivoltes. Les très importants **gisements archéologiques**★ ⊙ situés dans la périphérie comprennent notamment un splendide ensemble du paléolithique moyen et supérieur avec de remarquables grottes (Cova dels Encantats, Cova del Mollet).

★**Castellfollit de la Roca** – *15 km à l'Ouest par la N 260*. Le village, situé à l'intérieur du **Parc naturel Zone Volcanique de la Garrotxa** *(voir ce nom)*, se dresse sur une coulée basaltique de 60 m de hauteur, au milieu d'un paysage volcanique de grande beauté. L'**église Sant Salvador** ⊙ est située au centre de la **vieille ville**, noyau d'origine médiévale anciennement fortifié.

Beuda – *4 km au Nord de Besalú*. Ce petit village recèle d'intéressants exemples d'art roman dont on retiendra plus particulièrement la très belle église du prieuré de **Sant Sepulcre de Palera** (11ᵉ s.), située au bord de la route avant d'accéder au village.

BLANES★

La Selva – Girona – 25 408 habitants
Carte Michelin n° 443 G 38 ou Atlas España-Portugal p. 33
Schéma : COSTA BRAVA

Blanes, appelée « Blanda » à l'époque romaine, prit naissance près de l'embouchure du fleuve Tordera, entre la mer et la montagne Sant Joan. Important centre touristique, la ville s'organise autour de la rue Anselm Clavé. Entre la pointe de Santa Anna et le tombolo (cordon littoral) de Sa Palomera s'étend le magnifique **Passeig Marítim**★, promenade qui offre une belle vue panoramique de Blanes et de sa plage, couronnée par le port de plaisance.

Sur la colline qui protège la ville à l'Est se dressent les restes du château Sant Joan, auquel on peut accéder en voiture par la rue Vidal i Barraquer. Sur la partie basse de cette même colline s'élève l'église Santa Maria, édifice gothique du 14ᵉ s. contenant un beau retable baroque.

Si vous recherchez un hôtel ou un restaurant, consultez le carnet d'adresses de la Costa Brava.

Originaire de Blanes, l'écrivain **Joaquim Ruyra** (1858-1939) donne une vision émue de l'univers marin de sa ville. Dans son œuvre principale, *Pinya de rosa* (1920), il restitue avec réalisme l'humeur des pêcheurs, allant jusqu'à reproduire intégralement les conversations en « dialecte salat », langage drôle et très particulier qu'il avait appris lors de ses séjours prolongés à Blanes.

★**Jardin botanique « Marimurtra »** ⊙ – *Sur le versant Sud-Est du mont Sant Joan, en montant par la rue Vidal i Barraquer*. Créé en 1921, par l'Allemand Karl Faust en collaboration avec le botaniste Pius Font i Quer, il renferme plus de 5 000 espèces de plantes exotiques les plus diverses provenant du monde entier *(voir illustration p. 283)*. Le parcours passe par des sentiers sinueux offrant de belles **vues**★ de la côte et de la Cala Forcadera. Doté d'un laboratoire bien équipé, ce jardin est devenu un prestigieux centre de diffusion scientifique.

ENVIRONS

Lloret de Mar – *6 km au Nord-Est par la GI 682*. Ville côtière très fréquentée, Lloret a substitué à son activité maritime d'origine une énorme infrastructure hôtelière, devenant ainsi le premier centre touristique de la Costa Brava. Lieu idéal pour profiter de vacances animées, les possibilités de divertissements qu'elle offre en été sont pratiquement inépuisables. Une foule de toute nationalité va dans les « carpas », gigantesques discothèques de plein air, danser et se divertir au rythme des musiques à la mode. Les bars ferment leurs portes aux petites heures du jour, au moment même où s'ouvrent celles des « after hours », qui prolongent la fête jusqu'à midi.

De sa physionomie bigarrée se détache la promenade en forme de demi-lune qui longe la plage. La fête la plus prisée est, le 24 juillet, la procession maritime de Sa Reliquia, au cours de laquelle on promène en mer, sur des barques décorées de guirlandes, l'image et les reliques de sainte Christine.

CADAQUÉS★★

Alt Empordà – Girona – 1 814 habitants
Carte Michelin n° 443 F 39 ou Atlas España-Portugal p. 19 – Schéma : COSTA BRAVA

Dissimulé dans les derniers contreforts des Pyrénées, ce beau village marin est situé sur un magnifique **emplacement★** sur la côte Sud du cap Creus. C'est dans cette zone abrupte et presque inhabitée que se dresse le majestueux pic du Pení (613 m), montagne la plus haute de tout le littoral catalan.

Jusqu'au siècle dernier, Cadaqués était un village complètement isolé, qui ne fut relié à Roses que tardivement avec la construction de la **route de la Perafita★★**. Cette route d'une grande beauté offre un panorama exceptionnel sur l'Ampurdan, le golfe de Roses, la côte française et le versant de Cadaqués. Le paysage qui entoure le village est tout simplement magnifique. Des tons gris prédominent, atténués par le vert des oliviers.

Les restanques, terrasses soutenues par des murs d'ardoise, ont transformé les montagnes environnantes en un immense et admirable jardin. La lumière, qui n'occulte pas les

> Consulter le carnet d'adresses de la Costa Brava pour les hôtels et les restaurants.

formes mais semble au contraire les souligner – Dalí ne disait-il pas que les montagnes semblaient avoir été peintes par Léonard de Vinci –, les vents, les maisons au lait de chaux, le goût et la beauté des produits de la mer, et bien d'autres aspects de la vie et de l'histoire de Cadaqués font que ce village soulève l'enthousiasme de ses visiteurs.

★★LE VILLAGE *2 h – Garer la voiture et se promener à pied.*

Ce qui surprend le plus à Cadaqués, c'est l'impression d'être dans un endroit très reculé. Encerclé par les montagnes, la seule issue du village est la mer. C'est justement cet isolement qui a forgé sa personnalité et celle de ses habitants, lesquels ont entretenu, jusqu'à une période récente, certains particularismes de leurs coutumes et de leur façon de parler.

Pour visiter Cadaqués, il est recommandé de flâner selon son humeur dans les ruelles pavées, étroites et pentues. Leur beauté singulière fait le charme du village. Des recoins d'un calme impressionnant contrastent avec le dynamisme des façades s'ouvrant sur la baie. La blancheur des maisons concentrées autour de l'église Santa María et le gris foncé de l'ardoise confèrent au village une extraordinaire élégance. Les plages, toujours peuplées de petites barques, s'insèrent au fond d'anses rocheuses. La vision nocturne de la baie, avec les barques amarrées au rivage et, au sommet du village, l'église illuminée, est charmante.

Cadaqués, entre mer et montagne

Cadaqués et les artistes

Dès la fin du 19e s. et, surtout, tout au long du 20e s., Cadaqués devint l'un des endroits les plus fréquentés par les artistes et les intellectuels. Les Pitxot – famille de peintres et de musiciens très connus en Catalogne – furent les premiers à revendiquer la beauté du site, mais celui qui a le plus contribué à la renommée universelle de Cadaqués est sans aucun doute Salvador Dalí.

Picasso fut le premier à séjourner (1910) à Cadaqués, où il peignit *Le Guitariste*, l'un de ses tableaux cubistes les plus connus. Il fut suivi vers la fin des années vingt par quelques-uns des plus illustres membres du mouvement surréaliste : Paul Éluard et son épouse, Gala – qui devint par la suite celle de Dalí –, André Breton, René Magritte et René Crevel. Federico García Lorca et Luis Buñuel résidèrent quelque temps chez Dalí, et c'est dans les années trente que Man Ray et Marcel Duchamp commencèrent à fréquenter assidûment la ville dont la personnalité fut profondément marquée par la présence de ces célébrités et qui fut dès lors consacrée entièrement au monde des arts.

Santa Maria ⊙ – L'église se trouve au point culminant du centre historique, comme suspendue, flottant dans l'air. Sa silhouette, immortalisée par d'innombrables peintres, est emblématique de Cadaqués.

De style gothique tardif, sa construction fut entreprise au milieu du 16e s. bien que certaines parties aient été réalisées ultérieurement. L'austérité extérieure du bâtiment contraste avec l'intérieur, abritant un **retable**★★ baroque de Pau Costa *(illustration p. 33)*. Cette œuvre, l'une des plus remarquables du genre de toute la Catalogne, fut achevée par Joan Torras. Il s'agit d'une pièce spectaculaire, en bois doré et à l'iconographie énergique. Les éléments ornementaux – atlantes, motifs végétaux et gracieux angelots – sont admirables par la minutie et le souci du détail avec lesquels ils ont été travaillés.

Chaque année, l'église accueille le **Festival international de musique**, manifestation très fréquentée.

Museu de Geològia ⊙ – Il occupe un casino du 19e s. et présente différentes collections de matériaux géologiques provenant de la comarca d'Alt Empordà.

ENVIRONS

★**Portlligat** – *2 km au Nord.* Cette petite baie, refuge de pêcheurs par le passé, avec ses jolies baies et un adorable port où dansent les barques, doit sa célébrité à Salvador Dalí, qui y fit construire sa maison.

★**Casa-Museu Salvador Dalí** ⊙ – Elle est composée par un labyrinthe de maisons de pêcheurs, que Dalí et son épouse, Gala, aménagèrent durant plus de quarante ans. On peut voir l'atelier du peintre, la bibliothèque, les chambres du couple, l'extraordinaire jardin, orné de sculptures surréalistes, et la piscine.

★★**Parc naturel du cap Creus** – *4 km au Nord.* Il s'agit du premier parc maritime-terrestre de Catalogne. Des routes escarpées permettent de pénétrer dans la presqu'île du cap Creus et d'apprécier les contrastes du paysage. La zone terrestre est d'un abord brutal à cause des profils rocheux très abrupts, qui sont néanmoins accessibles grâce à des routes et des sentiers bien entretenus. De petites embarcations partent d'El Port de La Selva et de Cadaquès pour des promenades en mer, découvrant au passage criques et recoins d'une très grande beauté. Le phare, au point le plus élevé du parc, permet d'embrasser d'exceptionnels **panoramas**★★★.

Parc naturel CADÍ-MOIXERÓ ★

Alt Urgell, Berguedà, Cerdanya – Barcelona, Lleida
Carte Michelin n° 443 F 34/36 ou Atlas España-Portugal p. 18

Les 41 342 ha du parc naturel sont situés entre 900 m et 2 648 m d'altitude. C'est un important ensemble orographique prépyrénéen formé par les chaînes du Cadí et du Moixeró et les massifs du **Pedraforca**, du Tosa d'Alp et du Puigllançada, au relief escarpé très caractéristique. Les paysages et écosystèmes sont de type alpin et les bois touffus alternent avec les grandes roches calcaires.

Visite – *Avant de l'entreprendre, il convient de passer par le Centre d'information de* **Bagà**, *20 km au Nord de Berga.*

Les deux grandes cordillères du Cadí et du Moixeró, qui s'unissent au col de Tancalaporta, forment une imposante barrière montagneuse de 30 km orientée Est-Ouest. Leurs flancs, notamment ceux du versant Nord, forment des falaises dépassant parfois les 500 m dont les parois presque verticales enferment des vallées profondes et encaissées.

Vue du Pedraforca

La végétation y est exceptionnelle, car les basses températures et la grande humidité qui règnent favorisent l'apparition d'espèces inhabituelles pour la zone méditerranéenne.

Le **site naturel d'intérêt national du Pedraforca★** est un bel espace du parc en raison de ses paysages. Il comprend la vallée de Gresolet et l'abrupt massif du Pedraforca, l'une des montagnes emblématiques de la Catalogne, de grande tradition alpiniste. Sur le versant Nord du Pedraforca, à la Jaça dels Prats, se trouve le refuge Lluís Estasen, étape habituelle des randonneurs de haute montagne.

CALDES DE MONTBUÍ

Vallès Oriental – Barcelona – 11 480 habitants
Carte Michelin n° 443 H 36 ou Atlas España-Portugal p. 32

À l'abri de la montagne du Farella, Caldes était, à l'époque romaine, l'une des stations thermales les plus fréquentées de la péninsule, attirant les curistes en raison de la température des eaux (70 °C). La ville est également célèbre pour sa production de « **carquinyolis** » (croquignoles), petits gâteaux secs très durs aux amandes.

CURIOSITÉS

Thermes romains – Les ruines se trouvent à côté de la **Font del Lleó** (source du lion), sur la place du même nom. L'ensemble est composé d'une piscine entourée de galeries voûtées en plein cintre.

Santa María ⊘ – Le beau **portail** baroque, aux six colonnes cannelées et torsadées ornées de grappes de raisins, en est l'élément le plus remarquable. À l'intérieur se trouve la **Majestat de Caldes★** (12e s.), crucifix de bois où le Christ porte tunique et couronne de roi. Brûlé pendant la guerre civile, on parvint à sauver la tête du Christ et la statue fut entièrement reconstituée par la suite.

Se loger

Balneario Broquetas – *Plaça Font del Lleó, 1 –* ☎ *93 865 01 00 – fax 93 865 23 12 – 86 chambres – 16 000 ptas.*
Centre de thalassothérapie pour tous les âges. L'endroit idéal pour la détente. Bains et massages. Promenades dans l'agréable jardin. Ses eaux sont préconisées pour le traitement du stress.

Carnet d'adresses

J. Pareto/GC (DICT)

Museu de Caldes de Montbuí (Thermalia) ⊘ – C'est l'ancien hôpital Santa Susana, situé au cœur de la ville, qui accueille ce musée. On y expose différents objets relatant les origines du thermalisme. La vie quotidienne et l'œuvre du sculpteur **Manolo Hugué** (1872-1945), qui habita la ville, y sont également évoquées.

Les thermes romains

CAMBRILS DE MAR★

Baix Camp – Tarragona – 14 903 habitants
Carte Michelin n° 443 I 33 ou Atlas España-Portugal p. 45
Schéma : COSTA DORADA

Cambrils, commune côtière traversée par deux importantes rivières, l'Alforja et le Riudecanyes, reste une ville en étroite relation avec l'eau.
Cet ancien village de pêcheurs qui était très dynamique est devenu, à l'instar de tant d'autres villages du littoral catalan, un important centre touristique. Les loisirs y sont nombreux, surtout autour du **port**, où les embarcations traditionnelles se mêlent aux bateaux de plaisance.
Il serait impardonnable de ne pas goûter à la riche gastronomie locale, notamment aux hors-d'œuvre et au *menjar de tresmall* (le tresmall est un ensemble de trois filets de pêche), plat cuit au four, composé d'une grande variété de poissons et de fruits de mer, accompagné du traditionnel aïoli.

Consulter le carnet d'adresses de la Costa Dorada pour les hôtels et les restaurants.

CURIOSITÉS

Museu Agrícola de Cambrils ⊘ – Installé dans l'ancienne cave moderniste construite par **Bernardí Martorell** en 1921, le musée agricole présente différents outils utilisés pour l'élaboration du vin, notamment un petit moulin.

Museu Molí de Tres Eres ⊘ – Cet ancien moulin a été réhabilité pour accueillir une petite exposition retraçant l'histoire de la région de Cambrils. Au nombre des objets romains, on remarquera un joli lampadaire en bronze.

ENVIRONS

★**Parc Samà** ⊘ – *8 km au Nord. Prendre la route comarcale T 312 en direction de Montbrió del Camp*. Josep Fontseré, qui réalisa des ouvrages aussi importants que le parc de la Ciutadella et le marché du Born (voir Barcelone), a construit en 1882 ce surprenant ensemble architectural pour Salvador Samà, marquis de Marianao. C'est un endroit sans aucun rapport avec l'environnement rural où il se situe. Le visiteur sera surpris par l'existence, en plein milieu de la campagne tarragonaise, d'un magnifique lac artificiel entouré de beaux jardins plantés des espèces tropicales et méditerranéennes les plus diverses. Une **demeure** d'aspect colonial témoigne du passé de la famille Samà à Cuba, où elle réalisa le chemin de fer reliant Marianao à La Havane.

La route des peintres

En empruntant cet itinéraire, le visiteur pourra voir les paysages qui enthousiasmèrent Miró, Picasso et Mir, qui vécurent un moment dans la région. Depuis Mont-roig del Camp, associée à **Joan Miró** depuis le séjour qu'il fit dans un manoir, prendre les routes T 310 puis T 311 en direction de la belle localité de Tivissa pour rejoindre Ginestar, dans la vallée de l'Èbre. Un bac assure la traversée du fleuve pour atteindre l'étonnante cité de **Miravet** *(voir ce nom)*, dont le château des Templiers environné de ruelles a inspiré plusieurs toiles de **Joaquim Mir**. De là, en suivant la route T 324 jusqu'à El Pinell de Brai, qui compte une cave moderniste, puis la T 333, on gagne **Horta de Sant Joan** *(voir ce nom)*, où, dit-on, **Pablo Picasso** et son ami Manuel Pallarés découvrirent le cubisme.

Mont-roig del Camp – *11 km au Sud-Ouest. Emprunter la route N 340 en direction de Valencia, puis, à droite, la T 323.* L'une des communes les plus étendues de la comarca du Baix Camp, Mont-roig dispose d'un littoral moderne avec des quartiers urbanisés longeant la plage. Le village, situé dans l'arrière-pays, est flanqué des montagnes de Colldejou et de Llaberia, qui offrent un paysage exceptionnel. C'est une contrée peu peuplée mais riche de couleurs d'une grande pureté, aussi n'est-il pas surprenant que **Joan Miró** y ait longuement séjourné, laissant en témoignage de la beauté des lieux quelques tableaux aussi importants que *Mont-roig, l'église et le village* (1919) et *La masía* (1921-1922).

EXCURSIONS

★**Mola de Colldejou** – *23 km au Sud-Ouest. À partir de Mont-roig del Camp, prendre la T 323 en direction de Colldejou. Dans un virage, avant d'arriver à La Torre de Fontaubelle, quitter la voiture et continuer à pied, pendant 45 mn environ, par un sentier balisé.*
Du point haut (914 m) du massif, à proximité de la mer, on peut par ciel dégagé contempler un magnifique **panorama**★★ sur la Costa Daurada. Du sommet, où subsistent les vestiges d'une construction arabe, on embrasse un vaste paysage. Les chaînes du Priorat d'un côté et de la Llaberia de l'autre se fondent avec le bleu de la Méditerranée. Ceux qui aiment la marche ne seront pas déçus de la promenade, la Costa Daurada offrant dès ce point un de ses visages les plus passionnants et les plus méconnus.

★★**Château-monastère d'Escornalbou** ⊙, à **Riudecanyes** – *26 km au Nord-Ouest. Prendre la T 312 jusqu'à Montbrió puis la T 313 jusqu'à Riudecanyes. La T 3211 (5 km) mène au monastère.*
Sur le territoire communal de Riudecanyes, sur la colline Santa Bárbara, se trouve l'ancien monastère Sant Miquel de Escornalbou, fondé au 12e s. par le roi Alphonse Ier. En 1910, après les vicissitudes les plus diverses – il subit l'abandon, la spoliation et même un tremblement de terre –, **Eduardo Todà i Güell** mena à terme un important travail de restauration, lui donnant son aspect actuel.
Le moment idéal pour visiter cet édifice est le printemps, lorsque la végétation environnante s'épaissit. Le paysage prend alors des tons très vifs et la couleur caractéristique d'Escornalbou retrouve une texture spéciale.
De l'ensemble se détachent certains éléments importants comme l'**église**★, édifice illustrant la transition entre l'art roman et le gothique (13e et 14e s.), qui rappelle par sa sobriété et son harmonie celles de Santes Creus et de Poblet *(voir ces noms)*. Une des galeries de l'ancien cloître a été transformée en **mirador** et offre de belles vues sur la Costa Daurada. À l'intérieur sont présentées diverses collections de céramiques et de meubles, de même qu'une partie de la riche bibliothèque de Todà. Cent mètres plus haut se trouve la chapelle Santa Bárbara, qui offre de magnifiques **perspectives**★ sur cette région accidentée.

CAMPRODON★

Ripollès – Girona – 2 188 habitants
Carte Michelin n° 443 F 37 ou Atlas España-Portugal p. 19
Schéma : PYRÉNÉES CATALANES

Cette importante localité touristique se situe au confluent du Ter et du Ritort, au centre de la vallée de Camprodon. Depuis la route, le village offre un bel aspect avec des résidences luxueuses, des villas modernes et de larges avenues. Une intense vie commerciale s'y développe autour du centre névralgique de la **rue de València**. Voie très fréquentée, on peut y acheter les principaux produits locaux : charcuterie, pâtés et plus spécialement les fameuses **galettes** de Camprodon.

Camprodon – Le Pont Neuf

Monastère Sant Pere ⊘ – De l'ancien monastère bénédictin il ne reste que l'**église**★ romane (12ᵉ s.), qui domine un square au centre de l'agglomération. C'est un édifice sobre, en forme de croix, avec cinq absides carrées et un élégant clocher situé sur la coupole octogonale de la croisée. À l'intérieur, la nudité des murs et les épais pilastres de la nef accentuent son austérité architecturale.

★**Pont Nou (Pont Neuf)** – Ce magnifique pont en dos d'âne fut construit en 1196 mais subit d'importantes modifications au 14ᵉ s. Sous sa grande arche courbée coule le fleuve Ter. Les arches latérales s'étendent jusqu'aux maisons riveraines.

Consulter le carnet d'adresses des Pyrénées catalanes pour les hôtels et les restaurants.

Passeig de Maristany – En sortant du noyau urbain en direction de Setcases, on peut voir sur la gauche cette élégante promenade plantée d'arbres où les fermes d'aspect médiéval jouxtent des bâtiments modernistes de toute beauté.

CARDONA★

Bages – Barcelone – 6 402 habitants
Carte Michelin n° 443 G 35 ou Atlas España-Portugal p. 32

Cardona se situe au pied du château et de la collégiale Sant Vicenç. Sur ses terres calcaires, les cultures méditerranéennes font place à un paysage pyrénéen où les forêts de hêtres et de conifères abondent.
À droite du Cardener, qui traverse la ville, les sédiments salins forment la « Montagne de Sel ». À gauche se trouvent la grande plaine cultivée de Cardona et quelques oliveraies. Le village, aux charmantes rues à arcades, est dédié à l'exploitation minière, et conserve l'une des fêtes les plus pittoresques de Catalogne : le **Corre de Bou**. Elle se célèbre le dernier dimanche de septembre sur la place de la Fira, où, pour l'occasion, des arènes sont aménagées.

Se loger

VALEUR SÛRE

Parador Ducs de Cardona – ☎ 93 869 12 75 – fax 93 869 16 36 – 57 chambres – 17 500 ptas.
Hôtel bénéficiant d'un cadre ravissant où calme et tranquillité sont rois. Chambres spacieuses et lumineuses. Excellent service.

Se restaurer

À BON COMPTE

Perico – Plaça del Vall, 18 – ☎ 93 869 10 20.
Plats régionaux et produits de qualité.

SANT VICENÇ DE CARDONA

La collégiale et le château forment, malgré leurs traits distinctifs, une masse confuse : c'est à peine si l'on distingue où commence et où s'achève chaque construction. Du village, l'ensemble est impressionnant.

★**Château** – Véritable citadelle se dressant sur une butte (589 m), la silhouette dorée du château domine le village et offre de merveilleuses **vues**★ sur la Montagne de Sel. Reconstruit au 18e s., il héberge aujourd'hui le parador de Cardona mais garde quelques éléments du 11e s. : la collégiale et la fameuse **Torre de la Minyona** (Tour de la Demoiselle). Selon la tradition, cette tour ronde démantelée au 18e s. servit de prison à Adélaïde, fille d'un vicomte de Cardona.

★★**Sant Vicenç** ◔ – C'est l'un des joyaux de l'art roman lombard de Catalogne. Édifiée en 1040, la collégiale est suspendue sur un petit promontoire de couleur ocre et l'effet que produit son **emplacement**★ est surprenant. La façade principale, à l'Ouest, est très austère et ne présente qu'une simple rosace et un porche à trois arcs. Les peintures murales des 12e et 13e s. qui décoraient ce narthex sont actuellement exposées au musée d'Art de Catalogne *(voir p. 96)*. À l'**intérieur**★, la beauté règne : les collatéraux, recouverts de voûtes d'arêtes, servent de contreforts à la nef centrale, voûtée en berceau. La magnifique abside est décorée de bandes lombardes, tandis que dans le transept s'élève une lanterne octogonale sur pendentifs.

La **crypte**★, sous le *presbyterium*, constitue à elle seule une petite église composée de trois vaisseaux, aux voûtes d'arêtes, reposant sur six gracieuses colonnes, aux chapiteaux tronconiques. Orson Welles y tourna quelques scènes du film *Vérités et mensonges*.

On remarquera le mausolée de style Renaissance du comte Juan Ramón Folc, de Fernando Folc, duc de Cardona, et de sa femme, Francisca Manrique de Lara. Devant la collégiale se trouve un charmant cloître gothique du 16e s.

AUTRES CURIOSITÉS

Museu de la Sal Josep Arnau ◔ – Situé dans la rue Serra i Vilaró, on y trouve une très intéressante collection de cristallisations salines et plusieurs objets en sel.

★★**Montaña de la Sal** ◔ – *3 km au Sud-Ouest par la route de la Mine qui débute près des piscines municipales.* Exploitée depuis l'époque romaine, la mine de sel de Cardona est une montagne haute de 170 m, comptant de nombreux gisements. Il s'agit d'un phénomène géologique unique. Quand le sel se cristallise dans ses interminables galeries (certaines atteignent 1 000 m de profondeur), il se forme d'importantes stalactites et stalagmites transparentes. La visite de l'une des galeries vous transportera dans un monde magique.

La Montagne de Sel

R. Manent/GC (DICT)

CASTELLÓ D'EMPÚRIES★

Alt Empordà – Girona – 3 645 habitants
Carte Michelin n° 443 F 39 ou Atlas España-Portugal p. 19 – Schéma : COSTA BRAVA

La ville est située près de l'embouchure du fleuve Muga, dans le golfe de Roses. Sa **position** sur un petit promontoire près de la mer lui a valu d'être le chef-lieu du comté d'Ampurias du 11e au 14e s., prenant ainsi le pas sur l'ancienne ville du même nom. Malgré son riche patrimoine architectural, Castelló n'est pas une localité très fréquentée par les touristes qui préfèrent les zones côtières. Cependant, sur la commune se trouve **Empuriabrava**, aménagement luxueux pour les loisirs et les distractions estivales.

Si vous recherchez un hôtel ou un endroit pour sortir le soir, consultez le carnet d'adresses de la Costa Brava.

CURIOSITÉS

★**Santa Maria** ⊙ – La volonté des comtes de faire de Castelló un siège épiscopal explique la monumentalité de cette église appelée « la cathédrale de l'Ampurdan ». Commencée durant les premières années du 14e s., ce magnifique édifice était encore en construction au début du siècle suivant.
Le plus important des éléments anciens qui la composent est le **clocher** de plan carré à cinq étages séparés de corniches en dents d'engrenage. La solide structure romane est ornée de grandes fenêtres de style gothique donnant un très joli effet visuel.

★★**Portail** – C'est un ouvrage unique de l'art gothique catalan. Réalisé par Antonio Antigó (début du 14e s.), il est composé de six grandes archivoltes. Sur les jambages se trouvent les statues des douze apôtres, grandeur nature, dont certaines sont très bien conservées. Toute l'œuvre sculptée, et surtout la partie qui représente l'Adoration des Rois Mages – située sur le tympan –, est d'une grande sensibilité et d'une extrême beauté.

Intérieur – La structure de la basilique, avec son chevet et ses trois vaisseaux, a été modifiée au 19e s. dans le style néogothique. La nef centrale, plus élevée que les bas-côtés dont elle est séparée par des piliers cylindriques, présente une voûte sur croisées d'ogives. Sur le maître-autel trône un magnifique **retable**★ d'albâtre, couronné de pinacles coniques. Bien qu'il s'agisse d'une œuvre inachevée, il faut s'attarder sur les scènes de la Passion, traitées avec beaucoup de délicatesse.

Ajuntament – L'hôtel de ville – situé sur la Plaça dels Homes – était la Bourse de Mer au Moyen Âge. Récemment restauré, c'est une construction aux murs massifs en pierre de taille avec une porte en arc d'ogive. Les arcatures romanes alternent avec des éléments gothiques.

Façade de Santa Maria

R. Manent/GC (DICT)

Casa Gran – Cette ancienne ferme située dans le quartier de Puig Salner est un bel exemple d'art gothique civil (15e s.). Observer les détails décoratifs des fenêtres.

Pont Vell (Vieux pont) – Sur l'ancien chemin de Figueres, à l'Ouest de la ville, se trouve ce pont du 14e s. Malgré son état de dégradation, sa présence nous ramène à une époque où les étangs et les fleuves étaient d'importantes sources de richesses pour le comté d'Ampurias.

ENVIRONS

★**Empuriabrava** – *7 km à l'Est.* Ce luxueux ensemble immobilier construit sur d'anciens marécages présente une **trame urbaine** très particulière, qui voit alterner routes goudronnées et canaux navigables, offrant une vision hors du commun : les embarcations amarrées aux portes des maisons. La marina dispose d'un port de plaisance et d'un petit aérodrome pour avions de tourisme et hélicoptères.

CERVERA★

Segarra – Lleida – 6 944 habitants
Carte Michelin n° 443 G 33 ou Atlas España-Portugal p. 31

Depuis l'Est, la capitale dè la Segarra se profile sur un monticule tout en longueur, avec la tour Santa Maria dominant un paysage de terres calcaires. Importante ville médiévale, Cervera possède une tradition universitaire et historique de premier plan, dont l'épisode le plus marquant est la signature dans la ville du contrat de mariage des Rois Catholiques. Le vieux quartier, entouré par les ruines des anciennes murailles, conserve de jolies maisons seigneuriales, surtout dans la **carrer Major**, longue avenue au tracé curviligne. Cervera développe une activité culturelle et artistique intense, comme le prouvent les très célèbres Concours internationaux de Musique et de Chant et, plus encore, la fameuse **Passió**, où sont mis en scène des épisodes de la vie du Christ. C'est l'une des plus anciennes représentations théâtrales de Catalogne, célébrée jusqu'au concile de Trente à l'intérieur de l'église Santa Maria, plus tard dans la rue, et depuis la fin du 19e s. dans le théâtre. Des milliers de visiteurs affluent en ville les dimanches, de mars à avril, pour assister à cet intéressant spectacle auquel participent près de cinq cents personnes.

CURIOSITÉS

Sant Antoni – L'église est agrémentée d'une élégante façade Renaissance qu'encadrent deux colonnes diminuées soutenant des personnages féminins. À l'intérieur, la sculpture en bois du Christ de Sant Antoni (14e s.) mérite d'être mentionnée.

★★**Université** ⊙ – En 1716, Philippe V supprima les six universités catalanes (Décret du Nouveau Plan), créant comme unique centre d'études supérieures l'université de Cervera. L'ensemble fut conçu par les ingénieurs militaires François Montaigu et Alexandre de Rez en 1717, avec la participation de Francisco Soriano et Pedro Martín Cermeño. De nombreuses personnalités y ont étudié : Jaime Balmes, Manuel de Cabanyes, Milà i Fontanals, etc.
Il s'agit d'une des œuvres les plus monumentales de l'architecture civile catalane du 18e s. qui frappe par la stricte répartition des volumes. La façade extérieure (1726-1740), de style baroque, et la façade intérieure (vers 1751), avec de jolis détails ornementaux, retiennent également l'attention. L'ensemble s'ordonne autour de deux patios séparés par une magnifique **chapelle** ou amphithéâtre, joliment décorée par le grand **retable** d'albâtre (1780-1787) de Jaime Pedró, brillante œuvre baroque.
Prendre la calle Mayor.

Museu Duran i Sanpere ⊙ – Créé en 1914, il occupe l'ancien bâtiment (12e s.) de l'hôpital des Chevaliers de l'ordre de Saint-Jean-de-Jérusalem.
À côté des riches collections d'archéologie préhistorique, ibérique et romane, dont la pièce maîtresse est la stèle de Preixana, de l'âge du bronze, sont également exposés des peintures du 14e au 19e s. et des objets ou documents provenant de l'université de Cervera, concernant le vêtement et l'histoire.

Se loger

À BON COMPTE

Hostal Bonavista – *Avenida Catalunya, 16 – ☎ 973 53 00 27 – 23 chambres – 8 000 ptas.*
Convivialité et service soigné pour cet hôtel simple. Bon rapport qualité/prix.

Se restaurer

Brasería Cal Guim – *Avenida Catalunya, 192 – ☎ 973 53 04 94.*
Délicieuses viandes grillées.

Bona Teca – *Avenida del Mil·lenari, 49 – ☎ 973 53 03 25.*
Cuisine dans la plus pure tradition catalane.

Carnet d'adresses

T. Vidal /GC (DICT)

L'université

En poursuivant la calle Mayor, on dépasse la pittoresque **carrer de las Bruixas★★** (rue des Sorcières), avec ses nombreux arcs qui longent la muraille intérieure, et qui est, le dernier samedi du mois d'août, le magnifique théâtre de la fête del Aquelarre.

Plaça Major – La grand-place doit également son autre nom de Plaça del Blat ou del Mercadal aux céréales qui y étaient déchargées puis vendues au 14e s.

Ajuntament – Construit entre 1679 et 1688 par Francisco Puig puis agrandi en 1786, l'**hôtel de ville** constitue un exemple original d'architecture civile baroque. Sur sa splendide façade se détachent les **figures humaines★** qui, tels des atlantes, soutiennent le double balcon. Ces gracieuses sculptures constituent une représentation très riche et originale des cinq sens, de personnages du marché et de divers métiers (artisans, paysans, soldats, etc.).

★**Santa Maria** ⊘ – Cette majestueuse basilique de style gothique catalan, qui présente trois vaisseaux voûtés sur croisées d'ogives, une abside polygonale aux chapelles rayonnantes et un fin clocher de plan octogonal, fut entreprise au 14e s. Au début du siècle suivant, le maître Colí de Maraya réalisa les beaux **vitraux** du chevet, dont la plus grande partie est conservée. Dans les chapelles radiales se trouvent les sarcophages de deux marchands, Ramón Serra et Berenguer de Castelltort. L'église recèle d'intéressantes pièces sculptées des 16e et 17e s., dont on retiendra les fonts baptismaux du maître Jacques (1568), le retable de saint André (1648) par Francisco Puig et Jacinto Reguer, et le somptueux **autel du Très Saint Mystère** (Santíssim Misteri) (1788-1810), réalisé en marbre par Jaime Padró.

Plaça del Fossar – Située derrière la basilique Ste-Marie, cette charmante place est occupée par l'église de los Dolores, l'abside de la chapelle Sant Nicolau et la galerie couverte Sant Martí.

Sant Pere el Gros – Depuis l'ancien chemin de ronde, on domine d'un côté le magnifique paysage aride qui entoure Cervera, et de l'autre la silhouette de Sant Pere el Gros, église romane (11e s.) de plan circulaire.

COSTA BRAVA★★★

La Selva, Gironès, Pla de l'Estany, Baix Empordà, Alt Empordà – Girona
Carte Michelin n° 443 E, F, G 38/39 ou Atlas España-Portugal p. 9 et 33

La Costa Brava est la dénomination que reçoit le secteur littoral le plus septentrional de la Catalogne. Elle s'étend depuis la frontière franco-espagnole jusqu'à l'embouchure du fleuve Tordera, c'est-à-dire de la localité de Portbou à celle de Blanes. Elle correspond à la façade maritime de l'Ampurdan et de la Selva. En ce qui concerne l'arrière-pays, c'est la ville de Gérone qui imprègne fortement cette région.

Elle doit son nom de « Côte Sauvage » – inventé par le journaliste Ferran Agulló au début du siècle – à son tracé irrégulier et accidenté où les roches anciennes de la chaîne côtière, plongeant abruptement dans la mer, forment des falaises d'aspect aride et sauvage. Les multiples criques, cachées entre les caps saillants, abritent des pinèdes qui s'étendent jusqu'au bord de mer. Cependant, les longues plages du golfe de Roses ou les bancs de sable de Pals diversifient les paysages.

La douceur du climat, la limpidité des eaux, la luminosité du ciel dégagé par la tramontane et le charme des agglomérations maritimes, qui vivaient traditionnellement de la pêche et de l'exploitation du corail, attirent pendant l'été un grand nombre de touristes étrangers.

Admirée par d'importants écrivains, musiciens et peintres, la Costa Brava est internationalement connue : Picasso réalisa des œuvres cubistes à Cadaqués (1910) ; Salvador Dalí transforma cette même localité en un centre artistique de grande renommée; Marc Chagall fit de longs séjours à Tossa de Mar durant les années trente et l'écrivain Josep Pla fut un talentueux chroniqueur de ces terres fascinantes.

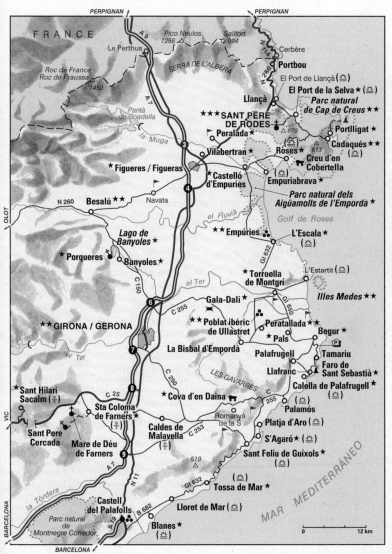

LES ATTRAITS DE LA COSTA BRAVA

Les plages – Dans le secteur de la région de la Selva, comprenant **Blanes, Lloret de Mar** et **Tossa**, le paysage présente un aspect sauvage. En effet, les falaises, qui atteignent par endroits une centaine de mètres de haut, plongent verticalement dans la mer, formant de petites criques qui, par leurs dimensions assez réduites, sont idéales pour profiter des vacances en famille.

La côte du Baix Empordà, qui comprend la grande baie de Palamós, révèle une beauté étonnante. Les pinèdes s'étendent partout et les eaux transparentes prennent des tonalités bleues et vertes. À **Begur, Palafrugell, Platja d'Aro** – l'un des endroits les plus fréquentés de la Costa Brava – et **Sant Feliu de Guíxols**, on peut, outre les activités de bord de mer, effectuer d'agréables excursions dans l'arrière-pays.

On trouve les paysages les plus spectaculaires de la zone à **Roses** – dont le golfe décrit une grande et lumineuse courbe de 15 km de plages de sable -, **Cadaqués** et **El Port de la Selva**. Les plages, profondes et fraîches, invitent à la location d'embarcations pour faire de petites croisières et découvrir la beauté de l'environnement.

Les ports – L'image de bateaux amarrés au bord de la mer est indissociable de celle de la Costa Brava. Les ports de plaisance, cadres de compétitions sportives et centres de nombreux loisirs, alternent avec les ports de pêche où ont lieu les criées, l'un des spectacles les plus amusants et animés qui soient.

Les ports les plus renommés se trouvent à **Empuriabrava** (4 000 points d'amarrage), **Roses** (1 100 points d'amarrage), **Palamós** et **Platja d'Aro** (près de 900 points d'amarrage) et **l'Estartit** (738 points d'amarrage). D'autres villages, tels l'Escala, Blanes, Llançà et El Port de la Selva, possèdent également de bonnes installations portuaires.

Villages pittoresques – Les villages de la Costa Brava sont très variés et chacun offre un intérêt différent. Parmi eux, nous signalerons **Cadaqués**, hanté par les artistes et les bohèmes, dont la diversité de paysage et l'extraordinaire personnalité se prêtent cependant à la flânerie dans une ambiance cosmopolite et détendue.

Offices de tourisme

Patronat de Turisme Costa Brava Girona – *Girona – Emili Grahit, 13 –* ☎ *972 20 84 01.*

Begur – *Plaça de l'Església, 8 –* ☎ *972 62 40 20.*

Blanes – *Plaça Catalunya, 21 –* ☎ *972 33 03 48.*

Cadaqués – *Cotxe, 2-A –* ☎ *972 25 83 15.*

Calella de Palafrugell – *Les Voltes, 4 –* ☎ *972 61 44 75.*

Castelló d'Empúries – *Plaça del Homes, 1 –* ☎ *972 45 00 88.*

L'Escala – *Plaça de les Escoles, 1 –* ☎ *972 77 06 03.*

Llafranc – *Roger de Llúria –* ☎ *972 30 50 08.*

Llançà – *Avda. d'Europa, 37 –* ☎ *972 38 08 55.*

Lloret de Mar – *Plaça de la Vila, 1 –* ☎ *972 36 47 35.*

Palafrugell – *Carrer Carrilet –* ☎ *972 30 02 28.*

Palamós – *Paseo del Mar, 22 –* ☎ *972 60 05 00.*

Platja d'Aro – *Jacinto Verdaguer, 1 –* ☎ *972 81 71 79.*

Roses – *Avenida de Rhode, 101 –* ☎ *972 25 73 31.*

Sant Feliu de Guíxols – *Plaça del Monestir –* ☎ *972 82 00 51.*

Tossa de Mar – *Avenida del Pelegrí, 25 –* ☎ *972 34 01 08.*

La Costa Brava sur Internet

www.costabrava.org : site web de renseignements pratiques sur la Costa Brava.

www.costabrava.org/rural : site web de l'association Turisme Rural Girona – *calle Balmes, 6 –* ☎ *972 22 60 15.*

www.gencat.es/platges/brava_fr.htm : site web des plages côtières.

www.cbi.es : informations touristiques (moyens de transport).

www.guiafacil.cd-sistemes.com/indexcas.htm : service de renseignements très complet (hébergement, tourisme...) sur la Costa Brava.

Peratallada, posé sur la roche vive, est également un village très pittoresque, comme Begur, le village aux maisonnettes toutes blanches et aux merveilleuses calanques, et Pals, où l'ensemble médiéval de El Pedró domine la mer et offre des vues sensationnelles sur la côte. Et que dire de **Tossa de Mar** dont le singulier profil des remparts captive des milliers de visiteurs.

L'ambiance – Son animation constitue l'un des attraits de la Costa Brava, et si les possibilités de loisirs sont innombrables – des « carpas », discothèques en plein air, et autres grandes discothèques bondées certains soirs en passant par les terrasses sur les plages – on peut cependant y trouver l'endroit tranquille que l'on recherche ou le petit coin où siroter un verre dans l'intimité.
C'est à **Lloret de Mar** que l'on trouvera l'ambiance la plus échevelée, avec les disco-pubs et les bars ouverts jusqu'au petit matin, et à Platja d'Aro, célèbre par ses discothèques où la « drague » est assurée d'avance. À Tossa, Roses, Blanes et Calella de Palafrugell, les bars de bord de mer sont légion, et sur les plages de Palamós, Sant Feliu de Guixols et Cadaqués, où les établissements sont plus élégants, on donne également des concerts et des spectacles en plein air.

Comment planifier des vacances – Le meilleur moyen de profiter de la Costa Brava est de prendre une voiture et de parcourir ces différents villages. Le touriste trouvera à son passage des lieux très variés ayant chacun leur caractère et leurs coutumes. Dans les agglomérations moins touristiques, il convient d'en parcourir les ruelles à la recherche d'un établissement traditionnel ou de demander directement à un passant, car les particuliers offrent souvent des facilités de logement. Pour déguster la riche gastronomie marinière et les délicieux plats de l'arrière-pays, il est préférable d'aller dans les petites gargotes où l'on mange de succulents plats d'une authentique cuisine familiale. Dans tous les cas, la diversité des paysages et l'animation, quel que soit l'endroit où l'on se trouve, invitent à parcourir cette bande maritime, dotée, par ailleurs, d'un excellent réseau routier.

Transports

Le moyen de locomotion idéal pour visiter la Costa Brava est la voiture. Les moyens de transport public fonctionnent bien mais selon des horaires restreints.

En automobile – L'autoroute à péage **A 7**, reliant Barcelone à Perpignan, traverse la Costa Brava du Nord au Sud. En quittant Gérone, les voies rapides **C 250** et **C 255** aboutissent à Sant Feliu et Palafrugell, respectivement.

En autocar – La principale ligne d'autocars se nomme SARFA, elle relie Barcelone à Gérone et dessert, au départ des deux villes, les principales localités de la Costa Brava (Cadaqués, Figueres, Palamós, Platja d'Aro, Sant Feliu…). Horaires et billets ☎ *972 30 02 62 ou www.sarfa.com*.

En train – Pour se rendre sur la Costa Brava, les deux gares désignées sont celles de Gérone et de Figueres, situées sur la ligne reliant Barcelone à Portbou, sur la frontière française.
Renfe : ☎ *902 24 02 02*
Gérone : *Plaza de España – ☎ 972 20 23 53.*
Figueres : *Plaça de la Estació – ☎ 972 50 46 61.*
Llança : *Plaça de la Estació – ☎ 972 38 02 55.*

BEGUR
Se loger

VALEUR SÛRE

Rosa – *Pi i Rallo, 11 – ☎ 972 62 30 15 – fax 972 62 30 15 – 23 chambres – 11 500 ptas (petit déjeuner et TVA inclus) – ouvert de mars à novembre.*
Ce petit hôtel familial, remanié récemment, est le gage d'un agréable séjour sur la Costa Brava. Chambres correctes, avec salle de bains.

Jordi's – *5 km au Sud de Begur, sur l'ancienne route de Palafrugell, la GI 650 – ☎ 972 30 15 70 – fax 972 61 13 14 – 8 chambres – 12 000 ptas.*
Bénéficiant d'un cadre tranquille, ce petit hôtel est installé dans une ancienne ferme typique de la région. Chambres bien aménagées. Bon restaurant.

UNE PETITE FOLIE !

Aigua-Blava – *Platja de Fornells – ☎ 972 62 20 58 – fax 972 62 21 12 – 90 chambres – 21 000 ptas.*
L'un des meilleurs hôtels de la Costa Brava. Grand confort dans les chambres. Agrémenté d'une piscine, de plusieurs courts de tennis et d'un golf, il s'enorgueillit également de son exceptionnel parc et de sa crique privée.

Se restaurer

VALEUR SÛRE

Mas Comangau – *Route de Fornells* – ☎ *972 62 32 10* – *fermé le mardi.*
Cuisine dans la plus grande tradition catalane, servie dans une *masía* typique de la région. Restaurant doté également de quatre chambres *(11 000 ptas).*

UNE PETITE FOLIE !

Sa Punta – *Urbanización Sa Punta. Playa de Pals* – ☎ *972 63 64 10.*
Niché dans un joli cadre à proximité de la plage, ce restaurant propose une cuisine d'inspiration française, très originale.

BLANES

Se restaurer

S'Auguer – *S'Auguer, 2* – ☎ *972 35 14 05.*
Cuisine de grande qualité, proposée dans un cadre très accueillant. Service très personnalisé.

Tapas

Malgré une tradition des tapas peu ancrée dans la région, Blanes est l'exception qui confirme la règle.

Village Inn – *Costa Brava, 22.*
Dans cette taverne allemande, on peut goûter aux bières importées et savourer les tapas aux fruits de mer.

La Lluna – *Arnau Gatell, 5.*
Grand choix de brochettes de charcuterie.

Sortir

Les nuits d'été à Blanes sont cosmopolites et jouissent d'une grande popularité. Le secteur de **Els Pins** concentre les établissements les plus jeunes comme par exemple le **Sant Jordi**, où l'on peut danser jusqu'au petit matin, le **Xenon**, animé au rythme de la musique house, ou le **Marítim**, dispensant le meilleur répertoire de musique pop et rock.

CADAQUÉS

Se loger

Blaumar – *Massa d'Or, 21* – ☎ *972 15 90 20* – *fax 972 15 93 36* – *27 chambres* – *12 500 ptas.*
Hôtel familial équipé de chambres confortables. Piscine et beaux panoramas.

Se restaurer

À BON COMPTE

Vehi – *Esglesia, 6* – ☎ *972 25 84 70.*
Plats de la mer, parmi lesquels la bouillabaisse de poisson *(suquet)* mérite une mention spéciale.

UNE PETITE FOLIE !

La Galiota – *Narcís Monturiol, 9* – ☎ *972 25 81 87.*
Recettes régionales de l'Ampurdan et excellents poissons du jour.

CASTELLÓ D'EMPÚRIES

Se loger

À BON COMPTE

Canet – *Plaça del Joc de la Pilota, 2* – ☎ *972 25 03 40* – *fax 972 25 06 07* – *29 chambres* – *7 500 ptas.*
Charmant établissement installé dans un édifice du 17ᵉ s. Chambres vastes et confortables ouvrant sur une agréable placette. Piscine.

VALEUR SÛRE

Allioli – *Urb. Castell Nou* – *Route Figueres-Roses* – ☎ *972 25 03 20* – *fax 972 25 03 00* – *43 chambres* – *14 000 ptas.*
Hôtel familial installé dans un ancien mas catalan, décoré d'instruments ruraux. Chambres confortables et restaurant, proposant des plats typiques. L'été, on peut profiter des joies de la piscine.

Sortir

Castelló compte un vaste choix de bars, pubs et discothèques concentrés essentiellement à Empuriabrava.

Belle Epoque – *Moxó, 6.*
L'endroit idéal pour prendre un excellent verre dans une ambiance calme et détendue.

Mosquito Coast – *Els Arcs, 7-9.*
Établissement apprécié pour sa musique étrangère.

Discothèques

Bananas – *Route de Roses.*
Large répertoire musical, incluant les meilleures musiques techno et house.

Octupussy – *Puigmal, 2.*
Des disc-jockeys de renom ont fréquenté cet établissement.

Passarel·la – *Passeig Marítim, 16.*
Cette discothèque propose l'ambiance la plus *in* de la ville.

L'ESCALA

Se loger

El Roser – *Iglesia, 7 –* ☎ *972 77 02 19 – fax 972 77 45 29 – 25 chambres – 6 500 ptas.*
Petit hôtel situé en plein centre du village. Chambres correctes, climatisées. Téléviseur. Atmosphère très plaisante.

Se restaurer

El Molí de L'Escala – *Sur la route de Figueras – Camp dels Pilans – Camí de les Corts –* ☎ *972 77 47 27 – fermé le mercredi.*
Restaurant installé dans une *masía* du 16ᵉ s. Bonne cuisine régionale de l'Ampurdan.

Nieves Mar – *Passeig Marítim, 8 –* ☎ *972 77 03 00.*
Restaurant très couru, spécialités de poissons et de fruits de mer. Les viandes y sont également cuisinées avec soin.

L'ESTARTIT

Se loger

Bell Aire – *Església, 39 –* ☎ *972 75 13 02 – fax 972 75 19 58 – 76 chambres – 9 200 ptas – ouvert de la Semaine sainte à octobre.*
Hôtel classique et familial. Chambres correctes, dotées de tout le confort.

La Masía – *1 km à l'Ouest de la localité, route de Torroella –* ☎ *972 75 11 78 – fax 972 75 18 90 – 77 chambres – 9 000 ptas.*
Confortable hôtel, aux chambres fonctionnelles. Jardin et piscine.

Se restaurer

VALEUR SÛRE

La Gaviota – *Passeig Marítim, 92 –* ☎ *972 75 20 19 – fermé les lundis et mardis soirs.*
Cuisine de l'Ampurdan. Les poissons grillés méritent une mention particulière.

LLANÇÀ

Se loger

La Goleta – *Pintor Tarruela, 22 (sur le port) –* ☎ *972 38 01 25 – fax 972 12 06 86 – 30 chambres – 9 000 ptas.*
Excellent rapport qualité/prix pour cet hôtel réservant un accueil familial et des chambres très soignées.

Se restaurer

VALEUR SÛRE

Can Manel – *Passeig Marítim, 4 –* ☎ *972 38 01 12.*
Décor traditionnel pour ce restaurant où l'on peut goûter aux plats bien cuisinés.

La Brasa – *Plaza Catalunya, 6 –* ☎ *972 38 02 02 – fermé le mardi, sauf l'été.*
Son agréable terrasse invite à déguster les savoureuses viandes cuisinées par ce restaurant.

Sortir

À Llançà, les nuits sont un véritable refuge pour les personnes désirant s'éloigner du tumulte habituel de la Costa Brava, sans pour autant renoncer aux plaisirs nocturnes. La Vila est la zone qui recense le plus grand nombre d'établissement de loisirs, comme par exemple le pub **La Taverna del Pirata** *(Rafael Estela, 19)*, ou les boîtes de nuit, **Nit Club** *(Cabrafiga, 10)* et **Cuasar** *(Comte Jofre, 10)*. Le port regroupe, quant à lui, un certain nombre de brasseries comme **T-7** *(Pau Casals, 25-27)*.

LLORET DE MAR

Se loger

À BON COMPTE

Santa Ana – *Sénia del Rabic, 26* – ☎ *972 37 32 66* – fax *972 37 32 66* – *48 chambres* – *6 600 ptas* – *ouvert de juin à septembre.*
Chambres confortables et lumineuses pour cet hôtel tout simple.

UNE PETITE FOLIE !

Santa Marta – *Platja de Santa Cristina* – ☎ *972 36 49 04* – fax *972 37 16 37* – *76 chambres* – *32 500 ptas.*
Cet hôtel bénéficie d'un cadre spectaculaire au beau milieu des pins, en bord de plage. Chambres très bien décorées.

Se restaurer

VALEUR SÛRE

Can Bolet – *Sant Mateu, 6* – ☎ *972 37 12 37* – *fermé le dimanche soir et le lundi, en hiver.*
Établissement soigné à l'ambiance familiale, proposant une remarquable cuisine.

Tapas

Can Moné – *Rambla Barnés, 6.*
Choix très complet de brochettes de poissons et de fruits de mer et autres spécialités.

Sortir

La Carpa – *Josep Tarradellas.*
Pub animé, fréquenté par une clientèle bigarrée.

Baron's – *Passeig Sa Caleta.*
Musique house et dance.

St. Trop – *Baixa de la Riera, 10.*
Établissement très couru, qui a acquis son prestige dernièrement.

Moef GAGA – *Santa Cristina, 8.*
Clientèle d'origine hollandaise en particulier.

PALAFRUGELL

Se loger

VALEUR SÛRE

Casamar, à **Llafranc** – *Nero, 3* – ☎ *972 30 01 04* – fax *972 61 06 51* – *20 chambres* – *11 200 ptas.*
Convivialité et calme caractérisent ce plaisant hôtel. L'endroit idéal pour un week-end ou un bref séjour.

Garbí, à **Calella de Palafrugell** – *Avenida Costa Daurada, 20* – ☎ *972 61 40 40* – fax *972 61 58 03* – *30 chambres* – *12 500 ptas.*
Établissement qui se distingue par sa propreté et son accueil convivial.

UNE PETITE FOLIE !

Mas de Torrent, à **Torrent** – *À 6 km de Palafrugell* – ☎ *972 30 32 92* – fax *972 30 32 93* – *30 chambres* – *40 000 ptas.*
Installé dans un mas du 18e s., cet hôtel est agrémenté d'un beau jardin paysager et dispense de magnifiques vues sur la côte.

Se restaurer

VALEUR SÛRE

Cipsele – *Ample, 30* – ☎ *972 30 01 92.*
Restaurant de poissons, de tradition à Palafrugell.

Chez Tomás, à **Llafranc** – *Lluís Carbó, 2* – ☎ *972 30 11 69.*
Ses principales spécialités sont le pain à la tomate et les saucisses.

El Far, à **Llafranc** – *Près du phare de San Sebastián* – ☎ *972 30 16 39* – *fax 972 30 43 28.*

Établissement de grand charme, bénéficiant d'un emplacement privilégié et de magnifiques vues sur la mer. Installé dans un hospice et un ermitage du 18e s., le restaurant propose une cuisine méditerranéenne avec une pointe de nouveauté. 9 chambres *(22 000 ptas).*

La Bella Lola, à **Calella** – *Plaça Sant Pere, 4* – ☎ *972 61 52 79.*

Plats de la mer, élaborés avec soin. Pendant les veillées d'été, il est la scène improvisée de récitals de *habanera* (danse populaire de souche afro-cubaine).

Tapas

Les deux meilleurs bars à tapas de poisson sont la taverne **La Bella Lola**, à Calella de Palafrugell et **Can Maset** *(passeig del Mar, 25)*, à Tamariu.

Sortir

Calella de Palafrugell concentre les meilleurs établissements de loisirs et de divertissement nocturne, parmi lesquels il convient de mentionner la discothèque **X-qué?** (au bord de la route de Palafrugell), dont la musique techno est excellente. La boîte de nuit **Arena** est également très prisée. Entre Palafrugell et Calella, la **carpa** est l'une des discothèques les plus fréquentées de la Costa Brava.

PALAMÓS

Se loger

Vostra Llar – *Avenida President Macià, 12* – ☎ *972 31 42 62* – *fax 972 31 43 07* – *45 chambres* – *9 200 ptas* – *ouvert uniquement d'avril à mi-octobre.*
Hôtel proposant des chambres accueillantes et très bien équipées.

Se restaurer

VALEUR SÛRE

Maria de Cadaqués – *Tauler i Servià, 6* – ☎ *972 31 40 09* – *fermé le lundi.*
Plats marins cuisinés d'après les recettes typiques de la région de l'Ampurdan.

ROSES

Se loger

À BON COMPTE

Novel Risech – *Avenida de Rhode, 183* – ☎ *972 25 62 84* – *fax 972 25 68 11* – *78 chambres* – *8 600 ptas.*
Bonne exposition face au front de mer pour cet hôtel familial. Chambres confortables. Agréable véranda, où il fait bon se restaurer.

VALEUR SÛRE

Canyelles, à **Platja Canyelles** – *Avenida Díaz Pacheco, 7-9* – ☎ *972 25 65 00* – *fax 972 25 66 47* – *100 chambres* – *15 300 ptas.*
Établissement moderne situé en front de mer. Chambres spacieuses et lumineuses, à la décoration très soignée.

Se restaurer

À BON COMPTE

El Trull – *Sant Sebastià, 12* – ☎ *972 25 62 61* – *fermé le mardi.*
Restaurant simple et bien fréquenté, proposant une cuisine traditionnelle. Agréable terrasse.

UNE PETITE FOLIE !

El Bulli, à **Cala Montjoi** – *À 7 km de Roses* – ☎ *972 15 04 57* – *fermé les lundi et mardi, d'octobre à juin.*
Il suffit d'indiquer que ce restaurant figure au rang des meilleures tables d'Espagne. Outre sa cuisine, à la fois imprévisible et exquise, il dispense de merveilleuses vues sur la mer. Décoration d'avant-garde à l'instar de ses mets.

Tapas

Taberna La Gamba – *Riera Ginjolers, 29.*
Bar à tapas spécialisé dans les brochettes de poissons et de fruits de mer.

Can Willy – *Puig Rom, 22.*
Un classique avec ses tapas de charcuterie.

Sortir

Barbarrosa – *Sant Isidre, 3.*
Pub fréquenté par une clientèle dépassant la trentaine. Bonne musique et décor très varié dans une ambiance où se conjuguent intimité et tranquillité pour prendre un verre excellent, de surcroît.

Charles Dickens – *Salle de la Llotja, 19.*
Cocktails et boissons étrangères sont ses spécialités.

SANT FELIU DE GUÍXOLS

Se loger

À BON COMPTE

Casa Buxó – Major, 18 – ☎ 972 32 01 87 – 8 000 ptas.
Avant tout restaurant, cet établissement compte 10 chambres correctes et bien aménagées.

VALEUR SÛRE

Plaça – *Plaça del Mercat, 22* – ☎ *972 32 51 55* – *fax 972 82 13 21* – *19 chambres* – *15 000 ptas.*
Ce petit hôtel, situé au centre du village, à deux pas de la plage, est une valeur sûre. Chambres modernes, bien aménagées.

Se restaurer

Eldorado Petit – *Rambla Vidal, 23* – ☎ *972 32 18 18* – *fermé le mercredi, d'octobre à mai.*
L'un des restaurants les plus populaires de la Costa Brava prépare des plats méditerranéens, d'inspiration française.

Sortir

Palm Beach – *Passeig President Irla, 15.*
Discothèque des jeunes de la ville.

Viva Las Vegas – *Colón.*
Salle des fêtes pour une clientèle trentenaire.

Casa Pedro – *Plaça del Mercat, 23.*
Des spectacles de flamenco y sont donnés.

SANTA CRISTINA D'ARO

Se loger

Mas Torrellas – *À 2 km, sur la route de Santa Cristina a Playa de Aro* – ☎ *972 83 75 26* – *fax 972 83 75 27* – *17 chambres* – *12 000 ptas.*
Cette ancienne *masía* (18ᵉ s.) est le lieu de séjour idéal pour ceux qui souhaitent être au bord de la mer sans souffrir de l'urbanisation du littoral. Accueil convivial et chambres confortables. Piscine et restaurant (installé dans les anciennes écuries).

Se restaurer

VALEUR SÛRE

Les Panolles – *2 km au Nord-Ouest sur la route de Gérone* – ☎ *972 83 70 11* – *fermé le mercredi soir, l'hiver.*
Installé dans un mas du 17 s., le restaurant sert une cuisine catalane au goût du jour.

TORROELLA DE MONTGRÍ

Se loger

Coll – *Route d'Estartit* – ☎ *972 75 81 99* – *fax 972 75 85 12* – *24 chambres* – *9 000 ptas.*
Petit hôtel, familial et bien situé. Chambres correctes. Piscine.

Se restaurer

À BON COMPTE

Cotoliu – *Porta Nova, 34.*
Cuisine familiale dans une atmosphère de détente.

TOSSA DE MAR

Se loger

Sant March – *Avenida del Pelegrí, 2 – ☎ 972 34 00 78 – fax 972 34 25 34 – 29 chambres – 9 700 ptas – ouvert de la Semaine sainte à octobre.*
Hôtel familial, partiellement rénové. Simplicité des chambres qui n'en demeurent pas moins correctes.

Diana – *Plaça d'Espanya, 6 – ☎ 972 34 11 16 – fax 972 34 18 86 – 21 chambres – 15 600 ptas.*
Simple et agréable, cet établissement est élégamment décoré. Chambres très soignées.

Se restaurer

VALEUR SÛRE

Santa Marta – *Francesc Aromir, 2 – ☎ 972 34 04 72 – ouverts tous les jours sauf le mercredi de septembre à mai.*
Situé à l'intérieur de la vieille ville fortifiée, ce restaurant s'enorgueillit d'une excellente carte de poissons et de viandes.

La Cuina de Can Simón – *Portal, 24 – ☎ 972 34 12 69 – fermé le dimanche soir et le lundi (sauf de juin à septembre).*
Situé de l'autre côté des remparts, ce restaurant convivial sert une cuisine digne d'intérêt. Le propriétaire des lieux est aux fourneaux.

Sortir

La vie nocturne à Tossa se prolonge jusqu'au matin et se concentre aux abords de la promenade de front de mer *(Paseo Marítimo)*.

Paradís Club – *Passeig del Mar.*
Bar où la clientèle haute en couleur peut déguster tout type de cocktails.

Ely – *Bernats, 2.*
Bar décoré avec beaucoup de goût, idéal pour démarrer la soirée et la clôturer avec un dernier verre.

Catxa Club – *Ramón Reig, 2.*
Établissement fermant très tard. Clientèle la plus branchée de la ville.

COSTA DAURADA★★

Baix Penedès, Tarragonés, Baix Camp, Baix Ebre, Montsià – Tarragona
Carte Michelin n° 443 I 33/34, J 32 et K 31
où Atlas España-Portugal p. 32 et 45

Le long du littoral de la province de Tarragone, entre les localités de Cunit et de Les Cases d'Alcanar, se succèdent des plages aux eaux calmes et peu profondes regroupées sous l'appellation touristique de Costa Daurada (Costa Dorada).
Interrompue par les embouchures des fleuves Gaià, Francolí et Èbre, cette frange maritime présente un profil aux contours arrondis, peu escarpés. Le paysage de la côte est splendide. Les tons argentés que prend la mer les jours ensoleillés se mêlent au doré du sable fin des plages – d'où son nom. Le ciel est d'un bleu si soutenu qu'il semble avoir été peint, et l'atmosphère est toujours si pure qu'elle procure une agréable sensation de paix.
Hiver comme été, la Costa Daurada jouit d'un climat méditerranéen doux, qui a favorisé le développement de nombreux centres touristiques comme Calafell, Torredembarra, Altafulla et plus particulièrement Cambrils et Salou, avec son parc thématique de Port Aventura. Sans oublier les vastes plages qui bordent la ville de Tarragone.
Bien que l'ensemble présente une réelle unité géographique, des sites tels que le delta de l'Èbre, le cap de Salou et les contours rocheux et accidentés de la région d'Altafulla se distinguent par leur grande beauté. L'arrière-pays pour sa part recèle d'importants centres urbains (Tortosa, Reus et Valls), des ensembles monumentaux (Poblet et Santes Creus) et des espaces naturels d'une grande richesse. L'intérêt de la Costa Daurada ne se limite donc pas à l'aspect attractif de ses plages, et l'on peut visiter les principaux villages côtiers ou effectuer des excursions à l'intérieur du pays. Le visiteur restera agréablement surpris de trouver, à peu de kilomètres de la côte, des marais, de beaux sites montagneux et d'épaisses forêts.

Offices de tourisme

Altafulla – *Plaça dels Vents* – ☎ 977 65 00 08.
Calafell – *Sant Pere, 29-31* – ☎ 977 69 29 81.
Cambrils – *Plaça Creu de la Missió, 1* – ☎ 977 36 11 59.
Salou – *Passeig Jaume I, 4* – ☎ 977 35 01 02.
Torredembarra – *Avenida Pompeu Fabra, 3* – ☎ 977 64 45 80.

Transports

En automobile – La Costa Daurada est desservie par un bon réseau routier. L'autoroute **A 7**, dite de la Méditerranée, ainsi que la **N 340** longent le littoral du delta de l'Èbre à Barcelone. À l'intérieur des terres, à Lérida, la meilleure voie de communication est l'autoroute **A 2**.

En autocar – Plusieurs compagnies relient les différentes localités (Cambrils, Salou, Torredembarra), et desservent également Reus, Tarragone ainsi que l'intérieur de la province de Tarragone (Falset). On mentionnera les deux principales : HISPANIA (☎ 977 75 41 47) et PLANA (☎ 977 21 10 30).

En train – La liaison Barcelone-Tortosa *(Catalunya Expres)* est assurée par trois trains quotidiens, desservant Reus, Torredembarra, Altafulla, Port Aventura, Salou et Cambrils. Les trains assurant la liaison Barcelone-Valence *(García Lorca)* s'arrêtent dans les gares de Tarragone, Salou et Amposta. Le Talgo *Mare Nostrum* est également une autre bonne alternative pour relier Tarragone, Salou et Cambrils.
Renfe : ☎ 902 24 02 02.
Cambrils : *Verge de Monserrat* – ☎ 977 79 10 68.
Reus : *Plaça de la Estació* – ☎ 977 31 11 34.
Salou : *Carles Roig* – ☎ 977 38 19 37.

ALTAFULLA

Se loger

Hotel Yola – *Vía Augusta, 50* – ☎ 977 65 02 83 – 37 chambres – 7 500 ptas. Ambiance familiale et accueil convivial pour cet hôtel, aux chambres spacieuses d'une grande propreté.

Se restaurer

VALEUR SÛRE

Faristol – *Sant Martí, 5* – ☎ 977 65 00 77.
Installé dans une vaste demeure du 17ᵉ s., ce restaurant présente une singulière décoration ancienne. Ses mets s'inscrivent dans la plus pure gastronomie catalane traditionnelle. Excellentes viandes. L'établissement est également doté de 5 chambres *(10 000 ptas)*.

À BON COMTPE

El Pozo – *Lleó, 12* – ☎ 977 65 02 73.
Viandes grillées ou rôties dans le plus pur style argentin. Bon rapport qualité/prix.

CAMBRILS

Se loger

À BON COMPTE

Can Solé – *Ramón Llull, 19* – ☎ 977 36 02 36 – fax 977 36 17 68 – 26 chambres – 8 000 ptas.
Petit hôtel situé dans le vieux Cambrils, à deux pas du port. Accueil convivial, chambres correctes. Le restaurant sert une cuisine familiale à un prix raisonnable.

① DE EL VENDRELL À CAMBRILS *70 km. Prévoir 1 journée*

Cet itinéraire part du pays du Baix Penedès et parcourt le Camp de Tarragona, vaste plaine côtière ceinturée par la cordillère prélittorale. L'altitude de l'ensemble montagneux s'amenuise à mesure que l'on approche de la mer pour céder la place aux grandes plages. À l'intérieur des terres, tout promontoire permet d'apprécier en de vastes panoramas les aspects contrastés de la région.

★**El Vendrell** – *Voir ce nom.*

★**Calafell** – Cette ville touristique est perchée sur les derniers contreforts de la chaîne littorale. Le château partiellement entouré de murailles auquel on accède par des ruelles étroites est son principal attrait.

VALEUR SÛRE

Mónica – *Galcerán Marquet, 3* – ☎ *977 36 01 16* – *fax 977 79 36 78* – *78 chambres* – *15 000 ptas.*
À deux pas du club nautique, cet hôtel bénéficie d'un cadre très plaisant, au milieu d'un grand jardin. Les chambres, réaménagées dernièrement, offrent tout le confort.

UNE PETITE FOLIE !

Hotel Termes de Montbrió, à **Montbrió del Camp** – *À 6 km de Cambrils* – *Carrer Nou, 36-38* – ☎ *977 81 40 00* – *140 chambres* – *30 000 ptas.*
Hôtel thermal de grand luxe installé dans un ancien hôtel particulier du début du 20e s. Ses chambres et ses jardins exquis mêlent à la fois l'élégance et le charme désuet de l'époque.

Se restaurer

VALEUR SÛRE

Casa Gallau – *Pescadores, 25* – ☎ *977 36 02 61* – *fermé le mardi (uniquement à midi en été).*
Tranquille établissement servant une cuisine traditionnelle à base de poissons et de fruits de mer.

UNE PETITE FOLIE !

Can Bosch – *Rambla Jaume I, 19* – ☎ *977 36 00 19* – *fermé le dimanche soir et le lundi.*
Cuisine créative et de grande qualité, combinant les meilleures recettes élaborées dans la plus pure tradition, avec une pointe d'originalité savamment dosée. Saveurs de la mer. Ses plats de riz et ses desserts méritent une mention particulière.

Casa Gatell-Joan Gatell – *Passeig Miramar, 26* – ☎ *977 36 00 57* – *fermé le dimanche soir et le lundi.*
Ce restaurant est une référence dans la gastronomie catalane de la mer. Produits de qualité. Les desserts jouissent également d'une grande renommée. La terrasse en extérieur dispense une vue sur le port et ses embarcations amarrées près du rivage.

Tapas

La Terraza – *Pau Casals.*
Succulentes tapas et brochettes à base de poisson.

La Casa del Mar – *Plaça Aragó.*
Brochettes de poissons et de fruits de mer.

Siscona – *Passeig Marítim.*
Il faut absolument goûter au *romesco*, délicieuse sauce au vin à base d'huile d'olive, d'amandes pilées et d'épices.

TORREDEMBARRA

Se loger

Morros – *Pérez Galdós, 15* – ☎ *977 64 02 25* – *fax 977 64 18 64* – *76 chambres* – *9 500 ptas.*
Hôtel proche de la plage. Des chambres, on a de belles vues sur la mer. Aménagement fonctionnel et correct.

Se restaurer

Morros – *Plaza Narcis Monturiol* – ☎ *977 64 00 61* – *fax 977 64 33 03.*
Les propriétaires possèdent aussi l'hôtel Morros. Plats de la mer et recettes de riz.

À côté se trouvent deux bâtiments emblématiques de la cité : l'ancienne **église romane** ⊘ de type lombard (11e s.), avec une crypte et des vestiges de fresques, et le **comunidor,** curieuse construction destinée à conjurer les sorcières, les démons et les tempêtes.
Ses plages s'étendent le long d'un terrain quasiment plat où se sont implantées de nombreux ensembles résidentiels, dont le plus important est **Segur de Calafell.**
En fin d'après-midi, la ville est le cadre d'un événement de pure beauté : le coucher du soleil. Le poète **Carlos Barral** (1928-1990), qui fit de longs séjours dans une « botiga de mar » (ancienne poissonnerie), a merveilleusement décrit ce spectacle où le ciel et la mer paraissent se confondre au loin dans un même ton rougeâtre. En soirée, le visiteur peut dîner dans l'un des petits restaurants du bord de mer (Calafell compte un nombre impressionnant de restaurants italiens).

★**Arc romain de Berà** – *Voir Tarragona, Environs.*

Torredembarra – Située sur la rive gauche du Gaià, sur un espace plat mais légèrement incliné vers la mer, cette ville touristique connut une grande prospérité au 18ᵉ s. grâce au commerce vinicole avec l'Amérique.

Le principal attrait de Torredembarra est sa longue plage de sable fin, l'une des plus fréquentées de la Costa Daurada, dont la présence a suscité l'apparition de nombreux hôtels, blocs d'appartements, restaurants et campings.

L'ancien quartier, avec son **château** (16ᵉ s.) de style Renaissance, présente l'intérêt d'être particulièrement calme et agréable, sérénité dont on profite pleinement les soirs d'été.

★**Ville romaine de Els Munts** – *Voir Tarragona, Environs.*

Altafulla – Le paysage plat et sablonneux de la Costa Daurada change radicalement quand on arrive à Altafulla. Cette bourgade côtière est à proximité du promontoire de Els Munts, constitué de sédiments marins et de matériaux apportés par le Gaià.

La silhouette du village, dominé par le château Renaissance des marquis de Tamarit, est très caractéristique. Les grandes maisons anciennes se concentrent dans le vieux quartier, au labyrinthe de ruelles étroites d'aspect médiéval. Altafulla offre son image la plus controversée aux abords des plages. En effet, alors que les grands ensembles immobiliers gagnent progressivement le quartier maritime, on a maintenu en front de mer quelques maisons qui servaient de boutiques aux pêcheurs.

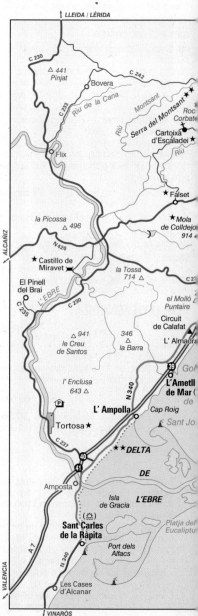

★**Tour des Scipions** – *Voir Tarragona, Environs.*

★★★**Tarragona** – *Voir ce nom.*

★**Salou** – À l'Ouest de Tarragone se trouve la ville côtière de Salou, centre touristique le plus actif de la Costa Daurada, dont la situation géographique à l'abri du **cap de Salou** – magnifique site à la végétation dense – est exceptionnelle. Protégée des tempêtes de l'Est, elle est ouverte aux courants du Sud-Ouest qui ont déposé sur ses plages un sable fin et doré. Le village de pêcheurs a developpé ses commerces autour de la rue de Barcelone puis s'est étendu vers l'Ouest jusqu'à Cambrils et vers le Nord-Est, par le Passeig de Jaume I, jusqu'à la limite de Tarragone. Cette croissance parallèle à la côte a donné à la ville son aspect de large avenue de bord de mer.

Le principal attrait touristique de Salou réside en ses plages, tantôt vastes étendues de sable, tantôt petites criques cachées derrière le cap de Salou.

L'endroit le plus fréquenté est le **Passeig de Jaume I**, qui court parallèlement à l'immense plage du Levant. Cette promenade, très belle les soirs d'été, garde le souvenir des premiers touristes de Salou, qui, attirés de Reus et de Barcelone au début du siècle par un paysage et un climat exceptionnels, ont transformé l'ancien village en un centre résidentiel de grand prestige. La **casa Bonet**, de courant moderniste, est le témoignage de cette première époque touristique.

À l'époque médiévale, la situation privilégiée de Salou avait déjà été reconnue. C'est en effet de là que Jacques Ier partit à la conquête de Majorque, événement commémoré par le **monument** élevé au roi sur la promenade qui porte son nom.

Le voyageur qui, après une journée de plage, voudra en savoir un peu plus sur cette belle ville devra y pénétrer et visiter la **Torre Vella**, vieille tour du 16e s. qui défendait la ville des attaques des pirates turcs et algériens, maintenant utilisée en tant que centre culturel.

Le soir, d'une terrasse face à la mer, on pourra observer la vie nocturne de Salou, connue pour être l'une des plus vivantes et cosmopolites de toute la Costa Daurada.

★★★**Port Aventura** – *Voir ce nom.*

★**Cambrils de Mar** – *Voir ce nom.*

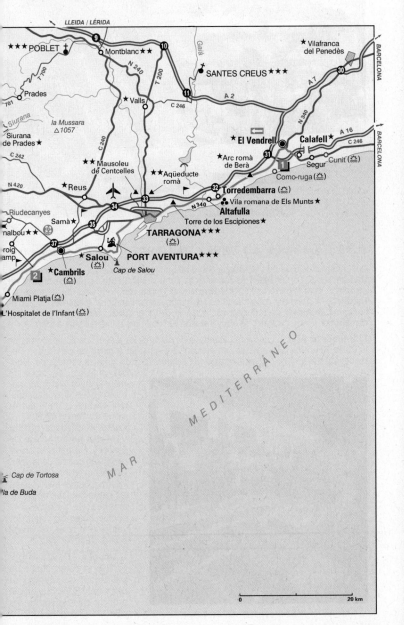

Salou

② DE CAMBRILS AU DELTA DE L'ÈBRE *75 km. Prévoir une journée*

De Cambrils vers le Sud se succèdent d'innombrables plages aux eaux limpides et transparentes. Certains centres touristiques comme **Miami Platja**, ensemble bigarré de campings et d'appartements, et **L'Hospitalet de l'Infant**, en contrebas de la route de Barcelone à Valence, constituent de véritables agglomérations modernes. D'autres comme **L'Almadrava**, près duquel est établi le **circuit de Calafat**, théâtre d'importantes compétitions motocyclistes, se sont installés sur des sites d'habitat plus ancien.

L'Ametlla de Mar – Les vastes étendues de sable et les plages, caractéristiques de la Costa Daurada, disparaissent en arrivant à L'Ametlla. À partir de ce village commence un tout autre paysage : plages de sable plus gros, criques cernées de végé-

Le marché aux poissons de Sant Carles

tation jusqu'en bord de mer, pinèdes, garrigue méditerranéenne et, parfois, des oliviers comme sur la plage du **Torrent del Pi.**
Centre touristique offrant une gamme complète de services, L'Ametlla est aussi un village qui vit de la mer. La pêche rythme la vie du village. L'après-midi, quand les petits bateaux de pêche amènent le poisson à la bourse où se déroulent les ventes à la criée, le village prend un air de fête.

L'Ampolla – Ce village touristique et côtier donne un avant-goût du paysage du delta de l'Èbre. Sa plage, près du **cap Roig**, abrite des coins de grande beauté.

★★**Tortosa** – *Voir ce nom.*

★★**Delta de l'Èbre** – *Voir ce nom.*

★**Sant Carles de la Ràpita** – Dans la seconde moitié du 18e s., Charles III envisagea la construction d'un grand port sur le delta de l'Èbre et décida d'élever une grande ville appelée en son honneur Sant Carles de la Ràpita, sur l'emplacement de la Ràpita, ancien village de pêcheurs. On entreprit la construction d'**édifices néoclassiques** comme l'Esglesia Nova, ou la Glorieta, mais la mort du roi et le désordre économique et administratif

Jacques Ier et la conquête de Majorque

Le roi Jacques Ier conquit Majorque en trois mois seulement. Après la victoire de Portopí, les troupes catalano-aragonaises, commandées par le roi lui-même, donnèrent l'assaut à la capitale. La suite de la campagne contre les Maures de l'intérieur de l'île ne présenta pas de grandes difficultés.

Jacques Ier revint ensuite à Majorque en réponse à l'appel de Bernardo de Santa Eugenia, son lieutenant dans l'île, pour soumettre des Sarrasins dont la résistance se prolongeait.

Et la troisième fois que le roi débarqua à la tête de ses troupes, ce fut pour la défendre d'une attaque du roi de Tunisie, qui ne se produisit jamais.

de la fin du règne mirent un terme aux travaux et la grande ville portuaire demeura inachevée.

Sant Carles enfin est renommée pour sa cuisine, qui fait entrer le « llagostí » (crevette) dans la préparation de délicieux apéritifs et de recettes sophistiquées.

COSTA DEL MARESME★

El Maresme – Barcelona

Carte Michelin n° 443 G 38, H 37/38 ou Atlas España-Portugal p. 33

Le Maresme est le nom donné à la frange maritime qui s'étend au Nord-Est de Barcelone, de Montgat à l'embouchure du Tordera. Abritée par la chaîne littorale et bien exposée vers le Sud-Est, elle jouit d'un climat agréable, méditerranéen, avec des ciels dégagés et lumineux.

L'équilibre entre plaine, montagne et mer donne à ce paysage une certaine sérénité, et ses vestiges archéologiques témoignent d'un passé historique très dynamique : la via Augusta traversait le Maresme, et les nombreux châteaux et églises remémorent l'intense époque médiévale. Les multiples tours de défense attestent de l'infatigable harcèlement des pirates, transportant le visiteur à une époque d'arsenaux et de marins de renom. L'ouverture de la première ligne de chemin de fer d'Espagne (Barcelone-Mataró) amena un progrès considérable dans la région.

Les attraits touristiques, sportifs ou gastronomiques – les **fraises** du Maresme sont excellentes – sont répartis entre les villages côtiers, dits « de Mar », et ceux de l'arrière-pays, dits « de Munt » ou « de Dalt ». La proximité de Barcelone et d'excellents moyens de communication ont favorisé le développement du Maresme comme zone résidentielle.

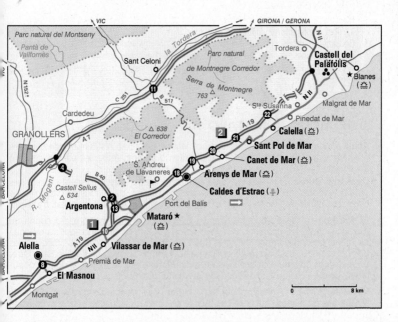

Offices de tourisme

Arenys de Mar – *Ample, 3* – ☏ *93 795 77 50*.

Calella – *Sant Jaume, 231* – ☏ *93 769 05 59*.

Canet de Mar – *Carretera N-II* – ☏ *93 794 08 98*.

Mataró – *Riera, 48* – ☏ *93 758 21 21*.

Transports

En voiture

Il est facile de rallier en voiture le Maresme depuis Barcelone. Les deux routes principales sont la **N II** et l'autoroute **A 19** qui relient Barcelone à Palafolls.

En train

Au départ de Barcelone, trois trains de banlieue desservent chaque jour les principales localités de la côte. **Renfe :** ☏ *902 24 02 02*.

En autocar

Les deux compagnies qui relient Barcelone à Mataró sont ASSER (☏ *93 593 11 12*) et CASAS (☏ *93 798 11 00*). Préférer ASSER pour se rendre dans les localités du Maresme.

CALELLA DE MAR

Se restaurer

El Hogar Gallego – *Ànimes, 73-75* – ☏ *93 766 20 27* – *fermé le lundi*.
Ses spécialités s'inspirent de la gastronomie galicienne. Excellente qualité des produits. On retiendra également les tapas et les vins.

Freguduria Els Encants, à **Cal Peixitos** – *Bruguera, 79* – ☏ *93 769 18 69*.
Établissement très populaire en ville. On y sert des plats de poisson et de fruits de mer bien cuisinés.

Tapas

Bar Fandiño – *Route N II*.
Grand choix de saucisses, fromages et poissons.

ARENYS DE MAR

Se restaurer

VALEUR SÛRE

Can Martínez – *Passeig Marítim* – ☏ *93 792 12 78*.
Restaurant situé dans le port d'Arenys. Excellents poissons.

UNE PETITE FOLIE !

Hispania – *Real, 54 (route N II)* – ☏ *93 791 03 06* – *fermé pendant la Semaine sainte, le dimanche soir et le mardi*.
Cet ancien relais routier est aujourd'hui l'un des restaurants les plus célèbres de Catalogne. Fréquenté par une clientèle haut de gamme de célébrités et d'intellectuels, il sert une cuisine traditionnelle élaborée avec le plus grand soin.

---

① DE ALELLA À MATARÓ *20 km. Environ 2 h*

Alella – Sous l'intense luminosité de ce village estival et résidentiel poussent ses précieux vignobles, protégés par l'appellation d'origine. Alella est connue grâce à ses excellents vins : rouges, rosés et surtout blancs.

★**Coopérative vinicole** ⏱ – Œuvre de l'architecte moderniste Jeroni Martorell, ses grandes voûtes abritent les témoins de l'expansion de l'industrie vinicole. Le contraste entre les anciens fûts et les cuves métalliques modernes est frappant.

El Masnou – Ville traditionnellement vouée à la marine à voile, elle a connu un remarquable développement avec l'extension du port de plaisance qui a provoqué du même coup davantage d'intérêt pour sa plage, déjà l'une des plus fréquentées des Barcelonais. Localité toute en longueur s'étirant au pied de l'église Sant Pere, un réseau de communications diversifié en a fait une ville résidentielle dont la population gonfle l'été du fait de ses établissements de loisirs.

Vilassar de Mar – Pionnière dans la floriculture (ses plantations d'œillets datent de 1923), elle est aujourd'hui l'une des premières localités d'Espagne pour la production

CANET DE MAR
Se loger

Pensión Mitus – *Riera de la Torre, 20* – ☎ *93 794 29 03* – *fax 93 794 16 00* – *7 chambres* – *6 000 ptas.*
Ce petit hôtel est l'une des solutions d'hébergement les plus économiques de la côte. Installé dans un coquet édifice de trois étages, il est agrémenté d'un agréable patio en terrasse où sont servis petits déjeuners et dîners. Chambres simples mais correctes, avec salle de bains et téléviseur.

EL MASNOU
Se loger

Torino – *Pere Grau, 21* – ☎ *93 555 23 13* – *fax 93 555 23 13* – *13 chambres* – *9 000 ptas.*
Excellent rapport qualité/prix pour ce modeste hôtel, à la décoration soignée. Très grande propreté des chambres.

Se restaurer
VALEUR SÛRE

Les Caves Rekondo – *Sant Cristòfol, 4* – ☎ *93 540 21 60.*
Bon restaurant basque, installé dans une ancienne cave traditionnelle.
Coloma – *Port, 17-19* – ☎ *93 555 51 02.*
Plats de la mer confectionnés avec les produits récemment pêchés au port.

MATARÓ
Se loger

Ciutat de Mataró – *Camí Ral, 648* – ☎ *93 757 57 26* – *fax 93 757 57 26* – *101 chambres* – *16 500 ptas.*
Hôtel bien équipé de la chaîne NH, alliant fonctionnalité et modernité. Chambres confortables et très spacieuses.
Colón – *Colón 6-8* – ☎ *93 790 58 04* – *fax 93 790 62 86* – *52 chambres* – *12 000 ptas.*
Quelque peu désuet, cet hôtel central n'en réserve pas moins un accueil attentionné et chaleureux.

Se restaurer
VALEUR SÛRE

El Nou Cents – *Torrent, 21* – ☎ *93 799 37 51* – *fermé pendant la Semaine sainte, ainsi que le dimanche et en août.*
Ce restaurant réserve une cuisine méditerranéenne élaborée avec les produits du terroir (légumes, poisson et gibier pendant la saison de chasse).
El Pescaíto – *Lepant, 8* – ☎ *93 757 98 92.*
Comme son nom l'indique, ce restaurant est spécialisé dans les recettes de la mer. À noter, la qualité des vins.

Sortir

Nombre de jeunes sont attirés par la vie nocturne de Mataró, et affluent des environs ou même de Barcelone pour y passer le week-end. Situées aux abords de la ville, les discothèques **Nivell 2**, **Ámbit**, et **Chasis** proposent la musique la plus expérimentale. Les pubs **On-Off** et **Bec Blau** méritent également d'être mentionnés : le second se trouve au **port**, l'une des zones les plus animées de la ville ; ce bateau, en effet, a été transformé en bar flottant.

de fleurs et de plantes ornementales. Elle disposait par le passé d'importants arsenaux et son collège de la Marine marchande vit passer de futurs capitaines, pilotes et marins de prestige. Le **Passeig Marítim**, classique et noble, avec ses palmiers et ses jardins, adopte un tracé rectiligne face à la plage de sable grossier.

Argentona – Célèbre pour ses fontaines, Argentona est environnée d'agréables bois de chênes verts et de pins. Le centre urbain présente un aspect raffiné et élégant. Au **Museu del Càntir** ⊙ se trouve une importante collection de cruches, dont l'utilisation demeure vivace dans toute la région.

★**Mataró** – Chef-lieu de la comarca, c'est un centre industriel actif dont le développement constant s'est effectué autour d'un nœud de communications. L'ample **Passeig Marítim** constitue une agréable promenade le long de la mer. La plage, avec ses équipements de loisirs, accueille quelques organisations sportives.
À l'Ouest, le **port de plaisance**, le plus important de la côte du Maresme avec sa capacité de 1 100 postes d'amarrage, voit son animation accrue par la présence d'un bassin pour bateaux de pêche, d'une cale aux grues puissantes et d'une vaste zone commerciale groupant commerces et restaurants modernes.

Mataró – Le port de plaisance

En centre-ville, on verra avec intérêt de nombreuses constructions modernistes, réalisées pour la plupart par Puig i Cadafalch. Situé en plein centre, dans un curieux édifice du 16ᵉ s., le **musée** ⊙ expose différentes découvertes archéologiques ainsi que des objets liés à l'histoire de Mataró et de la comarca du Maresme

Santa Maria – L'église baroque se dresse sur le site de l'ancien forum romain. En pénétrant à l'intérieur, on est d'emblée frappé par ses dimensions. Dans la chapelle située dans le bras gauche du transept, on signalera le retable baroque de El Roser.

Ensemble archéologique Torre Llauder ⊙ – Situé à l'extrémité Sud de la ville, ce gisement a permis de mettre au jour une ville seigneuriale du 1ᵉʳ s. avant J.-C. On identifiera sans peine les bains, les chambres ainsi que les porches.

② DE CALDES D'ESTRAC À PALAFOLLS *30 km. Environ 2 h 1/2*

Caldes d'Estrac ou **Caldetes** – Ce beau village près de la mer fut à l'origine du tourisme en Catalogne à la fin du 19ᵉ s. en raison de la qualité de ses sources thermales. Les eaux chlorées de Caldes, par leur composition et leur température (39 °C), favorisent le traitement de multiples maladies.

Arenys de Mar – *Voir ce nom.*

Canet de Mar – Entouré de collines boisées, Canet dispose d'une vaste plage ensoleillée qui s'étire le long de la promenade maritime, et s'enorgueillit d'un intéressant ensemble d'édifices modernistes parmi lesquels il convient de citer la **Casa-Museu de Domènech i Montaner** ⊙. Dans la partie la plus haute de la ville se trouve le sanctuaire de la Miséricorde, lieu très fréquenté où se vénère la Vierge du même nom.

Sant Pol de Mar – Dans cette merveilleuse localité côtière pleine de lumière, on peut respirer les parfums de la Méditerranée. Depuis les années soixante, sa vocation résidentielle n'a fait que s'accroître bien qu'elle ait un long passé de station balnéaire. De tous les points de la localité, on peut voir la silhouette de Sant Pau, ermitage qui la domine et offre de très belles **vues** sur la mer.

Calella – Localité cosmopolite, extrêmement fébrile en été, c'est la véritable capitale touristique du Maresme. Les innombrables terrasses, restaurants, tavernes typiques, discothèques et night-clubs sont avec sa plage de gros sable pur ses principaux attraits pour les touristes qui chaque été prennent d'assaut ses rues.

Palafolls – Sur les collines qui encadrent le village, à 150 m d'altitude, s'élèvent les ruines du **château**, qui dominent la partie basse du cours du Tordera et la plaine fertile qu'il arrose. Construit entre les 12ᵉ et 15ᵉ s., il présente trois belles enceintes restaurées et une chapelle aux murs ornés de motifs décoratifs.

Parc naturel du DELTA DE L'ÈBRE★★

Baix Ebre, Montsià – Tarragona
Carte Michelin n° 443 J/K 32 ou Atlas España-Portugal p. 45
Schéma : COSTA DAURADA

Le delta de l'Èbre constitue la zone humide la plus étendue de la Catalogne et le second habitat aquatique de la Méditerranée occidentale après la Camargue. Ses caractéristiques particulières favorisent la présence d'une flore et d'une faune uniques en Catalogne. Plus de trois cents espèces différentes d'oiseaux ont sur ces terres leurs propres colonies en permanence et de nombreux oiseaux migrateurs y font étape lors de leurs déplacements. La richesse piscicole est aussi exceptionnelle (loups, langoustes, daurades et anguilles).

Couvrant une superficie de 7 736 ha, le parc fut créé en 1983 afin de protéger l'environnement naturel et favoriser le développement agricole de la zone. Les trois quarts du delta sont désormais occupés par les rizières, les exploitations maraîchères et les vergers.

> ### La tombée du jour sur le delta de l'Èbre
>
> La proximité de cette masse d'eau, presque immobile, se sent constamment. Du paysage émane une extrême tranquillité. Le ciel acquiert des dimensions extraordinaires. Les montagnes semblent s'éloigner à mesure que les mouvements du fleuve plongent l'atmosphère dans un état de somnolence. C'est un spectacle unique : l'Èbre coule péniblement, dessinant de légers tourbillons, comme s'il voulait retarder, sous le soleil, son avancée vers la mer. La lumière, d'une douce ardeur, apporte à l'ensemble une étrange sensualité.

L'Èbre représente l'axe vital de cette zone. Il charrie une énorme quantité d'alluvions, arrachées aux Monts Cantabriques, aux Pyrénées et aux plateaux aragonais, qu'il dépose à son embouchure. La force érosive du fleuve est spectaculaire et l'aval de son cours est coloré par la vase jaunâtre et épaisse qu'il semble entraîner avec difficulté.

Le parc naturel est coupé en deux par l'Èbre. Dans la partie Sud, en quittant San Carles de la Rápita, il est recommandé de se diriger vers le bureau d'accueil de Casa de Fusta. À partir de là, les principaux centres d'intérêt seront les lagunes *(Bassas)* de l'**Encanyissada**, de la **Tancada** et de la **pointe de la Banya**, où abondent les salines.

L'autre partie du parc est plus facilement accessible depuis Amposta et Deltebre. On ne manquera pas de visiter l'embouchure de l'Èbre, ainsi que l'**île de Sant Antoni** et l'**île de Buda**, sans oublier la spectaculaire **pointe del Fangar**, zone désertique d'une incroyable beauté, qui se prête à l'observation des mirages.

Visite

Avant d'entreprendre la visite, il convient de se rendre dans un des bureaux d'accueil qui vous fournira un plan détaillé des principales curiosités (lagunes, points d'observation...), ainsi que des sentiers et des routes. Elle peut se faire en voiture sans aucun problème. Vous pouvez également louer une bicyclette, si vous préférez un moyen de locomotion plus écologique et plus tranquille.

Bureau d'accueil-Écomusée du parc naturel ⊘ – Installé dans une maison traditionnelle, le musée est une invitation à découvrir l'habitat naturel du delta ainsi que les modes de vie traditionnels de la région (pêche, rizières et cultures maraîchères).

La Casa de Fusta ⊘ – Installé dans un relais de chasse en bois des années soixante, le centre d'information abrite une exposition permanente sur les lagunes.

Croisières sur l'Èbre – Il est conseillé de prendre l'une des embarcations qui relient Amposta et Deltebre à l'embouchure du fleuve. Cette promenade réserve de magnifiques vues de l'Èbre. Sur le trajet, on longera l'**île de Gràcia**, imposante langue de terre qui précède l'**île de Buda**, devenue actuellement une péninsule. Renseignement ☎ 977 48 01 28.

Quand s'y rendre ? – Début mai, à l'époque de la plantation du riz, on assiste dans le delta à une explosion de fertilité. C'est le moment idéal pour observer la beauté de cette terre plane.

Offices de tourisme

Deltebre – *Ulldecona, 22* – ☎ *977 48 96 79.*
L'Ametlla de Mar – *Sant Joan, 55* – ☎ *977 45 64 77.*
Sant Carles de la Rapità – *Plaça de Carles III, 13* – ☎ *977 74 01 00.*

L'AMETLLA DE MAR

Se loger

L'Alguer – *Mar, 20* – ☎ *977 49 33 72* – *fax 977 49 33 75* – *38 chambres* – *8 900 ptas.*
Établissement soigné, élégamment décoré. L'accueil y est chaleureux et les chambres sont très lumineuses.

Bon Repòs – *Plaça de Catalunya, 49* – ☎ *977 45 60 25* – *fax 977 45 65 82* – *38 chambres* – *11 000 ptas.*
Récemment rénové, cet hôtel est le lieu idéal pour de courts séjours ou pour y passer un week-end de détente. Agréable jardin.

Se restaurer

VALEUR SÛRE

L'Alguer – *Trafalgar, 21* – ☎ *977 45 61 24* – *fermé le lundi.*
Recettes de la mer s'inscrivant dans la plus pure tradition culinaire catalane.

Avenida – *Sant Joan, 48* – ☎ *977 45 64 29.*
Spécialités de poissons grillés. La dorade au sel s'impose.

DELTEBRE

Se loger

Delta Hotel – *Avenida del Canal, Camino de Illeta* – ☎ *977 48 00 46* – *24 chambres* – *12 200 ptas.*
Un établissement paisible et « écologique » qui permet de profiter pleinement du paysage du delta de l'Èbre. Chambres tout à fait correctes.

Se restaurer

VALEUR SÛRE

L'Àspic – *Brasil, 2* – ☎ *977 70 32 13.*
Restaurant chaleureux, où il fait bon déguster les succulents plats de riz de la région.

À BON COMPTE

Can Casanova – *Avenida del Canal* – ☎ *977 48 11 94.*
Poissons du delta. Cuisine familiale.

Salines de la Trinité, à la pointe de la Banya

SANT CARLES DE LA RÀPITA

Se loger

VALEUR SÛRE

Miami Park – *Avenida Constitució, 33* – ☏ *977 74 03 51* – fax *977 74 11 66* – *63 chambres* – *7 900 ptas.*
Hôtel moderne et fonctionnel, doté de chambres spacieuses. Service soigné.

À BON COMPTE

Rocamar – *Avenida Constitució, 8* – ☏ *977 74 04 58* – *19 chambres* – *6 000 ptas.*
Accueil convivial et atmosphère détendue pour cet établissement.

Se restaurer

À BON COMPTE

Brasseria Elena – *Plaça Lluís Companys, 1* – ☏ *977 74 29 68.*
Restaurant simple et convivial, doté d'une agréable terrasse. Bonnes grillades.

VALEUR SÛRE

Fernandel – *Route N 340 vers St. Isidre* – ☏ *977 74 03 58.*
Cuisine de la mer, préparée avec une forte dose d'imagination. La terrasse est le cadre idéal pour prolonger la soirée.

EMPÚRIES★★

Alt Empordà – Girona

Carte Michelin n° 443 F 39 ou Atlas España-Portugal p. 19 – Schéma : COSTA BRAVA

Les ruines de la colonie grecque d'Emporion (« marché ») et de la ville romaine d'Emporiæ se trouvent dans un très beau **site**★★ sur la côte Sud du golfe de Roses. Ce précieux témoin de la culture classique en Méditerranée se compose de trois centres : la ville ancienne, **Paliápolis**, la ville nouvelle, **Neápolis**, et la ville romaine.

De la ville grecque à la ville romaine – Vers 600 avant J.-C., les Phocéens, déjà établis à Marseille, créèrent, sur une petite île aujourd'hui reliée à la côte et occupée par Sant Martí d'Empúries, un port appelé Paliápolis. Peu après (550 avant J.-C.), ils prirent pied sur le rivage et fondèrent ce que l'archéologue Puig i Cadafalch nomma Neápolis.
La ville fut l'alliée de Rome durant la seconde guerre punique (218-201 avant J.-C.), et les troupes de Publius Cornelius Scipion, plus connu sous le nom de Scipion l'Africain, y débarquèrent en 218. Vers 100 avant J.-C., tirant profit du tracé de l'ancien camp militaire, les Romains fondèrent une nouvelle ville à l'Ouest de Neápolis. Pendant la période républicaine, les deux villes coexistèrent indépendamment jusqu'à ce que, à l'époque d'Auguste, fût concédée aux Grecs la citoyenneté romaine.
Bien que continu, le développement d'Emporiæ fut ralenti dès la fin du 1er s. avant J.-C. par la croissance d'autres villes comme Barcino, Gerunda et Tarraco. Rasée lors des invasions des Alains et des Francs, la ville déclina. Elle devint cependant siège épiscopal – on conserve les restes d'une basilique paléochrétienne (4e s.) – et capitale du comté médiéval d'Ampurias, statut qu'elle perdit au profit de Castelló d'Empúries *(voir ce nom)*. L'invasion arabe (8e s.) acheva sa décadence.

PRINCIPALES CURIOSITÉS

Neápolis ⊘ – Contrairement à Paliápolis, la nouvelle ville a été totalement fouillée, mais la superposition des différentes constructions, réalisées sur une période de plus de 1 000 ans, complique la tâche des archéologues et l'interprétation des ruines. Son plan en damier, avec des rues se coupant à angle droit, occupait une superficie de 26 ha. Elle était fortifiée sur trois côtés (au Sud-Ouest, un large pan de muraille est conservé) et possédait une seule porte d'entrée protégée de tours. Sur une partie haute, près du **temple d'Asclépios**, dieu de la Médecine *(voir illustration p. 31)*, se trouvait l'**enceinte sacrée** (**1**), contenant des autels et d'importantes statues de divinités. À droite se trouvaient les **citernes** (**2**) d'eau potable, actuellement reconstruites, ainsi qu'une **tour de guet** (**3**). En contrebas se trouvait le **temple de Zeus Sérapis** (**4**), dont subsistent des vestiges de colonnes et l'autel central. Sur l'**agora** (**5**), située au croisement des rues principales, on voit encore trois socles de statues. De là, une rue descend vers la mer, bordée à gauche par les ruines de la **stoa** (**6**), marché couvert qui comprenait deux allées à arcades et plusieurs boutiques. Derrière la stoa, on distingue le plan d'une **basilique paléochrétienne** (**7**) avec son abside semi-circulaire.
De vieux pavés, de vastes mosaïques et une petite partie du mur qui protégeait le port complètent cet ensemble archéologique bigarré.

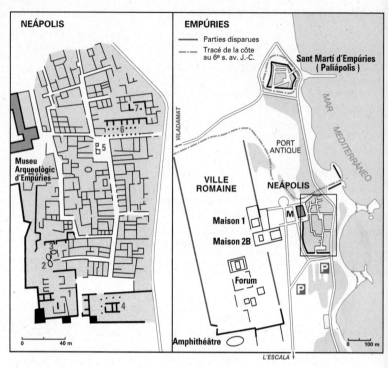

NEÁPOLIS

7.
6
5
Museu
Arqueològic
d'Empúries
3
2
1
4

0   40 m

EMPÚRIES

— Parties disparues
- - - Tracé de la côte
       au 6e s. av. J.-C.

**Sant Martí d'Empúries
(Paliápolis)**

VILADAMAT

PORT
ANTIQUE

MAR

MEDITERRANEO

**VILLE
ROMAINE**

NEÁPOLIS

Maison 1

M

Maison 2B

P

Forum

P

Amphithéâtre

0   100 m

L'ESCALA

Museu Arqueològic – Y sont exposés des maquettes de temples et des objets provenant des fouilles. Dans la salle I se trouvent les pièces les plus intéressantes, parmi lesquelles on remarque la mosaïque représentant *Le Sacrifice d'Iphigénie* (vitrine 40), œuvre hellénistique réalisée à Athènes ou à Antioche au 2e s. avant J.-C. avec des tesselles de marbre oriental, la mosaïque dite de *La Perdrix* (vitrine 41) et un petit masque d'acteur tragique (vitrine 39) réalisé avec des tesselles aux couleurs rougeâtres et violacées.

Ville romaine – De l'autre côté de la route, sur la colline qui domine la ville grecque, se trouve la ville romaine. Son plan rectangulaire occupe une superficie approximative de 20 ha. Les murailles qui l'entouraient ont été partiellement restaurées, mais la ville n'est pas complètement fouillée.
La **maison n° 1** (accès par l'arrière en se situant face à la mer) construite à la fin du 2e s. avant J.-C. possède un atrium à six colonnes, auquel on accède de la rue par un corridor. Au 1er s. furent ajoutés un péristyle et d'autres dépendances décorées de mosaïques aux motifs noirs sur fond blanc et des peintures murales assez mal conservées.

Mosaïques romaines

À côté, dans la même rue, se trouve la **maison n° 2 B**. De l'entrée, on accède à l'atrium entouré de pièces qui ont conservé leur pavement d'origine en mosaïque. Il est intéressant d'observer la technique de construction des murs édifiés sur une assise de pierre et couverts de chaux peinte à fresque. Depuis l'atrium, on gagne un péristyle à colonnes polychromes abritant un jardin central.

Le **forum**, centre de la vie civique, était constitué d'une grande place carrée entourée de portiques, d'édifices religieux (au Nord) et de boutiques (au Sud). Une rue également bordée de portiques mène à la porte de la ville. Derrière les murailles se trouvent les restes de l'**amphithéâtre**, modeste édifice elliptique avec un soubassement de pierre qui soutenait les gradins en bois.

ENVIRONS

★**L'Escala** – Cette ville touristique traditionnellement vouée à la pêche est située à l'extrême Sud du golfe de Roses, dans le **Parc naturel Aigüamolls de l'Empordà** *(voir ce nom)*.

Aux environs sont édifiés de nombreux ensembles groupant villas et complexes hôteliers. Le **port** comprend un bassin de plaisance de 435 postes d'amarrage.

La ville est le lieu de naissance de l'écrivain Caterina Albert (1869-1966), qui a publié ses œuvres *(Solitud* et *Drames rurals)* sous le pseudonyme de **Victor Catalá**.

La gastronomie locale utilise largement les produits de la mer, en particulier les **anchois**, commercialisés sous appellation d'origine contrôlée. Vous pourrez vous en procurer chez **Anxoves de l'Escala** (*De la Torre, 20*). Si vous recherchez un hôtel ou un restaurant, consultez le carnet d'adresses de la Costa Brava.

L'ESTANY★

Bages – Barcelona – 329 habitants
Carte Michelin n° 443 G 36 ou Atlas España-Portugal p. 32

Cette petite bourgade confinée entre les montagnes de Gaig et Montjoia, au fond d'une vallée accidentée, doit son nom à un étang asséché au 16e s.

★**Monastère Santa Maria** ◷ – Ce fut l'un des hauts lieux de la réforme augustinienne du 11e s. Construit au 11e s. et converti en collégiale séculière au 18e s., il reste autour du cloître un remarquable ensemble de bâtiments des 14e et 17e s., anciennes dépendances canoniales.

Au **musée du monastère** sont exposés de nombreux éléments architectoniques découverts durant sa restauration et de magnifiques collections de faïences et de céramiques.

Église – Œuvre romane (12e s.) comprenant une seule nef et trois absides, elle présente au transept une jolie **lanterne** reconstruite au 15e s. Attenante à l'église, la chapelle du Saint Sacrement est l'ancienne salle capitulaire.

★**Cloître** – Chaque galerie se compose de dix arcs reposant sur neuf paires de colonnes et portant 72 **chapiteaux**★★ surprenants. Ceux de la galerie Nord, de style roman, représentent des scènes de la vie du Christ et des allégories de la Rédemption de l'humanité. Des motifs décoratifs (palmes, feuilles d'acanthe et griffons), taillés avec un grand souci des proportions, abondent sur ceux de l'aile occidentale. L'exécution parfaite des entrelacs et la géométrie du corridor Sud attestent d'une réalisation ultérieure. La partie orientale s'égaye de scènes profanes (mariages, musiciens, scènes agricoles) tirées du répertoire des céramiques de Paterna.

ENVIRONS

Moià – *9 km au Sud par la B 143.* La **route**★★ serpente à travers un paysage sombre et boisé. Située entre Vic et Manresa, cette ville connaît une longue tradition de station d'été. En hiver a lieu la fête populaire du « **pollu** », curieux personnage masqué qui sème la panique dans la ville.

Moià est la patrie de **Rafael de Casanova**, héros du 11 septembre 1714 *(voir p. 42)*.

Oristà – *Emprunter au Nord la BP 4313 sur 5 km puis une piste forestière sur 6 km.* La localité se situe dans la partie médiane de la vallée de la Riera Gavarresa, zone idéale pour les randonnées. L'**église Sant Andreu** ◷ (18e s.), au centre du village, possède une curieuse crypte préromane.

Le cloître du monastère Santa Maria de l'Estany

FIGUERES ★

Alt Empordà – Girona – 35 301 habitants
Carte Michelin n° 443 F 38 ou Atlas España-Portugal p. 19
Schéma : COSTA BRAVA

Figueres est située au centre d'une région agricole très prospère. Au 19ᵉ s., en raison de sa proximité avec la frontière française et de sa situation sur de grands axes de communication, la ville était un lieu de rencontre de groupes politiques et culturels. Les activités commerciales et ludiques y sont intenses. Les jours de marché, les places se remplissent d'étals proposant des produits artisanaux et les visiteurs déambulent sur les larges avenues.

Sur la **Rambla** (**BZ**), agréable promenade traversant le centre ancien, se trouvent les restaurants, les salles de spectacles et les cafés les plus importants de la ville.

Le **Parc Bosc Municipal** (**AYZ**) accueille durant le mois de juillet le **Festival international de musique**, manifestation très réputée.

Tour Galatea

Se loger

À BON COMPTE

Travé – *Route d'Olot* – ☎ *972 50 05 91* – *fax 972 67 14 83* – *75 chambres* – *8 500 ptas.*
Établissement correct, avec parking. Chambres confortables. Piscine.

VALEUR SÛRE

Durán – *Lasauca, 5* – ☎ *972 50 12 50* – *fax 972 50 26 09* – *65 chambres* – *9 900 ptas.*
Hôtel central, à deux pas du Museu Dalí. Chambres spacieuses, très bien décorées. Bon restaurant.

UNE PETITE FOLIE !

Mas Falgarona, à **Avinyonet de Puigvetós** – *À 5,5 km, route d'Olot* – ☎ *972 54 66 28* – *fax 972 54 70 71* – *8 chambres* – *20 000 ptas.*
Luxueux hôtel de campagne installé dans une ancienne *masía* où la pierre, la terre cuite et le bois dominent. Chambres spacieuses très accueillantes, malgré une décoration réduite à sa plus simple expression.

Se restaurer

VALEUR SÛRE

El Molí, à **Ponts de Molins** – *À 6 km, route de Les Escaules* – ☎ *972 52 92 71* – *fax 972 52 91 01* – *fermé le mardi soir et le mercredi.*
Installé dans un ancien moulin, ce restaurant sert une bonne cuisine traditionnelle de l'Ampurdan. 8 **chambres** d'avril à octobre *(11 000 ptas).*

UNE PETITE FOLIE !

Mas Pau, à **Avinyonet de Puigventós** – *À 5 km, route d'Olot* – ☎ *972 54 61 54* – *fax 972 54 63 26* – *fermé le dimanche soir et le lundi.*
Installé dans un mas de style Renaissance, ce restaurant sert d'excellents plats de poisson et de viande. Desserts cuisinés dans la plus pure tradition. Le grand luxe…

Sortir

La « marcha » de Figueres se concentre **Plaça del Sol** et **carrer de Sant Llàtzer,** où abondent les établissements de style osé ou avant-gardiste, comme l'**Universal** ou le **Bar la Selva.**

Numéro utile

Office de tourisme – *Plaça del Sol* – ☎ *972 50 31 55.*

Transports

Gare ferroviaire – *Plaça de la Estació* – ☎ *972 50 46 61.*
Figueres est relié tous les jours à Gérone *(30 mn)* et Barcelone *(1 h 45)*, au Sud, ainsi qu'à Portbou *(25 mn)* et la frontière française, au Nord. Le *Catalunya Expres* et le *Catalan Talgo (l'après-midi)* sont vivement recommandés. **Renfe :** ☎ *902 24 02 02.*

Gare routière – *Plaça de la Estació, 17* – ☎ *972 67 33 54.*
Au départ de Figueres, la compagnie SARFA *(☎ 972 30 06 23)* dessert la plupart des localités de la Costa Brava, tandis qu'ASSER assure les destinations de Gérone et Barcelone *(☎ 93 593 11 12).*

CURIOSITÉS

Sant Pere (BY) ⊘ – Cette église fut construite à la fin du 14e s. et son unique vaisseau, simple mais d'une grande beauté, est un bon exemple de gothique catalan. L'abside polygonale, le transept et le clocher, de construction récente (1941), respectent le style de la nef et sont adaptés aux restes anciens. L'ensemble présente une intéressante unité de style malgré les différentes époques.

★**Torre Galatea** (BY) – Adossé à l'ancienne tour Gorgot, cet édifice néoclassique donne un avant-goût du Théâtre-Musée Dalí. Le célèbre peintre le décora avec beaucoup d'extravagance, introduisant dans l'ossature ancienne des motifs ornementaux propres à son style (couleurs criardes et objets oniriques).

★★**Teatre-Museu Dalí** (BY) – L'ancien théâtre municipal, réalisé par l'architecte néoclassique José Roca i Bros en 1850, possède une élégante architecture avec deux façades de trois corps. Jusqu'à sa destruction en 1939, il fonctionna comme un théâtre à l'italienne, avec une grande salle et un parterre en forme de fer à cheval. En 1968, on l'aménagea pour recevoir le musée Dalí, en simplifiant les espaces intérieurs et en couvrant la scène d'une immense coupole géodésique en verre, œuvre d'Emilio Pérez Piñero. Dalí décora l'ensemble d'œufs gigantesques, de choux posés sur la façade pour imiter les coquilles de la « Casa de las Conchas » à Salamanque, de lavabos et de mannequins dorés.

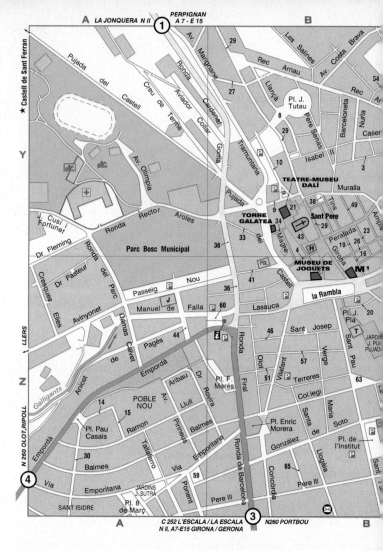

Visite ⊘ – Le musée est à l'image de celui qui l'a créé et disait à son propos :
« Ce musée ne peut être considéré comme un musée, c'est un gigantesque objet
surréaliste, où tout est cohérent et rien n'échappe à mon entendement. » Dans
ce monde de la déraison, de l'extravagance et de l'excentricité, Dalí donna libre
cours à son imagination tant dans l'aménagement des places extérieures au
musée (statues de personnages masqués, juchées sur des colonnes de pneus) qu'à
l'intérieur. Le spectaculaire salon qui représente Mae West est orné d'un sofa
central en forme de lèvres, d'une cheminée en forme de nez, et de cadres en forme
d'yeux ; dans le grand patio, une voiture emporte des pantins qui se protègent de
la pluie. À côté des toiles de Dalí, dont la série *Dalí en train de peindre Gala*, sont
exposées des œuvres de Pitxot, Duchamp, Fortuny... ainsi qu'un ensemble des
« académies » de Bouguereau, l'un des plus grands représentants du style pompier.

Museu de l'Empordà (**BZ M¹**) ⊘ – Installé dans un édifice fonctionnel et moderne
(1971), il présente diverses collections d'archéologie (art ibérique), d'art (chapiteaux romans de Sant Pere de Rodes) et d'histoire locale, ainsi qu'un important
ensemble de peintures des 19ᵉ et 20ᵉ s. (Vayreda, Nonell, Sorolla, Dalí, Tàpies et
Juan Ponç).

★Museu de Joguets (**BZ**) ⊘ – Le musée renferme des jouets du monde entier et
de différentes époques. La collection d'automates est admirable – remarquer l'amusant orchestre – ; on s'attardera également sur les collections de marionnettes et
de voitures.

Sortir de la ville par la Pujada del Castell (**AY**).

★Château Sant Ferran ⊘ – Située sur un petit monticule, cette grande forteresse
en forme de pentagone a été construite entre 1753 et 1766 par Juan Martín de
Cermeño, avant de devenir une base militaire jusqu'en 1966, ce qui explique en
partie son bon état de conservation. En se promenant entre les dépendances, on

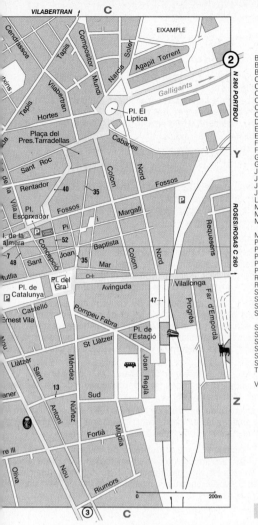

M¹ Museu de l'Empordà

comprend mieux la complexité de ce type de fortifications. Contrastant avec ses dimensions impressionnantes, la place d'armes se contente, elle, d'une superficie de 12 000 m². À noter dans les **écuries**★, les abreuvoirs d'origine. Depuis son double mur d'enceinte, un fantastique **panorama**★★ balaie la plaine de l'Ampurdan, avec ses champs protégés du vent par des rangées de cyprès majestueux.

ENVIRONS

★**Peralada** – *6 km au Nord-Est en passant par Vilabertran* (**CY**).
Au Nord de Figueres, Peralada est situé au milieu d'un extraordinaire paysage de vignes qui fait oublier la mer toute proche. Entouré de murailles médiévales, ce village possède un intéressant noyau ancien, fait de petites places au plan irrégulier et de ruelles étroites, où abondent les magasins d'antiquités.
Aujourd'hui, le nom de Peralada est associé à ses excellents vins et *cavas* ainsi qu'au prestigieux **Festival international de musique du château de Peralada**, qui se tient dans son enceinte.
Natif de Peralada, le grand chroniqueur catalan **Ramón Muntaner** (1265-1336) décrit dans sa célèbre **Crónica** l'incendie provoqué en 1285 par les Almogávares *(voir p. 27)*, l'un des épisodes les plus marquants de l'histoire locale.

★**Château** – Cette ancienne demeure des vicomtes de Rocabertí est une véritable mosaïque de styles architecturaux. Les transformations successives, dues aux utilisations diverses du château, ont fait que les éléments décoratifs de style Renaissance et gothique se dissimulent parmi les détails néomédiévaux réalisés au 19e s.
Les jardins et le lac, qui s'ouvre devant la belle façade Renaissance orientée à l'Ouest, lui confèrent un air de château français.

Se loger à Peralada

Hostal de la Font – *Calle de la Font, 15-19.* ☎ *972 53 85 07 – fax 972 53 85 06 – 12 chambres – 15 000 ptas.*
Un lieu enchanteur, de ceux que l'on oublie difficilement. Décoration du meilleur goût dans les chambres aménagées avec des objets chinés dans les brocantes. Les lits, par exemple, proviennent d'un couvent de religieuses. Le petit patio intérieur est un pur délice.

S'y restaurer

VALEUR SÛRE

Cal Sagristà – *Calle Rodona, 2* – ☎ *972 53 83 01 – fax 972 53 83 01 – ouvert tous les jours sauf le lundi soir et le mardi.*
Cuisine de qualité, servie dans un cadre inégalable.

★**Convento del Carme** – C'est en face du château des vicomtes, sur des terrains légués par eux, à l'intérieur des remparts que fut érigé le **carmel** (16e s.), bel exemple de gothique catalan. Il possède une belle église polygonale et des chapelles entre les contreforts (1 400). Le cloître (14e s.) est d'une grâce incomparable.

★**Museu del Castell de Peralada** ⏱ – Les dépendances du couvent accueillent, depuis 1923, différentes collections de sculptures gothiques et de chapiteaux romans. À l'intérieur de l'église, on s'attardera sur un **chapiteau**★ du portail du monastère Sant Pere de Rodes, attribué au maître Cavestany. Parmi les collections du couvent, on mentionnera les 2 500 pièces de la **collection de verre**★★, depuis l'ancienne Égypte jusqu'au 19e s.

Le couvent héberge, aussi, la **bibliothèque du château**, qui compte plus de 80 000 volumes, dont nombre d'incunables et de précieuses éditions de **Don Quichotte**, et, dans les caves, un **musée du Vin**.

Centro de Sant Domènec – *Au moment de la clôture de notre dernière édition, un centre-musée était en cours d'aménagement dans les dépendances du cloître Sant Domènec. Ouverture prévue dans le courant de l'année.*

★**Cloître Sant Domènec** ⏱ – Ce cloître est tout ce qui reste du couvent fondé par les augustins au 11e s. Il s'agit du plus important monument roman (12e s.) de la ville dont la structure architecturale est très rudimentaire. L'iconographie des chapiteaux – scènes de la Bible, bestiaire, animaux fantastiques et motifs végétaux – a un caractère populaire très poussé.

GANDESA

Terra Alta – Tarragona – 2 591 habitants
Carte Michelin n° 443 I 31 ou Atlas España-Portugal p. 44

Gandesa, capitale de la Terra Alta, se situe dans une riche zone vinicole. Elle conserve un ancien centre de grand intérêt architectural, avec des maisons des 18e et 19e s. Il ne faut surtout pas manquer de se procurer du vin dans l'une de ses nombreuses caves (cellers).

★**Cave moderniste** ⏱ – Réalisée en 1919 par **Cèsar Martinell** (1888-1973), ses voûtes plates et ses arcs paraboliques sont remarquables.

L'Assumpció – L'église actuelle, construite aux 17e et 18e s., correspond à une extension d'un temple roman. Il reste de l'ancien édifice le magnifique **portail**★ avec cinq archivoltes soutenues par des colonnes à chapiteaux. Le mélange d'éléments romans et d'ornements d'inspiration mauresque donne à l'ensemble une splendeur particulière. Devant ce portail se seraient mariés le prince Jacques, héritier de la couronne catalano-aragonaise, et Éléonore, fille de Ferdinand IV de Castille. Cette union paraît d'autant plus douteuse que le prince – on ne sait pour quelles raisons – renonça au trône en 1319, entra dans un ordre monastique, et qu'Éléonore épousa son frère cadet, le roi Alphonse IV.

ENVIRONS

La Fontcalda ⏱ – *9 km au Sud-Est par la C 235 ; parcourir 2 km et bifurquer à droite.* Les amoureux de tranquillité et de paysages spectaculaires seront séduits par ce sanctuaire. Situé dans une petite gorge du fleuve Canaletes, il possède aussi une source thermale.

J. Borrell/GC (DICT)

Intérieur de la cave moderniste

★**El Pinell de Brai** – *10 km au Sud-Est par la C 235.* À l'entrée du village se trouve une **cave coopérative**★ *(celler cooperatiu)* ⊘ qui passe pour être la « cathédrale du vin ». Réalisée en 1918 par Cesar Martinell, comme celle de Gandesa, cette cave moderniste possède de larges nefs qui s'appuient sur des arcs elliptiques. Sur la façade, une belle et divertissante frise en céramique est l'œuvre du peintre novecentiste **Xavier Nogués** (1873-1941).

Parc naturel Zone Volcanique de la GARROTXA★

Garrotxa – Girona

Carte Michelin n° 443 F 37 ou Atlas España-Portugal p. 19

C'est le meilleur exemple de paysage volcanique de Catalogne. Il s'étend à travers la haute vallée du Fluvià jusqu'à Castellfollit de la Roca *(voir à Besalú, Environs)*, couvrant une superficie de 11 300 ha. Trente cônes volcaniques de type strombolien, quelques cratères d'explosion et plus de vingt coulées de laves basaltiques lui confèrent un aspect très singulier. Outre l'intérêt géologique, on y trouve une végétation riche et variée – plus spécialement dans la **réserve naturelle de la Fageda d'en Jordà** –, ainsi qu'un paysage d'une grande beauté qui inspira l'importante école de peinture d'Olot *(voir ce nom)*.

Bureaux d'Information

À **Olot**, porte d'accès du parc, se trouve la **Maison des Volcans** (Casal dels Volcans) *(voir p. 177)*, qui donne aux visiteurs toutes sortes d'informations pratiques (état des routes, prévisions météorologiques, services divers, etc. – ☎ *972 26 62 02*).

Fageda d'en Jordà : sur la route d'Olot-Santa Pau se trouve le centre de **Can Serra** (☎ *972 19 50 74*).

Sur le **volcan del Croscat** : le **Can Passavent** (☎ *972 19 50 94*).

Patronato de Turisme de Santa Pau – Plaça Major (☎ *972 68 03 49*).

EXCURSIONS

Santa Margarida – *À Olot, prendre la GI 524 en direction de Banyoles. À Santa Pau, tourner à droite et emprunter sur 4 km une piste non goudronnée.* Ce volcan présente un magnifique état de conservation. Un cône de 110 m de haut et 1 200 m de diamètre en fait le plus grand de la Garrotxa. Le cratère, encore visible aujourd'hui, est couvert sur tout son pourtour d'une végétation abondante.

Escarpement basaltique, à Castellfollit de la Roca

★**El Croscat** – *À Olot, prendre la GI 524 en direction de Banyoles. À Can Xel, emprunter à droite sur 2 km une piste non goudronnée.* Ce volcan fut le dernier de toute la zone à se manifester il y a environ 11 500 ans. Il est recouvert d'une spectaculaire surface rugueuse, composée de blocs de lave et d'importantes protubérances qui sont en réalité de gigantesques bulles de gaz solidifiées.

Espaces naturels protégés

Parc national

Aigüestortes i Estany de Sant Maurici (dans les Pyrénées, il compte plus de 50 lacs d'origine glaciaire)

Parcs naturels

Cadí-Moixeró (dans la Cordillère prépyrénéenne, site d'escalade : le Pedraforca)

La Garrotxa (zone volcanique)

Aigüamolls de L'Empordà (zone humide sur la Costa Brava)

Cap de Creus

Montseny (réserve de la biosphère inscrite au Patrimoine mondial par l'Unesco)

Montanya de Montserrat (morphologie spécifique et monastère)

Sant Llorenç del Munt et Sierra de L'Obac (relief escarpé)

Delta de l'Èbre (important habitat aquatique)

Autres espaces protégés

Islas Medes (extraordinaire monde sous-marin)

Vall de Núria (Pyrénées)

Sierra de Les Alberes (au Nord de la Costa Brava)

Sierra de Collserola (poumon de Barcelone)

Garraf (karstique, près de Sitges)

Sierras del Montnegre et el Corredor (sur la Costa del Maresme)

GIRONA★★

GÉRONE – Gironès – Girona – 70 409 habitants
Carte Michelin n° 443 G 38 ou Atlas España-Portugal p. 33
Schéma : COSTA BRAVA

La ville de Gérone fut le siège épiscopal et l'ancienne capitale du comté médiéval du même nom. C'est actuellement le centre culturel, administratif et de services le plus important de la province. Son magnifique patrimoine monumental ainsi que ses possibilités gastronomiques et de loisirs en ont fait un centre touristique fort attrayant. Gérone est située sur un promontoire au confluent de 4 rivières : le Ter, le Galligants, le Güell et l'Onyar, ce dernier constituant l'axe de la ville, qu'il traverse entièrement. La vieille ville se dresse sur la rive droite de l'Onyar, sur le flanc d'une colline autrefois entourée de murailles. La ville moderne s'étend dans la plaine, entre la rive gauche de la rivière et le parc de La Devesa.

UN PEU D'HISTOIRE

Des Romains à Charlemagne – L'origine de Gérone, que l'on pense dater du 8e s. avant J.-C., est mal connue. Ce que l'on sait avec certitude cependant, c'est que les Romains s'y installèrent et lui attribuèrent en ont fait le nom de **Gerunda**. Sa position stratégique sur le tracé de la Vía Augusta nécessita d'en faire une place forte et la partie la plus élevée – zone entourant la cathédrale – fut fortifiée d'une enceinte triangulaire. De ces remparts, qui avaient pourtant résisté aux multiples assauts tout au long de l'histoire et étaient restés presque intacts jusqu'à 1895, il ne reste aujourd'hui que quelques fragments.

Avec la création d'un évêché au 5e s., la ville acquit de l'importance et, la population augmentant considérablement, des foyers d'habitation s'établirent autour d'édifices religieux hors des murs, foyers qui seront à l'origine des futurs quartiers.

La domination musulmane, dès 716, ne dura que soixante-dix ans, ce qui explique le peu de vestiges témoignant de cette présence.

Libérée par Charlemagne, la ville fit partie de la Marche d'Espagne, ligne défensive de l'Empire franc, et fut la capitale d'un comté qui, en 793 puis en 827, subit les assauts des troupes musulmanes avant de se fondre quelques années plus tard dans celui de Barcelone.

La période de splendeur – Du 9e au 11e s., la riche et puissante église de Gérone, profitant des pouvoirs conférés par les comtes, exerça une influence grandissante sur la vie politique catalane. En même temps, le quartier juif voyait ses activités se développer.

Aux 11e et 12e s., l'essor de la ville se poursuivit, marqué par la construction des quartiers bourgeois de Santa Maria, Sant Pere, Sant Feliu et du Mercadal.

En 1285, le roi de France Philippe III le Hardi, qui soutenait les prétentions de son fils Charles de Valois au trône de Sicile, engagea la « croisade d'Aragon » contre Pierre III. Il s'empara de Gérone, mais une épidémie de peste obligea les Français à se retirer.

Au 14e s., Gérone était la ville la plus peuplée de Catalogne après Barcelone, mais des événements malheureux – mauvaises récoltes, épidémies et luttes internes – ruinèrent cette prospérité économique.

Reflets sur l'Onyar

La ville se releva pourtant au 16ᵉ s. mais fut à nouveau en partie détruite durant le siècle suivant. Elle fut en effet l'objet de nombreux sièges, d'abord pendant la guerre des Moissonneurs (1640-1652), puis au cours des incessants conflits avec la France. Le redressement catalan au 18ᵉ s. permit à Gérone de retrouver la prospérité antérieure à la crise du 14ᵉ s.

Au début du 19ᵉ s., la guerre d'Indépendance contre l'envahisseur napoléonien la ruina à nouveau, entraînant un retard démographique et économique auquel la répartition des terres décidée par Mendizábal mit un terme en assurant l'installation de manufactures sur les terres récupérées. De grandes usines furent alors créées et la ville assuma les idées progressistes et libérales les plus avancées.

La Gérone moderne – Après la destruction des remparts en 1895 fut approuvé un projet d'extension, moins ambitieux que celui de Barcelone, qui contribua cependant à améliorer l'image de Gérone.

Les rénovations urbaines se succédèrent tout au long des vingt premières années du 20ᵉ s., menées par l'architecte Rafael Masó, qui réalisa de nombreux édifices pour la haute société dans la zone d'expansion de la ville.

Après la guerre civile, vers 1950, la ville retrouva progressivement l'expansion économique qui devait se consolider dix ans plus tard. Cet essor, rendu possible en grande partie par le tourisme, s'accompagna de l'arrivée de nombreux immigrants et de la reprise des mouvements culturels et politiques.

Gérone et le judaïsme – Après Barcelone, Gérone est la ville catalane où la présence juive est la plus importante. Le prestige de son école cabalistique et le rôle des hommes qu'elle a formés se confondent avec les nombreux souvenirs qui subsistent encore. L'ancien quartier juif, très visité, se situe dans une zone qui va du dernier tronçon de l'actuelle **carrer de la Força** (BY) jusqu'à la cathédrale. Lors de sa formation, vers le milieu du 13ᵉ s., il prit le même nom que celui de Barcelone : Call. Ce phénomène s'est reproduit dans d'autres agglomérations catalanes où les juifs se regroupèrent dans un seul et unique quartier.

La plupart des édifices de ce secteur conservent une grande partie de leur saveur ancienne, constituant un magnifique cadre où l'on peut imaginer comment se déroulait la vie d'une communauté aussi prospère que celle de Gérone. Bien que le tracé actuel des rues et ruelles ne corresponde pas à celui de l'époque médiévale et que les édifices aient subi diverses transformations lors des cinq derniers siècles, le pouvoir évocateur de l'ensemble est si fort que l'atmosphère y est chargée d'intensité et de mystère.

On pourra s'arrêter au **centre Bonastruc ça Porta** ⊘ (BY A), siège du musée d'Histoire des Juifs catalans et de l'Institut d'études juives nahmanides. Situé à l'emplacement de l'ancienne synagogue du 15ᵉ s., il accueille des symposiums et des conférences consacrés à la culture et à l'histoire du judaïsme.

On peut aussi voir au **musée d'Archéologie**, situé dans l'ancien monastère Sant Pere de Galligants *(voir plus loin)*, une collection de 21 pierres tombales (13ᵉ et 14ᵉ s.) trouvées dans le cimetière juif aujourd'hui disparu.

Gérone et ses ponts – Une ville baignée par quatre rivières possède, logiquement, de nombreux ponts. Construits aux 19ᵉ et 20ᵉ s., leur intérêt n'est pas seulement d'assurer le passage entre la vieille ville et la ville moderne, mais aussi de témoigner du passé industriel de la ville. L'un des plus importants est celui de « Les Peixateries Velles » (Vieilles Pêcheries – BZ), dont l'armature métallique, œuvre de la compagnie Gustave Eiffel, débouche sur la Rambla de la Llibertat (BZ 23), haut lieu du commerce et des loisirs, aux galeries en forme d'arcades.

La ville des sièges

C'est sous ce nom que l'on connaît la ville de Gérone, soumise à trois sièges par les troupes de Napoléon pendant la guerre d'Indépendance.

Le 20 juin 1808, la ville était assiégée par l'armée française et, malgré le mauvais état des fortifications, un petit nombre de soldats soutenus par la population civile réussit à repousser les assauts. Le 22 juillet de la même année, une deuxième offensive française fut également repoussée par le peuple. La position stratégique qu'occupait Gérone sur la route de la France poussa Napoléon à assiéger de nouveau la ville en mai 1809. Le gouverneur militaire, **Álvarez de Castro** (1749-1810), mena en cette occasion la défense de la ville et, après sept mois d'une résistance qui vit Gérone perdre la moitié de sa population, le pacte de capitulation était signé.

Office de tourisme

Oficina de Información y Turismo – *Rambla de la Llibertad, 1,* ☎ *972 22 65 75.*

Transports

Aéroport – *Vidobi d'Onyar* – ☎ *972 18 66 00.*

Gare ferroviaire – *Plaça de Espanya* – ☎ *972 20 23 53.* Chaque jour, plusieurs trains relient Gérone et Barcelone. La meilleure solution est de prendre le *Catalan Talgo (30 mn)* et le *Catalunya Exprés (1 h 15)*, qui desservent également Figueres. **Renfe :** ☎ *902 24 02 02.*

Gare routière – *Près de la gare ferroviaire* – ☎ *972 21 23 19.* La compagnie SARFA (☎ *972 30 06 23*) dessert toutes les localités de la Costa Brava, tandis qu'ASSER est la meilleure solution pour rallier Barcelone (☎ *93 593 11 12*). TEISA gère les lignes intérieures pour rejoindre, par exemple, Olot ou Banyoles (☎ *972 20 02 75*).

S'orienter dans Gérone

Pour comprendre les vifs contrastes de Gérone, il faut visiter le vieux quartier avec ses belles constructions romanes et gothiques, puis se diriger vers la ville nouvelle, où les grandes pierres de taille de la cathédrale et des églises s'effacent au profit des édifices modernistes et des blocs de bureaux. Gérone est connue pour ses ponts et ses vastes avenues qui invitent à la promenade. Ces derniers temps, les rues commerçantes se sont développées à un tel point que le « lèche-vitrine » est devenu l'un des passe-temps favoris des Géronais.

Se loger

À BON COMPTE

Hotel Europa – *Juli Garreta, 21* – ☎ *972 20 27 50* – *26 chambres* – *7 000 ptas.* Hôtel de longue tradition à Gérone. Malgré sa petite taille, il offre le lieu de séjour idéal et tranquille.

VALEUR SÛRE

Costabella – *Avenida de Francia, 61* – *En quittant la ville en direction de Figueres* – ☎ *972 20 25 24* – *fax 972 20 22 03* – *46 chambres* – *13 545 ptas.* Hôtel tranquille et fonctionnel. Parking.

Hotel Carlemany – *Plaça Miquel Santaló* – ☎ *972 21 12 12* – *fax 972 21 49 94* – *90 chambres* – *16 000 ptas.* Situé en plein cœur de la ville, cet hôtel est parfaitement équipé. Chambres décorées avec beaucoup de goût. Magnifiques salles de bains.

Se restaurer

À BON COMPTE

Boira – *Plaça de la Independència, 17* – ☎ *972 20 30 96.* Sa remarquable cuisine s'inspire du livre de recettes traditionnel catalan.

VALEUR SÛRE

La Penyora – *Nou del Teatre, 3* – ☎ *972 21 89 48* – *fermé le mardi.* Nombre de peintures décorent ce restaurant qui pratique une cuisine mêlant les recettes traditionnelles catalanes et les recettes françaises.

UNE PETITE FOLIE !

El Celler de Can Roca – *Route de Taialà, 40* – ☎ *972 22 21 57* – *fax 972 22 21 57* – *fermé le dimanche et le lundi.* Cuisine hautement créative et personnelle. Un pur régal, à goûter absolument, si vous en avez la possibilité. Les deux menus de dégustation sont proposés à 4 000 et 6 500 ptas. La cave est parfaitement entretenue.

Tapas

Pour manger des tapas ou grignoter quelque chose à Gérone, il faudra vous rendre sous les arcades de la Plaça de la Independencia, dans la ville nouvelle ou dans le quartier historique de La Rambla et des rues voisines, comme celle de Ballesteries, par exemple. En quittant le centre, sur la route en direction de Palamós, la zone du Pedret est également une bonne adresse.

La Taverna – *Premsa, 2.* On y sert d'excellentes tapas de charcuterie régionale.

Boira – *Plaça de la Independència, 17.* Un classique de Gérone. Brochettes originales et bons vins.

La Marina – *Plaça de la Independència, 14.* Succulentes brochettes à base de fruits de mer.

Piu-Piu – *Pedret, 54.* Tapas d'inspiration basque et galicienne.

Cafés

Les cafés sont les endroits parfaits pour y passer l'après-midi ou pour venir prendre un café ou un digestif après le repas. Les réunions entre amis y sont très animées, les cafés accueillent aussi certaines expositions d'artistes locaux.

Cu-Cut – *Plaça de la Independència, 10.* Agréable café des plus accueillant, où se tiennent parfois concerts et lectures de poèmes.

Ca la Munda – *Pau Casals, 34.* Charmant café, à la clientèle haute en couleur.

La Terra – *Ballesteries, 23.* Tranquille établissement ouvrant sur l'Onyar.

Sortir

La **Rambla de la Llibertat (BZ 23)**, la **Plaça de la Independència (BY)** et la **Carrer Pedret** comptent de nombreux établissements. Plusieurs disposent d'espaces réservés aux expositions et de petites salles où se tiennent discussions et conférences. En été, les Géronais fréquentent les terrasses animées du **parc de la Devesa (AY)**.

Théâtre municipal de Gérone – *Plaça del Vi.* C'est le principal théâtre de la ville.

Estrellat Club – *Lorenzana, 49.* Bonne ambiance et musique espagnole.

Rosaleda – *Passeig de la Devesa.* Pub, où l'on danse sur la piste jusqu'au petit matin.

Inèdit – *Figuerola, 12.* Établissement moderne, rythmé par la musique rock, pop et celle des années quatre-vingt.

Loisirs

Gérone connaît une grande tradition musicale. Les concerts de « rock catalá » – groupes de jeunes qui chantent en catalan –, très populaires, sont donnés dans de grands espaces : auditorium du Centre culturel La Mercè, Théâtre municipal Pavelló et Palais des Fêtes. Des galeries d'art réparties dans toute la ville témoignent de l'importante vie culturelle de Gérone.

Lèche-vitrine

Les principales rues commerçantes sont la **Carrer de Santa Clara (ABYZ)**, qui est piétonne, la **Carrer Nou (AZ)** et la **Carrer Argenteria (BY)**. La **Carrer de la Força** héberge quelques magasins d'antiquités et de design (mobilier et joaillerie). Dans la **Carrer Ballesteries (BY)** se trouvent un certain nombre de petits commerces typiques.

Victoriano Candela – *Argenteria, 8.* Vous pourrez vous y procurer turrón, friandises et glaces fabriqués de façon artisanale.

Geli – *Argenteria, 18.* Librairie spécialisée dans les thèmes locaux.

La Canonja Vella – *Força, 29.* Prestigieux antiquaire à Gérone.

★★ LA VIEILLE VILLE (FORÇA VELLA) *1 journée*

Les édifices de grande allure et les différents éléments architecturaux des rues et des places personnalisent fortement ce quartier de l'ancienne Gérone. Les bâtiments de pierre grise et les recoins surprenants associés à des espaces caractéristiques confèrent à ce secteur un attrait singulier. On ne peut parler de cette ville sans évoquer la rue de la Força, les abords de la cathédrale, et des rues aussi symboliques que les carrers dels Ciutadans, de Sant Domènec ou **Ballesteries (BY 4)**. Le conglomérat de façades et de galeries se reflétant dans les eaux de l'Onyar offre l'une des images les plus pittoresques de Gérone.

★ **Cathédrale** ⊙ **(BY)** – La cathédrale gothique dédiée à sainte Marie se dresse au sommet de la vieille ville. Sa masse monumentale, visible comme la flèche de l'église Sant Feliu de n'importe quel point de la ville, caractérise la vision de Gérone.
Construite entre les 14ᵉ et 18ᵉ s., elle a remplacé une cathédrale romane plus ancienne dont on a conservé le clocher et le cloître. La **façade** baroque, conçue comme un énorme retable de pierre percé d'un grand oculus, est précédée d'un monumental perron qui exalte davantage, si l'on peut dire, la majesté de l'édifice.

★★ **L'intérieur** – Son style est puissant et sobre et seuls s'inscrivent en creux les arcs des chapelles, ceux du triforium et les grandes fenêtres. On remarque le chœur entouré d'un déambulatoire et de chapelles absidiales et surtout la **nef**★★, spectaculaire par son ampleur ; c'est la plus large de l'architecture gothique européenne (22,9 m).
Le **retable**★ du maître-autel (14ᵉ s), en argent doré et bosselé, rehaussé d'émaux, retrace des scènes de la vie du Christ ; le baldaquin qui le couvre représente le ciel. Tous deux forment un des ensembles les plus raffinés de toute l'orfèvrerie catalane médiévale. Les chapelles latérales renferment de nombreuses œuvres d'art. Celle de Sant Honorat (1ʳᵉ à gauche en entrant par l'Ouest) abrite le tombeau gothique de l'évêque Bernat de Pau (mort en 1457), constitué de trois registres superposés.

T.Vidal /GC (DICT)

La cathédrale et son perron

★★ Trésor – Riche en œuvres d'art de grande valeur, il recèle notamment un très bel exemplaire daté de 975 du **Beatus★★**, commentaire de *l'Apocalypse de saint Jean*, où le moine Beatus de Liébana combat la théorie de l'adoptionnisme selon laquelle le Christ était le fils adoptif de Dieu. Les enluminures frappent par leurs coloris et l'expressionnisme des illustrations, surtout celles où apparaissent des animaux fantastiques. On y reconnaît l'influence de l'art islamique ainsi que quelques vestiges de décoration wisigothique. Dans la même salle se trouvent la *Vierge de la Seu* (12ᵉ s.) et le **coffret d'Hixem II** (10ᵉ s.), bel exemple d'art califal en argent bosselé. Les pièces les plus remarquables des salles 2 et 3 sont la statue en albâtre polychrome, œuvre de Jaume Cascalls (14ᵉ s.) et dite de Charlemagne bien que représentant Pierre le Cérémonieux, de splendides **pièces d'orfèvrerie** des 14ᵉ et 15ᵉ s., des coffres mozarabes et une bible gothique du roi de France Charles V.

La quatrième salle est occupée par la célèbre *Tapisserie de la Création*★★★, réalisée vers 1100. Œuvre unique en son genre, cette pièce brodée à la main présente des détails iconographiques d'origine juive adaptés à la religion chrétienne. Les tons rougeâtres et verdoyants prédominent, ainsi que les motifs décoratifs à base de délicates lisières géométriques. Le thème central s'inscrit dans deux cercles concentriques dont le plus petit entoure un Christ en majesté (Pantocrator) curieusement représenté sans barbe, car identifié à la Seconde Personne de la Trinité.

Autour, entre les deux cercles, s'ordonnent huit secteurs représentant les étapes de la création du monde. Les angles sont occupés par les quatre vents cardinaux.

★ Cloître – De forme trapézoïdale, il fut construit au 12ᵉ s. La tour de Charlemagne (11ᵉ s.), magnifique clocher de cinq étages aux décorations lombardes, domine sa double rangée de colonnes. Aux angles et au milieu de chaque galerie, de belles frises représentent des scènes de la Genèse. Remarquer la sérénité des visages et le détail des draperies.

R. Manent/GC (DICT)

La Tapisserie de la Création

Pia Almoina (BY N) – L'édifice qui abritait cette institution de bienfaisance (Pia Almoina signifie « Pieuse aumône ») est un magnifique exemple d'art gothique civil. Sa façade principale, très haute et ferme, donne un aperçu de la monumentalité de cette construction très sobre. C'est actuellement le siège de l'École d'architecture.

★★**Museu d'Art** ⊘ (BY M¹) – Installé dans le Palais épiscopal, il présente un panorama complet de l'art à Gérone, du préroman au 20ᵉ s. Dans ses diverses salles, on trouve des expositions monographiques, entre autres sur la céramique, le verre, l'orfèvrerie et l'art liturgique, et des zones réservées aux expositions temporaires.

Section d'art roman (salles 1 à 4) – Le musée possède un intéressant ensemble de pièces datant de cette période. On remarquera l'**autel d'argent** provenant de Sant Pere de Rodes (10ᵉ s.) et la ***poutre de Cruïlles*★** (12ᵉ et 13ᵉ s. – *voir illustration p. 286*), en bois polychrome, qui était certainement la poutre principale d'un baldaquin. On y voit une procession de moines bénédictins peinte avec un souci du détail propre à la miniature.

Section d'art gothique (salles 5 à 8) – La richesse économique de Gérone détermina l'enracinement de l'art gothique dans la région plus qu'ailleurs en Catalogne. Un exemple de l'essor de ce style est donné par le martyrologe (14ᵉ s.) provenant du monastère de Poblet et ainsi nommé parce que ses miniatures soignées sur fond d'or décrivent les souffrances des martyrs. La **Vierge de Palera**, du début du 15ᵉ s., retient par l'originalité de son visage. La sérénité habituelle des figures gothiques est remplacée ici par un léger sourire qui n'est pas sans rappeler celui de *La Joconde* de Léonard de Vinci. Dans la salle du trône se détache d'un magnifique ensemble le **retable de Sant Miquel de Cruïlles**★★ (15ᵉ s.), d'une très grande richesse chromatique. Il fut réalisé par **Lluís Borrassá**, principal représentant du gothique international en Catalogne, dont le style se caractérise par l'utilisation de tons orangés. Dans cette même salle se trouve le ***retable de Púbol*★** (1437), réalisé par Bernat Martorell dans le même style gothique international. Il s'agit d'une pièce de grandes dimensions à l'iconographie luxueuse et aux coloris très riches.

Section d'art Renaissance (salles 9 à 12) – Au 16ᵉ s, la faible activité artistique catalane a mis en valeur l'œuvre de deux peintres bien représentés dans ce musée : **Jean de Bourgogne** et Pedro Mates.

Le premier, probablement d'origine française et plus connu sous le nom de Juan de Borgoña pour avoir travaillé en Espagne, où la décoration de la cathédrale de Tolède demeure son œuvre majeure, est l'auteur du magnifique **retable de Sant Feliu**, provenant de l'ancienne collégiale de ce nom. Dans cette œuvre importante imprégnée d'influence italienne apparaissent déjà les caractéristiques fondamentales de la Renaissance (formes dynamiques, couleurs lumineuses, compositions en perspective). Jean de Bourgogne commence avec ce retable un mouvement que suivra

GIRONA/GERONA

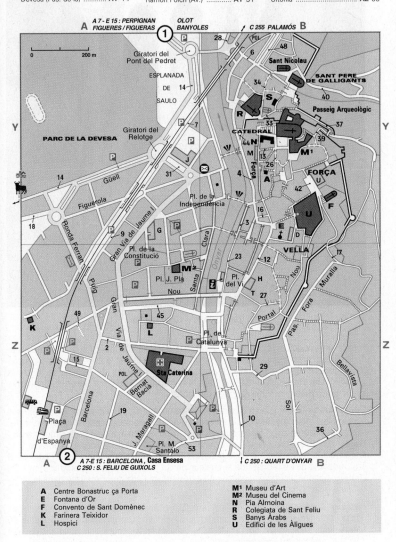

A Centre Bonastruc ça Porta	**M¹** Museu d'Art
E Fontana d'Or	**M²** Museu del Cinema
F Convento de Sant Domènec	**N** Pia Almoina
K Farinera Teixidor	**R** Colegiata de Sant Feliu
L Hospici	**S** Banys Àrabs
	U Edifici de les Àligues

son disciple Pedro Matas, peintre prolifique qui assimila totalement les nouveaux courants de la Renaissance. Dans le **retable de Segueró**, une de ses œuvres les plus significatives, l'artiste aborde des scènes de l'Ancien et du Nouveau Testament avec une brillante maîtrise.

Section d'art baroque (salles 14 et 15) – Parmi le peu d'œuvres baroques se détache une statue polychrome (17ᵉ s.) représentant saint Roch en pèlerin. Le costume est enrichi d'une ornementation florale très voyante et colorée.

Section d'art des 19ᵉ et 20ᵉ s. (salles 16 à 18) – Les courants paysagistes du 19ᵉ s. sont bien représentés avec diverses œuvres de Ramon Martí i Alsina (1826-1894) et Joaquim Vayreda (1843-1894), tous deux dans une tradition réaliste très enracinée en Catalogne. Parmi les tableaux du 20ᵉ s., on retiendra ceux de Santiago Rusiñol (1861-1931), peintre symboliste qui a très bien su capter la beauté de Gérone.

★**Sant Feliu** ⊘ (**BY R**) – La collégiale était à l'origine un martyrium dédié à saint Félix. L'église actuelle fut construite sur des bases romanes en plusieurs étapes. La magnifique abside et ses fenêtres sont gothiques, comme le clocher tronqué – une des images les plus caractéristiques de la vieille ville – et les voûtes intérieures. La

Bains arabes – L'apoditerium

façade principale, orientée vers l'Ouest, est de style baroque. On y remarquera le **Christ gisant**, grandeur nature, œuvre du maître Aloi (14ᵉ s.), l'ensemble de **sarcophages paléochrétiens★** (3ᵉ et 4ᵉ s.) encastrés dans les murs de l'abside et, entre la chapelle Sant Narcís et le maître-autel, la remarquable peinture baroque, anonyme, ayant pour thème le « miracle des mouches ».

★**Banys Àrabs (BY S)** ⊙ – L'édifice fut construit à la fin du 12ᵉ s. sur le modèle des bains musulmans médiévaux. Disposées en ligne, cinq salles étaient destinées à des fonctions différentes : l'**apoditerium**, salle de repos spacieuse qui faisait office de vestiaire, renferme un bassin octogonal entouré de huit colonnes soutenant la lanterne ; le **frigidarium**, ou salle de bains froids ; le **tepidarium**, ou salle tiède, où il était possible de se reposer de la chaleur ou du froid intenses ; le **caldarium**, ou salle chaude, destiné aux bains chauds. À l'extérieur de l'édifice et creusée dans le sous-sol se trouve la chaudière.

Passeig Arqueològic (BY) – Face aux Bains arabes, des escaliers mènent aux jardins aménagés au pied des remparts. Là s'ouvre une promenade tranquille en contre-haut de la vallée du Ter. Nombreux sont les visiteurs qui transitent par cet agréable endroit où l'on peut, assis sur un banc, profiter de la vue qu'offrent les alentours de Gérone.

★**Monastère Sant Pere de Galligants (BY)** – Cet ancien monastère bénédictin est l'un des exemples les plus remarquables de l'architecture romane catalane. Il se trouvait à l'origine en dehors de la ville, mais y fut inclus après l'extension des murailles au 14ᵉ s.

★**Église** – L'édifice présente un plan basilical à trois vaisseaux et un transept. Les vaisseaux sont séparés par des pilastres soutenant des arcs semi-circulaires. La nef centrale comporte une voûte en berceau alors que les bas-côtés sont voûtés en quart de berceau. Les quatre absides du transept donnent à l'aspect extérieur de cette église celui d'une forteresse, impression que renforce la présence du clocher quadrangulaire à deux étages de fenêtres d'arcatures lombardes, qui servait autrefois de tour de guet et de défense.

La **façade** principale, orientée vers l'Ouest et terminée par une grande rosace à huit arcs et de 3,5 m de diamètre, possède un très beau portail comprenant cinq archivoltes et soutenu par des colonnes striées. Les chapiteaux qui le décorent représentent des animaux mythologiques et de belles stylisations végétales.

Adossé au mur Sud, le **cloître** rectangulaire, également de style roman, est formé d'un petit patio encadré d'une double colonnade. Les **chapiteaux** sont ornés tantôt d'animaux mythologiques ou de motifs végétaux, tantôt de scènes du Nouveau Testament comme la Fuite en Égypte ou l'Adoration, tantôt de scènes de la vie quotidienne. Il est curieux de ne pas trouver d'allusions à l'Ancien Testament.

Museu arqueològic ⊘ – L'église, le cloître, la galerie sur cloître et l'ancienne sacristie de Sant Pere de Galligants abritent ce remarquable musée. Les fouilles effectuées dans la province ont notamment produit une très belle collection de stèles et de pierres tombales hébraïques (13ᵉ et 14ᵉ s.), trouvées dans l'ancien cimetière de la communauté juive de Gérone, et le magnifique **tombeau des saisons★** (sepulcre de les estacions – 4ᵉ s.) provenant d'Empúries *(voir ce nom)*, exposé dans la sacristie.

Sant Nicolau (**BY**) – Cette chapelle funéraire du 12ᵉ s. fait face à Sant Pere de Galligants. Malgré sa petite taille, elle est d'une grande beauté plastique. Le chevet, formé de trois absides disposées en forme de trèfle et d'une lanterne octogonale, est totalement inhabituel en Catalogne.

Fontana d'Or (**BY E**) – Cet édifice est connu sous ce nom depuis le 18ᵉ s. Construction romane ayant eu différentes fonctions à travers le temps, il accueille maintenant de nombreuses expositions d'art.

Université – Le rectorat d'université, la faculté de lettres et la bibliothèque universitaire ont été récemment établis dans un magnifique ensemble joliment réhabilité et adossé aux murailles. Celui-ci est formé par l'ancien **couvent Sant Domènec** (**BY F**), édifice gothique à nef unique avec six travées de voûtes ogivales, dont l'intérieur possède une décoration baroque, et par l'ancien Estudi General de Girona ou **Edifici de les Àligues** (Maison des Aigles – **BY U**), de style Renaissance.

AUTRES CURIOSITÉS

Dans la partie la plus moderne de la ville, on trouve des édifices d'un remarquable intérêt architectural. Les plus significatifs, la **Farinera** (minoterie) **Teixidor** (**AZ K**) et la **Casa Ensesa** *(sortir par ② du plan)*, furent conçus par **Rafael Masó** (1880-1935), architecte influencé par la Sécession de Vienne qui évolua vers une esthétique de style 1900.

Hôpital Santa Caterina ⊘ (**AZ**) – Cet édifice baroque présente une façade néoclassique très élégante et austère. L'ancienne pharmacie (17ᵉ et 18ᵉ s.) a été transformée en **musée**.

Hospice (**AZ L**) – C'est l'architecte castillan Ventura Rodríguez qui a conçu cet édifice sévère de plan quadrangulaire (17ᵉ s.). Il abrite actuellement les services culturels les plus importants de la ville : la Bibliothèque Publique et la Maison de la Culture.

Museu del Cinema ⊘ (**AZ M²**) – Constitué à partir de la collection de Tomás Mallol, ce musée original fait revivre les débuts du cinéma grâce à des inventions, des projections et des mises en scène variées. Des premières silhouettes mobiles jusqu'aux charmantes lanternes magiques, le visiteur découvrira les merveilles et la nostalgie d'une époque où l'absence de moyens techniques était compensée par une imagination exubérante.

★**Parc de La Devesa** (**AY**) – Situé entre le Güell, l'Onyar et le Ter, il s'étend sur près de 40 ha et constitue la plantation de platanes la plus importante de Catalogne. C'est de ce parc que proviennent les platanes qui ombragent aujourd'hui la Rambla de Barcelone *(voir p. 81)*. Il a été l'objet de magnifiques descriptions et chants de la part des poètes les plus fameux. Espace d'agrément citadin, La Devesa a eu, tout au long de son histoire, diverses fonctions : terrain militaire, lieu de célébrations sportives et populaires et actuellement zone de loisirs pour les Géronais.

ENVIRONS

★**Casa-Museu Castell Gala Dalí** ⊘, à Púbol – *16 km à l'Est. Quitter Gérone par la C 255 en direction de La Bísbal d'Empordà puis tourner à droite vers Púbol. Dans le village, laisser la voiture au parking municipal (gratuit) et prendre l'une des ruelles montant au château.*
En 1970, **Salvador Dalí** offrit à son épouse **Elena Diakanoff**, connue sous le nom de Gala, le château (14ᵉ s.) des barons de Púbol. L'artiste s'impliqua totalement dans la décoration comme l'atteste la grande quantité d'ornements liés à son monde intérieur (peintures, sculptures et autres objets). Après la mort de Gala, Dalí demeura pendant deux ans au château où il fut gravement blessé lors de l'incendie de la chambre qu'il occupait.
La visite est pleine de surprises. Dans une ambiance surréaliste, on découvre les objets les plus insolites, tous marqués par la dévotion que le peintre portait à son épouse.

Salvador Dalí et le surréalisme

Né à Figueres (1904), au sein d'une famille aisée, Dalí est devenu l'un des plus célèbres peintres surréalistes. Sa méthode « critique-paranoïaque », basée sur une vision ironique de la réalité, a été la cause de son expulsion de ce mouvement par son fondateur, André Breton. Dans ses tableaux les plus célèbres, *Le Grand Branleur, La Persistance de la mémoire, Leda atomique* et *Prémonition de la guerre civile*, Dalí exprime à travers des formes lénifiantes et sensuelles son univers personnel, où les connotations sexuelles, les traumatismes de son enfance et son amour pour Gala, sa femme, ont une singulière importance. Comédien-né et provocateur imprévisible, c'est à New York que s'est produit l'épisode le plus délirant de sa carrière, passablement controversée : il s'est promené dans la rue coiffé d'une miche de pain campagnard.

Dans ses commentaires politiques très connus, il réalisa une apologie humoristique du fascisme, centrée sur les figures d'Hitler et de Franco. Dans la dernière partie de sa vie, il avait pratiquement abandonné la peinture pour se consacrer au rôle de personnage public dont les apparitions médiatiques (revues, quotidiens et télévision) étaient, presque toujours, prétexte à bouffonneries.

Au 1er étage, le plafond de la **salle des Blasons** (Escudos) est décoré d'une immense fresque où apparaissent des visages d'anges, un cheval blanc et la lune. La salle 3 fut la chambre de Gala. Dans la salle 5, des doigts constituent les pièces d'un étonnant jeu d'échecs. Au 2e étage, dans l'ancienne réserve (salle 7), les robes de Gala voisinent avec les dessins réalisés par Coco Chanel, Pierre Cardin, Christian Dior et Dalí lui-même. Au sous-sol (salle 11), dans une atmosphère solennelle, repose Gala auprès de diverses sculptures et d'une girafe desséchée.

Un agréable jardin est orné de sculptures d'éléphants tout à fait dans l'esprit des œuvres de Dalí et d'un bassin où se multiplie un buste de Wagner.

HORTA DE SANT JOAN★★

Terra Alta – Tarragona – 1 314 habitants
Carte Michelin n° 443 J 30 ou Atlas España-Portugal p. 44

Horta de Sant Joan est une commune de montagne occupant un **site**★ magnifique à l'abri des derniers contreforts des **Ports de Beseit.**

Le village s'échelonne sur une petite croupe. Depuis les vignobles étendus à ses pieds, on observe les plus beaux paysages. Là, la pureté de l'air et le relief capricieux des montagnes entourant Horta éveillent une sensation particulière, la même que transmet le fameux tableau *Horta d'Ebre ou de Sant Joan*, peint par Picasso en 1909.

Picasso et Horta

Le remarquable peintre natif de Malaga séjourna deux fois à Horta : la première, en 1898, avec son ami **Manuel Pallarés**, et la seconde, en 1909, avec Fernande Olivier, sa femme. Il reste en témoignage de son passage sur ces terres quelques tableaux cubistes de grande importance, où Picasso, outre les innovations de son langage artistique, sut restituer la rigoureuse beauté du site.

LE VIEUX QUARTIER

La partie haute du village est un sinueux ensemble de magnifiques rues médiévales, à arcades parfois, et de places isolées comme les places de Sant Salvador ou de l'Église. Sur la Plaça de la Iglesia se dressent l'édifice Renaissance de l'hôtel de ville et l'**église** gothique **Sant Joan Baptista** (14e s.). En parcourant le quartier, on découvrira le **centre Picasso★** ⊙. Installé dans un ancien hôpital Renaissance, il recèle d'intéressantes œuvres du maître, qui, répondant à l'invitation de son ami Manuel Pallarés, séjourna à Horta à deux reprises.

La montagne Santa Bárbara, aux pittoresques grottes et chapelles érémitiques, est digne d'intérêt. Une simple promenade suffit à gagner le sommet (795 m), où s'offre une très belle **vue.**

Se loger

Hotel Miralles – *Avenida de la Generalitat, 19* – ☎ 977 43 51 14 – fax 977 43 55 55 – 43 chambres – 5 500 ptas.
Hôtel convivial. Les chambres, avec salle de bains, sont aménagées correctement. Bon restaurant.

Mais on peut se contenter de visiter le **couvent de la Máre de Déu dels Ángels** ⊘, ancien monastère franciscain du 16ᵉ s., dont l'église fut construite par les Templiers au 13ᵉ s. Il subsiste une partie du cloître, de forme carrée avec cinq arcs de chaque côté.

On peut enfin aller au **Berenador** (buvette), aire de pique-nique reliée au village par une piste forestière en bon état.

ENVIRONS

★★**Roques d'en Benet** – *3 km au Sud-Est par un chemin forestier.* Ces blocs mono-lithiques de forme arrondie, visibles depuis une grande partie de la Terra Alta, sont le point de départ d'une excursion, possible aussi en voiture, aux Ports de Beseit.

★**Ports de Beseit** – *8 km au Sud. À partir des Roques d'en Benet, prendre un chemin de terre.* Ce massif de roche calcaire relie la Cordillère Prélittorale aux chaînes ibériques. Il s'étend à travers toute la comarca, à la confluence de l'Aragon, de Valence et de la Catalogne. Entre ces montagnes abruptes, coupées de défilés et de ravins, s'enfoncent les chemins étroits, parfois impraticables. Le paysage est exceptionnel. Les vents violents qui soufflent à cette altitude supérieure à 1 000 m ont ciselé les blocs granitiques, leur donnant des formes capricieuses. À part quelques buissons résistants et le pin rouge, très commun dans ces régions montagneuses, toute présence végétale a disparu. Les seuls occupants de la zone sont la chèvre hispanique, les sangliers (la Réserve- nationale de chasse des cols de Tortosa-Beseit protège les deux espèces) et les vautours. Quand la nuit tombe, il devient difficile de s'orienter et il est préférable de quitter ces lieux qui prennent un aspect inquiétant. Le silence est absolu, les rochers semblent plus escarpés et des bruits étranges se succèdent.

D. Lerault /DIAF

Ports de Beseit

IGUALADA

Anoia – Barcelona – 32 422 habitants

Carte Michelin n° 443 H 34 ou Atlas España-Portugal p. 32

Située sur la rive droite du fleuve Anoia, Igualada signifie en latin eau abondante (« Aqua lata »). Cette active ville commerçante, chef-lieu de la comarca, doit sa renommée à l'industrie du tricot et à sa maroquinerie. Au centre de la ville, la Rambla de Sant Isidre regroupe de nombreux commerces spécialisés dans le travail du cuir.

Igualada compte de remarquables édifices modernistes disséminés par toute la ville. Le plus intéressant est l'**Asilo del Santo Crist**, réalisé par Rubió i Bellver en 1931.

CURIOSITÉS

Santa Maria ⊘ – Édifiée au 17e s., l'église ne comporte qu'un vaisseau à chapelles latérales et abrite un somptueux **retable** baroque (1718) réalisé par José Sunyer et Jacinto Moretó. En partie détruite en 1936, sa restauration fut dirigée par l'architecte César Martinell. La plupart des statues, les panneaux aux bas-reliefs, les colonnes de pierre et la base en marbre sont d'origine mais l'ossature en bois a été reconstruite.

Couvent Sant Agustí – Son harmonieux **cloître** Renaissance (15e s.), aux arcs en plein cintre et colonnes d'ordre toscan, est remarquable.

Museu comarcal d'Anoia ⊘ – Il est installé dans l'ancienne usine textile Cal Boyer, rue Sant Nicolau. La section la plus remarquable est consacrée à l'artisanat du cuir. Y sont exposés différents outils traditionnels et d'autres objets ayant trait à ce travail. Une collection de maroquins du 15e au 19e s., des besaces du 16e s. et quelques selles sont particulièrement intéressantes.

ENVIRONS

Capellades – *12 km par la C 244 en direction de Vilafranca del Penedés.* Dans cet important centre de papeterie, le **Museu-Molí Paperer** (musée-moulin papetier) ⊘ permet de voir fabriquer du papier selon les anciennes techniques.

LLANÇÀ★

Alt Empordà – Girona – 3 500 habitants

Carte Michelin n° 443 E 39 ou Atlas España-Portugal p. 19 – Schéma : COSTA BRAVA

Au Nord de la péninsule du cap Creus, entre des criques de gros sable aux eaux cristallines, se trouve Llançà. Tandis que le noyau urbain, à 1 km de la côte, est un endroit tranquille environné de vergers et de vignes, **El Port de Llançà**, au bord de la mer, est devenu un centre touristique important de la Costa Brava.

La Festa d'Hivern (fête d'hiver), célébrée le 22 janvier, complète l'intérêt de cette ville qui produit les populaires **« llances »**, bonbons typiques en forme de lance, fabriqués à base d'amandes, de farine, de beurre et de cacao.

Pour la recherche d'un hôtel ou d'un restaurant, consulter le carnet d'adresses de la Costa Brava.

CURIOSITÉS

★**El Port de Llançà** – Le quartier maritime de Llançà est situé autour d'une petite baie ouverte sur la mer et légèrement protégée de la tramontane et des tempêtes. Le quartier, auparavant occupé par des baraques de pêcheurs, est aujourd'hui un centre bigarré de résidence et de villégiature, pratiquement aggloméré à la ville. Il compte également un important port de plaisance et tous les jours, on peut voir les produits frais de la pêche sur les étals du marché aux poissons.

Plaça Major – En son centre s'élève l'**arbre de la Liberté**, gigantesque platane. On peut aussi voir sur cette place animée les **ruines du clocher** de l'église romane primitive (13e s.) et le **donjon** (Torre del homenatge), grande construction de base rectangulaire, faisant partie de l'ancien château-palais (13e et 14e s.) des abbés de Sant Pere de Rodes *(voir ce nom)*.

Sant Vicenç ⊘ – Édifiée au 18e s. et située au centre de Llançà, l'église à nef unique est précédée par un perron de pierre. La façade monumentale présente un portail néoclassique.

EXCURSION

Port-Bou – *17 km au Nord par la N 260.*
Aux confins du Roussillon français, cet important centre touristique est aussi l'un des principaux postes frontaliers d'Espagne, notamment pour le trafic ferroviaire. Port-Bou, dont la surface bâtie est égale à celle des installations ferroviaires, n'a longtemps vécu que par la gare. Néanmoins, cette commune moderne a d'autres atouts, et son rivage offre de surprenants paysages. D'où que l'on vienne, de Figueres par la N 260 ou par la magnifique **route**★★ de Colera, la GI 612, on pourra admirer les profils rocheux les plus escarpés du littoral catalan. Hautes falaises, petites calanques vierges ou autres capricieuses formes de relief sont quelques-uns des principaux attraits de la zone la plus accidentée de la Costa Brava.

LLEIDA★

LÉRIDA – Segrià – Lleida – 119 380 habitants
Carte Michelin n° 443 H 31 ou Atlas España-Portugal p. 31

Lérida, centre d'une plaine fertile consacrée aux arbres fruitiers, s'étend pour la plus grande partie sur la rive gauche du Segre. Sa silhouette est dominée par la petite colline où s'élève, comme une apparition, la Seu Vella.
Terre de passage, la ville a subi au cours des siècles invasions, guerres et occupations diverses, notamment celle des Arabes entre les 8e et 12e s. Ceux-ci y ont laissé d'importants témoignages de la civilisation musulmane, ont perfectionné les canaux d'irrigation romains et introduit l'importante tradition horticole qui se maintient encore.
La **Suda** (Y), ancienne forteresse arabe où les comtes de Barcelone s'établirent au 13e s, fut détruite par les explosions de 1812 et 1936. Au pied des remparts qui ont subsisté se trouvent aujourd'hui de très beaux jardins, d'où l'on domine la ville, la plaine fertile du Segre et les contreforts de la chaîne de la Llena.
Les magasins sont concentrés dans les rues **Major** (Z) et Sant Antoni (Z). Au **parc dels Camps Elisis** (Z) et sur les places de Sant Joan (**YZ 42**), de la Paeria (**Z 29**) et de la Catedral (**Z 10**) ont lieu des foires et de nombreuses manifestations folkloriques.

★★LA SEU

La vieille cathédrale et la forteresse militaire de Philippe V forment l'un des ensembles monumentaux les plus importants de Catalogne. Il doit à son **site**★ privilégié, au-dessus du Segre, son rôle stratégique que les différents habitants de Lérida lui conférèrent. Son histoire, néanmoins, fut assez chaotique. Lors de la guerre des Moissonneurs (1640), les troupes françaises rasèrent la ville médiévale qui s'étendait sur la colline, privilégiant ainsi le caractère défensif de Lérida.

★★★**La Seu Vella** ⊘ (Y) – Selon la tradition, elle fut érigée sur le point culminant de la ville, la Roca Mitjana, sur l'emplacement de l'ancienne mosquée musulmane. Les travaux commencèrent en 1203 et elle fut consacrée en 1278.

La Seu Vella, de nuit

Offices de tourisme

Turismo de Lleida – *Major, 31* – ☎ *973 70 03 19.*
Oficina Municipal de Turisme – *Avenida Madrid, 36* – ☎ *973 27 09 97.*

Transports

Gare ferroviaire – *Plaça Ramón Berenguer IV* – ☎ *902 24 02 02.* Plusieurs trains relient quotidiennement Lérida à Barcelone *(2 h environ).* Des lignes desservent également tous les jours Tremp *(2 h).* **Renfe :** ☎ *902 24 02 02.*

Gare routière – *Avenida de Madrid* – ☎ *973 26 85 00.* La principale ligne desservant Barcelone est ALSINA GRAELLS *(*☎ *973 27 14 70 / 93 488 26 31),* tandis que VIBASA *(*☎ *93 345 28 00)* relie Lérida à Tarragone, et ALSINA GRAELLS se dirige vers les Pyrénées (Molina, Puigcerdà, La Seu d'Urgell).

Se loger

À BON COMPTE

Goya – *Alcalde Costa, 9* – ☎ *973 26 67 88* – *18 chambres* – *6 000 ptas.*
Agréable pension de famille, très conviviale.

VALEUR SÛRE

Hotel Transit – *Plaça Berenguer IV* – ☎ *973 23 00 08* – *fax 973 22 27 85* – *51 chambres* – *9 350 ptas.*
Hôtel installé dans l'une des ailes du bel édifice, qui héberge la gare ferroviaire de Lérida. Chambres fonctionnelles.

NH Pirineos – *Passeig de Ronda, 63* – ☎ *973 27 31 99* – *fax 973 26 20 43* – *92 chambres* – *15 550 ptas.*
Hôtel tranquille, réservant un accueil chaleureux. Chambres lumineuses et très confortables.

Se restaurer

À BON COMPTE

El Sauce – *Avenida de Barcelona, 21* – ☎ *973 20 23 00.*
Cuisine familiale et vin de la région.

Tapas Bus – *Enric Farreny, 36* – *À environ 2 km du centre* – ☎ *973 23 85 60* – *fermé le dimanche soir et le lundi.*
Ce sympathique restaurant est aménagé dans un local qui ressemble à un autobus. Bonne cuisine à des prix très accessibles. On peut également y consommer des tapas.

VALEUR SÛRE

La Pèrgola – *Passeig de Ronda, 123* – ☎ *973 23 82 37* – *fermé les dimanches et mercredis soirs.*
Atmosphère paisible et accueillante. Ses recettes misent sur la qualité des produits.

Forn del Nastasi – *Salmerón, 10* – ☎ *973 23 45 10* – *déjeuner uniquement les vendredis et samedis, fermé le lundi.*
Mets traditionnels de choix pour ce restaurant.

Le campanile octogonal, dans l'angle Sud-Ouest du cloître, fut ajouté à la fin du 14e s. En 1707, quand les troupes de Philippe V occupèrent Lérida, la cathédrale fut transformée en forteresse et servit de caserne jusqu'en 1949.

★★ **Église** – Chef-d'œuvre de l'école romane de Lérida, c'est un bâtiment essentiellement roman, même s'il présente de nombreuses caractéristiques d'époque gothique. L'union des deux styles est très réussie avec la lanterne octogonale à grandes baies gothiques. Son plan est celui d'une basilique à trois vaisseaux avec un large transept et cinq absides, dont deux seulement sont d'origine.
À la différence des édifices romans, l'intérieur de la Seu Vella est magnifiquement éclairé, ce qui met en valeur sa belle décoration sculptée. Les **chapiteaux**★ historiés sont remarquables par leur variété : dans le transept et les absides, ils sont décorés de motifs appartenant à l'Ancien Testament alors que le Nouveau Testament inspire l'ornementation de la nef principale et des collatéraux. À l'extérieur, l'influence mauresque et celle de l'école de Toulouse (seconde moitié du 10e s.) sont sensibles dans la décoration des portes de Els Fillols (les Filleuls, bas-côté Sud) et de la Anunciata (transept Sud), au-dessus de laquelle s'ouvre une délicate rosace. Les chapiteaux des deux portes, très fins, évoquent les stucs arabes.

★★ **Cloître** – Ce sont probablement des raisons topographiques qui expliquent l'étrange situation de ce cloître en contrebas de l'église. Initié en 1278, il ne fut achevé qu'au 14e s. On est d'emblée frappé par sa taille puis par la beauté des remplages

UNE PETITE FOLIE !
Carballeira – *À 3,5 km, par la A 2, direction Saragosse* – ☎ *973 27 27 28* – *fermé le dimanche soir et le lundi.*
La mer associée à la terre maraîchère pour ce restaurant qui sert une excellente cuisine galicienne. Les fruits de mer ne manquent pas, comme il se doit.

Tapas

Bar Roma – *Bisbe Messeguer, 1.*
Il doit sa célébrité en ville à ses excellentes pommes de terre.
Picadilly – *Ricard Vinyes, 10.*
Grand choix de brochettes.
Flautería – *República del Paraguay, 29.*
À goûter absolument, les tendres baguettes garnies de charcuteries locales.

Lors de l'*aplec del Cargol* (rassemblement de l'escargot), vers la mi-mai, on peut déguster les fameux **escargots « a la llauna »**, accompagnés de desserts exquis réalisés à base de fruits hautement sélectionnés. C'est dans des guinguettes au style informel et convivial que l'on pourra commander ces mets typiques.

Cafés

El Cafetó d'Internet – *Bonaire, 8.* Établissement moderne qui s'ajoute à la liste des cybercafés.
París – *Avenida Prat de la Riba, 32.* À Lérida, la tradition de ce café remonte loin.
Berlin – *Llitera, 7.* Il bénéficie d'une agréable terrasse, l'été.

Sortir

Ces derniers temps, Lérida a connu un processus de modernisation qui a transformé la physionomie de la ville et ses loisirs, par voie de conséquence. Sa vie nocturne est aujourd'hui l'une des plus animées de la région, ce qui explique l'apparition d'une multitude de bars, pubs, ou établissements musicaux qui attirent une clientèle sélect, avide de divertissement. Parmi les espaces de la nuit, on mentionnera plus particulièrement l'**Imperia**, avec ses terrasses et ses petites tentes, ainsi que le **River Café**, qui offre des concerts gratuits.
La Cantonada – *Academia, 46.* Bar et restaurant correct.
Steack House – *Avenida Garrigues, 39.* À la fois bar et bowling.
Vidre – *Alcalde Rovira i Roure, 1.* Musique espagnole et musiques des années quatre-vingt.
Brownie – *Comte d'Urgell, 40.* Bar musical pour tous les goûts.
Cotton Club – *Pau Casanovas, 37.* On y entend la musique la plus osée de la ville.

---

des fenêtres, tous différents. La galerie Sud, splendide mirador sur la ville et ses environs, s'ouvre sur la façade principale, rappelant la disposition des mosquées précédées d'un patio ou le narthex des églises romanes. Alors que l'ensemble est gothique (14ᵉ s.), on retrouve des influences islamiques dans la décoration à thème végétal des **chapiteaux**★ et des frises.
À l'angle Sud-Ouest se trouve le **clocher**★★, une tour de 60 m de hauteur qui constitue l'un des meilleurs exemples gothiques de Catalogne.

AUTRES CURIOSITÉS

Palau de la Paeria (Z H) – Ce remarquable édifice du 13ᵉ s. abrite l'hôtel de ville. Sur la **façade principale**★ s'ouvrent cinq triplets gothiques aux arcs en plein cintre. Vers 1868 une façade néoclassique fut construite à l'arrière.
Dans les sous-sols, qui durant des siècles ont servi de prison municipale, se trouve le **Museu de la Paeria** ⊙, consacré à l'archéologie et à l'histoire locales.

Chapelle Sant Jaume (Z A) – Au croisement des Carrers Major et Cavallers se dresse cet oratoire gothique du 15ᵉ s.

Hôpital Santa Maria ⊙ (Z M²) – Bâti au 15ᵉ s., il possède un lumineux **patio**★ intérieur, d'influence Renaissance. Depuis 1942, c'est le siège de l'**Institut d'Estudis Llerdencs**, qui renferme une bibliothèque complète. Au rez-de-chaussée, la **salle**

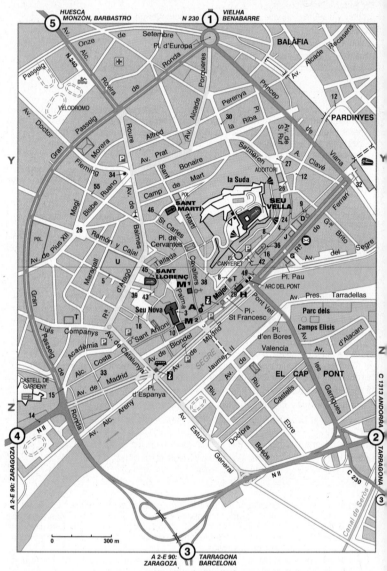

d'**Archéologie** expose d'intéressants vestiges de l'âge du bronze, de l'époque romaine, ainsi que du gisement wisigoth de Bobalá. À ne pas manquer, le retable de la chapelle de l'ancien hôpital Santa Maria, chef-d'œuvre baroque récemment restauré.

La Seu Nova ⏱ (**Z**) – La Nouvelle cathédrale est un sobre édifice néoclassique (18e s.), dont les trois vaisseaux égaux, séparés par des piliers striés à chapiteaux corinthiens, présentent des culs-de-four. Elle possède un simple atrium bordé de trois arcades sur lequel s'ouvrent les deux clochers. Les murs extérieurs, très austères, sont décorés de pilastres adossés.

★**Sant Llorenç** ⏱ (**Z**) – Commencée dans un style roman tardif au 13e s., cette église possède néanmoins de nombreux éléments gothiques, comme son clocher élancé et ses parfaites ogives qui séparent la nef centrale des collatéraux. Elle renferme les imposants retables gothiques de sainte Lucie, saint Pierre et saint Laurent, auquel on a attribué un grand blason qui termine la représentation de sa vie.

Museu de Arte Jaume Morera ⊘ (**Z M¹**) – Installé dans l'ancien couvent dominicain du Roser, le musée expose des œuvres de Jaume Morera et d'artistes locaux du 19ᵉ s.

Palau Episcopal : Museo Diocesano ⊘ – Le musée se divise en deux sections. À noter tout particulièrement, à l'intérieur du palais épiscopal, la collection de tapisseries.

★**Sant Martí** ⊘ – L'église est l'une des plus anciennes de Lérida ; élevée au 12ᵉ s., c'est au 15ᵉ s. qu'elle connut sa période de splendeur et d'importants remaniements, avant d'amorcer une période de déclin au 17ᵉ s., en devenant une caserne puis une prison au 19ᵉ s. À l'intérieur, son unique nef recèle une magnifique **collection**★ d'art sacré, propriété du Musée diocésain.

MANRESA★

Bages – Barcelona – 66 879 habitants
Carte Michelin n° 443 G 35 ou Atlas España-Portugal p. 32

Capitale de la comarca du Bages et de la Catalogne centrale, la « Minorisa » romaine se dresse sur la rive gauche du Cardener et sur différentes collines, ou « puigs » (Puigcardener, Puig Mercadal, Puig de Sant Bartomeu, etc.).

Manresa, ville pleine de vie et de mouvement, est un grand centre industriel qui conserve de remarquables édifices modernistes, tels ceux situés dans la rue del Arquitecte Oms, le Casino (**AY**) ou encore la Casa Jorba (**AY**), un grand magasin.

En centre-ville, dominé par l'imposante silhouette de la cathédrale, les usines semblent se confondre avec les couvents. Ce curieux mélange résume très bien l'esprit de la ville, où cohabitent des traditions ancestrales avec une vie commerciale extrêmement riche.

Manresa a deux spécialités gastronomiques : le *bacalao a la manresana* (ragoût de morue avec des épinards, des raisins secs, des pignons, des prunes et des œufs durs) et le *conejo a la manresana* (lapin avec des champignons, de l'eau-de-vie et de la cannelle).

Saint Ignace de Loyola (1491-1556) – L'histoire de Manresa est associée à la vie du saint qui y vécut quelques mois. Page et officier des Rois Catholiques, Ignace de Loyola, après avoir reçu une blessure au cours du siège de Pampelune, connut huit mois de convalescence, durant lesquels, par ses lectures, il se rapprocha de la religion. En 1522, après avoir séjourné à Arantzazu et à Montserrat, il se retira huit mois dans une grotte de Manresa pour faire pénitence et rédiger ses fameux *Exercices spirituels*. En 1528, il se rendit à Paris, où il décida de se consacrer à l'évangélisation. Il fut ordonné prêtre en 1537 et fonda en 1540, à Rome, la **Compagnie de Jésus** dont le pape Paul II approuva les statuts. Il fut canonisé en 1622.

CURIOSITÉS

★★**Basilique-collégiale Santa Maria** ⊘ (**BZ**) – Celle que les Manresanais appellent « La Seu » *(illustration p. 287)* domine la ville depuis la plate-forme stratégique de Puigcardener, révélant la pureté de ses lignes architecturales.

La construction de cet édifice, l'un des plus représentatifs de l'art gothique catalan, commença en 1322 sous la maîtrise de Berenguer de Montagut. Les travaux se prolongèrent jusqu'à la fin du 16ᵉ s. mais la façade principale, néogothique, ne fut réalisée qu'en 1915.

L'**intérieur**★★, sans transept et présentant un déambulatoire dans l'enceinte polygonale de l'abside, est exceptionnel. La disposition originale des contreforts met en valeur la grandeur de la nef centrale (18,5 m de large), l'une des plus vastes d'Europe. Deux rosaces circulaires et une trentaine de grandes baies à vitraux polychromes historiés, aux dimensions surprenantes pour la Catalogne, donnent à la Seu une solennité et une luminosité exceptionnelles. À l'extérieur s'élancent les 18 arc-boutants doubles.

Autour du cloître de style Renaissance subsistent quelques arcs romans (11ᵉ s.) avec des colonnes et des chapiteaux très primitifs qui faisaient partie du portique. Dans la **crypte**, sous le maître-autel, se trouvent les reliques de saint Maurice, de saint Fructuoso et de sainte Inés, patrons de la ville. La décoration en marbre, œuvre de Jaime Padró, constitue l'un des meilleurs ensembles de l'art baroque académique.

La collégiale recèle des pièces aussi remarquables que le monumental **polyptyque du Saint-Esprit**★, plus grand retable gothique de Catalogne. Réalisé en 1394 par Pere Serra sur commande de la corporation des tanneurs, il porte sur la **prédelle** un magnifique tableau représentant le Saint Enterrement, de Luis Borrassà. On remarquera aussi le **retable de saint Marc**★, d'Arnau Bassa (1346), l'une des œuvres les plus représentatives du courant italianisant dans la peinture gothique catalane (observer la scène des trois cordonniers à l'ouvrage).

Museu Històric – Outre une importante collection d'objets liturgiques du 10ᵉ au 20ᵉ s., on expose au trésor un splendide **parement d'autel**★ brodé à Florence par Geri Lapi (14ᵉ s.).

MANRESA

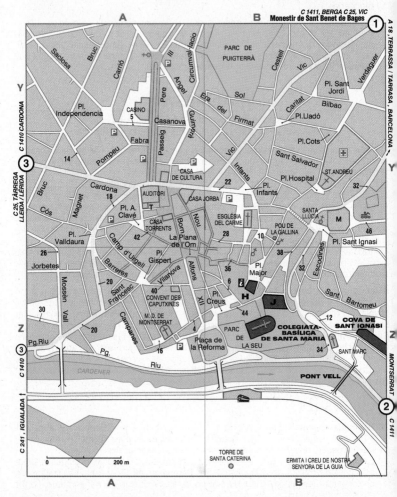

★**Pont Vell** (**BZ**) – Malgré toutes ses restaurations, ce pont est l'un des symboles les plus typiques de Manresa. Il possède la silhouette classique en dos d'âne des ponts médiévaux de tradition romaine, avec l'arc central plus élancé et les sept autres en dégradé symétrique.

★★**Santa Cova**, ou **Cova de Sant Ignaci** ⊙ (**BZ**) – De la Sainte Grotte, dite aussi grotte de saint Ignace, partent les **Routes Ignaciennes**, parcours touristiques qui remémorent le séjour du saint à Manresa.

Après la canonisation de saint Ignace, cette cavité formée par l'érosion du Cardener fut décorée de fastueuses sculptures de Juan et Francisco Grau (retable d'albâtre du maître-autel), José Sunyer (médaillons d'albâtre) et du jésuite aragonais Miguel Sesé, auteur de stucs très originaux.

À côté fut construite une **église**★ (18ᵉ s.), typique de l'architecture jésuite. L'exubérante façade baroque contraste avec la simplicité décorative et l'équilibre des lignes de l'intérieur. De part et d'autre du maître-autel, adossées aux pilastres entre les chapelles, on voit les statues de saint Ignace et d'autres saints qui furent membres de la Compagnie de Jésus (François-Xavier, François de Borgia, Louis de Gonzague, etc.).

Une **galerie**★ relie l'église à la Sainte Grotte. Sa pompeuse décoration composée d'abondants marbres, stucs, mosaïques, vitraux et métaux, fut réalisée dans un style d'inspiration Renaissance entre 1915 et 1918. La structure et plusieurs détails sont l'œuvre du jésuite Martín Coronas. On remarque quelques sculptures de bronze de José Llimona et certains hauts-reliefs de Juan Flotats, représentant des scènes de la vie de saint Ignace relatives aux *Exercices spirituels*.

Sur le côté gauche de l'église se dresse un grand **édifice néoclassique moderne** (19e s.) qui abrite le couvent jésuite.

Casa de la Ciutat ⏱ **(BZ H)** – Édifice de deux étages construit au 18e s., sa façade principale présente un grand blason de la ville. À l'intérieur se trouve la **salle du conseil municipal**, où furent rédigées les fameuses « Bases » de Manresa.

Palau de Justícia (BZ J) – Remarquable exemple d'architecture civile baroque, il fut restauré à plusieurs reprises.

Les « Bases » de Manresa

Les 25, 26 et 27 mars 1892 se tint à Manresa la première assemblée de l'Union catalane, présidée par l'architecte Lluís Domènech i Montaner *(voir p. 90)*. On y approuva 17 articles qui jetaient les bases d'une éventuelle constitution régionale catalane.

Les nombreuses compétences exécutives, législatives et judiciaires réclamées par le projet prévoyaient notamment que le catalan soit la seule langue officielle en Catalogne, même dans les relations avec l'État espagnol, et que seuls les Catalans aient accès aux charges publiques exercées sur le territoire.

ENVIRONS

★★ **Monastère Sant Benet de Bages** ⏱, à **Sant Fruitós de Bages** – *8 km au Nord par la N 141*. Cette ancienne abbaye bénédictine date des 10e et 18e s. L'ensemble est extraordinaire. Les vieilles pierres forment un contraste délicat avec la frondaison du paysage et l'ensemble prend tout son éclat en automne.

Église – Bel exemple roman du 12e s., avec une abside libre et deux autres construites en saillie sur les murs du transept. Le clocher de base préromane est une tour massive.

★**Cloître** – C'est l'un des plus caractéristiques de l'art roman catalan (13e s.). Ses arcs sont soutenus par une double rangée de colonnes aux chapiteaux soigneusement sculptés (motifs végétaux et scènes bibliques, mythologiques et allégoriques).

Îles MEDES★★
Baix Empordà – Girona
Carte Michelin n° 443 F 39 ou Atlas España-Portugal p. 19 – Schéma : COSTA BRAVA

Le petit archipel des îles Medes (21,5 ha de superficie), formé de sept îlots et de quelques récifs, se trouve à 1 km de la côte de l'Ampurdan ; le paysage y est de toute beauté. Prolongement en mer du massif calcaire du Montgrí, il constitue un site d'une grande richesse écologique par sa variété d'espèces et d'écosystèmes.

Du fait de sa formation karstique, il en résulte des cavités et des tunnels favorisant la végétation et la faune marines. On y dénombre plus de 1 300 espèces différentes. Cette richesse de ressources a été longtemps exploitée par les pêcheurs et, notamment, par les corailleurs qui ont depuis le 18e s. étendu leur activité à toute la côte.

Tavisa/GC (DICT)

Vue aérienne des îles

Au port de L'Estartit, plusieurs compagnies de navigation proposent des croisières en direction de l'archipel, sur des bateaux qui sont dotés pour la plupart d'un fond transparent.

Office de tourisme de L'Estartit – *Passeig Marítim* – ☎ *972 75 19 10*.

Subaquatic Visión S.A. – *Passeig Marítim, 23* – ☎ *972 75 14 89*. Deux types de bateau sont proposés. Le Nautilus est à fond transparent. L'excursion dure environ 1 h 30 *(1 875 ptas)*.

Aquarium L'Estartit S.L. – *Guillén de Montgri, 38* – ☎ *972 75 08 80*. La croisière se fait à bord de catamarans, à fond transparent. Durée : 1 h 15 *(1 875 ptas)*.

VISITE

Meda Gran – L'île accuse une forte dissymétrie : tandis que son littoral oriental est découpé de hautes falaises, composées de strates calcaires, sa face Ouest présente des pentes douces formées par la présence des matières molles (argiles, gypses et marnes). Près de la petite baie de l'embarcadère se dressent les deux phares, construits l'un en 1866, l'autre, fonctionnant à l'énergie solaire, en 1930.

Meda Petita – Elle est séparée de Meda Gran par El Freuetó. Du côté du levant existent de nombreuses cavernes et grottes entre les falaises.

Château de MIRAVET★
Ribera d'Ebre – Tarragona
Carte Michelin n° 443 I 31 ou Atlas España-Portugal p. 45

Cette construction, meilleur exemple d'architecture militaire laissé par les Templiers en Catalogne, se dresse sur une butte de 220 m dominant les eaux calmes du fleuve. Quand en 1307 le roi de France Philippe IV le Bel décida d'abolir l'ordre des Templiers, ceux-ci se réfugièrent à Miravet, site que les Arabes, conscients de son intérêt stratégique, avaient déjà auparavant utilisé eux aussi comme refuge. Avant même que le pape Clément V ait supprimé l'ordre (1312), le roi catalan Jacques II assiégea le château durant plus de dix mois jusqu'à la capitulation des chevaliers du Temple, début décembre 1308.

Visite ⊙ – C'est un voyage dans le temps jusqu'à l'époque des Templiers. Par des passages cachés à l'intérieur des murs, on accède aussi bien à la salle d'armes qu'à n'importe quelle tour de guet. Ces belvédères offrent un magnifique **panorama** sur l'Èbre qui se resserre au passage de la Sierra du Cardó.

Le village – Miravet conserve une certaine saveur médiévale, que l'on goûte pleinement en flânant dans ses ruelles tortueuses. En quittant la ville médiévale, on atteindra le **quartier des potiers**, où se fabriquent des objets en terre argileuse de la région, comme les typiques cruches de Miravet.

À la belle saison, il faut savourer les fruits délicieux que donnent les champs de cette rive de l'Èbre.

À partir du village sont organisées des promenades en barque sur le fleuve, que l'on peut aussi traverser (« pas de barca ») sur une grosse embarcation jusqu'à la route de Ginestar.

J. Pareto /GC (DICT)

Potier au travail

ENVIRONS

Móra d'Ebre – *11 km au Nord par la T 324*.
Cette ville, située sur la rive droite de l'Èbre et capitale de la Ribera d'Ebre, est un important noyau commerçant, dont le marché, chaque vendredi, est le plus fréquenté de la région. Son pittoresque vieux quartier est un labyrinthe de ruelles étroites.

MONTBLANC★★

Conca de Barberà – Tarragona – 5 612 habitants
Carte Michelin n° 443 H 33 ou Atlas España-Portugal p. 31

Située sur une petite colline (350 m) près de la confluence des rivières Francolí et Anguera, la ville de Montblanc offre, depuis cet **emplacement★★** privilégié, une large et belle vue sur la comarca. Un paysage de terres fertiles où croissent vignobles et amandiers se détache sur un fond de montagnes, dont les flancs sont occupés par des pinèdes. Les fermes environnantes apportent une touche humaine à cette contrée dépeuplée, où il n'est pas rare de trouver un vieux moulin sur le passage du Francolí. Le charme secret de Montblanc réside à l'intérieur de ses **murailles**. Il semblerait que le temps se soit arrêté dans ses **rues** tortueuses pour servir de cadre à la **Semaine médiévale**, où l'on représente la légende de saint Georges (23 avril). À chaque détour de rue, le visiteur découvre monuments et coins pittoresques. Chaque pierre évoque une page de son histoire et chaque édifice montre la grandeur artistique de la ville.

UN PEU D'HISTOIRE

La ville de Montblanc s'édifiait à l'origine entre les fleuves Anguera et Francolí sur un site appelé d'abord Duesaigües, puis Vila-Salva. En 1163, le roi Alphonse Ier ordonna son transfert vers le monticule de Santa Barbara, de l'autre côté de la rivière, afin de créer une cité forte et dynamique en mesure de s'oppo-

> ### Ne manquez pas de goûter...
>
> Montblanc possède d'intéressants attraits gastronomiques : les vins blancs de la région (appellation d'origine Conca del Barberá) sont très appréciés, et, surtout, il faut goûter « merlets » et « montblanquins », délicieuses friandises à base d'amandes et de sucre.

ser aux seigneurs féodaux. En peu de temps, la ville s'agrandit, et on y construisit des églises, des couvents, de belles maisons, des bains publics et un château.
La communauté juive y était florissante et, jusqu'au 14e s., obtint des monarques de nombreux privilèges, telle l'autorisation de s'habiller à leur manière et de créer leur cimetière. En 1489, lorsque l'Inquisition entra dans la ville, les juifs partirent vers Minorque.
Le 14e s. vit la période la plus faste de la ville, qui tenait ses propres foires tout en étant le centre de grands événements politiques. En effet, les rois Jacques II en 1307, Alphonse III en 1333 et Pierre III en 1370 y réunirent les Corts *(voir index)*.
En 1387, le roi Jean Ier créa, en faveur de son frère Martin, le **duché de Montblanc**. Le titre de duc de Montblanc devint l'apanage des héritiers de la couronne catalano-aragonaise et passa ensuite aux mains de la maison d'Autriche, qui le conserva jusqu'en 1700.
Les épidémies de la fin du 15e s. anéantirent la population et la ville entra dans une période de décadence qui dura jusqu'au 18e s. Au 19e s., une fois surmontés les dommages de la guerre de Succession (1714), la ville retrouva son dynamisme.

★★L'ENCEINTE FORTIFIÉE (XY) *1 journée*

L'ensemble, composé de rues sinueuses, d'escaliers abrupts et d'arcades qui relient les maisons les unes aux autres, est surprenant. On peut difficilement oublier la silhouette de la ville fortifiée et ses puissants créneaux. Les plus belles pages de l'histoire médiévale de la Catalogne ont été écrites dans ces rudes paysages de pierres.

Se loger

À BON COMPTE

Fonda dels Àngels – *Plaça dels Àngels, 1* – ☎ 977 86 01 73 – *12 chambres* – *5 300 ptas.*
Cette petite pension de famille, installée dans une maison gothique du quartier juif, propose des chambres simples à un prix très raisonnable. Au dîner, son restaurant est fréquenté par une clientèle locale.

Se restaurer

À BON COMPTE

Les Fonts de L'Illa – *Route N 240* – ☎ 977 86 03 03.
Hôtel-restaurant servant de succulents gibiers.

VALEUR SÛRE

Fonda Colom – *Civadria, 5* – ☎ 977 86 01 53.
Cuisine catalane traditionnelle.

MONTBLANC

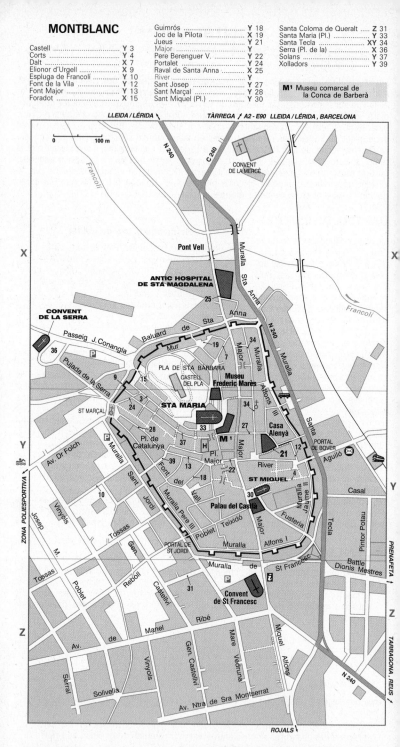

Les murailles – Leur érection fut ordonnée par Pierre le Cérémonieux au 14ᵉ s. et le chantier, où travaillèrent les habitants de Montblanc et d'autres villages voisins, fut confié au frère Guillermo de Guimerá.

Jusqu'au 15ᵉ s., l'enceinte demeura en bon état, mais les guerres contre Jean II et celle des Moissonneurs causèrent les premiers dommages, que la guerre de Succession aggrava. Actuellement, seuls les deux tiers de l'enceinte d'origine sont en parfait état.

Il s'agit d'une construction de 1 500 m de long dont les 32 tours carrées à créneaux renforcent l'aspect défensif. Des quatre portes que comptait l'enceinte, il n'en reste que deux : celle de Sant Jordi au Sud, et celle de Bover au Nord-Est.

J. Balanyà/CC (DICT)

Les murailles

Plaça Major – Cette place est le centre névralgique de la ville. Ses **arcades** recèlent nombre de boutiques et de cafés qui installent leur terrasse les soirées d'été. Parmi les édifices qui encerclent la place, on remarquera l'hôtel de ville et la maison gothique des Desclergue.

★★**Santa Maria** ⊙ **(Y)** – Juchée sur une butte (100 m) d'où l'on domine toute la ville, Santa Maria est le symbole du grand prestige atteint autrefois par Montblanc. L'intérieur – un seul vaisseau avec onze chapelles latérales entre les contreforts – semble être conçu pour une cathédrale. L'abside, ample et solennelle, a une belle ligne. La façade primitive, considérée comme la partie la plus réussie du bâtiment, fut détruite en 1651. La façade actuelle, inachevée, de style baroque, est composée de trois corps avec les images des apôtres et du Père Éternel.

On y conserve d'intéressantes œuvres d'art, tels le sompteux **orgue**★★ de 1607, l'un des plus importants de Catalogne, le retable gothique de saint Bernard et saint Barnabé, en pierre polychrome (14ᵉ s.), un élégant ostensoir en argent, et de nombreuses enluminures du 15ᵉ s.

Museu d'Art Frederic Marès ⊙ **(Y)** – Installé récemment dans l'édifice dit de la Presó Nova (prison) (1890), le musée expose des pièces de la magnifique collection Marès *(voir p. 52 et p. 76)*. Les peintures et sculptures religieuses du 16ᵉ au 19ᵉ s. y sont remarquables, tout comme les splendides sculptures en bois du 14ᵉ s. L'installation d'un musée d'Histoire naturelle est prévue à l'intérieur de l'édifice.

★**Museu comarcal de la Conca de Barberà** ⊙ **(Y M¹)** – Ce musée, installé dans une maison du 17ᵉ s. qui appartenait à la famille Josa, contient d'importants vestiges archéologiques et ethnographiques de la région. On remarque la singulière collection de flacons en céramique venant d'une pharmacie de Montblanc (18ᵉ s.).

Museu Molins de la Vila ⊙ – Le musée, avec ses deux moulins, permet d'appréhender le fonctionnement des moulins hydrauliques. Le plus grand se nomme le molí de la Volta (14ᵉ s.), tandis que le plus ancien est le molí Xiquet (13ᵉ s.).

Casa Alenyà (Y) – Cette demeure gothique (14ᵉ s.) est l'une des surprises que recèle le quartier ancien. Les lignes austères de l'enceinte fortifiée cèdent la place à une architecture élancée, très agréable à voir.

Carrer dels Jueus (Y 21) – Cette rue est l'un des rares témoignages de la prospérité du quartier juif d'antan.

★**Sant Miquel** ⊙ **(Y)** – Cette petite église, construite au 13ᵉ s., a été le témoin des événements les plus passionnants de l'histoire de Montblanc. Ses murs ont été le cadre de quatre États généraux (1307, 1333, 1370, 1414) et d'importants congrès ecclésiastiques.

Malgré cela, Sant Miquel conserve un air dépouillé et accueillant. La simplicité de sa façade romane se retrouve à l'intérieur, réalisé dans un style gothique aux lignes fines et équilibrées.

Palau del Castlà (Y) – Ce palais était la demeure du représentant du roi et, au 15ᵉ s., au rez-de-chaussée se trouvait la prison.

AUTRES CURIOSITÉS

Couvent Sant Francesc ⌚ (**Z**) – Cet ancien couvent servait, avant de disparaître, de fabrique d'alcool. Il ne reste plus que l'église, édifice de style gothique (14ᵉ s.), où l'on remarque encore quelques éléments romans, telle la porte en plein cintre. L'édifice, couvert d'une voûte à lancettes, est d'un plan très simple : une nef à abside hexagonale et quatre chapelles latérales.

★**Couvent de la Serra** ⌚ (**X**) – Cet ancien couvent de clarisses, fondé par la princesse byzantine Irène Lascaris, deuxième épouse du comte Arnaud Roger, se trouve à l'Ouest de Montblanc sur une petite colline depuis laquelle on contemple un splendide **panorama**. On ne compte pas les papes et les rois qui ont protégé ce sanctuaire abritant la *Mare de Déu de la Serra*, œuvre en albâtre du 15ᵉ s., l'une des images de la Vierge les plus populaires et les plus vénérées.

★**Hôpital Santa Magdalena** (**X**) – Il se trouve près de l'ancienne route de Lérida et l'élément le plus remarquable en est le **cloître** (15ᵉ s.), de transition gothique-Renaissance. Malgré sa taille réduite, l'effet architectural est formidable et la verticalité du rez-de-chaussée, aux colonnes striées et arcs en ogive, s'interrompt subitement à l'étage.

Pont Vell (**X**) – Le **vieux pont** relie le quartier de El Raval au couvent de la Mercè. Construit au 12ᵉ s., il compte quatre grands arcs et contreforts latéraux, ornés d'éléments sculptés.

Sierra de MONTSENY★

Vallès Oriental, Osona, La Selva – Barcelona, Girona
Carte Michelin nº 443 G 36, 37 ou Atlas España-Portugal p. 33

Il s'agit d'un grand massif granitique, appartenant à la chaîne prélittorale catalane, couvert d'un épais et varié tapis végétal, où l'on trouve hêtres et chênes-lièges en profusion. L'abondante pluviosité et l'imperméabilité du sol favorisent l'existence de nombreuses sources. Au Sud-Ouest se trouve le **Parc natural del Montseny**, qui s'étend sur 17 372 ha, avec le Matagalls (1 695 m), les Agudes (1 644 m) et le Turó de l'Home (1 707 m) comme points culminants.

Sant Celoni – *Voir ce nom.*

★★**De Sant Celoni à Santa Fé del Montseny** – *22 km, 45 mn environ.*
La route grimpe en lacet à partir de Campins, offrant de belles **vues** sur la plaine côtière et la Méditerranée. Les deux kilomètres du **parcours** précédant le barrage de Santa Fé (1 130 m d'altitude) s'effectuent en corniche et à 7 km, adossé aux escarpements du Matagalls, se trouve l'ermitage Sant Marçal (1 260 m).

★**De Sant Celoni à Tona par Montseny** – *43 km, 1 h environ.*
Cet **itinéraire** donne une idée d'ensemble de la cordillère. Après la riche plaine de Tordera et celle de Montseny, la route grimpe au milieu de paysages inattendus pour redescendre vers Tona, en passant devant l'église romane de El Brull et la **tour Santa Maria** de Seva.

De Tona à Sant Celoni par le Nord – *60 km, 1 h 30 environ.*
Après la forêt de pins et de hêtres, la route traverse le charmant petit village de **Viladrau**, réputé pour ses eaux riches, puis redescend, laissant sur la droite un horizon montagneux. Plus loin, la descente par la corniche (GI 543) offre un large panorama des versants du Montseny. À partir d'**Arbúcies**, la route (GI 552) court parallèlement au lit rocailleux de la rivière et passe par **Breda** *(voir Sant Celoni)*, où l'on trouve une tour romane, pour arriver finalement à Sant Celoni.

Sierra de MONTSERRAT★★

Bages – Barcelona
Carte Michelin nº 443 H 35 ou Atlas España-Portugal p. 32

Le massif de Montserrat se trouve entre les dépressions prélittorale et centrale de la Catalogne, sur un axe perpendiculaire qui descend depuis les Pyrénées jusqu'à la Méditerranée.
La morphologie des roches et les solides conglomérats éocènes, sculptés par l'érosion du vent et de l'eau, font de cette montagne un **site★★★** d'une beauté impressionnante. Ses abruptes roches ruiniformes rappellent des silhouettes humaines, des objets inanimés et des animaux de toute sorte. « El Centinela » (la Sentinelle), « Las Agujas » (les Aiguilles) et « El Loro » (le Perroquet) sont quelques-uns des noms dont la fantaisie populaire a baptisé les roches fantastiques de Montserrat. Source d'inspiration de musiciens (Wagner y situa l'action de son opéra *Parsifal*), de poètes (Verdaguer y écrivit le célèbre poème *Virolai*), de géographes et de voyageurs, le « Monte Serrado » (mont Fermé) est, en outre, le centre de dévotion marial le plus important de Catalogne.

Se loger

À BON COMPTE

El Monestir – *Plaça del Monestir* – ☎ *93 877 77 01* – *fax 93 877 77 24* – *34 chambres* – *8 000 ptas.*
Bon rapport qualité/prix.

VALEUR SÛRE

Abat Cisneros – *Plaça del Monestir* – ☎ *93 877 77 01* – *fax 93 877 77 24* – *41 chambres* – *11 650 ptas. (petit déjeuner inclus).*
L'endroit idéal pour se détendre dans une atmosphère paisible.

Voies d'accès – Pour aller à Montserrat, il est conseillé de passer par l'Ouest, la route (N II) offrant de belles **vues**★★ de la montagne où s'élancent des dents rocheuses, capricieusement alignées d'Est en Ouest. Depuis le Nord, on obtient aussi une belle et captivante image. Pour accéder directement au téléphérique de Montserrat, il faut emprunter la route C 1411 et le prendre près de Monistrol de Montserrat.

LE MONASTÈRE ⊘

Au 9e s., les moines bénédictins de Ripoll reçurent du comte Wilfred un des cinq ermitages existants sur la montagne de Montserrat. En 1025, l'**abbé Oliba** créa une petite communauté qui acquit bientôt une grande importance. Au 12e s., l'ancien édifice roman fut transformé et agrandi dans le style gothique, devenant une florissante abbaye qui s'émancipa de Ripoll en 1410.
Mais c'est au 15e s. que Montserrat eut son heure de gloire : l'érudition des moines, la richesse de la communauté, le nombre et la ferveur des pèlerins témoignent de l'importance acquise par le monastère. Quand Giuliano della Rovere, futur pape **Jules II**, savant et mécène de la Renaissance, en fut abbé, Montserrat s'enrichit de

D. Lerault/DIAF

La sierra vue du Manganell

nombreuses œuvres d'art, pièces d'orfèvrerie et tapis. Mais en 1812 les Français pillèrent et détruisirent l'abbaye. C'est pourquoi les bâtiments actuels – réalisés aux 19e et 20e s. (la façade de l'église ne fut achevée qu'en 1968) – n'offrent que peu d'intérêt artistique. Au fond de l'**église** (15e s.), obscure mais fastueusement décorée, se trouve la Vierge noire.

★★**La Moreneta** – Cette statue repose sur le maître-autel de l'église et, pour la voir de près, il faut accéder à une niche par la chapelle du collatéral droit. Il s'agit d'un très bel exemple de sculpture romano-catalane (fin du 12e s.), qui, selon la légende, fut trouvée par des bergers dans une des grottes de la montagne. Sa couleur noire, qui est à l'origine de son nom, est attribuée à de très diverses causes : la fumée des cierges, la réaction chimique du vernis ou l'oxydation du bois.

Sainte patronne de la Catalogne et symbole du catalanisme, la Moreneta est vénérée par les nombreux pèlerins qui, après l'avoir priée, allument un cierge en son honneur. Les différents offices religieux célébrés dans la basilique sont accompagnés de beaux chants grégoriens et les cérémonies de Pâques et Noël revêtent une grande solennité. Créée au 12e s., l'**Escolania** est l'une des plus anciennes chorales d'enfants au monde. Les 50 enfants qui la composent chantent tous les jours le Virelai à 13 h et le Salve Regina à 19 h 10.

ERMITAGES ET BELVÉDÈRES

Au centre d'information, on fournit des renseignements sur l'état des chemins de montagne et les horaires des téléphériques et funiculaires.

Dès la fin du 9e s., il existait à Montserrat 13 ermitages situés aux endroits les plus élevés de la montagne. Ces ermitages, organisés en trois groupes distincts portant des noms bibliques et de pénitents du désert – Tabor, Thèbes et Thébaïde –, subsistèrent jusqu'à l'occupation de l'armée napoléonienne (début du 19e s.). Bien qu'ils soient désormais à l'abandon, ils constituent un but d'agréables promenades en raison de la beauté des sites.

Ermitage de La Trinitat – *45 mn à pied.* Cet ermitage se trouve au milieu d'une plaine bucolique à l'abri des montagnes de « El Elefante » (l'Éléphant), « La Preñada » (la Femme enceinte) et « La Momia » (la Momie).

★**Sant Jeroni** – *On y accède par une piste forestière (1 h 30)* – Depuis le mirador, situé sur le point le plus élevé du massif (1 236 m), s'offrent de magnifiques vues **panoramiques**★★ des Pyrénées et de la côte catalane.

Ermitage Santa Cecilia – Jusqu'au 16e s., ce fut un monastère bénédictin sans atteindre, cependant, l'importance de celui de Santa Maria. La belle **église**★ romane comporte trois vaisseaux, trois absides ornées de bandes lombardes et un simple clocher asymétrique.

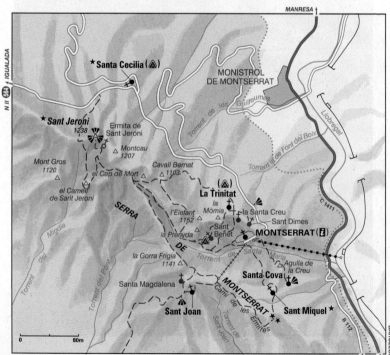

Santa Cova – *1 h à pied* – C'est dans la **sainte Grotte** que l'on situe l'apparition de l'image de la Vierge. C'est l'un des sites les plus fréquentés du sanctuaire et l'on observe de belles **vues★** sur la vallée du Llobregat.

★**Sant Miquel** – *30 mn depuis le monastère, ou 1 h depuis la gare du funiculaire de Sant Joan* ☉ – De cet endroit, on aperçoit la silhouette du monastère, tapie dans un impressionnant amphithéâtre rocheux.

Sant Joan – *30 mn depuis la gare du funiculaire de Sant Joan* – Beau panorama de l'ermitage Sant Onofre suspendu à une roche.

Vall de NÚRIA★

Ripollès – Girona
Carte Michelin n° 443 E 36 ou Atlas España-Portugal p. 18
Schéma : PYRÉNÉES CATALANES

Se loger

VALEUR SÛRE

Vall de Núria – *Santuari Mare de Déu de Núria* – ☎ 972 73 20 00 – fax 972 73 20 01 – 65 chambres – 7 540 ptas. (forfait journalier par personne, petit déjeuner inclus) – Tarifs dégressifs pour les séjours de plus d'une nuit.
Hôtel niché dans un cadre naturel privilégié, au cœur du sanctuaire de Núria. Service soigné et restaurant où l'on peut savourer la cuisine locale.

Le train à crémaillère ☉

Dit encore « carrilet », c'est le seul moyen d'accès à la vallée. Partant de Ribes de Freser et s'arrêtant à Queralbs, ce train, en service depuis 1931, franchit sur 12,5 km un dénivelé de plus de 1 000 m, offrant d'admirables **vues★★** sur l'ensemble de montagnes, torrents et autres précipices. Un commentaire en plusieurs langues permet d'identifier les différents sites naturels. **Durée du trajet** : 45 mn.

Le val de Núria est entouré par une imposante barrière montagneuse qui s'étend depuis le Puigmal jusqu'à la cordillère de Torreneules. Cuvettes et torrents (Finestrelles, Eina, Noufonts et Noucreus), formés par les chaînons de ces massifs, descendent en éventail sur la plaine de la Núria, où la rivière du même nom se fraye un chemin à travers une gorge flanquée des précipices de Totlomón et du Roc del Rui. Les vallées glaciaires de Fontnegra et Fontcalda, de chaque côté du précipice, complètent le cadre des « sept vallées » de Núria.
La vallée compte d'importantes infrastructures hôtelières, dont la **station de ski Vall de Núria** (altitudes comprises entre 1 963 et 2 268 m et comportant des pistes spéciales pour débutants). Depuis le sanctuaire, une télécabine moderne dessert l'auberge Pic de l'Aliga, d'où l'on découvre un merveilleux **panorama★** sur toute la vallée.

Sanctuaire de Núria – Le sanctuaire actuel, construit à partir de 1883 sur un ancien ermitage, est situé dans une vaste plaine de la haute vallée de la Núria. C'est un important centre de pèlerinage, où l'on vénère la Vierge de Núria, patronne des bergers pyrénéens, sculptée, selon la tradition, par saint Gilles. On y voit aussi la croix, la marmite et la cloche du saint, trouvées par un pèlerin.
Au centre de cette plaine se trouve un grand lac artificiel, où l'on peut louer de petites barques.

OLOT★

Garrotxa – Girona – 26 613 habitants
Carte Michelin n° 443 F 37 ou Atlas España-Portugal p. 19

Chef-lieu de la comarca, elle est située dans le **parc naturel de la Zone volcanique de la Garrotxa★** *(voir ce nom)*, à l'intersection de trois petites vallées formées par le rio Fluvia. Ville d'une grande tradition agricole et artisanale, Olot est réputée pour sa production d'images religieuses et de santons, essentiellement vendus dans les boutiques de la **carrer Major (BY 32)**. Sur le plan de la gastronomie, on attribue à la Garrotxa la paternité de quelques-uns des mets catalans les plus typiques, tels l'**escudella i carn d'olla** et la **botifarra amb mongetes** *(voir en Introduction le chapitre Gastronomie)*. Sont également réputés les saucisses, saucissons et boudins et quelques desserts, tels les *cocas de chicharrones* et les *biscotes*, à base d'œuf et de citron.

Se loger

À BON COMPTE

Mas El Guitart, à **Vall de Bianya** – *9 km au Nord-Ouest d'Olot, par la route de Campodron C 153 – ☎ 972 29 21 40 – 6 000 ptas.*
Petit hôtel de campagne dont les quatre chambres sont dotées de tout le confort. Il compte aussi deux appartements pour 4 personnes *(10 000 ptas)*.

Perla d'Olot – *Avenida de Santa Coloma, 97 – ☎ 972 26 23 26 – fax 972 27 07 74 – 36 chambres – 7 705 ptas.*
En fait, il s'agit de deux établissements regroupés. Le second, plus simple, compte trente chambres *(5 029 ptas)*. Excellent rapport qualité/prix.

Borrell – *Nònit Escubós, 8 – ☎ 972 26 92 75 – fax 972 27 04 08 – 24 chambres – 8 500 ptas.*
Hôtel calme et plaisant pour y loger quelques jours. Décoration raffinée et salons très accueillants.

Se restaurer

À BON COMPTE

Ca la Nàsia, à **Vall de Bianya** – *À 6,5 km d'Olot, sur la route de Vall de Bianya – ☎ 972 29 02 00.*
Excellent rapport qualité/prix. Cuisine traditionnelle.

VALEUR SÛRE

Les Cols – *Route de la Canya – ☎ 972 26 92 09 – fermé le dimanche, le lundi soir et les jours fériés.*
Ce restaurant sert une cuisine dont il faut souligner la qualité des produits choisis.

Purgatori – *Bisbe Serra, 58 – ☎ 972 26 16 06 – fermé le dimanche soir et le lundi.*
Le bon rapport qualité/prix fait du restaurant une bonne adresse. Sa carte propose des plats préparés avec les produits du terroir. Bonnes charcuteries et bons vins.

CURIOSITÉS

★**Sant Esteve** ⊘ (BY) – L'église fut construite entre 1750 et 1763 d'après les plans de l'ingénieur militaire Blas de la Trinxeira. C'est une ample bâtisse néoclassique dont la façade et le perron d'accès sont de style baroque. À l'intérieur, on peut admirer le beau baldaquin du maître-autel et les chapelles des Douleurs et du Rosaire, **El Roser**, qui abrite un retable baroque (17ᵉ s.), l'un des plus anciens dans son genre, œuvre de Pau Costa, et la monumentale et singulière toile du Greco, *Le Christ portant la croix* (1605).

Santa Maria del Tura ⊘ (BY) – Cet ancien sanctuaire reconstruit par l'architecte barcelonais Francesc Mas en 1763 ne conserve, de son ancienne décoration, que les fresques de la coupole.

L'école d'Olot

Le **paysage**★★ qui entoure la ville est exceptionnel. Le relief accidenté, couvert de bois touffus, contraste avec les vallées soigneusement labourées. Occultées par les brumes, de façon imperceptible, les roches volcaniques virent du noir au gris, puis au bleu, et deviennent enfin rougeâtres, au fur et à mesure qu'avance la journée. La beauté si singulière de cet environnement naturel fit naître, à la fin du 19ᵉ s., l'importante école paysagiste d'Olot. Elle débuta avec **Joaquín Vayreda** (1843-1894), adepte du paysagisme réaliste de l'école de Barbizon et admirateur de Constable, et connut un remarquable élan avec la création en 1883 de l'**école publique de dessin**, qui réunit des artistes de toute la Catalogne (Modesto Urgell, Josep Armet, Josep Lluis Pellicer, etc.). C'est ainsi que, même au 20ᵉ s., plusieurs peintres et écrivains, adeptes du mouvement Art nouveau, ont continué à exalter ce merveilleux pays.

Couvent de la Mare de Déu del Carme (BY) – Fondé à la fin du 16ᵉ s., ce couvent possède une belle église, réalisée en partie par le maître Enrique Julià. L'élément le plus important est le **cloître**★ Renaissance (1603) de deux niveaux, œuvre de Lázaro Cisterna.

★**Casa Solà-Morales** (BY) – L'architecte moderniste Domènech i Montaner reconstruisit ce singulier édifice entre 1915 et 1916 et conserva les somptueux intérieurs du 18ᵉ s. La **façade**★ moderniste, avec ses balustrades au rez-de-chaussée, ses jardinières et sa belle « loggia » à l'étage supérieur, est décorée de fresques et de sculptures réalisées par Eusebio Arnau. Admirer les fines silhouettes féminines qui soutiennent les grilles de l'entrée principale.

OLOT

M Museu comarcal de la Garrotxa

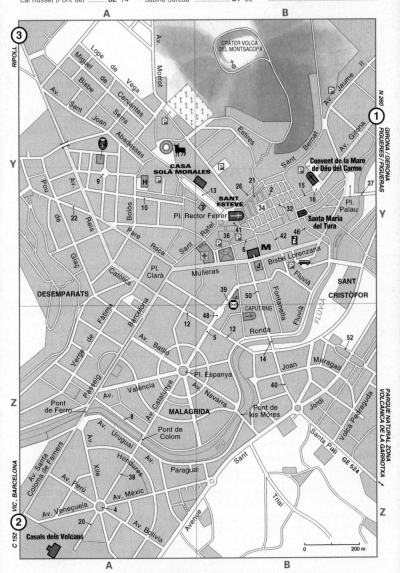

★**Museu comarcal de la Garrotxa** ⊘ (**BY M**)– Ce musée comprend deux sections : celle de sciences naturelles, la Casal dels Volcans, est installée dans la Torre d'en Castanys *(voir à la suite)*, tandis que l'autre se trouve dans l'ancien hospice, construction néoclassique du 18e s. due à Ventura Rodriguez. Celle-ci présente notamment une **collection de peintures et dessins**★★ d'artistes catalans (19e et 20e s.), ainsi qu'un échantillon des arts décoratifs et populaires.

On remarquera les nombreuses productions de l'école d'Olot (les frères Vayreda, José Berga, Modesto Urgell et Juan Llimona), les diverses sculptures de Miquel Blay et José Clarà – enfants de la ville – et le célèbre tableau *La Càrrega* (La charge), de Ramon Casas.

Casal dels Volcans ⊘ (**AZ**) – Ce musée, qui est en même temps le centre d'informations du **parc naturel de la Zone volcanique de la Garrotxa** *(voir p. 147)*, se trouve dans la **Torre d'en Castanys**, édifice néopalladien réalisé par Josep Fontseré (1854). On y trouve une collection géologique très complète de la région.

Se loger à Santa Pau

Cal Sastre – *Placeta dels Balls, 6* – ☎ *972 68 00 49* – *fax 972 68 04 81* – *10 chambres – 10 000 ptas.*
Petit hôtel paisible aux chambres confortables bien décorées. Il est doublé d'un bon restaurant qui sert une cuisine de la région volcanique : on ne manquera pas de goûter aux *fesols* (espèce d'haricots cultivée dans la région) de Santa Pau.

ENVIRONS

★**Santa Pau** – *9,5 km au Sud-Est par la Gl 524.* De la route, on peut voir sur la droite ce charmant village juché sur une petite colline, au beau milieu du **Parc naturel de la Garrotxa**★. De sa silhouette de pierres se détache le **château**, dont la façade principale s'ouvre sur la **place à arcades** du village, connue sous le nom de Firal dels Bous (bœufs), et bordée également de l'église paroissiale Santa Maria (15e-16e s.). Santa Pau est une invitation à la promenade dans ses rues évocatrices. Laissons le mystère agir…

PALAFRUGELL

Baix Empordà – Girona – 17 343 habitants
Carte Michelin n° 443 G 39 ou Atlas España-Portugal p. 19
Schéma : COSTA BRAVA

Située à quelques kilomètres de la côte, Palafrugell est une ville d'une intense activité culturelle. Au début du siècle, le travail du liège, aujourd'hui disparu, fit la splendeur de la ville.
Berceau du prolifique écrivain **Josep Pla** (1897-1981), Palafrugell est très appréciée des visiteurs, nombreux en été, pour son atmosphère festive et son *suquet de peix*, un plat savoureux à base de poisson.

> Vous recherchez un hôtel, un restaurant, consultez le carnet d'adresses de la Costa Brava.

Museu del Suro ⊙ – On y montre le procédé de fabrication des bouchons de liège et il est très intéressant de voir les ustensiles très rudimentaires qui servaient à laver, couper et marquer les plaques de liège.

ENVIRONS

Llafranc – *3 km à l'Est par l'autoroute.* Les maisons de pêcheurs ont été remplacées par des résidences secondaires. Le **port de plaisance**, qui compte 140 amarres, est la principale attraction de Llafranc avec la petite plage, cadre de nombreuses activités estivales (concerts en plein air, compétitions sportives, etc.).

★**Phare de Sant Sebastià** – *En arrivant à Llafranc, continuer sur 2 km par la route qui pénètre dans la montagne.*
Le phare (1857), l'un des plus puissants d'Espagne, est situé sur un cap minuscule environné de falaises sauvages. L'ermitage Saint-Sébastien, tout près, s'ouvre sur une belle **vue**★ sur la mer.

★**Calella de Palafrugell** – *4 km au Sud-Est par l'autoroute.*
Comme Llafranc, cette ancienne bourgade de pêcheurs est devenue un centre touristique raffiné. Face à la mer se trouve la très populaire **carrer de les Voltes**. Dans cet espace aux arcades blanches a lieu chaque année, le premier samedi du mois de juillet, le très couru **festival de habaneras**, où l'on boit le *cremat* (café flambé au rhum) en écoutant les mélodieuses chansons de marins.

★**Jardín Botànic del Cap Roig** ⊙ – De ce jardin, situé en dehors de la ville, on a des **vues**★★ spectaculaires de la côte.
La visite s'effectue parmi plus de 1 200 espèces végétales réparties sur plusieurs terrasses en front de mer. Arbrisseaux et plantes, provenant de toutes les latitudes, emplissent de senteurs exotiques et de couleurs éclatantes ce lieu paradisiaque où des allées sont couvertes de treillis floraux, où jardins à l'aspect romantique et miradors offrent des vues impressionnantes sur les falaises. À l'intérieur, caché par une allée de peupliers, se trouve le château du cap Roig, bâtiment néogothique construit en 1924 par Nicolas Woevalsky, ancien colonel de l'armée tsariste, et sa femme Dorothy. L'aspect fantastique de cette construction de pierre oxydée couronnée d'aiguilles apporte une touche mystérieuse à l'ensemble.

Tamariu – *6 km au Nord-Est de Palafrugell. De Llafranc, une route sinueuse longe la côte jusqu'à Tamariu.*
Les criques Gelida, Llarga et Marquesa, d'une grande beauté, sont pratiquement vierges, grâce au tourisme sélectif qui est pratiqué dans cette zone

Vue aérienne de Calella de Palafrugell

PERATALLADA★

Baix Empordà – Girona

Carte Michelin n° 443 G 39 ou Atlas España-Portugal p. 19 – Schéma : COSTA BRAVA

Assis sur des roches ravinées – d'où son nom, qui signifie « Pierretaillée » –, ce village peut être considéré comme l'un des meilleurs ensembles d'architecture médiévale de l'Ampurdan.

Laisser la voiture sur le parking municipal.

Ce **village** fortifié, dont les vieilles ruelles débouchent sur la Plaça Major, s'articule autour de la grande tour du château-forteresse, devenu hôtel de luxe. La **Plaça de les Voltes**, dotée d'un petit portique et bordée de maisons anciennes, est l'une des images les plus caractéristiques de la localité. Pendant la période estivale, la légendaire tranquillité de Peratallada est partagée par les nombreux visiteurs.

Sant Esteve ⊘ – Cet austère bâtiment du 13ᵉ s. en dehors du village possède un campanile ajouré, d'un modèle très répandu dans la région.

Se restaurer à Palau-sator

Mas Pou – *Plaça de la Mota, 4 –* ☎ *972 63 41 25 – fax 972 63 50 13 – fermé le lundi.* Excellent restaurant gastronomique servant une cuisine de l'Ampurdan. Dans un édifice attenant, un petit musée rural a été installé.

ENVIRONS

Palau-sator – *3 km au Nord-Est de Peratallada par la GI 651.* Ce petit village paisible, au plan médiéval bien conservé, se transforme, le week-end et durant les vacances, en haut lieu gastronomique.

Sant Julià de Boada – *À 1 km du village, au bord de la route GI 651.* Sur le territoire communal de Palau-sator s'élève ce curieux exemple d'architecture préromane (10e s.), où l'on a effectué une remarquable restauration.

La Bisbal d'Empordà – *5 km au Sud-Ouest de Peratallada par la GI 644.* Chef-lieu du Baix Empordà, c'est une localité dynamique et commerçante, que la poterie traditionnelle et les incomparables terres argileuses ont convertie en prestigieux centre d'artisanat. Sous les populaires voûtes de ses grandes arcades s'étalent de nombreux commerces et boutiques spécialisés dans la vente d'objets de céramique.

★ **Château-palais** ⊘ – L'ancienne résidence des évêques de Gérone est le bâtiment le plus notoire de La Bisbal. C'est un sobre exemple d'architecture civile, où se mêlent éléments romans et gothiques, dont la récente restauration permet de faire ressortir l'extrême beauté. Une partie de l'édifice abrite les **archives historiques du pays.**

Santa Maria ⊘ – Bâtie au 18e s., l'église accueille l'Aigle et le Dragon, figures mythiques du bestiaire médiéval. La façade monumentale présente certains détails décoratifs (oculi, archivoltes, colonnes galbées et gargouilles) d'une grande beauté.

Se loger

VALEUR SÛRE

Hostal la Riera – *Plaça les Voltes, 3* – ☎ *972 63 41 42* – *fax 972 63 50 40* – *8 chambres* – *9 000 ptas.*
Hôtel installé dans une ancienne maison médiévale du 15e s. Ses chambres sont toutes décorées dans un style différent. À ses côtés, le restaurant du même nom sert une excellente cuisine.

UNE PETITE FOLIE !

Castell de Peratallada – *Plaça del Castell, 1* – ☎ *972 63 40 21* – *fax 972 63 40 11* – *7 chambres* – *30 000 ptas.*
L'incarnation du luxe. L'hôtel, au cœur de la localité, a été aménagé dans l'ancien château médiéval (11e s.) des marquis de Torroella de Montgrí. Mobilier d'époque. Son restaurant propose une cuisine de grande qualité.

Se restaurer

VALEUR SÛRE

Can Bonay – *Plaça Les Voltes, 13* – ☎ *972 63 40 34* – *ouvert tous les jours sauf le lundi.*
Ce restaurant, qui bénéficie d'un cadre de grand charme, est à la hauteur de sa réputation. Ses plats de gibier et ses desserts méritent une mention particulière. À noter également son petit musée du vin.

Monastère de POBLET★★★

Conca de Barberà – Tarragona
Carte Michelin n° 443 H 33

Ce monastère, protégé derrière les montagnes de Prades, dans un beau site boisé où l'on entend les échos des nombreuses sources, est l'ensemble architectural le plus important et le mieux conservé de l'art cistercien.
Le **paysage★** environnant est une vraie merveille. Le **bois de Poblet**, au Sud-Ouest, théâtre d'importantes chasses royales, est un massif forestier à la végétation épaisse. Aux alentours de l'abbaye, près d'un petit ruisseau, se dressent, blancs et élancés, les célèbres peupliers de Poblet, qui donnent leur nom au monastère – Poblet, *populetum* en latin, veut dire peupleraie. La sensation de calme et de spiritualité rend plus compréhensibles les idéaux cisterciens.

UN PEU D'HISTOIRE

L'histoire de Poblet remonte à l'an 1151. En effet, après la reconquête de la Catalogne, le comte Raymond Bérenger IV céda à l'**abbaye** française **de Fontfroide,** près de Narbonne, une terre sur la Conca de Barberà pour y établir un monastère cistercien. La première communauté à s'y installer, en 1153, était composée de douze moines. Le système économique, établi sur l'exploitation fermière, s'appuyait sur l'acquisition de droits seigneuriaux portant sur différents villages.

Se loger

À BON COMPTE

Hostal del Senglar, à l'Espluga de Francolí – *Plaça Montserrat Canals, 1 – ☎ 977 87 01 21 – fax 977 87 10 12 – 40 chambres – 7 725 ptas.*
Hôtel typique, à la clientèle régulière. Son restaurant jouit d'une certaine popularité. Chambres classiques et correctes, malgré une décoration quelque peu désuète. Piscine.

Masía del Cadet, à Les Masíes – *À environ 2 km de l'Espluga de Francolí et 1 km du monastère de Poblet – ☎ 977 87 08 69 – fax 977 87 08 69 – 12 chambres – 8 500 ptas.*
Petit hôtel situé dans le paisible district de Les Masíes. L'endroit est très plaisant et le rapport qualité/prix imbattable.

Se restaurer

Fonoll – *Plaça Ramón Berenguer, IV-2 (en face du monastère) – ☎ 977 87 03 33 – fax 977 87 13 66 – fermé le jeudi.*
Agréable restaurant servant une cuisine traditionnelle. Pendant la Semaine sainte et la période estivale, **chambres** disponibles *(5 200 ptas)*. Jardin.

Grâce aux donations des rois et de la noblesse, le monastère, au moment de sa plus grande splendeur (14e s.), outre le droit de nommer les maires d'une dizaine de bourgades, avait juridiction sur sept baronnies et soixante-dix villages.
Les premiers protecteurs du monastère furent les rois de la couronne catalano-aragonaise. Lorsque la cour se déplaçait de Saragosse à Barcelone, Poblet était, avec **Santes Creus** *(voir ce nom)*, une de leurs étapes préférées. Les monarques firent de cette abbaye leur lieu de retraite spirituelle et, plus tard, avec Pierre III le Cérémonieux, Poblet devint le panthéon de la dynastie.
Il perdit de son importance à partir du 16e s. et une série d'événements acheva de le ruiner : la guerre d'Indépendance, la suppression des ordres religieux pendant la période constitutionnelle (1820-1823), et, enfin, la loi de 1835, qui décréta la vente des biens ecclésiastiques. La restauration de Poblet fut réalisée à l'initiative du diplomate et grand argentier **Eduardo Todà i Güell** (1855-1941), qui créa en 1930 le Patronato de Poblet. Peu après la guerre civile, en 1940, l'abbé général de l'ordre de Cîteaux rétablit la vie monastique. Actuellement, une trentaine de moines maintiennent les idéaux cisterciens et font de Poblet un important centre spirituel.

VISITE ⊙ *1/2 journée*

L'ensemble, érigé entre les 12e et 18e s., constitue un véritable musée architectural. Réalisés selon plusieurs styles, les bâtiments de Poblet sont un modèle d'une pure et grande simplicité.
L'idéal de tout monastère cistercien était de créer un petit univers, un milieu où la discipline, l'ordre et la sécurité étaient au service de Dieu et de ses serviteurs, les moines. Poblet obéit à cet archétype, raison pour laquelle il possède trois parties bien différenciées.
La première enceinte, fortifiée, était consacrée aux activités du monastère (jardins, terrains cultivés, dépôts, ateliers, logements pour les paysans et ouvriers, etc.). Dans la deuxième se trouvaient les dépendances nécessaires aux relations entre le monastère et le monde extérieur, et la troisième enceinte, enserrée dans une muraille défensive, était le lieu de clôture monastique abritant les éléments d'une grande valeur artistique.

Première enceinte

Porte de Prades – On accédait à la première enceinte, protégée par une muraille de 5 m de haut et 2 km de long, par cette porte en forme d'arc en plein cintre uniquement décorée d'une image de la Vierge, patronne du monastère.
Une fois passé la porte, à gauche se trouve la maison (1531) destinée au moine-portier, avec un petit patio où l'on peut voir le blason de l'abbé Lerín et de belles décorations de chapiteaux.

★★Chapelle Sant Jordi – La merveilleuse chapelle Saint-Georges, bâtie par ordre d'Alphonse V le Magnifique après la conquête de Naples en 1443, se trouve à droite des dépendances agricoles (forge, écuries et logements des ouvriers).
Malgré sa taille réduite – neuf mètres de long par cinq de large –, c'est l'un des bâtiments les plus remarquables de Poblet. La voûte intérieure en berceau brisé témoigne du degré de perfection atteint par l'architecture gothique tardive. À l'extérieur, les éléments décoratifs, fins et délicats, produisent un bel effet (admirer l'écu du roi couronné par le dragon, détail qui se répète dans tout le monastère).

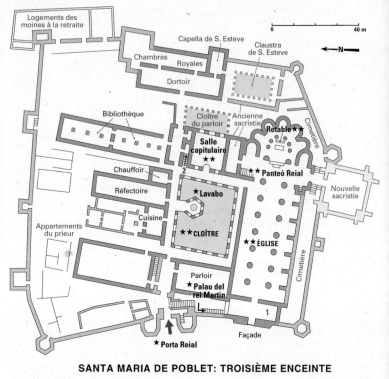

SANTA MARIA DE POBLET: TROISIÈME ENCEINTE

Étapes de construction ▮ 12ᵉ -13ᵉ S.   ▮ 14ᵉ S.   ▮ 16ᵉ S.   ▯ 17ᵉ -18ᵉ S.

Deuxième enceinte

Porte Dorée – En face de la chapelle Saint-Georges se trouve la porte où le cortège royal descendait de cheval pour, sous un dais, être conduit jusqu'à la grande église. Cette porte doit son nom à Philippe II, qui, à l'occasion de sa visite en 1564, fit dorer les plaques de bronze couvrant les vantaux.

Bien qu'entreprise au milieu du 15ᵉ s., la construction ne s'acheva probablement qu'à la fin du siècle, comme l'atteste la présence des armoiries d'Aragon et Catalogne, de Sicile et de Castille en usage durant les règnes de Jean II et de Ferdinand le Catholique. Ce dernier fit une dernière visite à Poblet, accompagné de toute sa famille, après la conquête de Grenade et la découverte du Nouveau Monde (1492).

La porte, avec ses créneaux et ses mâchicoulis, est un bel exemple d'architecture militaire. L'intérieur est une agréable pièce aux sièges de pierre, au-dessus desquels il y eut deux fresques représentant des épisodes de la création du monastère.

★**Plaça Major** – Après la porte dorée, on parvient à cette place irrégulière bordée de très intéressants bâtiments, telle, à gauche, la **chapelle Santa Caterina** (12ᵉ s.), œuvre d'une grande simplicité architecturale à laquelle sont accolés les bâtiments destinés à la menuiserie, l'hospice pour les pèlerins et les magasins. À droite apparaissent les vestiges du palais abbatial (16ᵉ s.) et la grande **croix en pierre** de l'abbé Guimerà, de même époque. À l'extérieur de cette deuxième enceinte, dans la zone des jardins, se trouve le nouveau palais de l'abbé (16ᵉ et 17ᵉ s.), relié à la troisième enceinte par un passage couvert.

C'est de la Plaça Major que l'on a la meilleure vision de l'aspect monumental de Poblet. Là, au milieu de cet immense espace, le visiteur peut regarder à loisir, face à lui, la grande muraille qui entoure le monastère, et les deux constructions les plus emblématiques de Poblet : la façade baroque de l'église et la porte royale.

Troisième enceinte

Pierre IV le Cérémonieux fit construire, à partir de 1336, la muraille qui enserre le monastère proprement dit. Cette imposante fortification, aux dimensions extraordinaires (608 m de long, 11 m de haut et 2 m de large), est dotée de créneaux, d'un chemin de ronde et de treize tours.

Façade baroque de l'église – Il était rare qu'une église cistercienne possédât une façade vers l'extérieur. Poblet n'échappait pas à la règle, mais le duc de Cardona, au 17ᵉ s., en fit construire une donnant accès au narthex de la grande église.

Sur le corps central apparaissent, entre les colonnes, les statues de saint Benoît et de saint Bernard. Au-dessus de la porte architravée, dans une niche, se trouve une statue de la Vierge. Cinquante ans après sa construction, en 1720, on perça des deux côtés deux oculi encadrés de doubles colonnes torsadées à cannelures, d'architraves et de hauts pinacles. Quoique bien structuré, cet ensemble détonne avec l'aspect austère de Poblet.

Porte royale – C'est par là que l'on franchit la troisième enceinte, à l'intérieur de laquelle se trouvent les dépendances monastiques. Celles-ci ne sont pas situées au Sud, selon la coutume appliquée dans tous les monastères, mais au Nord, en raison, paraît-il, de la proximité des montagnes.
Le monument, de grandes dimensions, est en parfait état de conservation. Son aspect austère et seigneurial est renforcé par le peu d'ornements qu'il présente : les armoiries de Pierre IV, les « quatre barres » (aujourd'hui il n'y en a plus que trois), et une inscription latine qui dit : « Cette construction fut entreprise au temps de Pierre, roi d'Aragon. »
Les deux magnifiques tours qui l'encadrent, les mâchicoulis et les meurtrières lui donnent un aspect plus proche de la porte d'un château que de celle d'un monastère.

★**Palais du roi Martin** – Après la porte royale apparaissent à droite les escaliers qui conduisent à ce beau palais de style gothique flamand. Martin l'Humain le fit construire en 1392, sur l'aile Ouest du cloître, mais sa mort le laissa inachevé. Il faut remarquer l'élégance des grandes fenêtres à ogives, apportées de Gérone. La partie extérieure est décorée d'arcs fins trilobés qui brisent la monotonie du mur et contrastent avec les ajours des fenêtres.

T. Vidal/GC (DICT)

Détail du palais du roi Martin

Parloir – Cet ancien dortoir des convers (14ᵉ s.), puis pressoir, se trouve dans la partie inférieure du palais du roi Martin.
C'est une vaste pièce où les voûtes se fondent sans supports dans les murs.

★**Cellier** – Au sous-sol du dortoir des vieux moines se trouve le magnifique cellier gothique (13ᵉ s.), voûté sur croisée d'ogives retombant sur des piliers octogonaux. Sa simplicité est sa principale réussite artistique. Il a été aménagé en salle de concert.

★★**Cloître** – On parvient au cloître par un hall rectangulaire, dont les arcs de la voûte sur croisée d'ogives reposent sur des consoles ornées de l'écusson de l'abbé Ponce de Copons. Grand bâtisseur, il voulut en laisser un témoignage et fit sculpter, sur toutes les œuvres qu'il fit exécuter, un écusson avec une coupe, symbole de son nom.
Le cloître est un superbe exemple de transition du roman au gothique : la galerie romane adossée à l'église est voûtée dans le style ogival gothique, qui domine dans les trois autres galeries.
En le parcourant dans toute son ampleur (40 m x 35 m), on peut admirer la belle simplicité de l'architecture cistercienne. Les arcs trilobés et polylobés, dans les galeries gothiques, créent un beau contraste avec l'austérité de l'aile romane. Les beaux chapiteaux★ ornés de motifs végétaux et géométriques sont dignes d'intérêt.
Le lavabo★, fondamental pour les ablutions quotidiennes des moines, est de style roman. À l'intérieur, une fontaine en marbre à 30 jets laisse couler de fins filets d'eau qui résonnent dans le silence.

Cuisine – Situé au Nord du cloître, c'est un espace monumental voûté sur croisée d'ogives. On y voit les fourneaux pour les grandes marmites en cuivre, une cheminée latérale, des moulins en pierre et le tour qui servait pour passer les plats dans le réfectoire attenant.

Réfectoire et chauffoir – Bâti au 12e s., le réfectoire, face au lavabo du cloître, est toujours utilisé. C'est une salle rectangulaire (33,5 m x 8,25 m), dont la grande voûte à ogives s'appuie sur trois arcs de décharge. Éclairé par douze fenêtres, l'intérieur est austère et bien proportionné. Pendant que les moines mangent en silence, depuis la chaire du lecteur, accessible par un escalier encastré dans le mur, on lit des psaumes et des passages de la Bible.

La fontaine octogonale, au centre de la salle, permet le rituel lavement des mains. À côté du réfectoire se trouve le chauffoir (13e s.), pièce de taille plus réduite qui servait aux moines les plus âgés et à ceux qui revenaient du travail à l'extérieur à se chauffer à la cheminée et sécher leurs vêtements.

Bibliothèque – C'est une salle longue et étroite en forme de vestibule, à laquelle on accède par l'ancien parloir des jeunes moines. Construite au 13e s., l'actuelle bibliothèque était, jusqu'au 17e s., le « scriptorium », où les copistes reproduisaient des manuscrits anciens. C'est une salle très agréable, divisée en deux parties, dont les voûtes en ogive reposent sur une rangée centrale de colonnes cylindriques.

Des 40 000 volumes qu'elle contenait, seuls sont conservés quelques incunables, le reste étant éparpillé dans des musées, monastères et collections particulières.

★★Salle capitulaire – On y accède depuis le cloître par une porte romane, décorée d'archivoltes et de chapiteaux à ornements végétaux.

Cette salle (13e s.) est l'un des joyaux du monastère, tant sa simplicité et son harmonie sont fascinantes. Quatre colonnes octogonales, très élancées, soutiennent les neuf voûtes en palmiers, fréquentes dans l'architecture cistercienne. Au fond, les grandes fenêtres tamisent la lumière projetée vers le dallage, où sont encastrées onze pierres tombales d'abbés de Poblet. Les chapiteaux, très bien conservés, confèrent à l'ensemble une remarquable touche d'élégance.

★★Église – L'art cistercien atteint une grande perfection avec l'église Santa Maria. La sévérité des murs, l'équilibre des dimensions et le mariage du roman et du gothique font de cette église un lieu où le visiteur ressentira une inoubliable impression de paix et d'équilibre.

Initiée au temps d'Alphonse Ier (1162-1196), la nef de l'Épître fut reconstruite par l'abbé Copons (1316-1348) qui bâtit également la **tour-lanterne** octogonale visible de l'extérieur. Le plan est basilical, avec trois vaisseaux séparés par des piliers cruciformes aux colonnes adossées sur lesquelles s'appuient les arcs de décharge.

Le monastère et la tour-lanterne octogonale de l'église

L'importance de la communauté nécessitant un plus grand nombre d'autels, on construisit un chevet à deux absides et un élégant déambulatoire à 5 absidioles, fait inhabituel dans les églises cisterciennes.

À l'entrée, on ajouta le narthex (1275), contre le mur duquel on bâtit plus tard la façade baroque. C'est par là que les fidèles accédaient à l'église. Le seul décor conservé est celui de l'**autel du Saint Sépulcre (1)**, œuvre de style Renaissance, en marbre.

Intérieur – Une grande pureté habite cet espace grave et solennel, d'où tout indice d'ostentation a été banni. Les chapiteaux sont dépourvus de toute décoration, même végétale, et la nudité des éléments architecturaux est saisissante.

La nef centrale, voûtée en berceau, s'appuie sur de simples arcs de décharge, et les bas-côtés sont voûtés sur croisées d'ogives. Entre les contreforts du bas-côté droit, sept chapelles furent ouvertes au 14e s. Un escalier relie le bras gauche du transept au dortoir des moines.

★★ **Grand retable** – Dans l'austérité de Poblet, ce grand retable de style Renaissance, d'inspiration italienne, produit un effet déconcertant. Sculpté en 1527 par Damián Forment dans un marbre très blanc, il se compose de quatre registres horizontaux : le premier et le troisième présentent des scènes de la vie de Jésus, le deuxième est consacré à sainte Marie qu'encadrent d'autres saints et saintes, et le quatrième représente les douze apôtres autour du Christ. Une crucifixion couronne cette magnifique pièce, où moulures, frises et corniches reprennent parfois les mêmes motifs décoratifs.

Une anecdote historique

C'est l'abbé Caixal qui passa commande du grand retable en marbre à **Damián Forment**. Cet artiste, originaire de Valence, était le plus célèbre sculpteur du royaume catalano-aragonais et avait de nombreuses commandes. Néanmoins, Forment s'engagea auprès de l'abbé, confiant en la collaboration de ses nombreux ouvriers.

Le contrat stipulait que le retable devait être réalisé « à la romaine », c'est-à-dire tout en marbre de la meilleure qualité et selon l'iconographie retenue par les moines eux-mêmes.

En 1529, une fois l'œuvre terminée, l'abbé de Poblet accusa le sculpteur de ne pas avoir utilisé du bon marbre, de présenter quelques répétitions et déficiences dans la taille et d'avoir confié le travail à ses collaborateurs. Une poursuite fut engagée, et Martín Díaz de Liatzasolo, sculpteur rival de Forment, se prononça également sur la mauvaise qualité du retable.

Le dénouement ne pouvait être que défavorable pour l'artiste valencien : Forment ne perçut ni la mule ni une partie de la somme qui avaient été prévues.

★★ **Panthéon royal** – Sa situation est surprenante : deux immenses arcs surbaissés (14e s.) construits entre les piliers de la croisée supportent les tombeaux d'albâtre.

Les effigies royales se situent sur la partie supérieure des tombeaux, dont les parties latérales représentent de hauts faits. Les sépultures ont beaucoup souffert du vandalisme en 1835, et c'est le sculpteur **Frederic Marès** *(voir index)* qui restaura l'ensemble, lui rendant son aspect magnifique.

Du côté de la chapelle de l'Épître, dans le premier tombeau repose Jacques Ier le Conquérant, représenté vêtu en roi et en moine ; au centre, Pierre IV le Cérémonieux et ses trois épouses : Marie de Navarre, Éléonore de Portugal et Éléonore de Sicile ; le troisième tombeau, qui était destiné en principe à Martin l'Humain, contenait les restes de Ferdinand Ier et de son épouse Éléonore de Castille, mais ces derniers se trouvent actuellement à Médina del Campo.

Dans le sarcophage le plus proche de l'autel fut enterré Alphonse II le Chaste. Dans le suivant reposent Jean Ier et ses deux épouses, Marthe d'Armagnac et Yolande de Bar, et dans le troisième, les parents de Ferdinand le Catholique, Jean II et Jeanne Enriquez. Alphonse V le Magnanime et Martin Ier l'Humain sont inhumés dans d'autres endroits de l'église.

Dortoir (2) – Cette immense salle de 87 m de long et 10 m de large se trouve au-dessus de la salle capitulaire, du parloir et de la bibliothèque. Dix-neuf grands arcs diaphragmes soutiennent la couverture en bois à double pente. Une partie du dortoir est occupée aujourd'hui par les cellules des moines.

ENVIRONS

L'Espluga de Francolí – *À 4 km par la T 700.*
Le tracé sinueux de la route de Les Masies traverse de beaux paysages où les suaves volumes des montagnes alternent avec les vastes plaines à l'épaisse végétation. La ville offre des pâtisseries exceptionnelles : les *carquinyolis* et les *gaufres de l'Espluga* sont connus dans toute la Catalogne.

Ancienne église Sant Miquel ⊘ – C'est un sobre bâtiment de transition du roman au gothique (13ᵉ s.). La frise du portail est ornée de reliefs avec des créatures fantastiques.

Ancien hôpital – Cet échantillon du gothique civil conserve un magnifique patio (14ᵉ s.). Il héberge l'office de tourisme et la bibliothèque municipale.

★**Musée de la vie rurale** ⊘ – Le musée sur trois niveaux est consacré au monde rural. Il nous explique la nature des différents travaux des champs, la vie et les coutumes familiales, les travaux domestiques et les métiers traditionnels. À noter la remarquable collection de **sculptures de Josep Traité**★ qui représente une intéressante page d'ethnographie rurale et la non moins étonnante collection de crèches.

Cova-Museu de la Font Major ⊘ – La découverte de la grotte Font-Major, explorée sur près de 3 600 m, remonte à 1853. Redécouverte en 1953, elle est l'une des plus grandes du monde et fit l'objet depuis 1990 de fouilles systématiques qui mirent au jour des restes néolithiques témoignant de son éventuelle occupation vers 4660 avant J.-C.

Cellier ⊘ – Ses dimensions expliquent que le dramaturge Ángel Guimerà l'ait surnommé « cathédrale du vin ». L'édifice aux trois vaisseaux fut dessiné par Domènech i Muntaner puis construit en 1913 par son fils, Pere Domènech i Roura.

EXCURSION

★**Prades** – *À 20 km par la T 700.* On arrive à Prades par une **route**★★ sinueuse et pentue, qui offre de spectaculaires **panoramas**★ sur la comarca de la Conca de Barberà et le ravin de Castellfollit. Le chemin serpente entre les forêts de pin noir et les châtaigniers, s'enfonçant dans les montagnes qui cernent le village.

Le bourg, ancienne capitale du comté de Prades, est à 950 m d'altitude. Il présente un important ensemble monumental bâti avec la belle et caractéristique pierre rougeâtre qui a valu à la ville le nom de « Vila vermella », la Ville rouge.

Actuellement, Prades est un important centre résidentiel, apprécié pour son climat et son paysage. Elle accueille, en automne, un grand nombre d'amateurs de champignons, qui trouvent dans ces montagnes un véritable et singulier « paradis ». On peut voir les **portes** de la ville et la place aux arcades, dont la célèbre **fontaine** sphérique de style Renaissance est reproduite au Poble Espanyol de Barcelone.

Ermitage de L'Abellera ⊘ – *2 km à l'Ouest.* Construit au 16ᵉ s. sous une grotte, c'est un pittoresque **mirador**★★ sur ce paisible paysage. D'ici, Prades offre une image exceptionnelle. Le village, caché au cœur des montagnes, n'est plus qu'une tache de couleur rouge. Les nombreux précipices, aux profils verticaux, se dressent en murailles inexpugnables. Les cours d'eau semblent se rétrécir jusqu'à leur disparition dans des gorges insondables.

PORT AVENTURA★★★

Tarragonès – Tarragona

Carte Michelin n° 443 I 33 ou Atlas España-Portugal p. 45

Schéma : COSTA DAURADA

Les 115 ha du parc à thèmes de Universal Estudios Port Aventura s'étendent sur les communes de Salou et de Vilaseca, en plein cœur de la Costa Daurada. Ce parc est un lieu d'évasion qui permet un amusant voyage dans le monde des aventures. Il comprend cinq « pays » qui sont autant de thèmes : Mediterrània, Polynesia, China, México et Far West.

Port Aventura est un univers difficile à oublier, plein d'aventures surprenantes. Rien qu'en passant le portail, le visiteur sera émerveillé de voir les allées et venues permanentes des touristes, les attractions fonctionnant à plein régime et toute une infrastructure à son service. Des cow-boys déchargent leurs pistolets, un bateau pirate sillonne une petite mer, des canoës semblent se fracasser contre les rochers... le bruit et la joie deviennent contagieux et il sera difficile de s'ennuyer.

Les spectacles se succèdent, chacun dans leur zone, avec une petite prédominance pour les danses typiques, mais n'oublions pas que les différents groupes d'animateurs, avec la collaboration du public, interprètent des numéros musicaux et des saynètes. La gastronomie n'a pas été oubliée, qui constitue au contraire un autre atout du parc. Ce plat exotique que vous avez toujours voulu goûter, vous le trouverez dans les restaurants et gargotes de chaque pays. Haricots rouges pimentés et succulents repas des empereurs d'Orient peuvent cependant être remplacés par les typiques sandwichs des gens pressés.

Ne partez pas sans faire un détour par les boutiques de souvenirs, vous y trouverez un peu de tout, et surtout les tee-shirts et les casquettes marqués du sympathique logo de Port Aventura.

INFORMATIONS PRATIQUES

Le parc est ouvert du 16 mars au 5 novembre
☎ 902 20 22 20

Horaires d'ouverture
Du 16 mars au 16 juin et du 18 septembre au 5 novembre : de 10 h à 20 h.
Du 17 juin au 17 septembre : de 10 h à minuit.

Comment s'y rendre
Situé à 10 km de Tarragone et à 113 km de Barcelone, Port Aventura est accessible, en voiture, par l'autoroute A 7 *(sortie 35)* et par la route N 340.
Par le train, les gares les plus proches sont celles du parc même et celles de Salou, Reus et Tarragone, spécialement reliées à Port Aventura.
Aéroports les plus proches : Reus *(15 km)* et Barcelone *(120 km)*.

Billets d'entrée
Adultes (de 12 à 60 ans) : 4 600 ptas/jour (2 jours consécutifs : 6 700 ptas ; 3 jours non consécutifs : 8 800 ptas).
Enfants entre 5 et 12 ans et adultes de plus de 60 ans : 3 400 ptas/jour (2 jours consécutifs : 5 200 ptas ; 3 jours non consécutifs : 6 800 ptas).
Enfants de moins de 5 ans : entrée libre.
Les billets d'entrée peuvent être achetés par l'intermédiaire de Servi-Caixa et aux guichets du parc.

Parking
6 000 places pour voitures de tourisme et 250 places pour autocars.
Tarifs : voitures : 600 ptas/jour, motos : 200 ptas/jour, caravanes : 800 ptas/jour.

Services
Change et caisses automatiques.
Toilettes et installations change-bébés.
Location de fauteuils roulants : manuels 1 000 ptas/jour ; électriques 2 000 ptas/jour.
Location de poussettes : 600 ptas/jour.
Consigne : 400 ptas.
Garde de chiens et chats vaccinés : 600 ptas/jour.

VISITE

Le parc compte de nombreuses attractions dont nous ne citerons que les plus intéressantes.

Mediterrània – *C'est la porte d'entrée du parc et l'endroit où se trouvent les services proposés à la clientèle (change, location de fauteuils roulants et caméras vidéo, boutiques de souvenirs, etc.).*
Toute la culture et les saveurs de la Méditerranée sont concentrées dans un petit village côtier. Des rues blanches, des maisons éclairées... et l'agitation des barques qui imprègne l'air d'une irrésistible odeur de poisson fraîchement pêché. On découvre ici de fascinants secrets : comment faire un nœud marin, quand se produit la marée haute, et beaucoup d'autres choses.
Sur le port de cette petite baie, les boutiques proposent plus de 40 produits différents aux motifs de Port Aventura (T-shirts, crayons, maillots de bain, cravates).

★**Polynesia** – Depuis la gare du Nord (Estació del Nord), un sentier s'enfonce entre les plantes exubérantes, les oiseaux aux mille couleurs et les petites îles de rêve. Musiciens et danseurs, légèrement vêtus, animent ce chaleureux voyage de leurs mélodies exotiques. Sur une scène en plein air, on donne le singulier spectacle du **Makamanu Bird Show**, où loris, perroquets et cacatoès réalisent des acrobaties invraisemblables en criant de sympathiques phrases.

★★**Tutuki Splash** – La barcasse polynésienne pénètre dans les entrailles d'un volcan, puis... se précipite dans une cataracte impressionnante à plus de 55 km à l'heure... Le « splashhhh... » final éclabousse les intrépides marins, qui après de violentes émotions vont se rafraîchir avec les agréables saveurs de jus tropicaux.

★★**China** – Cœur du parc thématique, on découvre ici toute la magie, le mystère et la fantaisie d'une culture millénaire. Dans le village chinois de **Ximpang** se trouve le temple de **Jing Chou**, où a lieu le spectacle de la **Fantaisie magique de la Chine.** Les apparitions se succèdent : papillons, poissons aux couleurs chatoyantes, ombres se transforment en objets les plus divers... Le **Cobra impérial,** un dragon-tourbillon qui fait la joie des plus petits, et le **carrousel des tasses à thé** (Tea Cups) comptent parmi les autres attractions du secteur que la grande muraille isole de la plus impressionnante des attractions de Port Aventura.

Dragon Khan

★★★ **Dragon Khan** – C'est la star du parc. Sa silhouette dessine un crochet de fantaisie dans l'air. Il n'y a que les plus audacieux pour oser se lancer sur la montagne russe la plus spectaculaire du monde, avec ses huit « loopings ». Grimper à l'endroit, descendre à l'envers, aller en avant ou en arrière à 110 km/h... est une expérience inoubliable, mais seulement à la portée des plus intrépides.

★★ **México** – Des mythiques ruines mayas au Mexique colonial, du rythme entraînant des mariachis au goût relevé de la cuisine mexicaine... un voyage à travers le temps. La spectaculaire reproduction de la **pyramide de Chichen-Itzá** cache le **Grand théâtre maya**, où l'on peut apprécier des danses précolombiennes.

★ **Le train du diable** – Les rires se mêlent aux grincements des wagonnets qui passent entre précipices, par ponts et tunnels.

★★ **Far West** – À **Penitence**, un vieux village décoloré, les plus incroyables fantaisies de l'Ouest américain deviennent réalité. Tourner dans un western, devenir un cowboy accompli, et, entouré de jolies filles et de durs à cuire, danser dans un saloon... tout cela est possible dans cette aventure, où l'on peut aussi se laisser emporter par la vieille **locomotive de l'Union Pacific**, qui emmène les visiteurs dans le parc jusqu'à Mediterrània.

★★ **Grand Canyon Rapids** – Des bacs, ronds comme des autocuiseurs, participent à un rafting d'enfer, mais les rapides du Colorado font tanguer les petites embarcations. Il ne faut pas avoir peur de l'eau et bien s'accrocher pour goûter pleinement ces intenses émotions.

> **« La plus grande scène de Port Aventura est la rue »**
>
> Des groupes d'acteurs mettent en scène de courtes pièces, dans les rues des différentes zones du parc. Chaque zone offre également, dans des théâtres et locaux *ad hoc*, des spectacles d'une durée maximale de 20 minutes. Au total ce sont plus de 70 représentations par jour.

★ **Stampida** – Deux wagonnets en compétition le long d'un parcours de montagne russe en bois. La sensation de vitesse est extraordinaire et le croisement frontal est tout simplement incroyable.

Sea Odyssey – Spectaculaire simulateur sous-marin.

PUIGCERDÀ

Cerdanya – Girona – 35 301 habitants
Carte Michelin n° 443 E 35 ou Atlas España-Portugal p. 18
Schéma : PYRÉNÉES CATALANES

Située sur une terrasse dominant le Segre, la capitale de la Cerdagne est l'un des principaux centres touristiques des Pyrénées. Elle propose un grand choix d'hôtels, de spectacles culturels et de loisirs (**terrain de golf** et, depuis 1958, sur la **patinoire**, des compétitions de hockey et des festivals de patinage artistique).

Ses rues, bordées de vieux édifices et de boutiques traditionnelles, conservent une certaine couleur d'antan. Le dimanche, sur la Plaça Cabrinety, se tient un marché où se donnent rendez-vous tous les gens de la ville pour acheter leurs légumes, notamment choux, chicorées et scaroles, dont la qualité est attribuée au très faible taux de calcaire de l'eau.

Les plats typiques sont le *tiró amb naps* (oie aux navets) et le lapin accompagné des célèbres **poires de Puigcerdà**.

Vous recherchez un hôtel ou un restaurant à Puigcerdà, consultez le carnet d'adresses des Pyrénées catalanes.

★Clocher – Symbole de la ville, il est le seul vestige de l'église gothique Santa Maria, détruite en 1936. Grand et solide, il est situé au milieu d'une grande place qui sert de parking.

Sant Domènec ⊘ – Cet ancien édifice gothique abrite de belles peintures murales (14e s.) représentant un enterrement.

Lac artificiel – Au milieu de beaux jardins où abondent les saules, les conifères et autres essences, ce lac se trouve au bout de l'Avinguda Pons i Guasch. En été, on y célèbre à grand renfort de cavalcades et de feux d'artifice la Festa de l'Estany. Les week-ends, en plus des barques à rames, on peut louer des ânes nains, pour promener les plus petits.

PYRÉNÉES CATALANES ★★★

Ripollès, Cerdanya, Alt Urgell, Pallars Sobirà, Pallars Jussà,
Alta Ribagorça, Vall d'Arán – Girona, Lleida
Carte Michelin n° 443 D 32, E 32 à 37, F 32 à 37
ou Atlas España-Portugal p. 17 à 19

Les Pyrénées catalanes constituent une large barrière de 230 km de long, qui se prolonge, presque sans interruption, depuis le val d'Arán – tout proche du massif de la Maladeta – jusqu'à la Méditerranée, avec des altitudes supérieures à 2 500 m (Pica d'Estats, 3 145 m ; Puigmal, 2 910 m). Les monts Albères, derniers chaînons du massif, atteignent le cap Creus, plongeant dans la mer du haut de leurs 700 m. Au Sud de cette zone axiale et granitique se dressent les Sierras del Cadí, de Boumort et de Montsec, qui forment les Pré-Pyrénées calcaires.

La cordillère est coupée par de profondes vallées transversales – Arán, Ribagorça, Pallars, Alt Urgell, Cerdanya, Ripollès, Garrotxa et Empordà –, constituant des régions naturelles ayant leurs propres caractère et histoire.

Malgré de nombreux éléments communs à toutes les régions, le paysage pyrénéen est passablement varié. Ses principaux attraits naturels sont les grands sommets, les glaciers, les nombreux lacs et étangs, les grandes forêts de sapins, pins, bouleaux, frênes et chênes rouvres, et les prés de type alpin. À cela, il faut ajouter un important patrimoine artistique, comprenant notamment de nombreux édifices de style roman, et un grand choix gastronomique et d'activités de loisirs (ski, escalade, chasse, pêche, sports d'aventure, etc.).

★ VALL ALTO DEL TER

① Du col d'Ares au val de Núria *106 km. 1 journée*

À mesure que l'on s'éloigne de la côte, les sommets pyrénéens deviennent de plus en plus escarpés. Dans le pays du Ripollès se dresse un important ensemble, dominé par le Puigmal, qui frise les 3 000 m d'altitude. C'est là, abrité par cet amphithéâtre montagneux, que s'étend le Haut Ter, divisé en deux grandes vallées, Camprodon et Ribes. Dans la **haute vallée du Ter**, aux environs du col d'Ares (1 513 m), à la frontière franco-espagnole, les montagnes présentent des pentes douces et d'abondants pâturages.

Vall de Camprodon

Molló – L'église romane (12ᵉ s.) au joli clocher catalan est située au sommet du village (1 150 m), d'où l'on a une vue magnifique. Les montagnes sont couvertes de chênes verts aux couleurs ternes et le ciel est toujours menaçant.

Prendre une route étroite et sinueuse qui passe par Rocabruna et va jusqu'à Beget.

Rocabruna – Magnifique petit village de montagne coupé par la route, c'est un endroit idéal pour goûter la succulente cuisine de la région et découvrir, depuis l'église, un merveilleux **panorama** de cette vallée solitaire.

★★ **Beget** – Le village est situé dans un **site**★ singulier, au fond d'un vallon silencieux où se précipitent les eaux du Trull. Dans ses tortueuses ruelles pavées se dressent de pittoresques maisonnettes de pierre aux balcons en bois (remarquer les sympathiques petits animaux en plâtre qui décorent les façades : chat, colombes, hiboux, etc.).

L'église★★ ☉ de style roman (10ᵉ et 12ᵉ s.) est un vrai bijou architectural : une abside semi-circulaire, ornée d'arcatures lombardes, et un élégant clocher à quatre étages. À l'intérieur est exposé un magnifique **Christ en majesté**★ (12ᵉ s.), sculpture toute en longueur et de style réaliste.

Revenir à la C 151 et prendre la direction de Camprodon.

★ **Camprodon** – *Voir ce nom.*

Prendre une route locale qui remonte le cours du Ter.

Setcases – Ce petit village touristique est la porte d'entrée d'une zone d'une exceptionnelle beauté. C'est ici, entre les pics de Bastiments (2 874 m) et de Costabona, sur le cirque glaciaire d'Ulldeter, que naît le fleuve Ter.

Sur le territoire communal se trouve la station de ski **Vallter 2 000**, entre 2 000 et 2 500 m d'altitude, d'où, lorsque le temps le permet, on peut voir le cap Creus et le golfe de Roses.

Revenir à la C 151 et prendre la direction de Sant Joan de les Abadesses.

★★ **Monastère Sant Joan de les Abadesses** – *Voir ce nom.*

Vall de Ribes

★ **Ripoll** – *Voir ce nom.*

Prendre la N 152 vers le Nord.

Offices de tourisme

Camprodon – *Plaça d'Espanya, 1* – ☎ *972 74 00 10*.
Ribes de Freser – *Plaça del Ayuntamiento, 3* – ☎ *972 72 77 28*.
Ripoll – *Plaça de l'Abat Oliba* – ☎ *972 70 23 51*.
Sant Joan de les Abadasses – *Rambla Compte Guifré, 5* – ☎ *972 72 05 99*.

Transports

En autocar – Cette zone est principalement desservie par deux compagnies : TEISA (☎ *972 20 02 75*) et les transports MIR (☎ *972 70 30 12*).

En train – La ligne Barcelone-Vic-Puigcerdà prévoit des arrêts à Ripoll et Ribes de Freser. Au départ de Ribes de Freser, le train à crémaillère relie le Vall de Núria (☎ *93 301 97 77*). **Renfe :** ☎ *902 24 02 02*.

CAMPRODON

Se loger

Sayola – *Josep Morer, 4* – ☎ *972 74 01 42* – *30 chambres* – *6 700 ptas*.
Petit hôtel aux chambres simples mais correctes. Accueil convivial. Possibilité de repas.

MOLLÓ

Se restaurer

Calixtó – *Passatge El Serrat* – ☎ *972 74 03 86*.
Paisible hôtel servant une cuisine tout à fait remarquable. Ses 25 chambres dotées de tout le confort sont proposées à un prix intéressant *(10 200 ptas)*.

RIBES DE FRESER

Se loger

Catalunya Park H – *Passeig Mauri, 9* – ☎ *972 72 71 98* – *fax 972 72 70 17* – *55 chambres* – *8 000 ptas*.
Classique hôtel thermal des Pyrénées. Service courtois. Chambres spacieuses et correctes. Agréable piscine. Certains seront séduits par son ambiance quelque peu rétro.

RIPOLL

Se loger

VALEUR SÛRE

Solana del Ter – *2 km au Sud par la route Ripoll-Barcelone N152* – ☎ *972 70 10 62* – *fax 972 71 43 43* – *39 chambres* – *9 500 ptas*.
Hôtel correct, décoré avec goût. Qualité du service. Son restaurant propose des plats typiques de la région.

Se restaurer

Can Nerol – *Plaça d'Ordina, 11* – ☎ *972 70 18 94*.
Cet établissement sert des plats d'inspiration française, parfaitement cuisinés.

SANT JOAN DE LES ABADESSES

Se loger

À BON COMPTE

Janpere – *Mestre Andreu, 3* – ☎ *972 72 00 77* – *14 chambres* – *6 000 ptas*.
Tranquille établissement réservant un service soigné.

Nati – *Pere Rovira, 3* – ☎ *972 72 01 14* – *9 chambres* – *6 500 ptas*.
Bon rapport qualité/prix pour cet hôtel où il convient de réserver suffisamment à l'avance.

SETCASES

Se loger

À BON COMPTE

Nueva Tiranda – *Núria, 3* – ☎ *972 13 60 52* – *20 chambres* – *6 000 ptas (demi-pension)*.
Pension de famille simple et accueillante. Son restaurant sert une cuisine familiale.

TOSAS

Se restaurer

La Collada – *Route N 152* – ☎ *972 89 21 00* – *fax 972 89 20 47*.
Du restaurant, on contemple les Pyrénées dans toute leur beauté. L'établissement compte aussi 33 chambres *(9 000 ptas)*.

Ribes de Freser – Ce village animé, qui possède des endroits très typiques, est réputé pour ses abondantes eaux médicinales provenant des trois rivières – Freser, Rigard et Segadell –, qui y confluent, et pour ses nombreuses sources.
Une piste forestière, au Sud du village, grimpe vers la montagne de Taga (2 000 m), d'où l'on peut contempler un beau **panorama**.
Quitter Ribes par la G IV-5217 vers le Nord.

Queralbs – En amont de la rivière Freser, qui coule paisiblement entre les montagnes boisées et d'interminables prés, se trouve Queralbs, village montagnard typique, très résidentiel. De la Plaça de la Vila, beau **mirador** sur la vallée, on embrasse le parcours du train à crémaillère qui mène au Vall de Núria.

★**Vall de Núria** – *Voir ce nom.*

★★LA CERDAGNE

② Du Vall de Núria à la Seu d'Urgell

72 km. Environ 2 h 30

Dans cette région, les Pyrénées forment un paysage aux couleurs vives, où l'on respire une agréable sensation de liberté. Cette immense et haute plaine, d'origine tectonique et sur laquelle s'écoule le Segre, est située entre le massif d'Andorre et la Sierra del Cadí. Son climat sec et ensoleillé n'est pas étranger à sa longue tradition de station de vacances et de résidences secondaires.
La Cerdagne fut un important comté médiéval que le traité des Pyrénées (1659) coupa, la partie Nord, la haute Cerdagne, passant sous administration française. L'accès, depuis Manresa, a été facilité par l'ouverture, en 1984, du **tunnel du Cadí**, qui traverse la barrière montagneuse formée par les Sierras del Cadí et de Moixeró.
De Ribes de Freser à Puigcerdà, la route, presque toujours en haute corniche, s'enfonce dans le col de Tosses, réservant des **vues**★ spectaculaires au-dessus des versants boisés de la vallée du Segre.

La Molina – C'est l'un des plus importants complexes de sports d'hiver de Catalogne : trampoline, pistes de compétition, neige artificielle, circuit de ski nordique, etc. Depuis 1967, les installations ont été augmentées de la **station de Masella**, au Nord-Ouest, dont les pistes se faufilent entre les pinèdes.
La petite localité d'**Alp** est un important centre résidentiel, été comme hiver.
Après avoir traversé La Molina, la N 152 rejoint la E 09, qui, en grimpant, donne une vue panoramique de l'immense plaine de Cerdagne.

Puigcerdà – *Voir ce nom.*

Llívia – À 6 km de Puigcerdà, cette enclave espagnole (12 km²) en territoire français résulte d'un caprice administratif. En effet, le traité des Pyrénées stipulait la cession à la France du Roussillon et de 33 villages de Cerdagne ; comme Llívia possédait le titre de ville, elle ne fut pas comprise dans la cession.

La pharmacie de Llívia

Elle possède de pittoresques ruelles, les restes d'un château médiéval – sur une colline qui surplombe la ville – et quelques tours anciennes. Le **Musée municipal** ⊙ abrite, parmi d'autres pièces intéressantes, la célèbre **pharmacie de Llívia**★; l'une des plus anciennes qui soient conservées en Europe. Les pots en céramique et tout le matériel d'apothicaire (flacons, récipients et balances des 17e et 18e s.) méritent un intérêt spécial.

Revenir à Puigcerdà et prendre la N 260 en direction de La Seu d'Urgell.

★**Bellver de Cerdanya** – Après Puigcerdà, la route traverse la verte plaine de Cerdagne. Bellver, bourg accroché à un rocher offrant de formidables **vues** sur la vallée du Segre, est la porte d'entrée du **Parc del Cadí–Moixeró** *(voir ce nom).*

Sur la Plaça Major, on trouve de beaux édifices en pierre, ornés de balcons et de porches en bois.

En sortant de Martinet en direction de La Seu d'Urgell, prendre, à droite, la LV 4036, route forestière très sinueuse.

Feria de Sant Llorenç

Elle se tient le 10 août chaque année sous la forme d'un grand marché de produits des Pyrénées, qui offre l'occasion unique de déguster les excellentes charcuteries, confitures et marmelades de la région, au rythme des groupes de danse folklorique de la région.

Lacs de la Pera – Cet ensemble lacustre, situé à 2 330 m d'altitude, authentique paradis pour pêcheurs de truites, se trouve en amont de la rivière Arànser, abrité par les montagnes du Monturull (2 761 m) et du Perafita (2 752 m).

★**La Seu d'Urgell** – *Voir ce nom.*

Offices de tourisme

Bellver de Cerdanya – *Plaça de Sant Roc, 9, ☎ 973 51 02 29.*

Puigcerdà – Patronato Municipal de Turismo : *Querol, 1, ☎ 972 88 05 42.* Patronato Comarcal de Turismo de la Cerdanya : *Espanya, 44, ☎ 972 88 21 61.*

La Seu d'Urgell – *Avenida Valls d'Andorra, 33, ☎ 973 35 15 11.* Renseignements sur les stations de ski : *☎ 973 35 37 92.*

Bureau d'information du Parc naturel del Cadí-Moixeró, à Bagà – *La Vinya, 1, ☎ 93 824 41 51.*

Oficina Comarcal de Turisme de la Cerdanya – *Route N152, ☎ 972 14 06 65.*

Transports

En autocar – La compagnie ALSINA GRAELLS (*☎ 93 488 26 31*) relie les principales localités (Llívia, La Molina, Puigcerdá, Seu d'Urgell), et dessert également Barcelone et Lérida.

En train – La ligne ferroviaire Barcelone-Puigcerdá relie Molina à Puigcerdá. **Renfe :** *☎ 902 24 02 02.*

ALAS I CER

Se restaurer

À BON COMPTE

Alás – *Zulueta, 10 – ☎ 973 35 41 92 – fermé le lundi.*
Il convient de goûter la cuisine de la Cerdagne.

ALP

Se restaurer

VALEUR SÛRE

Casa Patxi – *Orient, 23 – ☎ 972 89 01 82 – fermé le mercredi.*
Ce restaurant joliment décoré sert une cuisine au bon rapport qualité/prix. Agréable terrasse.

CASTELLAR DE NUCH

Se loger

Les Fonts – *3 km au Sud-Ouest de Castellar – ☎ 93 825 70 89 – fax 93 825 70 89 – 25 chambres – 12 515 ptas.*
Hôtel traditionnel et paisible, à l'ambiance familiale. Chambres rénovées.

GER

Se restaurer

À BON COMPTE

El Rebost de Ger – *Plaça Major, 2 – ☎ 972 14 70 55.*
Restaurant décoré dans un style rustique, réservant un bon accueil. Excellent rapport qualité/prix de sa cuisine familiale.

MERANGES

Se restaurer

VALEUR SÛRE

Can Borrel, à **Meranges** – *20 km à l'Ouest de Puigcerdà – Retorn, 3 –* ☎ *972 88 00 33 – fax 972 88 01 44 – fermé du 7 janvier jusqu'en avril, sauf le week-end, le lundi soir et le mardi.*
Cette maison d'ardoise et de bois, à la décoration rustique, sert une cuisine familiale de la Cerdagne. L'établissement est aussi doté de 8 chambres (11 000 ptas).

LA MOLINA

Se loger

Adserà – *La Molina –* ☎ *972 89 20 01 – fax 972 89 20 25 (ouvert uniquement de décembre à avril et de juillet à septembre) – 41 chambres – 12 000 ptas.*
Établissement idéal pour les amateurs de ski qui choisissent La Molina pendant la période hivernale. Proximité des pistes. Vastes dépendances et service très soigné.

EL PONT DE BAR

Se restaurer

VALEUR SÛRE

La Taverna dels Noguers – *4,5 km à l'Est, sur la route N 260 –* ☎ *973 38 40 20 – Ouvert uniquement à l'heure du déjeuner (sauf le samedi).*
Cuisine familiale de grande qualité.

PRATS DE CERDANYA

Se loger

Moixaró – *Route d'Alp –* ☎ *972 89 02 38 – fax 972 89 04 01 – 40 chambres – 9 900 ptas.*
Paisible hôtel, d'où l'on a de belles vues. Chambres bien aménagées. Piscine et restaurant.

PUIGCERDÀ

Se loger

À BON COMPTE

Estació – *Plaça Estació, 2 –* ☎ *972 88 03 50 – fax 972 14 13 40 – 23 chambres – 6 000 ptas.*
Hôtel simple aux prestations de base.

Rita Belvedere – *Carmelites, 6-8 –* ☎ *972 88 03 56 – 21 chambres – 7 500 ptas.*
Petit établissement, aux chambres agréables et ensoleillées.

VALEUR SÛRE

Puigcerdà – *Avenida de Catalunya, 42 –* ☎ *972 88 21 81 – fax 972 88 12 56 – 39 chambres – 12 200 ptas.*
Hôtel moderne et paisible, décoré avec beaucoup de goût. Excellent service.

Se restaurer

VALEUR SÛRE

La Vila – *Alfons I-34 –* ☎ *972 14 08 04 – fermé le dimanche soir et le lundi (sauf en août et les veilles de jours fériés).*
Restaurant, très accueillant, à l'ambiance conviviale, servant une cuisine régionale.

LA SEU D'URGELL

Se loger

À BON COMPTE

Nice – *Pau Claris, 4 –* ☎ *973 35 21 00 – fax 973 35 12 21 – 51 chambres – 8 300 ptas.*
Hôtel tout à fait correct, aux chambres agréables. Les salles de bains sont quelque peu désuètes. Ambiance familiale. Bon restaurant.

Se restaurer

À BON COMPTE

Cal Teo – *Avenida Pau Claris, 38 –* ☎ *973 35 10 29 – fermé le lundi.*
Bons rôtis, la spécialité de la maison n'en demeure pas moins la morue à la catalane.

★VALL DEL SEGRE

③ De La Seu d'Urgell à Tremp *73 km. Environ 3 h*

Au confluent du Segre et du Valira est formée une vaste dépression encadrée de montagnes. Au Nord, les pics de Salòria et de Monturull, avec leurs contreforts, font partie de l'axe central des Pyrénées, tandis que les montagnes du Sud, qui offrent le paysage le plus caractéristique, appartiennent aux cordillères intérieures pré-pyrénéennes. De nombreuses vallées latérales, bien différentes les unes des autres, se trouvent au cœur de ces systèmes montagneux.

Prendre la N 260 en direction d'Organyà.

★★**Congost de Tresponts** – Dans les **gorges de Tresponts**, le Segre s'écoule entre des roches de couleur foncée (pouzzolane) et des prés verts. En aval, le paysage change : la rivière s'encaisse entre les roches calcaires d'Ares et de Montsec de Tost et l'on découvre une vue typiquement pyrénéenne, qui s'étend jusqu'à un petit bassin vert et bien cultivé où la rivière disparaît.

Organyà – Ce village pittoresque possède un intéressant noyau médiéval, aux ruelles anciennes bordées d'arcades, de porches gothiques et de grandes bâtisses ornées de fleurs. Organyà est connu par les Homilies, le plus ancien texte répertorié en langue catalane (fin du 12e s.).

★**Pantà d'Oliana** – Ce **lac de barrage** ressemble plutôt à une large rivière, encaissée entre des roches grises d'où descendent au printemps un grand nombre de cascades. Depuis la route, la vue de cet attrayant site naturel est surprenante.

Coll de Nargó – Ce petit village pyrénéen typique possède l'une des plus belles églises romanes de Catalogne, **Sant Climent**★★ ⊘ (11e s.). Cet édifice à nef unique, à l'abside ornée de bandes lombardes, est surmonté d'un sobre **clocher**★ préroman de plan rectangulaire.

★★**Route du collado de Bòixols** – Entre Coll de Nargó et Tremp, la route L 511 s'enfonce d'abord dans une série de canyons que domine, pendant tout le parcours, tantôt un versant couvert de pins et de chênes verts, tantôt un versant dénudé. Elle court à mi-pente entre la rivière et les crêtes jaunes ou roses, ménageant des vues sur un **paysage** fantastique, notamment à partir du col de Bòixols (1 380 m).

On débouche ensuite sur une large vallée en auge, dont le fond, aménagé en terrasses cultivées, s'étale au pied de Bòixols, où quelques maisons groupées autour de l'église s'accrochent à une moraine glaciaire. La route descend, la vallée s'élargit et se noie dans la Conca de Tremp.

Paysage du Val Fosca

Fr. Tur/GC (DICT)

195

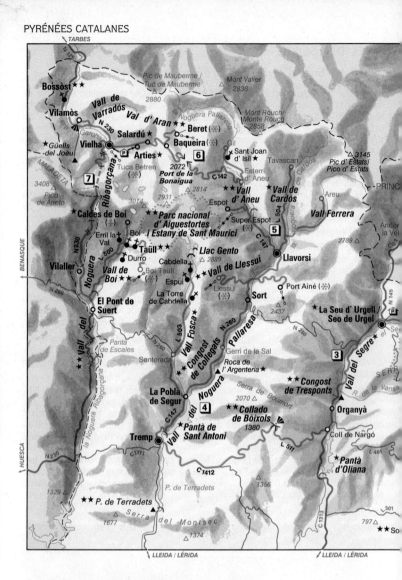

VALL DEL NOGUERA PALLARESA

4 De Tremp à Llavorsí *143 km. 1 journée*

Le Pallars, région géographique et historique d'une grande originalité, s'étend sur la partie la plus élevée des Pyrénées catalanes, dont le sommet le plus haut, le Pica d'Estats, culmine à 3 145 m. Il comprend le cours du rio Noguera Pallaresa, et ses limites coïncident avec celles du comté médiéval de Pallars. Le pays se subdivise en deux comarcas bien distinctes : le Pallars Sobirà, ou Pallars supérieur au Nord, en plein secteur pyrénéen, et le Pallars Jussà, ou Pallars inférieur, au Sud, qui inclut l'immense secteur pré-pyrénéen de la Conca de Tremp.

★Tremp – *Voir ce nom.*
La C 147 suit le cours de la rivière et traverse le marais de Sant Antoni.

La Pobla de Segur – La Pobla est appelée « la porte des Pyrénées », car c'est le point de passage obligé vers le val d'Arán, la Haute Ribagorça et le Pallars supérieur. Cette ville touristique est réputée pour sa pittoresque **festa dels Raiers** (le premier dimanche du mois de juillet), commémorative du flottage jusqu'à la mer des troncs d'arbre (rais) qui étaient utilisés dans les anciens chantiers navals.

Chaque mardi, le marché est l'endroit rêvé pour se procurer les superbes fromages et charcuteries de la région.

À La Pobla, prendre d'abord la N 260 vers Senterada, puis la L 503 vers Cabdella.

PYRÉNÉES CATALANES

★**Vall Fosca** – Cette vallée située sur la partie haute du cours du rio Flamicell est entourée de hauts sommets (Subenuix, Montsent de Pallars). Elle abrite des bourgs charmants ayant chacun leur petite église romane, telles celles de **La Torre de Cabdella**, d'**Espui** et de **Cabdella**. Tout en haut de la vallée, cerné par un beau paysage typiquement pyrénéen, se trouve l'un des ensembles lacustres les plus importants de la région, dont l'attrait principal est le **lac Gento**, accessible par téléphérique.

Revenir à La Pobla de Segur et monter vers le Nord par la N 260.

La route remonte le Noguera Pallaresa, traversant un paysage calcaire uniforme.

★★**Congost de Collegats** – Dans le **défilé de Collegats**, les roches calcaires des Sierras de Peracalç et de Cuberes ont été érodées par les eaux de la rivière, formant de spectaculaires falaises aux tons rouges, ocre et grisâtres, telle la **Roca de l'Argenteria**★ à proximité de Gerri de la Sal.

Sort – Devenues l'un des événements les plus courus d'Europe, les courses de canoë sur cette section du Noguera Pallaresa ont fait connaître le nom de Sort. On peut également pratiquer d'autres sports d'aventure : rafting, VTT, parapente, randonnées à cheval et saut à l'élastique.

À Rialp, tourner à gauche vers Llessui.

★★**Vall de Llessui** – La route, traversant un paysage abrupt où les précipices granitiques sont légion, remonte vers le Nord-Est. Sur la commune de Rialp, la station de ski alpin de **Port Ainé**, sous le pic d'Orri, offre des pistes entre 1 650 et 2 240 m.

Offices de tourisme

Sort – *Avenida Comtes del Pallars, 21* – ☎ *973 62 10 02.*
Tremp – *Plaça de la Creu, 1* – ☎ *973 65 00 05.*

Transports

En autocar – La liaison Sort-Barcelone avec un arrêt à Tremp est assurée quoti-diennement par la compagnie ALSINA GRAELLS (☎ *93 488 26 31*). Des auto-cars desservent également chaque jour Esterri d'Àneu, Llavorsí et Lérida.

ALTRON

Se restaurer

À BON COMPTE

Vall d'Assua – *Route de Llesui* – ☎ *973 62 17 38.*
Bonne cuisine pour ce petit restaurant familial, doté de 11 chambres fonction-nelles et très calmes *(5 000 ptas).*

SORT

Se loger

À BON COMPTE

Andreva, à **Llesui** – *Únic* – ☎ *973 62 17 23* – *9 chambres* – *5 500 ptas.*
Petit établissement où règne une atmosphère très familiale.

VALEUR SÛRE

Pessets – *Route de Seo de Urgel* – ☎ *973 62 00 00* – *fax 973 62 08 19* –
80 chambres – *11 000 ptas.*
Bon hôtel convivial, bien organisé. Chambres très confortables. Son restaurant propose une bonne carte.

TREMP

Se loger

Siglo XX – *Plaça de la Creu, 8* – ☎ *973 65 00 00* – *fax 973 65 26 12* –
46 chambres – *7 000 ptas.*
Un classique de Tremp, d'une autre époque. Doté de chambres lumineuses avec salle de bains, téléviseur et air conditionné, cet hôtel propose un service agréable et convivial.

★LA HAUTE VALLÉE DU NOGUERA PALLARESA

⑤ De Llavorsí au port de la Bonaigua *105 km. 1/2 journée*

Les sommets dominent un paysage sauvage et solitaire.

Llavorsí – Ce petit village est situé sur un éperon rocheux au confluent des trois grandes vallées du Haut Noguera Pallaresa : Àneu, Cardós et Ferrera.
Prendre la L 510 vers le Nord-Est.

Vall Ferrera – C'est la plus orientale et la plus étroite des trois vallées. Elle est encaissée entre de hautes montagnes, tel le **Pica d'Estats** (3 145 m), sommet le plus élevé de Catalogne, traditionnellement connu pour ses randonnées. Depuis le Vall Ferrera, de très belles randonnées peuvent se faire jusqu'en Andorre.
Revenir à Llavorsí et prendre la L 504 vers le Nord.

★**Vall de Cardós** – L'axe de cette vallée centrale, dominée par de hauts sommets (Mont–roig et Sotllo), est le rio Noguera de Cardós. Dans la localité principale, **Ribera de Cardós**, on peut visiter une église romane (12ᵉ s.), dont le clocher rappelle ceux de la vallée de Boí.

Revenir à Llavorsí et, prendre la C 147 en direction de Baqueira.

★★**Vall d'Àneu** – Le Noguera Pallaresa traverse la vallée, sur laquelle se greffe à

Un poète à l'assaut du Pica d'Estats

Le poète **Jacinto Verdaguer** escalada ce sommet en 1883, laissant pour témoignage ces quelques lignes : « *Le sapin est le cèdre de nos montagnes. Au sommet des sierras de Sant Joan de l'Erm, Salòria et Cardós, ils res-semblent à des flèches difformes lancées au ciel par ces colosses de Catalogne. Les clo-chers de nos villages semblent adopter, aussi, la forme des sapins qui les entourent.* »

ESPOT

Se loger

À BON COMPTE

Or Blanc – *Paratge Superespot* – ☎ *973 62 40 13* – *79 chambres – 7 500 ptas.*
Situé quasiment au pied des pistes, cet hôtel attire une clientèle de skieurs les week-ends d'hiver. Rapport qualité/prix parmi les meilleurs de la région.

ESTERRI D'ÀNEU

Se loger

À BON COMPTE

Trainera – *Major, 54* – ☎ *973 62 61 77* – *25 chambres – 7 500 ptas.*
Établissement accueillant, vous assurant un séjour au calme.

VALEUR SÛRE

Esterri Park Hotel – *Major, 69* – ☎ *973 62 63 88* – *fax 973 62 62 79* – *24 chambres – 12 500 ptas.*
Hôtel réservant un accueil convivial. Agréables chambres spacieuses.

Se restaurer

À BON COMPTE

Els Puis – *Avenida Dr. Morelló, 13* – ☎ *973 62 61 60* – *ouvert tous les jours sauf le lundi en hiver.*
Maison à l'ambiance familiale disposant d'une bonne carte et d'une cave de qualité. 7 chambres *(5 250 ptas).*

VALENCIA D'ANEU

Se restaurer

À BON COMPTE

La Bonaigua – *Route C 142* – ☎ *973 62 61 10* – *ouvert tous les jours sauf le lundi – fermé de mi-janvier à mars et en novembre.*
Restaurant accueillant, doté également de 11 chambres *(6 500 ptas).*

gauche la vallée secondaire d'**Espot**. Assis sur les rives d'un torrent, le pittoresque village du même nom présente ses maisons aux toits d'ardoise. **Super Espot** est une station de ski alpin dont la piste la plus élevée culmine à 2 320 m.

Pour mieux comprendre...

On peut visiter à Esterri d'Aneu l'**Ecomuseu de les Valls d'Àneu**, à l'intérieur d'une ancienne demeure du 18e s. La visite guidée explique les modes de vie traditionnels de la région. Renseignement ☎ 973 62 64 36.

Espot est aussi l'entrée du secteur pallarais du **Parc national d'Aigüestortes i Estany de Sant Maurici**★★ *(voir ce nom).* Après Esterri d'Àneu, la route s'élève en corniche dans un imposant paysage où, cachées entre les hauts sommets, on découvre quelques églises romanes intéressantes, telle celle de **Sant Joan d'Isil**★ ⊘ et de beaux échantillons d'architecture civile – maisons en pierre aux balcons et galeries en bois et toits d'ardoise. On atteint enfin le **col de la Bonaigua** (2 072 m), entouré de nombreux pics. À gauche, on distingue une dépression glaciaire.

★★VALL D'ARÁN

6 Du port de la Bonaigua à Bòssost *45 km. 1/2 journée*

Le val d'Arán, à l'extrémité Nord-Est des Pyrénées, se trouve sur la partie haute de la Garonne. Il s'agit d'une vallée atlantique au climat humide et moins ensoleillé que celui des vallées pyrénéennes, orientées vers le midi.
Bien que sous administration espagnole depuis le 13e s., son isolement a permis de conserver intactes la langue (l'aranais, variante de l'occitan) et les coutumes. Cerné de sommets de près de 3 000 m, il n'a eu de rapports avec les pays voisins que par de difficiles passages de montagne, tels le col de la Bonaigua ou le portillon de Bòssost.

L'ouverture du tunnel de Vielha mit fin, en 1948, à cette situation d'isolement. Aujourd'hui, les cultures ont remplacé les pâturages et l'on prête un grand intérêt à l'exploitation du bois, des mines et aux ressources hydrauliques. Mais rien n'altère la beauté naturelle du paysage, dont le vert des prés paraît moucheté par le gris des toits en ardoise des 39 villages de la vallée, souvent groupés autour d'une église romane. Ces dernières années, on a créé plusieurs stations de ski qui, grâce aux excellentes conditions climatiques de la vallée, attirent nombre de touristes.

L'art roman aranais

Le val d'Arán se caractérise par son art roman plus tardif que celui des autres régions catalanes. En effet, la plupart des églises remontent aux 11e, 12e et 13e s. De plan basilical, elles présentent trois vaisseaux voûtés en berceau qui se prolongent en absidioles. Les matériaux de construction employés sont la pierre, l'ardoise (utilisée surtout pour la couverture des toits) et le bois. Les portails en sont l'élément le plus remarquable : habituellement orientés au Sud, ils se composent de plusieurs archivoltes reposant sur des chapiteaux ouvragés surmontant des colonnes de pierre. Alors que certains présentent des tympans travaillés, d'autres en sont totalement dépourvus. Les décors sculptés se distinguent par leur simplicité et leur aspect très primitif, tandis que le chrisme, monogramme du Christ, constitue l'élément le plus abondant.

Baqueira Beret – Située près de la source de la Garonne, dans un **paysage** de hauts sommets, cette station de ski alpin offre une excellente infrastructure, aussi bien en pistes – 1 010 m de dénivelé – qu'en hôtellerie et autres services.

★**Salardú** – Sa position stratégique à l'entrée de la vallée en venant du col de la Bonaigua en fit, au Moyen Âge, une ville fortifiée. Actuellement, Salardú est un beau petit village aux maisons en granit et schiste, qui s'étend autour de l'église **Sant Andreu**★ ⊘. Cet édifice roman (12e et 13e s.) à trois vaisseaux et trois absides possède à l'intérieur d'intéressantes **peintures gothiques**★★ (16e s.), récemment restaurées, ainsi qu'une remarquable sculpture du Christ, la **Majestat de Salardú**★★ (12e s.), haute de 65 cm, très stylisée mais d'un grand réalisme anatomique. On remarquera le svelte clocher de base octogonale (15e s.), séparé de l'ensemble.

Information

Pour plus de renseignements sur la station de ski de Baqueira-Beret, consulter le site Internet www.baqueira.es ou contacter la **Centrale de réservations** de Vielha – ☎ 973 64 44 55.

Unha – Située à 1,5 km au Nord de Salardú, cette petite localité héberge l'**église** romane **Santa Eulalia** (12e s.) : à l'extérieur, on remarquera les modillons qui soutiennent le toit. À l'intérieur, on a retrouvé des restes de peintures romanes (12e s.).

★**Arties** – Situé au confluent de la Garonne et du río Valarties, ce village possède un parador (voir aux Renseignements pratiques, rubrique : Hébergement) et offre un important choix touristique. L'abside de l'église romane Santa Maria est décorée de peintures représentant le Jugement dernier, le Ciel et l'Enfer.
Ce pittoresque village propose un intéressant éventail de recettes à base de gibier (perdrix, sangliers, isards), et l'**aigua de nodes**, une liqueur de noix.

Escunhau – Le village recèle l'un des meilleurs exemples de l'architecture aranaise, l'**église Sant Pedro**★, dont le vaisseau étroit est d'origine romane (11e s.). L'élément le plus remarquable est son **portail**★★ (12e s.) : à noter sur le tympan la grande expressivité du Christ (les pieds cloués sont une caractéristique de l'art roman) ainsi que d'étranges chapiteaux où sont représentés des visages humains.

Betrén – Importante cité médiévale, Betrén se distingue aujourd'hui par son attrait touristique. Le visiteur ne manquera pas de découvrir l'**église Sant Esteve**★, dont le style transitoire du roman au gothique est illustré par les absides, les baies vitrées ou encore le **portail**★★. Les quatre archivoltes de ce dernier hébergent 60 représentations humaines d'un grand réalisme qui illustrent le Jugement dernier et la Résurrection. Au-dessus de l'arc de la porte, la Vierge Marie porte d'une main son enfant et de l'autre une fleur.

Vielha – Voir ce nom.

Quitter Vielha par la N 230 vers la frontière et, 7 km plus loin, prendre à droite une route sinueuse de 6 km qui grimpe en forte pente.

Vilamòs – Cet ancien village agricole et forestier, suspendu sur une plate-forme à 400 m au-dessus de la vallée, a conservé son architecture traditionnelle (solides maisons de pierre aux toits d'ardoise).

Depuis Vilamòs s'ouvre une magnifique **vue**★★ sur la vallée de la Garonne, obstruée, au fond, par les sommets de la Maladeta.

Revenir sur la N 230 et se diriger vers Bòssost.

Bòssost – L'**église de l'Assomption de Marie**★★ ⊙ est le plus remarquable exemple d'église romane (12ᵉ s.) du val d'Arán. L'édifice possède trois vaisseaux, séparés par de gros piliers ronds soutenant une voûte en berceau. Les trois absides sont décorées de bandes lombardes et le très beau **portail** Nord est orné d'un tympan aux sculptures archaïques représentant le Créateur entouré du soleil, de la lune et des symboles des évangélistes.

Offices de tourisme

Bossòst – *Passeig Eduard Aunòs, 14* – ☎ *973 64 82 07.*
Salardú – *Balmes, 2* – ☎ *973 64 50 30.*
Vielha – *Sarriulera, 10* – ☎ *973 64 01 10.*

Transports

En autocar – La compagnie ALSINA GRAELLS *(☎ 93 488 26 31)* assure la liaison quotidienne entre les localités du val d'Arán et Barcelone, Lérida et Taüll dans le val de Boí.

ARTIES

Se loger

Valartiés – *Mayor, 3* – ☎ *973 64 43 64 – fax 973 64 21 74 – 26 chambres – 9 900 ptas.*
Ce petit hôtel est l'une des meilleures solutions d'hébergement dans le val d'Arán. Chambres très chaleureuses, mansardées au dernier étage et dotées de tout le confort pour garantir un séjour des plus plaisants. Excellent rapport qualité/prix.

Se restaurer

UNE PETITE FOLIE !

Casa Irene – *Mayor, 3* – ☎ *973 64 43 64 – ouvert tous les jours sauf le lundi et le mardi à midi.*
Les propriétaires qui possèdent aussi l'hôtel Valartiés peuvent s'enorgueillir de leur restaurant reconnu comme l'un des meilleurs du val. Cuisine gastronomique à base d'excellents produits. La carte des vins est également à la hauteur de sa réputation.

BAGERGUE

Se restaurer

À BON COMPTE

Casa Perú – *Sant Antoni, 6* – ☎ *973 64 54 37.*
Au cœur d'un petit village rural, au milieu d'étroites ruelles, ce chaleureux restaurant sert des plats régionaux dont on retiendra surtout les viandes et les gibiers. Produits de la ferme.

BAQUEIRA

Se loger

Chalet Bassibe – *2,5 km au Nord-Est, sur la route de Beret* – ☎ *973 64 51 52 – fax 973 64 50 32 – 34 chambres – 19 740 ptas – fermé de septembre à décembre et de mai à juillet.*
À proximité des pistes et bénéficiant d'exceptionnelles vues, ce luxueux hôtel est l'établissement idéal pour y passer quelques jours tranquilles. Les chambres sont spacieuses, confortables et décorées avec le meilleur goût.

Se restaurer

VALEUR SÛRE

Ticolet – *Edificio Biciberri* – ☎ *973 64 54 77 – ouvert de décembre à avril et de mi-juillet à mi-septembre.*
Situé au centre de Baqueira, ce restaurant propose une cuisine innovante de qualité. Très bon rapport qualité/prix.

BETRÉN

Se restaurer

À BON COMPTE

La Borda de Betrén – *À 1 km sur la route de Salardú – Major –* ☎ *973 64 00 32.* Installé dans une hutte en pierre, typique des Pyrénées, ce restaurant sert des plats savoureux et très cuisinés.

PORT DE LA BONAIGUA

Se restaurer

VALEUR SÛRE

Cap del Port – *Route C 142 –* ☎ *973 25 00 82 – ouvert tous les jours sauf le dimanche soir et le lundi.* Aménagé dans un ancien refuge pyrénéen, ce restaurant propose un bon choix de viandes. Très bonne cuisine à un prix accessible.

UNHA

Se restaurer

À BON COMPTE

Es de Don Joan (Carmela) – *Santa Eulalia –* ☎ *973 64 57 51 – ouvert tous les jours sauf le lundi, de décembre à avril et de mi-juin à octobre.* L'un des meilleurs restaurants de viande des Pyrénées.

VIELHA

Se loger

À BON COMPTE

La Bonaigua – *Santa María del Villar, 5 –* ☎ *973 64 01 44 – fax 973 64 12 18 – 23 chambres – 8 000 ptas.* Hôtel bénéficiant de chambres très lumineuses, dispensant d'intéressantes vues. Excellent rapport qualité/prix.

★★VALL DEL NOGUERA RIBAGORÇANA

7 De El Pont de Suert à Caldes de Boí

54 km. Environ 3 h

La comarca de l'Alta Ribagorça occupe le territoire de l'ancien comté médiéval de Ripagorce, sur la rive gauche du Noguera Ribagorçana. On y trouve un relief abrupt aux sommets supérieurs à 3 000 m, de grandes dépressions glaciaires, de belles zones lacustres et des vallées encaissées, au fond desquelles s'élèvent de petits villages.

El Pont de Suert – Chef-lieu de la comarca et important centre de services, on y trouve de beaux exemples d'architecture populaire mêlés aux constructions modernes, fruit du développement de l'industrie hydroélectrique.
Sur le territoire communal sont disséminés de petits villages pleins de charme : **Castelló de Tort**, **Casòs**, **Malpàs**, qui, environnés d'un paysage solitaire et boisé, conservent leur aspect rural.

Vilaller – Juché sur un éperon rocheux, ce village conserve les raides et étroites ruelles de son quartier ancien. L'église baroque (18e s.) Sant Climent possède un intéressant **clocher** octogonal.

Prendre la route qui monte vers Caldes de Boí.

★★**Vall de Boí** – Drainée par les rivières Noguera de Tor et Sant Nicolau, cette vallée est célèbre pour receler le plus bel ensemble d'**églises romanes** (11e et 12e s.) des Pyrénées. Construites en petit appareil irrégulier, elles se signalent par la pureté de leurs lignes, leur unité de style et les fresques qui décoraient les murs et les absides.
Ces fresques sont pour la plupart des reproductions, les originales ayant été transférées au musée d'Art de Catalogne *(voir p. 96)*, où elle sont conservées. La silhouette de leurs clochers, adossés à la nef mais néanmoins indépendants, est unique. Presque toujours de plan carré, ils sont ornés de bandes lombardes et d'arcatures doubles ou triples.
Il ne faut pas manquer d'admirer les églises **Santa Eulàlia** à **Erill la Vall**, de la **Nativité** à **Durro** et **Sant Joan** à **Boí**.

Après Erill la Vall, tourner à droite sur une route étroite vers Boí.

Arán – *Avenida Castiero, 5 –* ☎ *973 64 00 50 –* *fax 973 64 00 53 –*
50 chambres – 11 000 ptas.
Tranquille établissement, offrant un service des plus raffinés. Décoration de très
bon goût.

Fonfreda – *Passatge dera Libertat, 18 –* ☎ *973 64 04 86 –* *fax 973 64 24 42 –*
26 chambres – 11 500 ptas.
Hôtel confortable et bien équipé. Chambres très accueillantes.

Se loger à Boí

Fondevila – *Únic –* ☎ *973 69 60 11 –* *fax 973 69 60 11 – 46 chambres – 6 000 ptas –*
ouvert de janvier à la Semaine sainte et de juin à septembre.
Hôtel à l'ambiance familiale. Malgré un confort limité, les chambres n'en demeurent pas moins fonctionnelles et correctes. Il est également doté d'un restaurant.

S'y restaurer

La Cabana – *Route de Tahüll –* ☎ *973 69 62 13 – ouvert toute l'année sauf en*
mai, juin, octobre et novembre.
Son bon rapport qualité/prix fait de ce restaurant une adresse tout à fait recom-
mandable. Accueillant et bien décoré, il sert une cuisine typiquement catalane
dont on retiendra en particulier les viandes.

★**Taüll** – Ce typique village montagnard est célèbre pour les fresques de ses deux
églises, véritables joyaux romans, exposées au musée d'Art de Catalogne, à
Barcelone. **L'église Sant Climent**★★ ⊙, à la sortie du village, fut consacrée le
10 décembre 1123, précédant d'un jour la consécration de Santa Maria. À l'angle
Sud-Est du bâtiment se dresse la svelte tour à six corps, de style roman lombard,
dont l'intérieur est décoré de fresques de la même époque. Une copie du célèbre
Pantocrator de Taüll est placée dans l'abside.
Le dédale des ruelles et les maisons de pierre aux balcons en bois sont concentrés
autour de l'**église Santa Maria**★ ⊙, édifice roman restauré, à trois vaisseaux séparés
par des piliers cylindriques.
Revenir sur la route de Caldes de Boí.

★★**Parc national d'Aigüestortes i Estany de Sant Maurici** – *Voir ce nom.*

★**Caldes de Boí** – À 1 550 m d'altitude se trouve cette station thermale connue pour
ses 37 sources où l'eau jaillit à de hautes températures (entre 24 et 56 °C).
À proximité, la station de ski de **Boí-Taüll** déroule ses pistes entre 2 457 et 2 038 m.

Église Sant Climent, à Taüll

T. Vidal/GC (DICT)

203

REUS★

Baix Camp – Tarragona – 88 595 habitants
Carte Michelin n° 443 I 33 ou Atlas España–Portugal p. 18

Enclavée dans la plaine du Camp, proche des premiers chaînons des montagnes de Prades, Reus se signale par son intense activité commerciale due à sa situation au carrefour de toutes les routes allant de l'arrière-pays vers la Méditerranée. Elle se distingue aussi par un réel essor culturel qu'incarne le **Centre de Lectura** ☉ (**BZ**), institution libérale fondée en 1859, qui recèle une précieuse bibliothèque et d'intéressantes œuvres d'art.

Son envolée économique s'est produite vers la fin du 18 s., lorsque Charles III abolit les privilèges qui limitaient le commerce. Les gains extraordinaires obtenus grâce aux exportations – Reus, avec Londres et Paris, fixait le cours mondial de l'eau-de-vie, d'où la phrase populaire : « Reus, Paris et Londres » – en ont fait la deuxième ville de Catalogne.

Gastronomie

Il faut ajouter à cela sa variété gastronomique. Les fruits secs de Reus sont réputés, spécialement les noisettes, protégées par un label d'appellation d'origine. Les plus gourmands goûteront les *panellets*, friandises typiques faites pour la Toussaint, et le célèbre *menjar blanc*, dessert aux origines médiévales qui mélange amandes crues, amidon, sucre, farine de riz, lait, cannelle et vanille.

Reus est le berceau, notamment, de l'architecte **Antoni Gaudí** (1852-1926) *(voir p. 90)*, du peintre **Mariá Fortuny** (1838-1874), du célèbre général **Joan Prim** (1814-1870), du poète **Gabriel Ferrater** (1922-1972) et du metteur en scène **Lluís Pasqual** (1951).

Se loger

VALEUR SÛRE

Simonet – *Raval de Santa Anna, 18* – ☎ 977 34 59 74 – fax 977 34 45 81 – *39 chambres* – 11 000 ptas.
Accueil convivial et soigné pour cet hôtel dont les chambres de taille réduite n'en sont pas moins accueillantes.

Gaudí – *Raval Robuster, 49* – ☎ 977 34 55 45 – fax 977 34 28 08 – *79 chambres* – 12 600 ptas.
Niché au cœur de la ville, ce confortable hôtel a été récemment rénové.

Se restaurer

VALEUR SÛRE

La Glorieta del Castell – *Plaça del Castell, 2* – ☎ 977 34 08 26 – *ouvert tous les jours, sauf le dimanche – fermé en août.*
Ce restaurant sert les meilleures recettes catalanes et les plats typiques de la région.

Lèche-vitrine

Pour ceux qui voudraient faire des achats, Reus est l'endroit idéal : authentique ville-vitrine, ses nombreux commerces vont de la petite boutique aux établissements de grand renom, tous établis dans la **carrer Monterols** (**BY**). En octobre se déroule **Expo-Reus**, l'une des plus prestigieuses foires commerciales de Catalogne.

★LA VILLE MODERNISTE *environ 2 h 30*

L'importante croissance économique de Reus, à la fin du 19e s. et au début du 20e s., a favorisé la construction d'un important ensemble de bâtiments modernistes, réalisés, pour la plupart, par l'architecte Domènech i Montaner.
Au centre du noyau urbain se trouve la **Casa Navàs**★★ ☉ (**BY**), construite en 1901 et évoquant les palais gothiques vénitiens, dont les éléments les plus intéressants sont le porche, la façade ornée de sculptures de Gaudí (cousin du célèbre architecte), et l'intérieur qui conserve le mobilier d'époque et la riche décoration de mosaïques et de verrières.
Les autres réalisations de **Domènech i Montaner** sont la **Casa Rull** (1900 – **AY A**) et sa façade ornée de lions ailés, et la **Casa Gasull** (1911 – **AY B**), que l'on reconnaît aux mosaïques des fenêtres et à ses sgraffites.
Dans le même goût moderniste, Juan Rubió i Bellver construisit en 1911 les **laboratoires Serra** et, en 1924, la **Casa Quadrada** (**BY E**), et Pere Caselles réalisa en 1892 la Casa Punyed (**BY F**) et la Casa Homdedèu (**BCY K**) en 1893.

R. Manent/GC (DICT)

Intérieur de l'Institut Pere Mata

Hors de la ville (*sortir de Reus par le Camí de l'Aleixar* – **AY**) se trouve l'**Institut Pere Mata**★★ (1897-1912), sanatorium psychiatrique où Domènech i Montaner éprouva le système de pavillons indépendants qu'il appliqua plus tard à l'hôpital Sant Pau de Barcelone *(voir p. 95)*. De style islamique, ils sont décorés de superbes mosaïques florales.

Quartier ancien – Les restes du quartier ancien ne sont pas nombreux. Subsistent quelques vestiges de l'ancien quartier juif dans le Carreró dels Jueus (**BZ 31**), et, sur la Plaça del Castell (**BY 12**), se dresse le seul témoignage de la Reus médiévale, une construction fortifiée qui abrite les Archives historiques.
L'**église Sant Pere** (**BZ**), du 16e s., présente une svelte nef gothique ; du haut du **clocher** hexagonal (63 m de haut), on voit la Costa Daurada.

AUTRES CURIOSITÉS

Plaça de Prim (**BY**) – Dominée par la **statue équestre du général Prim** (1887), c'est autour d'elle qu'est organisée l'activité nocturne et culturelle de Reus. Espace dynamique résumant bien le caractère de la ville, c'est ici qu'a lieu tout ce qui se passe d'important à Reus. Les jours de spectacle au **Teatre Fortuny**★ (**T**), récemment restauré, les terrasses se parent de leurs meilleurs habits.

★**Palau Bofarull** (**BY**) – Construit en 1760, il présente une superbe façade dont la porte est entourée d'éléments baroques et rococo (remarquer les atlantes qui soutiennent le blason).

Joan Prim i Prats (1814-1870)

Après s'être illustré très jeune lors de la première guerre carliste (1833-1839) et avoir contribué au renversement du régent Espartero en 1843 (ce qui lui valut de recevoir le gouvernement militaire de Madrid et le titre de comte de Reus), sa soif de pouvoir l'amena tantôt à se ranger du côté de la reine Isabelle II (il participe alors aux expéditions du Maroc en 1859 et du Mexique en 1862), tantôt à s'opposer aux ministères en place et à soulever la Catalogne, tentatives qui l'amenèrent à fuir sa patrie à diverses reprises (il passa même un temps au service de l'Empire ottoman). Choisi comme ministre de la Guerre par le régent Serrano après la révolution de 1868, c'est lui qui suggère alors de remplacer les Bourbons par une dynastie étrangère, lançant notamment la candidature Hohenzollern qui fut à l'origine de la guerre franco-prussienne de 1870, avant de prendre parti pour le duc d'Aoste, Amédée de Savoie.
Il meurt à Madrid, tué lors d'un attentat.

REUS

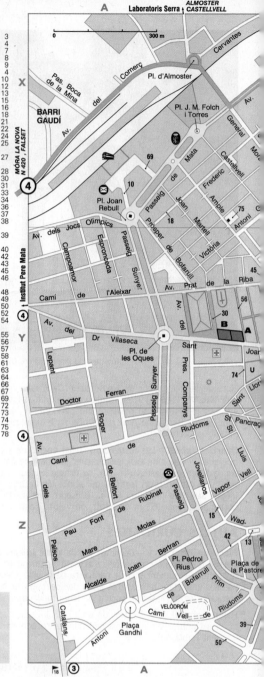

A	Casa Rull
B	Casa Gasull
E	Casa Quadrada
F	Casa Punyed
K	Casa Homdedéu
M¹	Museu comarcal Salvador Vilaseca
T	Teatro Fortuny

À l'intérieur, la salle néoclassique présente une riche décoration de peintures à fresque, en hommage à Charles III et à Charles IV. Signalons également, pour leur mérite artistique, les plafonds, attribués à Flaugier.

Museu comarcal Salvador Vilaseca ⓥ (BY **M¹**) – Il comporte deux sections, installées dans deux bâtiments différents.

La section d'Art et Industries populaires, implantée Plaça de La Llibertat, expose entre autres les œuvres de peintres natifs de Reus. Influencée par les romantiques français (Delacroix et Géricault), **Marià Fortuny** (1838-1874) manifeste dans ses tableaux et dessins un vif intérêt pour les thèmes exotiques. Les collections de céramique (16e et 17e s.), œuvres des célèbres potiers de Reus, et celles d'art populaire ne manquent pas d'intérêt.

La section d'Archéologie, située Raval de Santa Anna, présente les collections léguées par le prestigieux archéologue Salvador Vilaseca (1896-1975), parmi lesquelles se détachent les statues romaines de Bacchus et Cybèle.

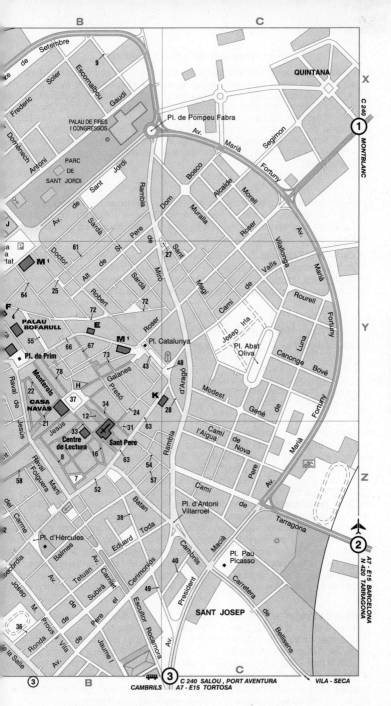

Barri Gaudí (AX) – En quittant Reus par la N 430, on aperçoit sur la droite le quartier Gaudí, intéressant ensemble urbain sujet à polémique réalisé par l'architecte Ricardo Bofill.

EXCURSIONS

★★ **Falset** – *30 km à l'Ouest par* ④ *et N 420.* Depuis Reus, le chemin est fascinant. Les paysages se succèdent, sans cesse changeants à mesure que la **route**★ s'approche de Falset. Une fois passé le col de la Teixeta, les vastes plaines du Baix Camp laissent la place aux terres rouges du Priorat.

Falset, capitale du pays, est une petite ville calme et agréable qui conserve un noyau ancien, composé de quelques intéressants édifices, tels le **château**, fortifié au 18ᵉ s., et le **palais des ducs de Medinaceli** (1630), de style Renaissance, qui

---

Une gastronomie hautement suggestive...

Parmi les plats les plus appréciés, on peut citer le *llebre amb xocolata* (lièvre au chocolat), mélange de saveurs disparates. Le chocolat entre aussi dans la composition des *cargols dolços i coents* (escargots sucrés et piquants), qui, sans doute, feront les délices des gourmets les plus exigeants. Comme dessert typique, ne pas oublier le *mostillo*, sorte de sirop obtenu après la cuisson des noix dans du moût de raisin, ainsi que le pain de figues.
Pour terminer, signalons les excellents vins de table, rouges, clairets et rosés, sans oublier les vins vieux, accompagnement idéal pour n'importe quel dessert.

---

héberge aujourd'hui la mairie. Se promener dans ces ruelles silencieuses, s'arrêter devant chaque maison ancienne, modestement blanchie à la chaux, représentent quelques-uns des attraits de ce village dont le vrai charme est son excellente cuisine.

★**La Cartoixa d'Escaladei** ⊙ – *30 km. Sortir de Reus par ④ en direction de Falset. Au port de Teixeta, prendre à droite la T 313 vers La Morera de Montsant.* Au pied de la Sierra del Montsant, à 2 km, par une route non revêtue, de Conreria d'Escaladei, hameau faisant partie de la commune de **La Morera de Montsant**, se trouvent les ruines de la **chartreuse Santa Maria d'Escaladei**, centre spirituel du Priorat.

Selon une légende, le monastère tirerait son nom d'une vision : sur le lieu même où se trouve Escaladei, un berger aurait vu, une nuit, un escalier emprunté par les anges pour monter au ciel, d'où le nom « escalier de Dieu ».

Se loger à Falset

Hostal Sport – *Miquel Barceló, 6 –* ☎ *977 83 00 78 – fax 977 83 00 63 – 43 chambres – 8 000 ptas.*
Décoration de très bon goût pour cet hôtel, aux chambres suffisamment spacieuses, disposant de tout le confort.

Il s'agit de la plus ancienne chartreuse de toute la péninsule, fondée en 1167. Malgré la dégradation des ruines, on distingue le portail classiciste desservant la seconde enceinte et l'église Santa Maria. On s'intéressera en particulier à la minutieuse reconstitution d'une **cellule**★, élément clé de toutes les chartreuses puisque les moines effectuaient la plupart de leurs tâches dans les murs du monastère. Chacune est dotée d'un potager individuel cultivé par les chartreux.

La **Sierra del Montsant**★★ permet de nombreuses excursions, depuis l'Escaladei ou depuis la commune de La Morera del Montsant. Le nom de cette montagne – le mont saint – lui vient de son importante tradition érémitique. Lorsqu'on monte par les chemins qui la parcourent, on observe les grottes qu'occupèrent pendant des siècles les ermites, qui, par leur présence, permirent l'établissement de la chartreuse. Vu de loin, le **Montsant** forme un massif dénudé, couleur carmin. Sa présence non seulement apporte une grande solennité au paysage, mais contribue également à maintenir la qualité des vins en protégeant les vignobles des vents du Nord et du froid.

★**Siurana de Prades** – *36 km. Sortir de Reus par ④ en direction de Falset. À 8 km, prendre à droite la C 242 jusqu'à Cornudella de Montsant.*
Pour arriver jusqu'à Siurana, le visiteur bénéficiera d'un **itinéraire**★★ très attrayant. Après avoir emprunté à Cornudella la route T 701 vers Prades, il trouvera à moins d'1 km la route *(7,3 km)* qui va vers le ravin de l'Estopinyà, avant de grimper vers le sommet de l'éperon rocheux où se trouve le pittoresque village de Siurana.

Le village – Siurana est situé sur un **emplacement**★★★ surprenant. Juché à 737 m d'altitude, sur une falaise de roche calcaire, ce village est un extraordinaire mirador sur les terres du Priorat et le lac de retenue du même nom. Ses maisons en pierre sont disposées sur un petit plateau, groupées en pittoresques rues irrégulières autour du vieux clocher rougeâtre de l'église romane. Cette étonnante situation a donné naissance à bien des légendes, dont l'histoire du village est riche.

Les vins du Priorat

Parler du pays du Priorat, c'est parler de ses vins. La chartreuse d'Escaladei encouragea très tôt la culture de la vigne. La composition des sols et la climatologie confèrent au vin des qualités particulières et très caractéristiques. L'ardoise du Priorat, appelée *llicorella*, réduit considérablement la quantité produite, mais les raisins sont plus gros, ont plus d'arôme et une teneur en alcool plus élevée, allant parfois jusqu'à 22°.

Les **panoramas**★★ que l'on découvre sont impressionnants. Le río Siurana se faufile dans de profonds défilés et la présence humaine semble pratiquement bannie. On a l'impression d'être loin de tout, témoin privilégié du silence saisissant et de la beauté captivante de l'endroit.
Outre le fascinant ensemble formé par le village et son environnement immédiat, le secteur offre quelques beaux sites naturels, tels le refuge du Centre Excursionista de Catalunya, et le **Salt de la Reina Mora**, un précipice où, selon la légende, une reine arabe préféra se jeter plutôt que tomber aux mains des chrétiens, laissant marquées sur les pierres les dernières empreintes de son cheval. À mi-hauteur de ce précipice de 100 m, un étroit sentier signalisé conduit à la Trona, un beau rocher suspendu qui dispense, sous un autre angle, des **vues** également merveilleuses.

Pantà de Siurana – Au pied du village se trouve le barrage dont le lac de 86 ha offre aux amateurs d'excursions des coins secrets d'une grande beauté.

RIPOLL★

Ripollès – Girona – 11 204 habitants
Carte Michelin n° 443 F 36 ou Atlas España-Portugal p. 18
Schéma : PYRÉNÉES CATALANES

La capitale du Ripollès est un marché et un centre de services actif dont les commerces traditionnels sont situés entre les places Anselm Clavé et Dama, dans une rue piétonne très fréquentée.
Bien qu'elle possède des bâtiments d'architecture moderniste (Can Codina, Can Dou et Casa Bonada), Ripoll est célèbre grâce au grand monastère bénédictin Santa Maria, fondé au 9e s. par le comte de Barcelone **Wilfred le Poilu**. Jusqu'au 12e s., il servit de nécropole aux comtes de Barcelone, de Besalú et de Cerdagne.

Un important foyer culturel – La bibliothèque du monastère fut l'une des plus riches de la chrétienté. Outre les textes sacrés et les commentaires théologiques, elle possédait des œuvres d'auteurs païens (Plutarque et Virgile) et nombre de traités scientifiques.
Les Arabes, après avoir récupéré la culture classique perdue en Occident, la diffusèrent au sein de leur empire dont l'Espagne était le dernier maillon. Ripoll, à la frontière des deux civilisations, devint sous la tutelle de l'abbé Oliba un important foyer culturel. Érudits de toute l'Europe y vinrent continuer leurs études, tel Gerbert, moine d'Aurillac, qui y étudia la musique et les mathématiques avant d'occuper le siège papal (999) sous le nom de **Sylvestre II**.

L'abbé Oliba – Fils du comte de Cerdagne et de Besalú, très cultivé et possédant de sérieuses qualités de politicien, il fut abbé de Ripoll et de Saint-Michel-de-Cuxá *(voir le guide Pyrénées Roussillon)*, entre 1008 et 1046. Devenu évêque de Vic dès 1018, c'est lui qui encouragea la construction d'églises à plan basilical, à croisée saillante et coupole *(voir collégiale Sant Vicenç, à Cardona)*.

Vous recherchez un hôtel ou un restaurant, consultez le carnet d'adresses des Pyrénées.

★ANCIEN MONASTÈRE SANTA MARIA ☉

Il n'en subsiste plus aujourd'hui que le portail de l'église et le cloître.

★**Église** – En 977, l'abbé Oliba consacra ce majestueux édifice roman, élevé sur les ruines d'une église du 9e s. Ses cinq vaisseaux et le transept à sept absides signifièrent une grande innovation pour l'époque, mais le tremblement de terre de 1428, les différentes transformations subies tout au long des siècles et l'incendie de 1835 détruisirent cette splendide œuvre d'art. Aujourd'hui, elle est entièrement restaurée, et seul le portail occidental est d'origine.
Dans le bras droit du transept se trouve le tombeau de Bérenger III le Grand (12e s.) et, dans le bras gauche, le superbe **monument funéraire** de Wilfred le Poilu.

★★★**Portail** – Construit vers le milieu du 12e s., c'est l'une des plus importantes œuvres sculptées romanes de la Catalogne. Malgré la pente du toit qui la protégeait, la pierre a été considérablement érodée par les intempéries, aussi est-il difficile d'interpréter les reliefs. Actuellement, on accomplit un remarquable travail de restauration.
Les registres horizontaux forment une sorte d'arc triomphal dont une grande frise en couronnement relie les deux côtés. La glorification de Dieu et de son peuple vainqueur de ses ennemis (passage de la mer Rouge) illustre l'esprit de la Reconquête.
Les reliefs débordent du portail proprement dit et couvrent la totalité du mur, formant une véritable lecture sculptée des passages les plus importants de la Bible.

A Vision de l'Apocalypse
1) L'Éternel sur son trône
2) Anges
3) Homme ailé, attribut de saint Matthieu
4) Aigle, attribut de saint Jean
5) Les 24 vieillards
6) Lion, attribut de saint Marc
7) Taureau, attribut de saint Luc

B Exode
1) Passage de la mer Rouge
2) La manne
3) Vol de cailles guidant le Peuple de Dieu
4) Moïse fait jaillir l'eau du rocher
5) Moïse doit garder les bras levés pour donner la victoire à son peuple
6) Combats de fantassins et cavaliers

C Livre des Rois
1) David et ses musiciens
2) Transfert de l'Arche d'Alliance
3) La peste de Sion
4) Gad (debout) parle à David (assis) devant la foule
5) David désigne Salomon comme son héritier
6) Salomon, sur la mule de David, acclamé par le peuple
7) Le jugement de Salomon
8) Le songe de Salomon
9) Élie monte au ciel dans un char de feu

D) David et ses musiciens
E) Combats de monstres
F) Saint Pierre
G) Saint Paul
H) Vie et martyre de saint Pierre (à gauche) et de saint Paul (à droite)
I) Histoire de Jonas (à gauche) ; histoire de Daniel (à droite)
J) (à l'intrados de l'arc ; se lit simultanément à droite et à gauche). Au centre : le Créateur, deux anges ; au-dessous : offrandes d'Abel et de Caïn ; en bas : meurtre d'Abel, Caïn l'ensevelit
K) (à l'intérieur des montants de la porte). Les mois de l'année

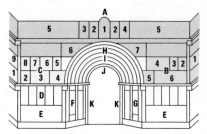

★**Cloître** – Bien que sa construction ait duré plus de quatre siècles, l'unité de style y est remarquable. De plan trapézoïdal, il se compose de deux étages de galeries. La galerie inférieure adossée à l'église, ornée de beaux chapiteaux aux décors figuratifs et végétaux, date du 12e s., tandis que les trois autres furent construites au 14e s. Les galeries supérieures ne furent achevées qu'au début du 15e s. Dans les murs se trouvent aussi des sépulcres, des pierres tombales et des fragments d'une mosaïque ancienne.

Museu Etnogràfic ☉ – Situé en face du portail du couvent Ste-Marie, le Musée ethnographique nous retrace l'histoire du Ripollès. Inauguré en 1920, il recèle plus de 5 000 pièces : on remarquera les collections de paléontologie, de vêtements et de céramique mais, surtout, les salles consacrées à l'industrie du fer, qui présentent des forges anciennes et des armes à feu du 16e au 19e s.

ROSES★

Alt Empordà – Girona – 10 303 habitants
Carte Michelin n° 443 F 39 ou Atlas Espaãa-Portugal p. 19
Schéma : COSTA BRAVA

Au Sud-Est de l'abrupte péninsule du cap Creus, régnant sur le golfe du même nom, se trouve cette petite ville touristique par excellence. Située sur un magnifique port naturel, elle possède la plus importante flotte de pêche du Nord de la Catalogne. Néanmoins, cette ville conserve aussi quelques beaux vestiges et propose une large gamme hôtelière, de restauration et d'équipements de loisirs. En outre, son port de plaisance accueille de nombreuses compétitions.

Vous recherchez un hôtel ou un restaurant, consultez le carnet d'adresses de la Costa Brava.

L'ancienne ville de Rhode – Rhode fut fondée au 8e s. avant J.-C. par des navigateurs originaires de l'île de Rhodes mais fut occupée plus tard par les Phocéens, qui s'étaient installés à Empúries. Quoique l'on ait depuis toujours identifié Roses avec l'ancienne Rhode, la confirmation archéologique ne fut obtenue que vers 1960. Les fouilles récentes – inachevées – ont établi que Roses était une active colonie grecque, dont la propre monnaie (des drachmes frappés au revers de la rose des Rhodiens) eut cours de la fin du 4e s. jusqu'au 3e s. avant J.-C. La découverte d'un atelier de céramique utilisant le vernis noir a révélé que la ville vécut, pendant un certain temps, de l'exportation de ses produits dans la Méditerranée occidentale. Une inscription, trouvée à Carthage, cite le *municipium* de Rhode comme important centre de salaison de poissons.

CURIOSITÉS

★**Citadelle** ☉ – De style Renaissance, elle fut construite au 16e s. par ordre de Charles Quint, qui craignait quelque invasion turque. Elle se développe selon un plan pentagonal, avec de solides murs et de nombreux bastions. En dépit des destructions, l'ensemble demeure dans un bon état de conservation.

La monumentale **Porta de Mar**, de style Renaissance, avec ses pilastres ornementaux adossés et sa frise à décoration végétale, est la porte d'entrée de l'enceinte fortifiée.

À l'intérieur se trouvent les ruines du monastère bénédictin Santa Maria de Roses, détruit par les Français pendant la guerre d'Indépendance (1808-1814), et, en sous-sol, les vestiges de l'ancienne ville de Rhode.

Santa Maria ⊘ – Les restes de cette église du 11ᵉ s. se trouvent à l'intérieur de la citadelle. La partie la mieux conservée est le très beau chevet, de type lombard. Dans l'une des absidioles, on a trouvé des traces d'une église paléochrétienne.

ENVIRONS

Dolmen de la Creu d'en Cobertella – *5 km par la route qui mène à l'anse Montjoi.* C'est le plus grand monument mégalithique de Catalogne, dont la datation approximative est fixée aux débuts du troisième millénaire avant J.-C.

SANT CELONI

Vallès Oriental – Barcelona – 11 937 habitants
Carte Michelin n° 443 G 37 ou Atlas España-Portugal p. 33

L'immense commune de Sant Celoni se trouve dans la vallée du fleuve Tordera, dans une zone accidentée par les versants du massif du Montnegre, près du **Parc naturel du Montseny**. Le vieux quartier est axé sur la Carrer Major où sont situés les commerces traditionnels.

Sant Martí ⊘ – Église de plan rectangulaire à nef unique, Sant Martí se distingue par sa magnifique **façade★** baroque (18ᵉ s.), avec des sgraffites en forme de retable (allégories, les saints Celoni et Ermenter et une sorte de balustrade décorative).

EXCURSIONS

Breda – *14 km au Nord-Est par la C 251, puis la GI 552 à gauche à La Batllória.* Cet important centre de poterie est situé sur l'un des flancs du Montseny. Il doit sa renommée au remarquable **monastère Sant Salvador★** ⊘ dont subsiste l'église gothique, aux dimensions très équilibrées, le patio et le monumental **clocher★★** roman à cinq étages.

Hostalric – *19 km au Nord-Est par la C 251.* Le village se dresse sur une petite colline d'origine volcanique. Il subsiste une partie de ses monumentales murailles médiévales (13ᵉ-14ᵉ s.) et l'ancien château fort.

Monastère de SANT CUGAT DEL VALLÈS★★

Vallès Occidental – Barcelona
Carte Michelin n° 443 H 36 ou Atlas España-Portugal p. 32

L'ancienne abbaye bénédictine se trouve au cœur de la petite ville à laquelle elle a donné son nom. C'était à l'origine un camp romain situé au Nord-Est de la Sierra de Collserola, à 16 km de Barcelone, qui devint célèbre parce que saint Cucufat (Cugat) et ses compagnons y subirent le martyre. Ils furent égorgés, victimes de la dernière persécution de Dioclétien. Sur la tombe du martyr, on construisit, entre le 12ᵉ et le 14ᵉ s., les bâtiments monastiques qui étaient fortifiés au départ.

De l'ancienne enceinte abbatiale demeurent encore l'église (aujourd'hui église paroissiale), le cloître et la salle capitulaire, transformée en chapelle (chapelle du Saint-Sacrement, ou del Santissím). Le palais abbatial, édifice gothique remodelé au 18ᵉ s., sert actuellement de presbytère.

★Église ⊘ – Édifié au 12ᵉ s., ce sanctuaire à trois vaisseaux et trois absides semi-circulaires est un magnifique exemple de transition entre le roman et le gothique. La partie la plus ancienne est la tour (11ᵉ s.), décorée de bandes lombardes. La tour-lanterne érigée à la croisée et la coupole octogonale qui la couvre témoignent d'une évolution du style d'origine. D'autres modifications furent également réalisées, notamment l'adjonction de trois chapelles latérales.

La façade, unie, couronnée de créneaux et consolidée de contreforts, fut achevée peu avant 1350. Une grande rosace ajourée contraste avec les archivoltes de la porte.

On peut admirer, à l'intérieur, le beau **retable de Tous les Saints★** (1), du 14ᵉ s., où, sur un thème marial, l'auteur, Pere Serra, parvient à donner dynamisme et expressivité aux personnages.

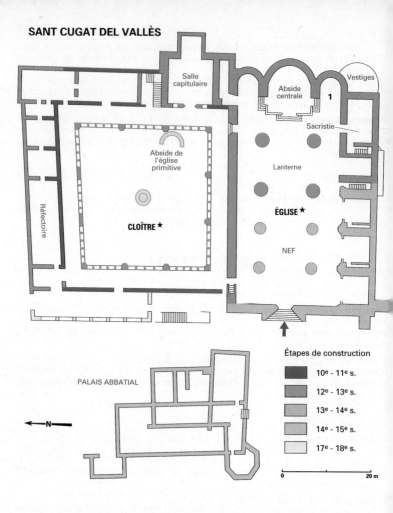

SANT CUGAT DEL VALLÈS

Salle capitulaire

Abside centrale

Vestiges

1

Sacristie

Abside de l'église primitive

Lanterne

Réfectoire

CLOÎTRE ★

ÉGLISE ★

NEF

Étapes de construction

- 10e - 11e s.
- 12e - 13e s.
- 13e - 14e s.
- 14e - 15e s.
- 17e - 18e s.

PALAIS ABBATIAL

◄ **N**

0   20 m

★ **Cloître** – Les galeries *(illustration p. 290)* du cloître inférieur (11e s.) sont divisées en trois tronçons égaux, comportant chacun cinq petits arcs en plein cintre s'appuyant sur des doubles colonnes reposant sur un soubassement continu. La totalité de la galerie est voûtée en berceau. La sobriété de ce cloître est accentuée par les 144 **chapiteaux**★ du maître Arnau Cadell, reliés deux à deux par un même abaque.

Plusieurs styles ornementaux y sont développés : le corinthien (à feuilles d'acanthe et figures géométriques), le figuratif (oiseaux, sirènes et animaux fantastiques) ou le tableau historié (scènes bibliques et scènes de la vie quotidienne). Le chapiteau le plus intéressant est celui du pilier d'angle Nord-Est, où le sculpteur s'est représenté lui-même au travail et a gravé son nom.

Dans la deuxième moitié du 16e s., on ajouta une galerie supérieure, avec de belles colonnes toscanes soutenant des arcs en plein cintre. Actuellement, cette partie supérieure abrite un atelier de restauration d'œuvres d'art.

ENVIRONS

Santa Maria ⊙, à **Barberà del Vallès** – *À 5 km. Traverser Bellaterra et prendre l'autoroute A 7 vers le Nord ; sortir à Sabadell Sud.*
Barberà del Vallès est unie au Sud à Sabadell, ville la plus peuplée du Vallès occidental, dont le passé industriel lui valut le nom de « Manchester catalane ».
L'église Santa Maria (11e s.) se trouve au bout de la Ronda de Santa Maria, sur la Plaça del Milenario. Bâtie selon un plan à nef unique et trois absides distinctes, sur le bras droit du transept s'élève une tour-clocher rectangulaire à toiture pyramidale. L'ornementation des murs – arcs et bandes lombardes – ajoute une touche d'aisance architecturale à l'effet coloriste du bossage.
Les peintures de l'abside (12e et 13e s.), d'une grande perfection et en parfait état de conservation, développent des thèmes propres au style roman.

SANT FELIU DE GUÍXOLS★

Baix Empordà – Girona – 16 088 habitants
Carte Michelin n° 443 G 39 ou Atlas España-Portugal p. 33
Schéma : COSTA BRAVA

Cette ville côtière est située sur une petite baie, à l'abri des derniers contreforts de la Sierra de Les Gavarres. Le **Passeig de la Mar**, promenade arborée parallèle à la plage, est l'artère la plus animée de la ville. Pendant les mois d'été, ses nombreuses terrasses et ses cafés d'aspect moderniste **(Casino dels Nois)** ne désemplissent pas.
Les boutiques d'artisanat du liège proposent tous les articles possibles, du simple bouchon aux objets décoratifs d'un certain intérêt artistique.

> Vous recherchez un hôtel ou un restaurant, consultez le carnet d'adresses de la Costa Brava.

CURIOSITÉS

★**Église-monastère Sant Feliu** ⊘ – Les vestiges de cet ancien monastère bénédictin du 10e s. se trouvent sur la Plaça del Monestir. Fortifié à l'origine, c'est une authentique mosaïque de styles architecturaux. Les tours del Fum et del Corn, ainsi que la **Porta Ferrada**★★, étrange portail de style préroman aux arcs outrepassés, en sont les restes les plus anciens. L'église gothique présente trois absides polygonales et une seule nef voûtée sur croisée d'ogives. Les dépendances monastiques, remodelées au 18e s., accueillent le **Museu d'Història de la Ciutat** ⊘.

Chapelle Sant Elm ⊘ – On prétend que c'est en contemplant le bord de mer de ce splendide mirador que le journaliste **Ferran Agulló** appela la côte « Costa Brava ». Les **vues**★★ que l'on a de la corniche littorale sont impressionnantes.

★**Pedralta** – Situé à la limite de la commune de Castell d'Aro, ce rocher en porteà-faux, l'un des plus grands d'Europe, est un singulier mirador sur la baie.

ENVIRONS

★**S'Agaró** – *2 km au Nord par la C 253*. La construction de cet ensemble immobilier aux belles et luxueuses villas débuta dans les années vingt, selon une tendance Art nouveau adoptée par l'architecte Rafael Masó. On ajouta plus tard des constructions modernes. Depuis le Camino de Ronda, on a de charmantes **perspectives**★ sur les falaises.

Platja d'Aro – *4 km au Nord par la C 253*. Cet ensemble urbain, aménagé au seul usage des vacanciers, trouve toute son animation en été, quand ceux-ci déambulent dans ses rues, y apportant une ambiance cosmopolite et bruyante.

Palamós – *10 km au Nord par la C 253*. Petit village ayant un dynamique port de plaisance et de pêche, Palamós, avec son choix de loisirs et de services, est l'un des endroits les plus fréquentés de la Costa Brava.

★**Cova d'en Daina** – *4 km à l'Ouest de Palamós*. Une **route** calme et sinueuse pénètre dans la Sierra de Les Gavarres et conduit jusqu'à **Romanya de la Selva**. Après le village, au milieu d'un paisible bosquet, se trouve cet intéressant tombeau mégalithique.

SANT JOAN DE LES ABADESSES★

Ripollès – Girona – 3 898 habitants
Carte Michelin n° 443 F 36 ou Atlas España-Portugal p. 18
Schéma : PYRÉNÉES CATALANES

Lorsque l'on vient de Ripoll par la C 151, on peut admirer, à l'entrée de l'ancienne ville de Les Abadesses (les Abbesses), le beau **pont médiéval**★ qui enjambe le Ter.

> Vous recherchez un hôtel, consultez le carnet d'adresses des Pyrénées.

Cette construction du 15e s. fut édifiée en remplacement d'un ancien pont romain. Son arc de 33 m en fait, de tous les ponts du Moyen Âge, le plus large de Catalogne par l'ouverture. Le bourg, qui doit son nom au monastère Sant Joan, voit se dérouler pendant la Festa Major (deuxième dimanche de septembre) le **Ball dels Pabordes**, danse rituelle au cours de laquelle les « pabordes », organisateurs de la Fête du Très Saint Mystère, se prodiguent de multiples hommages.

★★**Monastère** ⊘ – Ce monastère bénédictin fut fondé au 9e s. par le comte Wilfred le Poilu, père d'Emma, la première abbesse. La communauté féminine, rapidement dissoute, fut remplacée par des ordres masculins. L'église actuelle, consacrée en 1150, est l'œuvre d'une congrégation de frères augustins. Au cours du 18e s., le monastère connut de nombreuses transformations, mais, entre 1948 et 1963, l'architecte Duran i Reynals accomplit une importante restauration.

La Descente de Croix

★ **Église** – Le chevet, qui couronnait la nef et le transept, possédait une *girola (voir Introduction : L'art)* sur laquelle s'appuyait un dôme portant le clocher. Un tremblement de terre détruisit cette construction en 1428, qui fut reconstruite sans la girola.

Les cinq absides sont décorées de chapiteaux dont les motifs s'inspirent des tissus d'Orient qui faisaient la richesse du monastère. Les murs, divisés en deux registres par des arcatures et des colonnettes, sont ornés de beaux vitraux garnis de lames d'albâtre.

L'abside centrale possède un extraordinaire groupe roman représentant **La Descente de Croix★★** (1251), où l'on retrouve sept personnages : le Christ, Joseph d'Arimathie et Nicodème – qui ôtent les clous –, saint Jean, la Vierge et un voleur à chaque extrémité. L'ensemble possède la rigidité caractéristique du roman; néanmoins, le visage de Jésus annonce déjà, par une belle expression de douleur et de sérénité, les débuts de l'art gothique. Une hostie consacrée, qui avait été placée sur le front du Christ en 1251, a été conservée intacte jusqu'en 1936, ce qui en fit un objet de grande vénération populaire.

Parmi les autres chefs-d'œuvre de l'église il faut signaler le **retable** gothique de sainte Marie la Blanche (14e s.), pièce délicate en albâtre d'influence italienne (remarquer l'élégance du traitement des scènes de l'enfance de Jésus). Très intéressants aussi, le tombeau du bienheureux Miró de Tagamanent (1345), au gisant monumental, le retable – gothique lui aussi – de saint Augustin, provenant d'un atelier fondé en ville, et la chapelle baroque des Douleurs, qui possède une très belle coupole du 17e s. et une belle Pietà de facture récente, dont l'auteur est Josep Viladomat.

★ **Cloître** – De style gothique catalan, il remplaça, au 14e s., l'ancien cloître roman. Il fut réalisé selon le modèle adopté par les ordres mendiants, plafond de bois et arcatures élancées, soutenues par de fines colonnettes.

Musée du monastère – On y accède depuis le cloître. D'intéressants fragments de retables, des pièces d'orfèvrerie, des sculptures et des croix anciennes y sont exposés. Il faut signaler la collection de **tissus brodés** (étoles extrêmement bien travaillées et somptueuses soies arabes).

Palais abbatial – Cet édifice du 14ᵉ s. se dresse sur la petite place devant l'église. Il possède un patio intérieur aux chapiteaux sculptés et amples arcades.

Sant Pol – Cette église située dans le noyau urbain présente un extraordinaire tympan sculpté, représentant le Christ, les apôtres Pierre et Paul, et deux anges.

Monastère SANT PERE DE RODES★★★

Alt Empordà – Girona

Carte Michelin n° 443 E 39 ou Atlas España-Portugal p. 9 – Schéma : COSTA BRAVA

Sur le flanc abrupt du mont Sant Salvador de Verdera, dans un **site★★** merveilleux ayant en toile de fond le golfe du Lion et la péninsule du cap Creus, se dressent les ruines impressionnantes de ce monastère bénédictin. Sa construction remonte au 10ᵉ s. et son histoire est un véritable roman-feuilleton de cape et d'épée, lourd de vols, d'incendies, d'épidémies et de saccages.

Le monastère est enclavé sur une petite esplanade irrégulière, aussi les différents édifices (église, cloître et dépendances monastiques) sont-ils situés à des niveaux différents. Sur la hauteur s'élèvent les ruines du **château de Sant Salvador de Verdera**. L'ensemble est complété par les vestiges de l'ancienne localité de Santes Creus, que domine l'**église Santa Helena**.

VISITE ⊘

Laisser la voiture au parking et gagner le monastère à pied (10 mn). Il est conseillé de démarrer la visite par la présentation audiovisuelle.

★★★**Église** – C'est une œuvre exceptionnelle, unique dans l'architecture médiévale espagnole. Elle présente une unité de construction atypique, aux influences préromanes très marquées, malgré sa construction au 11ᵉ s.

Située au Nord du site, plus bas que le reste des bâtiments, elle comporte trois vaisseaux.

La nef centrale présente une voûte en berceau très haute, alors que les collatéraux, très étroits, ont des voûtes surbaissées. Les vaisseaux sont séparés par des piliers massifs, renforcés de colonnes adossées reposant sur de hauts soubassements. Les superbes **chapiteaux★** qui décorent ces colonnes ont des entrelacs et des feuilles

Le monastère, dominant El Port de la Selva

R. Manent/GC (DICT)

Monastère SANT PERES DE RODES

d'acanthe délicatement sculptés, dans la lignée de quelques monuments cordouans et byzantins. Le transept a deux chapelles absidiales et une abside centrale dotée d'une crypte et d'un étroit déambulatoire auquel on accède par le bras droit du transept et d'où l'on apprécie le mieux la profondeur et l'ampleur de la nef centrale.

★★**Clocher** – Magnifique exemple du roman lombard du 12ᵉ s., c'est un grande tour de plan carré (27 m de hauteur) à trois étages avec de grandes ouvertures.

ENVIRONS

★**El Port de la Selva** – *8 km à l'Ouest.*
Cette commune touristique se trouve au Nord de la péninsule du cap Creus. Le centre de la ville est composé d'un évocateur ensemble d'architecture populaire constitué de maisons blanches qui furent autrefois des maisons de pêcheurs. Actuellement, El Port de la Selva est une station estivale où foisonnent les nouvelles constructions, les hôtels et les campings.
La pêche est une des principales activités de ce port naturel, dont le profil est l'un des plus spectaculaires de toute la Costa Brava. La largeur de sa plage, lieu de maintes compétitions sportives, les lueurs argentées de la mer et, surtout, la proximité du merveilleux monastère Sant Pere de Rodes font de El Port de la Selva une étape à ne pas manquer.

SANTA COLOMA DE FARNERS★
La Selva – Girona – 8 111 habitants
Carte Michelin n° 443 G 38 ou Atlas España-Portugal p. 33
Schéma : COSTA BRAVA

Située au pied de la Sierra de Les Guilleries, Santa Coloma est le chef-lieu de la comarca de La Selva dont elle est devenue le centre névralgique du fait de son intense activité commerciale. Au beau milieu de la trame urbaine surgit le parc Sant Salvador et sa célèbre fontaine. Berceau du subtil poète **Salvador Espriu** (1913-1985), l'un des auteurs de langue catalane les plus importants, sa spécialité est la *teula*, variété de gaufre.

Se loger

Termas Orión – *Veinat de vall* – ☎ *972 84 00 65* – fax *972 84 04 66* – 66 chambres – 11 800 ptas.
Établissement thermal situé aux abords de la ville, garantissant un séjour de calme et de détente. La délicatesse de la décoration des chambres et de l'aménagement des jardins méritent d'être mentionnée.

Se restaurer

VALEUR SÛRE

Mas Solà – *Carretera de Sils* – ☎ *972 84 08 48* – *fermé le dimanche soir et le mardi (sauf en juillet et août).*
Installé dans une ancienne *masía*, ce restaurant sert des plats traditionnels et des desserts faits maison.

ENVIRONS

Sanctuaire de la Mare de Déu de Farners ☉ – *À 4 km du parc Sant Salvador, par une piste accidentée et non revêtue.*
Au milieu d'une agréable esplanade boisée de pins et de chênes verts se trouve cet ermitage roman, remarquable par son abside, de dimensions réduites, et son beau parvis au toit en bois. À quelques mètres, sur une petite butte, se dressent les ruines du **château de Farners**, édifié au 11ᵉ s.

Sant Pere Cercada ☉ – *À 10 km du parc Sant Salvador, par la même piste d'accès que pour le sanctuaire.*
Cette intéressante construction romane à abside trilobée est érigée dans un agréable **site★** au milieu d'un bois aussi paisible que touffu. L'intérieur, bien préservé, se caractérise par la sobriété de ses lignes.

EXCURSIONS

Caldes de Malavella – *17 km au Sud-Est par la C 253, puis la N II à gauche après Riudarenes.*
Cette ville doit sa célébrité aux abondantes sources d'eaux minérales médicinales (58 et 60°). Bien que connues dès l'époque romaine, leur exploitation systématique ne date que du 19ᵉ s., à l'instar des grandes stations thermales européennes.

Les eaux bicarbonatées de Caldes, vendues dans toute l'Espagne, sont commercialisées sous les noms de Vichy Catalán, Imperial et Sant Narcís.
Actuellement, les seuls établissements de cure encore en exercice sont les thermes Prats et les thermes Vichy Catalán. Ceux-ci furent conçus (1898) dans le style néo-islamique par l'architecte moderniste **Gaietà Buïgas**.

★**Sant Hilari Sacalm** – *22 km à l'Ouest, par la GE 551.*
Dissimulée dans la Sierra de Les Guilleries, Sant Hilari jouit d'un agréable climat estival. Sur son territoire, extrêmement boisé, jaillissent de nombreuses sources (Font Picant et Font Vella). À la saison, le village accueille un grand nombre de chasseurs et d'amateurs de champignons.

Monastère de SANTES CREUS★★★

Alt Camp – Tarragona
Carte Michelin n° 443 H 34 ou Atlas España-Portugal p. 32

Au cœur d'une luxuriante et profonde vallée, le superbe ensemble architectural de Santes Creus (Sainte-Croix) s'étale sur la rive gauche du **fleuve Gaià**. Les anciennes dépendances monastiques, réhabilitées et transformées en logements, forment le petit village du même nom. Ce site méditerranéen est planté en alternance de peupliers, de vignes, d'oliviers et d'épais bois.
L'histoire et la physionomie du monastère présentent de claires analogies avec celles du monastère de Poblet.

UN PEU D'HISTOIRE

Le monastère fut fondé en l'an 1150 grâce à la donation par les Montcada *(voir p. 100)* de terres situées à Valldaura, dans le Vallès Occidental, près de Sant Cugat del Vallès. Mais la communauté cistercienne, qui fonctionnait dès 1152, recherca un endroit plus écarté et s'installa à Santes Creus en 1158.
Dès sa fondation, le nouveau monastère manifesta un grand dynamisme, bien que l'élan définitif n'ait été impulsé qu'au 13e s. sous la direction de deux abbés : **saint Bernard Calbó**, conseiller du roi Jacques Ier, qu'il accompagna lors des conquêtes de Majorque et de Valence, et l'**abbé Gener** (1265-1293), qui obtint la protection de Pierre III.
Santes Creus joua un rôle prépondérant dans la fondation (1319) de l'ordre militaire de Montesa, ordre qui se substitua à celui des Templiers sur une partie du territoire catalano-aragonais. Ses abbés participèrent activement à la vie politique catalane : conseillers des souverains ou présidents de la Generalitat, ils furent souvent partie prenante lors de conflits armés. Dans le domaine culturel, le monastère fut au 16e s. un intense foyer d'études humanistes, disposant d'une très riche bibliothèque.
La décadence intervint au début du 19e s. et fut rapide. Fermé pendant le Triennat Constitutionnel (1820-1823), le monastère vit ses biens vendus aux enchères et fut définitivement sécularisé en 1835 avant d'être incendié et saccagé.
En fondant la paroisse de Santes Creus, l'ancien moine Miquel Mestre en engageait la réhabilitation. En 1931 fut constituée l'Association (Patronato) de Santes Creus, puis furent créées en 1947 les Archives bibliographiques (Arxiu Bibliogràfic), et, en 1975, l'Œuvre culturelle Santes Creus, qui lança les Cycles annuels de musique classique et sacrée, le cours international d'été de chant grégorien, des concerts d'orgue, et différentes activités culturelles.

VISITE ⊙ *2 h*
La visite débute par la projection d'un spectaculaire documentaire sur l'histoire du monastère et la vie quotidienne en son sein.

Selon l'activité et les besoins du monastère, les différents bâtiments furent construits du 12e au 18e s., comme au monastère de Poblet *(voir ce nom)*, avec lequel celui de Santes Creus présente certaines analogies, tant du point de vue architectural que du point de vue historique. Comme le monastère de Poblet encore, il possède trois enceintes, autrefois fortifiées, mais il ne reste des murailles, dont la construction fut ordonnée par Pierre IV en 1376 et 1380, que les murs de l'église et la façade Est du cloître, surmontés d'une ligne de créneaux.
Par la porte de l'Assomption, œuvre baroque du 18e s. qui se trouve sur la Plaça de Sant Bernat, on accède à la Plaça Major. C'est là que s'élèvent les anciennes dépendances, aux murs décorés de fines **sgraffites**, occupées actuellement par des commerçants et des particuliers. À droite de la Plaça Major se dresse l'ancien palais abbatial, et, au fond, le cloître et l'église (12e et 13e s.), dont l'austère façade n'est ornée que d'un portail en plein cintre et d'une immense baie gothique qui en occupe tout le fronton et accroche le regard.

★★★**Grand cloître** – Le majestueux cloître gothique est l'un des joyaux du monastère, combinant harmonieusement les idéaux cisterciens et la volupté de la nature. Sa construction débuta en 1313, à l'emplacement d'un ancien cloître dont subsistent le **lavabo** et la salle capitulaire. Le maître anglais Reginald Fonoll, qui introduisit en Catalogne les formes flamandes, travailla les très délicates sculptures décoratives.

D. Lerault /DIAF

Le grand cloître

Différemment décorées sur chacun des quatre côtés du cloître, huit baies ogivales découpées à jour telle une dentelle et soutenues au centre par de fines colonnettes ouvrent les grandes galeries quand les petites n'en comptent que sept. Au Nord, la décoration adoptée reprend un motif très fréquent en Catalogne : la rose soutenue par des arcatures. Sur les côtés Est et Sud, on a utilisé des formes réticulées. Sur le côté Ouest, les ajours de ligne flamande montrent l'influence de maître Fonoll.

La décoration des chapiteaux et des impostes constitue un bel éventail de l'iconographie gothique : faune, flore, motifs bibliques, sujets satiriques, histoires mythologiques et scènes de mœurs. Les tableaux ont été traités avec une grâce et une imagination admirables, et la qualité du grès permit aux sculpteurs de fournir un authentique travail d'orfèvre. Le récit de la création d'Adam et Ève (à l'angle Sud-Ouest), celui des vices, représentés par des animaux monstrueux et fantastiques (côté Sud), l'allusion au maître sculpteur avec le ciseau et la masse dans les mains (côté Est) et les chapiteaux aux décorations végétales du côté Nord, en face de l'escalier du dortoir, forment un ensemble particulièrement riche et représentatif.

Le cloître, en outre, est un véritable panthéon de la noblesse catalane. Dans ses murs s'alignent les tombeaux des Montcada, Cervelló, Cervera, Castellet et autres protecteurs du monastère.

Juste à côté de la porte d'entrée de l'église, on peut voir une statue polychrome de la Vierge (14ᵉ s.), une autre représentant Jésus, trois anges portant les instruments de la Passion et un moine agenouillé.

★★Salle capitulaire – S'ouvrant sur le cloître par un superbe portail et deux baies romanes, c'est l'une des pièces les mieux conservées. Elle servait aux réunions des moines qui, assis sur les bancs adossés aux murs, révisaient les règles de conduite.

C'est une salle carrée avec des voûtes divisées en neuf tronçons, s'appuyant sur quatre colonnes centrales. Les chapiteaux, tous différents, portent une décoration végétale très simple, en accord avec l'esprit profond de Cîteaux.

L'harmonie entre les murs, les voûtes et les arcs donne à la pièce sa grande pureté architecturale, les différents éléments ayant été travaillés avec un sens aigu des proportions.

Les pierres tombales des abbés de Santes Creus sont insérées dans le pavement.

Dortoir – À côté de la salle capitulaire un escalier monte au dortoir (12e s.). Cette vaste salle rectangulaire est couverte d'une charpente soutenue par onze arcs diaphragmes, appuyés à leur tour sur des consoles encastrées dans le mur. Il était relié à l'église par la partie supérieure du cloître, de façon à se rendre directement aux prières de minuit.

Actuellement, il est utilisé comme salle de concerts.

Cloître ancien – Il porte ce nom parce qu'il occupe la place du premier cloître (12e s.). Construit au 17e s., il est d'une grande sobriété, formé d'arcs diaphragmes partant très près du sol. La simplicité de l'architecture, la petite fontaine et les quatre cyprès caractérisent la sérénité de ce havre de paix.

Réfectoire – Construit au 17e s., il est éclairé par des baies étroites et élevées. Un soubassement d'azulejos (carreaux de faïence émaillée) décore les murs où s'adossaient les convives habillés de blanc.

Palais royal – À Santes Creus comme à Poblet, le monastère incluait un logis royal. Le palais conserve son magnifique **patio★** (14e s.) dont il faut signaler la rampe, avec ses deux très beaux groupes sculptés – bien remarquer le lion tenant dans ses griffes une gazelle et un sanglier –, et la galerie supérieure, où onze colonnes, formées de colonnettes adossées, soutiennent des arcs brisés.

Chapelle de la Trinité et cimetière – Cette petite église romane (12e s.) est l'un des plus anciens bâtiments de Santes Creus. Les voûtes unies reposent sur une moulure de pierre très simple. À l'intérieur se trouve une statue en bois du 16e s.

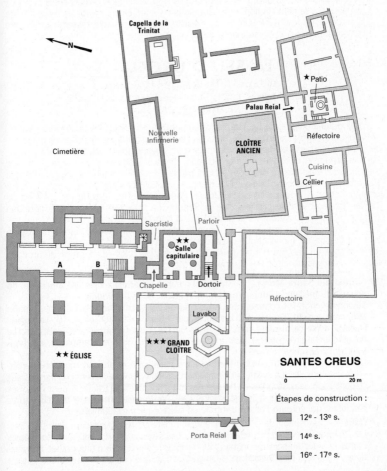

Depuis le cimetière, présidé par une croix en pierre, on observe la **rosace**★ de l'abside centrale de l'église, une des images les plus singulières du monastère. Son remplage de pierre est formé d'arcs en plein cintre et d'un délicat vitrail du 13e s. Sa taille (6,30 m de diamètre) et sa situation inhabituelle en font une œuvre exceptionnelle.

★★ **Église** – Sa construction débuta en 1174 selon le schéma cistercien classique : plan en croix latine, trois vaisseaux et cinq chapelles absidiales de plan rectangulaire. La nef centrale présente une voûte sur croisée d'ogives, et les arcs qui la supportent reposent sur d'élégants modillons cannelés. L'austérité est le mot d'ordre de cet ensemble. La tour-lanterne du 14e s., visible de l'extérieur, les verrières du bas, avec la rosace de l'abside cachée derrière le retable du maître-autel, constituent les seuls écarts ornementaux.

★★ **Mausolée de Pierre III le Grand** (**A**) – Situé dans la partie dite de l'Évangile, le tombeau de Pierre III le Grand est le seul qui n'ait pas été pillé. Il est constitué par un petit temple gothique de plan rectangulaire dont la voûte repose sur quatre colonnes composites. La décoration est extrêmement somptueuse. À travers le remplage des arcs reposant sur des meneaux, on voit la voûte peinte en bleu et constellée d'étoiles de couleur or.

Dans les angles apparaissent les symboles des quatre évangélistes et, sur chacun d'eux, se dresse un svelte pinacle. Ce merveilleux ensemble est complété par dix chapiteaux, délicatement décorés de motifs végétaux et d'êtres fantastiques.

Le petit temple couvre la grande urne, en porphyre rouge, qui contient les restes royaux. Avec les deux lions en pierre blanche qui la soutiennent, elle aurait été rapportée d'Égypte par **Roger de Lauria**. Une lourde dalle en jaspe, ornée de sculptures inspirées de la vie des saints – bien remarquer les expressions des visages et les mouvements des vêtements –, couvre cette pièce singulière.

À côté du tombeau du roi, encastré dans le pavement, se trouve celui du grand amiral Roger de Lauria. Une dalle funéraire signale sa sépulture.

Mausolée de Jacques II et de Blanche d'Anjou (**B**) – La richesse ornementale est moindre que celle du tombeau de Pierre III. Un pavillon d'arcs en ogive couvre l'urne de marbre blanc, où les gisants des monarques sont vêtus de robes cisterciennes. Aux pieds du roi se tient un lion, et à ceux de la reine un chien, symboles respectifs de la force et de la fidélité. On dit qu'il existe une remarquable ressemblance entre ces sculptures et les personnages réels.

La SEU D'URGELL★

Alt Urgell – Lleida – 11 195 habitants
Carte Michelin n° 443 E 34 ou Atlas España-Portugal p. 18
Schéma : PYRÉNÉES CATALANES

Capitale de la comarca, La Seu se trouve au confluent du Segre et de la rivière Valira, entourée d'un agréable et radieux paysage. De beaux pâturages, des sources qui jaillissent de toutes parts et de hauts sommets sont ses principaux attraits naturels.

La ville primitive, citée par Pline et Strabon, s'élevait jusqu'au 9e s. sur la colline de Castellciutat, mais elle fut déplacée dans la plaine du Segre lorsque les évêques d'Urgell fixèrent leur résidence à La Seu. Elle devint la capitale de l'important comté d'Urgell et ainsi naquit le nom de La Seu d'Urgell. Pour des raisons historiques, l'évêque de La Seu partage avec le président de la République française la charge, honorifique depuis 1993, de souverain de la principauté d'Andorre.

Ces dernières années, la ville est devenue la capitale des Pyrénées, suite à un important processus de modernisation. Le commerce, l'agriculture et l'élevage font bon ménage avec un important secteur industriel, spécialisé dans l'élaboration de produits laitiers, protégés par un label d'appellation d'origine.

★★ **Cathédrale Santa Maria** ⊘ – Située au cœur du quartier ancien, la cathédrale, ou *seu*, est le meilleur exemple du roman lombard de la Catalogne.

Sa construction fut commencée par le chef de chantier, d'origine italienne, Ramón Llombard, en 1175 ; elle fut restaurée par Puig i Cadalfach en 1918. La façade Ouest, en pierre bicolore, possède trois parties correspondant aux trois nefs. La partie centrale, décorée d'arcatures, de lisières et d'un petit campanile, est typiquement italienne.

La cathédrale présente un plan basilical à trois vaisseaux et un long transept où s'ouvrent cinq absides. La svelte nef centrale est délimitée par des piliers cruciformes aux colonnes adossées décorées de boules. Les murs orientaux du transept, dont la croisée est couverte d'une tour-lanterne, sont animés par une élégante **galerie** aux ouvertures géminées, qui entoure l'abside centrale en laissant passer la lumière.

★ **Cloître** – À l'exception de la travée orientale, refaite en 1603, le cloître date du 13e s. Les chapiteaux ont été sculptés par des artistes venus du Roussillon et les thèmes traités (visages humains et animaux fantastiques) font preuve d'une grande imagination. C'est par la **porte Santa Maria**, à l'angle Sud-Est, que l'on accède à l'église auxiliaire

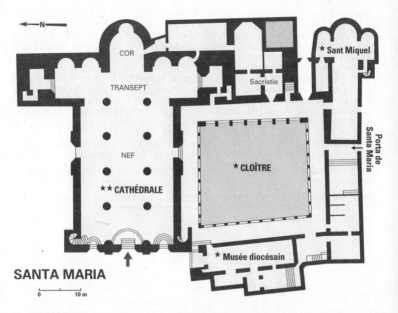

COR

TRANSEPT

★ Sant Miquel

Sacristie

NEF

★ CLOÎTRE

Porta de Santa Maria

★★ CATHÉDRALE

★ Musée diocésain

SANTA MARIA

0   10 m

Sant Miquel★ (11ᵉ s.), seul vestige de l'ensemble ecclésiastique, construit par l'évêque saint Ermengol. Sant Miquel est un bâtiment très simple : une nef unique, un transept et trois absides aux décorations lombardes. Il était décoré de fresques romanes, exposées actuellement au musée d'Art de Catalogne à Barcelone.

★**Musée diocésain** ⊘ – Il se trouve dans l'ancienne église de la Pietat (14ᵉ s.) et abrite une magnifique collection d'objets d'art du 10ᵉ au 17ᵉ s., provenant de divers villages du diocèse. On remarquera entre autres un intéressant **papyrus**★ du pape

Le *Beatus* – Musée diocésain

Sylvestre II, grand savant ayant fait ses études à Ripoll et à Vic qui introduisit les chiffres arabes en Europe, un somptueux **crucifix roman** en émail (12ᵉ s.), provenant du monastère de Silos, le beau **retable d'Abella de la Conca★**, œuvre du 14ᵉ s. réalisée par Pedro Serra, influencé par l'école de Sienne et l'iconographie byzantine, le retable en pierre polychrome de Sant Bartomeu (11ᵉ s.), dont les scènes ont été traitées avec un grand réalisme.

Néanmoins, la pièce la plus importante est le **Beatus★★** du 11ᵉ s., l'une des rares copies qui soient conservées du célèbre commentaire de l'Apocalypse rédigé au 8ᵉ s. par Beatus de Liébana. À la différence de celui de Gérone *(voir p. 153)*, le caractère narratif y est plus développé : les personnages ont des attitudes plus dynamiques, les scènes présentent de remarquables détails et les expressions des visages et des mains ont une grande originalité.

Sont exposés également différents objets d'orfèvrerie et l'urne de saint Ermengol, œuvre baroque (1755) de Pedro Llopart, faite en argent repoussé.

Parc del Segre – Dans ce grand parc furent réalisés des torrents artificiels pour les Jeux olympiques de 1992. Des espaces sont réservés aux compétitions.

Parc del Valira – Un cloître moderne, réalisé par Luis Racionero, y est édifié. Ses chapiteaux représentent différents personnages contemporains : Marx, Staline, Franco, Marilyn Monroe, Picasso, etc.

SITGES★★

Garraf – Barcelona – 13 096 habitants
Carte Michelin n° 443 I 35 ou Atlas España-Portugal p. 32

Au Sud de Barcelone, sur la zone côtière du **Parc naturel du Garraf**, d'origine karstique, se trouve l'une des stations touristiques les plus fréquentées de Catalogne : Sitges. Selon la tradition, cette ville occupe l'emplacement de l'ancienne cité romaine de Súbur, mentionnée par Strabon et Pline. Vers la fin du 19ᵉ s., elle fut découverte par les modernistes (Santiago Rusiñol, Ramón Casas et Miguel Utrillo), qui la choisirent pour accueillir d'importantes manifestations artistiques.

Sitges est une ville de contrastes très marqués. Progressiste, joyeuse et impudente, la ville a su résister à plus de 80 ans de fréquentation et ne rien perdre de son charme. Ses larges plages – Sant Sebastià et La Ribera – sont les lieux de rendez-vous des touristes de toutes nationalités. De luxueuses villas coexistent avec des demeures modernistes, un air de fête semble animer les rues : les gens y sont ouverts et chaleureux. La ville, stimulée par un esprit de progrès, offre une grande diversité de loisirs, dont le terrain de golf Terramar, et de services.

Numéros utiles

Patronato Municipal de Turismo – *Carrer Sínia Morera, 1* – ☎ *93 894 42 51*.
Centrale de réservations de Sitges (hôtels) – ☎ *902 10 34 28*.
Internet : www.sitgestur.com
Consorci del Patrimoni de Sitges – *Plaça del Ajuntament* – ☎ *93 894 03 64*.

Billets combinés

Nombreuses possibilités de billets combinés offrant l'accès à des musées ou des expositions. Disponibles dans n'importe quel musée. Renseignements ☎ *93 894 03 64*.

Transports

Gare ferroviaire – *Plaça d'Eduard Maristany* – ☎ *93 894 98 89*.
Sitges est parfaitement reliée à Barcelone par des trains de banlieue toutes les 30 mn, de 5 h à 22 h 30. **Durée du trajet** : 30 mn.

En autocar – La liaison Sitges-Barcelone est assurée quotidiennement par la compagnie MOHN (☎ *93 658 01 41* ou *93 89 37 60*). Service réduit pendant les week-ends. La gare routière se situe Passeig de Vilafranca (**AY 47**).

Taxi – Pour gagner l'aéroport, on peut prendre un taxi depuis la place de la gare. **Coût** : environ 5 000 ptas.

Se loger

Sitges est une ville particulièrement coûteuse. Malgré une abondante offre hôtelière, notre conseil est de prendre des réservations surtout pour la période estivale. Les prix indiqués ci-après sont les tarifs en haute saison (août généralement). Ceux-ci peuvent fléchir considérablement d'une saison à l'autre.

VALEUR SÛRE

Galeón – *Sant Francesc, 44-46* – ☎ *93 894 88 35* – *fax 93 894 63 35* – *47 chambres – 9 900 ptas – ouvert de mai à octobre.*
Hôtel central dispensant un service prévenant. Chambres simples mais agréables.

Alexandra – *Passatge Termes, 20* – ☎ *93 894 15 58* – *16 chambres – 10 500 ptas .*
Hôtel standard et paisible. Le raffinement et le bon goût caractérisent sa décoration.

Madison Bahía – *Parelladas, 31* – ☎ *93 894 00 12 ou 93 894 61 47 – 25 chambres – 11 500 ptas (tarif TTC, petit déjeuner inclus).*
Établissement correct, aux chambres dotées de tout le confort, situé dans une voie piétonne du centre. Dans la Carrer Sant Bartomeu, une pension de famille dépend également de l'hôtel.

Romàntic – *Sant Isidre, 33* – ☎ *93 894 83 75* – *fax 93 811 41 29 – 58 chambres – 13 000 ptas.*
Aménagé dans un bel édifice du 19e s., l'hôtel possède des chambres sobres mais élégantes et les parties communes dégagent un charme suranné. Beau patio intérieur.

UNE PETITE FOLIE !

Capri – *Avenida Sofía, 13/15* – ☎ *93 811 02 67* – *fax 93 894 51 88 – 57 chambres – 18 300 ptas.*
Très agréable hôtel employant un personnel sympathique et efficace. Décoration très réussie. Chambres confortables. À deux pas de la plage, il est également doté d'une piscine.

Se restaurer

À BON COMPTE

Casa Willy – *Parellades, 80* – ☎ *93 894 19 27.*
Restaurant au large taux de fréquentation. Clientèle très variée. Ses plats de poisson sont absolument délicieux. Bon rapport qualité/prix.

La Oca – *Parellades, 41.*
Restauration rapide. Spécialités de viandes grillées. *(Prix du menu : environ 1 000 ptas).*

La Masía – *passeig Vilanova, 164* – ☎ *93 894 10 76.*
Recettes catalanes servies dans un cadre empreint de *costumbrismo*. À noter, la salle à manger installée dans la cave.

VALEUR SÛRE

La Nansa – *Carreta, 24* – ☎ *93 894 19 27 – ouvert tous les jours – fermé le mardi soir d'octobre à juin.*
Un classique de Sitges. Cuisine méditerranéenne traditionnelle pour ce restaurant qui sert aussi de bons desserts.

Oliver's – *Isla de Cuba, 39* – ☎ *93 894 35 16 – service uniquement le soir sauf les samedis, dimanches et jours fériés – fermé le lundi.*
Mets de tous les pays du monde, servis dans un cadre chaleureux.

Maricel – *Passeig de la Ribera, 6* – ☎ *93 894 20 54 – fermé le mardi.*
Plats cuisinés avec le plus grand soin. Poissons et fruits de mer méritent une mention particulière. Bonne cave. Notre préféré, cela ne fait aucun doute.

Tapas

Les bars proposant le plus grand choix de tapas sont innombrables à Sitges. Nous mentionnerons en particulier deux tavernes basques : **Izarra** *(Major, 22)* et **Eguzki** *(San Pablo, 3).* À noter aussi, les Carrers Parellades et Marqués de Montroig qui sont jalonnées de cafés et de bars à tapas.

Sitges et ses fêtes

Les fêtes commencent au mois de février par le **Carnaval.** Pendant sept jours, Sitges devient la capitale « gay » de l'Europe et ses rues s'emplissent de personnages masqués, bouffons, lutins, formant des cortèges très osés et bruyants. En même temps a lieu, depuis 1958, le **Rallye international de voitures anciennes Barcelone-Sitges,** auquel participent de très belles voitures du début du 20e s., dont les conducteurs sont en costume d'époque.
Pendant la **Fête-Dieu,** la ville vit littéralement une explosion de joie et de couleurs. À cette date a lieu la célèbre Exposition nationale des Œillets et les rues sont tapissées de fleurs.
La **festa de Sant Bartomeu,** le 24 août, possède un caractère populaire très marqué. Les gens envahissent les rues en dansant la *moixiganga* d'origine baroque. Des géants à grosse tête courent parmi la foule dans les ruelles du quartier ancien et un grand feu d'artifice clôt la fête.
Parmi les activités culturelles, il faut signaler le Festival international de théâtre, au mois de juin et, tout spécialement, le prestigieux **Festival international de cinéma de Catalogne** au mois d'octobre.

★★ LA VIEILLE VILLE *1/2 journée*

Massée sur le cap rocheux appelé La Punta, la vieille ville est une véritable mosaïque de bâtiments pittoresques. L'église Sant Bartomeu et Santa Tecla, face à la plage de la Ribera, domine ce magnifique ensemble, où les bâtiments modernistes côtoient de petites maisons blanches, témoignages du passé maritime de la ville. Poètes et peintres découvrirent dans ces étroites ruelles pavées l'authentique esprit de Sitges et son inépuisable vitalité.

★★ **Museu del Cau Ferrat** ⊘ (**EZ**) – Le **musée du Fer forgé** occupe la maison qui, à partir de 1891, fut la résidence principale du peintre et écrivain **Santiago Rusiñol** (1861-1931). Ce dernier encouragea la pratique d'activités artistiques et culturelles, comme les Fêtes modernistes de Sitges (1892-1899), proposant de nombreux spectacles de théâtre, des expositions, des concerts, etc.
Cette ancienne maison de pêcheurs, du 16e s., fut remodelée par Francesc Rogent, architecte néomédiéviste, qui ajouta quelques éléments gothiques, comme le toit en bois polychrome. Devenue musée en 1933, cette maison expose différentes collections de peinture, d'objets en fer forgé, de sculptures et de céramiques, léguées à la ville par l'artiste barcelonais. Les salles du rez-de-chaussée sont l'image emblématique du musée. Les murs d'un bleu indigo contrastent avec le soubassement et la multitude d'objets en céramique.

Peinture – Parmi les nombreux tableaux, signalons deux œuvres du Greco (*La Madeleine pénitente* et *Le Repentir de saint Pierre*), que Rusiñol avait achetées à très bas prix à Paris et qu'il avait ramenées à Sitges, accompagné d'une nombreuse suite d'artistes. Des tableaux de Picasso, Casas, Llimona, Nonell, Zuloaga et de Rusiñol lui-même *(La Poésie, la Musique et la Peinture)* complètent ce précieux ensemble.

Fer forgé – *Étage supérieur.* Cette collection, formée d'objets d'époques et de styles différents, a donné son nom au musée. Le visiteur sera surpris par la profusion de heurtoirs, serrures, clés et autres candélabres. Parmi les pièces les plus intéressantes figurent un ensemble de poignées de porte du 16e s., dont quelques-unes sont fort curieuses, ainsi qu'un buste reliquaire polychrome de sainte Marthe (17e s.).

SITGES

Camí dels Capellans (Av.)	**BY** 12		Marquès de Montroig	**AZ** 30
Cap de la Vila (Pl.)	**BY**		Migdia (Rambla)	**AY** 31
Devallada	**BZ** 15		Mossèn Joan Llopis	**AZ** 33
Eduard Maristany (Pl.)	**BY** 16		Parellades	**AZ**
Espanya (Pl.)	**AZ** 20		Sant Bartomeu	**ABY** 39
Fonollar	**BZ** 21		Sant Francesc	**AY**
Francesc Gumà	**BY** 23		Sant Gaudenci	**ABY** 40
Jesús	**BY**		Sant Honorat	**AZ** 42
Major	**BZ**		Vilafranca (Pg.)	**AY** 47

Animes	**BY**	3
Artur Carbonell (Av.)	**AY**	6
Baluard (Pl.)	**BZ**	7
Barcelona	**BZ**	10

Musée du Cau Ferrat

★**Museu Maricel de Mar** ⏱ (**EZ**) – Cet ancien hôpital gothique (14ᵉ s.) a été transformé au début du 20ᵉ s. par Miguel Utrillo. D'abord destiné à accueillir la collection du milliardaire américain Charles Deering, qui finança sa restauration, il abrite depuis 1970 des pièces léguées par le docteur Jesús Pérez Rosales.

Le **bâtiment**, relié par une passerelle au musée Maricel de Terra, s'est enrichi de mosaïques gothiques authentiques, comme celle de San Miguel de la Torre, ramenée de Castille. D'autres éléments modernes furent ajoutés : chapiteaux, collages aux thèmes humoristiques, reproductions de sculptures Renaissance et peintures murales se rapportant à la Première Guerre mondiale, réalisées par José María Sert.

Dans ce musée sont également exposées des pièces très variées : retables gothiques, sculptures baroques, meubles Renaissance et instruments de musique de différentes époques.

Située dans une petite pièce aux chapiteaux romans, la collection de sculptures de style Art nouveau montre des œuvres aussi importantes que le *Repos* et la *Gitane adolescente* de Rebull.

★**Casa Llopis** ⏱ (**DY**) – Avec la Casa Papiol de Vilanova i la Geltrú *(voir p. 259)*, elle constitue le **Musée romantique**.

Cette demeure seigneuriale, bâtie en 1793, est un témoignage de la prospérité de Sitges au 19ᵉ s. Les différentes salles, décorées de meubles anglais et de somptueux rideaux, évoquent la vie de cette époque. Dans cette atmosphère de rêve sont exposés des automates, des boîtes à musique et des dioramas qui instruisent sur le développement de la mode.

Au second étage est exposée la **collection Lola Anglada**, intéressant ensemble de poupées des 17ᵉ, 18ᵉ et 19ᵉ s., provenant de toute l'Europe et réalisées en papier mâché, bois et porcelaine.

Tapis de fleurs

225

AUTRES CURIOSITÉS

Passeig Marítim – *Sortir par le Passeig de la Ribera* (**DZ**). Cette promenade longe la plage de la Ribera. Longue de trois kilomètres, bordée de villas, de piscines, d'hôtels et d'autres établissements, elle forme l'une des plus importantes promenades de front de mer bordant la côte catalane. Au début se trouve une statue du Greco, érigée grâce à une souscription populaire.

Sanctuaire du Vinyet ⊙ – *Sortir par le Passeig de Vilanova* (**DY**). Ce sanctuaire néoclassique (18e s.) se trouve à l'Ouest, près de la route de Vilanova i la Geltrú. Il abrite Notre-Dame du Vinyet, délicate sculpture du 12e s., vénérée dans toute la région.

SOLSONA★

Solsonès – Lleida – 6 601 habitants
Carte Michelin n° 443 G 34 ou Atlas España-Portugal p. 32

Chef-lieu de la comarca et siège épiscopal depuis 1593, Solsona est une ville aux traditions très enracinées. Dans le vieux quartier, entouré des vestiges des remparts, on découvre la quiétude de la ville. Le silence emplit ses rues solitaires bordées de magnifiques demeures médiévales. Les places Sant Joan et de La Ribera, où se tiennent des marchés, baignent dans une atmosphère indéniablement désuète.
Pendant la Fête-Dieu, les jeunes de Solsona, portant des vêtements typiques, dansent au milieu du vacarme produit par les coups de tromblon ; géants et grosses têtes défilent pendant que les enfants dansent dans les rues le *ball de Bastons*.

Se loger

VALEUR SÛRE

Villaseca Gran Sol – *Route de Manresa* – ☎ *973 48 10 00* – *fax 973 48 10 00* – *55 chambres* – *12 500 ptas.*
Typique motel, moderne et spacieux. Chambres correctes et excellent service. Il dispose également d'un bon restaurant. Piscine et courts de tennis.

Se restaurer

VALEUR SÛRE

La Cabana d'en Geli – *Route de Sant Llorenç de Morunys* – ☎ *973 48 29 57* – *ouvert tous les jours sauf les dimanche soir, mardi soir et mercredi.*
Installé dans une ancienne *masía*, ce restaurant cuisine tout un choix de recettes du terroir.

CURIOSITÉS

Cathédrale ⊙ – Elle fut construite entre les 12e et 18e s. ; du bâtiment d'origine subsistent les trois absides romanes (12e s.), le clocher aux ouvertures finement travaillées ainsi que quelques voûtes du cloître. La monumentale **porte Sant Agustí** (1780) de la façade principale, de style baroque, est dominée par un relief représentant l'extase du saint.
L'intérieur, dont l'unique nef est prolongée par une abside polygonale, est de style gothique. Dans le bras gauche du transept se trouve la **chapelle de la Mercè**, ornée d'un bel autel baroque réalisé par Carlos Moretó.

Chapelle de la Mare de Déu del Claustre *(bras droit du transept)* – La plus belle chapelle de cette cathédrale a été construite au 18e s. en style néoclassique ; elle a une forme de croix latine et est décorée d'un baldaquin et d'un *camarín*. Sur un fond doré figurent différentes représentations d'anges et des motifs ornementaux. Elle abrite la célèbre sculpture de la **Vierge du Cloître★**, œuvre romane (12e s.) réalisée par le maître Gilabertus, de l'école de Toulouse. Selon la tradition, elle fut retrouvée dans le puits du cloître, où elle avait été cachée par un moine.

★★ **Musée diocésain et comarcal** ⊙ – Installé dans le palais épiscopal, édifice baroque du 18e s., ce musée possède, outre une importante section ethnographique, l'une des **collections de peinture romane et gothique★★** les plus représentatives de l'art catalan. Le palais abrite également le **musée du Sel** *(situé au premier étage du cloître)*, réunissant de curieux mets faits à base de sel gemme de Cardona.

★★★ **Peintures murales de Sant Quirze de Pedret** – Cet ensemble préroman (10e s.) provenant de l'église Sant Quirze de Pedret, proche de Berga, est une œuvre anonyme et singulière, découverte en 1939 sous les fresques romanes du 12e s. Elle consiste en deux cercles, qui vraisemblablement flanquaient une fenêtre. Dans celui de droite, surmonté d'un phénix, symbole d'immortalité, apparaît Dieu bénissant, et dans celui de gauche figure une scène à thème paléochrétien : le paon mangeant une grappe de raisin.

On voit également des fresques du 12e s., où le maître de Pedret a illustré des thèmes religieux dans un style où transparaît l'influence byzantine (sacrifice d'Abraham, Abel offrant un présent à Dieu et le Jugement de saint Cyr et de sainte Julitte). Sur le côté droit de la voûte, il faut remarquer la frise des quatre cavaliers de l'Apocalypse. La couleur des chevaux permet d'identifier les personnages (celui de la guerre en rouge, celui de la victoire en blanc, celui de la mort en gris et celui de la faim en noir). L'ange qui protège le village de ces sinistres cavaliers mérite d'être observé pour ses ailes constellées d'yeux.

★**Peintures murales de Sant Pau de Caserres** – Ces fresques (13e s.) possèdent des caractéristiques très particulières : les silhouettes arborent une languide souplesse, l'expression des visages est douce et le trait est élégant et léger. La scène la mieux conservée est celle du Jugement Dernier avec ses deux couples de merveilleux **séraphins**★★.

Frises de la collégiale de Cardona – Elles appartiennent déjà au style gothique linéaire (14e s.). La frise supérieure est d'une grande qualité artistique. Une crucifixion sépare le royaume de la lumière, à gauche, de celui des ténèbres, à droite. Dans la frise inférieure, on voit des épisodes de la vie de saint Étienne.

Sont également exposés de magnifiques **parements d'autel**, parmi lesquels celui de Sagàs (12e s.), réalisé dans un style austère, où les scènes sont très expressives. Une autre pièce intéressante est la **Cène de sainte Constance**★, œuvre de Jaime Ferrer, provenant de Castelló de Farfanya. Influencé par le style de Borrassà, l'artiste a placé sur un fond doré somptueux des personnages aux expressions et attitudes réalistes.

Museu del Ganivet ⊙ – Ce musée est consacré à la coutellerie, de longue tradition à Solsona. En sus des couteaux et autres rasoirs, il expose divers instruments et ustensiles de tout genre comme par exemple du matériel de dentiste ou des outils agricoles.

Ajuntament – Ce bâtiment a été construit au 16e s. par Pedro Puigdepons, pour répondre aux exigences d'une maison de commerçants tout en conservant le goût décoratif de la Renaissance. Sur la façade principale figure le blason des Puigdepons (remarquer les rats qui grimpent sur l'olivier).

ENVIRONS

★**Sant Esteve d'Olius** – *6 km au Nord-Est par la C 149.* La petite église romane (11e s.) présente une nef unique coiffée d'une voûte en berceau, elle-même soutenue par des arcs formerets appuyés sur des pilastres. Dans le presbyterium s'ouvre une simple **crypte**★ dont les trois vaisseaux voûtés sur croisée d'ogive reposent sur un groupe formé de 6 colonnes et de 6 pilastres.

Cimetière moderniste – *En face de l'église.* Réalisé par Bernardí Martorell en 1916, ce petit cimetière est un singulier jeu de formes et de volumes en parfaite communion avec la nature.

EXCURSION

Sant Llorenç de Morunys – *32 km au Nord. Sortir de Solsona en direction de Lladurs. Avant d'arriver au Coll de Jou, prendre à droite la L 511.*
Sant Llorenç se trouve tout au Nord du **Vall de Lord**, vallée qui s'étend en amont des rivières Cardener et Aïgua de Llinars. Dans ce fantastique paysage, d'épaisses forêts de chênes et de pins sylvestres côtoient d'abrupts pics rocheux. La beauté naturelle de ces lieux attire les randonneurs.

★**Sant Llorenç** – L'église faisait partie d'un ancien monastère bénédictin. Bâtie au 11e s., elle constitue un magnifique exemple du roman lombard. Elle possède trois vaisseaux et abrite deux merveilleuses œuvres baroques : le retable du maître-autel et la chapelle de la Mare de Déu dels Colls.

Retable du maître-autel – Dans cette monumentale pièce, réalisée (1711-1713) par Juan Francisco Moretó, les personnages ont été travaillés avec un grand souci des proportions et du détail. Les éléments décoratifs (niches, colonnes et chapiteaux) sont d'une grande beauté.

★**Chapelle de la Mare de Déu dels Colls** – Cette chapelle baroque de Josep Pujol (1733-1784) est décorée de façon exceptionnelle. Les reliefs qui couvrent les murs et la voûte représentent différentes scènes bibliques. C'est une œuvre complexe et exubérante qui retient l'attention du visiteur.

TARRAGONA★★★

TARRAGONE – Tarragonès – Tarragona – 112 801 habitants
Carte Michelin n° 443 I 33 ou Atlas España-Portugal p. 45
Schéma : COSTA DAURADA

Tarragone est une grande ville riche en vestiges classiques et médiévaux. Fondée par
les Romains, elle est devenue siège archiépiscopal au Moyen Âge. Ville ouverte sur la
mer, radieuse et toujours accueillante – selon la légende, Jupiter quitta sa femme,
Tiria, une mortelle, car il tomba fou amoureux de Tarragone –, l'ancienne Tarraco
constitue, actuellement, la véritable capitale de la Costa Daurada. Tarragone jouit d'un
agréable climat tempéré et ses plages de sable fin sont fréquentées une grande partie
de l'année. Un important patrimoine artistique et architectural fait de Tarragone l'un
des hauts lieux du tourisme en Catalogne.

UN PEU D'HISTOIRE

La cité romaine de Tarraco – L'antique Cesse, précédant la ville romaine de **Tarraco**,
était située sur un emplacement caractéristique des villages côtiers ibériques : sur le
bord d'une élévation naturelle du terrain, dominant une plate-forme côtière et l'embouchure d'une voie fluviale.
En l'an 218 avant J.-C., les troupes de Publius et Cnæus **Scipion** débarquèrent à
Tarraco, fondant un *præsidium* ou base militaire de grande importance. En raison
d'une très favorable situation stratégique et d'excellentes conditions climatiques,
Tarraco prit de l'importance au cours de la deuxième guerre punique et, plus tard, au
cours des opérations d'occupation du territoire hispanique (2e et 1er s. avant J.-C.).

Du camp militaire à la grande ville – Dans la deuxième moitié du 1er s. avant J.-C.
se sont produits deux faits clés permettant d'appréhender l'importance de Tarraco la
Romaine : la concession du statut de colonie de droit romain à la ville, puis, en
l'an 27 avant J.-C., son élévation au rang de capitale de la province d'Hispanie citérieure, également appelée Tarraconaise.
Ces nouvelles circonstances amenèrent la ville à abandonner progressivement sa fonction militaire pour des opérations plus ambitieuses et complexes, et son plan se trouva
modifié. La partie en amont hérita de l'infrastructure militaire qui était la sienne aux 2e
et 1er s. avant J.-C. Les **bâtiments** de cette zone élevée furent construits, dans une optique
de gigantisme, sur trois grandes terrasses, ayant chacune une fonction déterminée : la
première, où se dressait le temple, formait un périmètre réservé au culte impérial, la
deuxième, sur laquelle s'élevait le bâtiment du prétoire, formait le siège des conciles
provinciaux, la troisième était occupée par le cirque. Ce dernier marquait la limite entre
la ville « officielle » et sa partie basse, vouée aux logements et aux services.
Au cours des quatre siècles de colonisation romaine, Tarraco, qui atteignit
30 000 habitants, devint l'une des villes les plus importantes de tout l'Empire, où
séjournèrent fréquemment Jules César et l'empereur Auguste.

La Tarragone médiévale et l'époque moderne – Christianisée par saint Paul, selon la
tradition, Tarraco entra dans une période de profonde décadence lors de la chute de
l'Empire romain. Au 3e s. de notre ère, les invasions des Francs et des Germains la dévas-
tèrent, et en l'an 476 l'armée wisigothe d'Euric la rasa complètement. Les Arabes la
conquirent en l'an 714, et ce n'est qu'au 12e s., lorsque Tarragone fut repeuplée sous
l'impulsion des comtes de Barcelone, que fut restauré l'ancien et important archevêché.
Entre les périodes médiévale et moderne ont alterné de graves crises économiques et
sociales, mais au 18e s. Tarragone connut une grande croissance économique, consolidée dans la deuxième moitié du 19e s. par une intense activité industrielle et la
reconstruction du port.

TARRAGONE AUJOURD'HUI

Tarragone a grandi d'une façon vertigineuse au cours de ces dernières décennies. Les
vestiges romains et médiévaux coexistent avec de nombreux aménagements, qui assurent au visiteur un séjour calme et confortable.
Dynamique comme elle ne l'a jamais été, Tarragone doit une grande partie de son
potentiel économique au développement de l'industrie pétrochimique et aux activités
liées au port, l'un des plus importants du bassin méditerranéen. Les équipements culturels de la ville sont nombreux et offrent un choix de premier ordre : musées, salles
de concerts, bars, discothèques et salles de cinéma.
À l'instar d'autres villes catalanes, Tarragone s'est beaucoup développée, aussi, grâce
à son université. De nombreux bâtiments anciens (« Escorxador » – abattoirs –, l'ancienne Cour de Justice, etc.) ont fait l'objet d'importants aménagements pour accueillir
les différentes facultés. En leur attribuant une nouvelle vocation, la ville s'est dotée
d'un important centre universitaire.
Ses 15 km de côtes arborent souvent le label « Drapeau Bleu », concédé chaque année
par l'Union européenne, car Tarragone possède quelques-unes des plus belles plages de
sable fin de tout le littoral catalan. Il existe également de petites calanques, telles Tamarit,
La Mora ou Els Capellans, sises dans un environnement rocheux d'une grande beauté.

Adresses utiles

Office municipal de Tourisme – *Fortuny, 4* – ☎ *977 23 34 15.*
Patronato de Turismo – *Major, 39* – ☎ *977 24 52 03.*

Transports

Aéroport – ☎ *977 77 25 55.*
Gare ferroviaire – *Plaça de la Estació* – ☎ *977 24 02 02.* Chaque jour, plusieurs trains relient Tarragone et Barcelone. La meilleure solution pour rejoindre la Costa Daurada (Cambrils, Salou) est de prendre le talgo *Mare Nostrum*. Si l'on veut se diriger vers l'intérieur des terres (Reus, Falset), il est conseillé de prendre le *Catalunya Expres*. **Renfe :** ☎ *902 24 02 02.*
Gare routière – *Plaça Imperial Tàrraco* – ☎ *977 22 91 26.* Les principales compagnies desservant les localités de la Costa Daurada sont La PLANA (☎ *977 21 10 30*) et HISPANIA (☎ *977 75 41 47*) ; VIBASA (☎ *933 45 28 00*) permet de rallier Lérida et BACOMA (☎ *932 31 38 01*) Barcelone. La société AUTOCARES DEL PENEDÉS (☎ *977 66 08 21*) assure la liaison entre Tarragone et Port Aventura.

S'orienter dans Tarragone

Pour bien s'imprégner de l'atmosphère de la vieille ville, il faut monter jusqu'au quartier de la cathédrale où s'entremêlent vestiges romains et médiévaux. Ensuite, il faut se rendre à la Rambla Nova, symbole de la Tarragone moderne, et pousser la promenade jusqu'à l'agréable Passeig de les Palmeras, connu sous le nom de **« balcon de la Méditerranée »**. Là, dominant l'immense étendue bleu azur, on a la sensation de flotter sur l'eau. Ne pas oublier de respecter la pittoresque tradition de « toucher le fer » *(tocar ferro)*, qui veut que toucher la longue rampe métallique du « balcon de la Méditerranée » porte chance !

Se loger

À BON COMPTE

Hotel España – *Rambla Nova, 49* – ☎ *977 23 27 12* – *fax 977 23 20 79* – *40 chambres* – *7 500 ptas.*
Modeste hôtel niché en plein cœur de la ville. L'atmosphère y est plaisante.

VALEUR SÛRE

Hotel Lauria – *Rambla Nova, 20* – ☎ *977 23 67 12* – *fax 977 23 67 00* – *72 chambres* – *10 000 ptas.*
Situé au centre de la Rambla, cet hôtel historique est installé dans un luxueux édifice du début du 20e s. Chambres tout à fait correctes. Piscine.
Hotel Astari – *Via Augusta, 95* – ☎ *977 23 69 00* – *fax 977 23 69 11* – *80 chambres* – *12 500 ptas.*
Hôtel moderne situé à la sortie de Tarragone.

UNE PETITE FOLIE !

Hotel Imperial Tarraco – *Rambla Vella, 2* – ☎ *977 23 30 40* – *fax 977 21 65 66* – *170 chambres* – *16 900 ptas.*
Au centre de la ville, ce moderne et luxueux établissement dispense des vues spectaculaires sur la mer. La décoration des chambres est une parfaite démonstration d'élégance et de goût.

Se restaurer

VALEUR SÛRE

Merlot – *Cavallers, 6* – ☎ *977 22 06 52* – *fermé le dimanche et le lundi à l'heure du déjeuner.*
Y sont servies les meilleures recettes catalanes additionnées de quelques touches d'inspiration française.
Barhaus – *Sant Llorenç, 22* – ☎ *977 24 47 70* – *ouvert tous les jours sauf le dimanche.*
Ce singulier restaurant occupe l'une des dépendances du collège d'Architectes, à deux pas de la cathédrale. Bonne carte.
La Puda – *Moll dels Pescadors, 25* – ☎ *977 21 15 11.*
Recettes de la mer élaborées avec des produits de première qualité.
La Caleta – *Paseo Marítimo Rafael Casanovas, 23-24* – ☎ *977 23 40 40.*
Des tables, on bénéficie de superbes panoramas sur la mer. Plats typiques catalans.

Gastronomie

Tarragone propose une cuisine populaire accommodant des produits de la mer d'excellente qualité. On ne peut pas quitter la ville sans avoir goûté au *romesco*, sauce typique à base d'amandes, de noisettes, de piments et d'huile d'olive. D'autres plats comme le *rossejat*, composé de riz ou de vermicelle cuisinés dans un fumet de poisson, le riz noir et la *zarzuela*, sorte de bouillabaisse catalane, méritent aussi le détour. Signalons également, les *coques de recapte*, à base de pâte à pain farcie de légumes, de saucisses et de sardines, cuite au four.

Les vins du Tarragonais, appréciés déjà au temps des Romains, ont une flatteuse réputation. En plus des vins de table de qualité, Tarragone produit une grande variété de vins vieux et des mistelles à déguster avec les meilleurs desserts.

Cafés

Les terrasses de la **Rambla Nova** sont également très prisées à Tarragone. Ouvertes dès les premières heures du matin, elles proposent aux lève-tôt d'appétissants petits déjeuners, et, à la nuit tombée, elles accueillent un très grand nombre de promeneurs dans une ambiance très animée. Le quartier maritime de **El Serrallo** est devenu ces derniers temps l'une des zones de loisirs préférées des Tarragonais. On y trouve un grand choix de bars et de restaurants, où l'on pourra goûter d'excellentes recettes de poissons et de fruits de mer. Le centre de Tarragone est aussi très recherché à l'heure de l'apéritif : autour de la **Plaça de la Font** se pressent nombre de bars à tapas et de terrasses.

Pla de la Seu – *Plaça de la Seu.*
L'endroit pour déguster les délicieux *carquinyolis.*

Café Teatre – *Méndez Nuñez, 1.*
Établissement traditionnel décoré avec beaucoup de goût.

Café Cantonada – *Carrer Fortuny, 23.*
L'endroit idéal pour prendre une bière. À proximité du restaurant Cantonada.

Sortir

Tarragone s'enorgueillit d'une vie nocturne animée et cosmopolite. L'animation se concentre principalement dans les zones du port de plaisance et de El Serrallo : outre les bars musicaux et les pubs comme ceux de **Cayo Largo** ou **Dual**, la discothèque **Carpe Diem** et le cabaret **Ambigú** complètent l'offre des établissements de loisirs nocturnes.

Lèche-vitrine

Entre la Rambla Nova et la Rambla Vella s'étend une vaste zone piétonne, où se côtoient commerces traditionnels, boutiques modernes et grands magasins. Les amateurs d'antiquités trouveront leur bonheur dans la Carrer Major.

Pastelería Arimany – *Rambla Nova, 43-45.*
Délicieuses friandises faites maison.

Sumpta – *Avenida Prat de la Riba, 34.*
Prestigieuse sélection de vins champagnisés catalans et autres alcools pour cet établissement qui fait également office de restaurant.

Fêtes

Les fêtes de Tarragone débutent en janvier avec les « Tres Tombs », où défilent des chevaux et des voitures. Après le Carnaval commence la Semaine sainte, manifestation religieuse de grande tradition dans la ville. C'est le **Vendredi saint** qu'a lieu l'une des plus célèbres processions de Catalogne : de nombreux chars portant des statues représentant des scènes de la Passion défilent ainsi qu'une cohorte romaine reconstituée de façon très convaincante.

Le 24 juin, on célèbre la kermesse de la **Saint-Jean**, et le 29, à la **Saint-Pierre**, ont lieu les fêtes du quartier maritime de El Serrallo. C'est alors que commencent les festivals d'été qui se tiennent dans l'Auditori Municipal (DZ).

Le 23 septembre, Tarragone célèbre sa grande fête : **Santa-Tecla**. Pendant les dix jours que durent les festivités, la ville se transforme en une scène débordante de musique et de couleurs. Les habitants se pressent dans les rues pour voir les différents personnages du bestiaire médiéval, les brigands de Serralonga avec leurs espingoles, les « diables », les « turcs et chevaliers » en train de danser... Les spectacles et les concours de *castells*, acrobatiques tours humaines, se succèdent, car Tarragone possède quatre groupes de *castellers* très importants. Tous les deux ans est organisé dans les arènes un concours unique au monde, où sont échafaudés les « châteaux » humains les plus risqués.

TARRAGONA

★★ TARRAGONE ROMAINE *1/2 journée*

Les monuments romains de Tarragone sont mêlés aux constructions ultérieures, formant une véritable mosaïque.

★★ **Passeig Arqueològic** ⊘ (**DZ**) – L'histoire de Tarragone est liée à ses remparts, qui ont tenu leur fonction défensive jusqu'au début du 19e s.

Ils furent construits à la fin du 3e s. avant J.-C., pendant les premières années de l'occupation romaine. Longs de 4 km à l'origine, ils mesurent un peu plus de 1 km actuellement. Les pierres de taille se dressent sur une base cyclopéenne de grands blocs irréguliers, couchés les uns sur les autres sans mortier. C'est au Moyen Âge et au 18e s., qu'ils furent prolongés.

Au pied de ces murs historiques, le Passeig Arqueològic est une promenade qui traverse d'agréables jardins. Ici, on côtoie des vestiges du passé et on jouit de perspectives sur la Tarragone moderne. Le soir, lorsque les jardins et les vieilles pierres s'illuminent, il vaut la peine d'effectuer une petite promenade nocturne.

Forum provincial (**DZ D**) – L'étude des épigraphes trouvées dans ce secteur a permis de définir les dimensions et l'importance de ce grand forum (1er s.), à partir duquel était administrée la province d'Hispanie citérieure. Cependant, la trame urbaine ayant entièrement recouvert les vestiges archéologiques, on ne sait presque rien des caractéristiques de ce centre important dont il ne subsiste qu'un pan de mur sur la Plaça del Forum.

★ **Museu Nacional Arqueològic** ⊘ (**DZ M**) – Le bâtiment qui abrite ce musée a été élevé en 1960 sur un pan de muraille, visible depuis le sous-sol. Il accueille une importante collection d'objets trouvés dans la ville et ses environs : des vestiges de statues qui ornaient les monuments et les places publiques, des frises, des corniches et des médaillons sculptés provenant des temples, de très belles mosaïques, des pièces de monnaie et différents objets qui témoignent de l'enracinement de la civilisation romaine dans la région.

Architecture romaine – Dans la salle II *(au rez-de-chaussée)*, on peut admirer quelques vestiges des bâtiments les plus colossaux de Tarraco : le forum provincial, le théâtre, les temples disséminés dans la ville, etc. Ces éléments nous aident à comprendre comment étaient décorés les différents bâtiments, ceux consacrés au culte comme ceux consacrés aux loisirs.

★★ **Mosaïques romaines** – Le musée possède les plus belles collections de mosaïques romaines de Catalogne. Les salles III *(1er étage)* et VIII *(2e étage)* montrent à quel point les Romains avaient développé cette technique ornementale. Il y en a de toutes sortes et de toutes dimensions : décorées de motifs végétaux ou géométriques, sous forme de grands pans aux couleurs éclatantes ou présentant des détails pratiquement monochromes... Quelques-unes de ces pièces sont d'une extraordinaire

231

T. Vidal /GC (DICT)

Mosaïque de la Méduse

beauté, telle la **mosaïque de la Méduse★★**, salle III. Réalisée vers la fin du 2ᵉ s. dans un atelier situé hors de la ville et achevée sur place par des artisans qualifiés, cette tête de Méduse est une œuvre magnifique, où la recherche du détail n'amoindrit pas l'expressivité de l'œuvre.

Dans la salle VIII est exposée une série de mosaïques de dallage, aux motifs géométriques ; dans l'une d'elles figure le motif de la croix gammée.

★**Sculpture romaine** – Dans les salles VI à X *(2ᵉ étage)*, on peut admirer différents types de sculptures trouvées à Tarraco et dans ses environs immédiats. Signalons tout spécialement la salle IX où se trouve la **sculpture funéraire**, présentant des pièces d'une qualité artistique étonnante. L'ensemble est magnifique et dans un excellent état de conservation.

Bien que toutes les sculptures soient intéressantes, les plus significatives sont : le **buste de Lucius Verus★** *(salle VI)*, belle œuvre réalisée au 2ᵉ s. de notre ère et formant l'un des exemples les plus aboutis de la sculpture romaine, la petite sculpture votive de **Vénus★** *(salle VI)*, trouvée dans le théâtre de Tarraco, dont les petites dimensions ne nuisent en rien à l'harmonie des formes, enfin la **tête de Minerve** *(salle VII)*, de l'époque d'Hadrien, illustrant la sérénité de la déesse de la Guerre.

★**Ensemble monumental du Pretori et cirque Romà** ☾ (**DZ M¹**) – Il est situé dans le bâtiment du Pretori, ou château du roi, appelé encore castillo de Pilatos. Cet édifice, qui occupait l'une des extrémités du forum provincial romain, a connu tout au long de sa longue histoire des affectations très diverses : siège administratif au 1ᵉʳ s. avant J.-C., demeure royale au Moyen Âge, caserne après la guerre de Succession et bagne au 19ᵉ s. Finalement, il est devenu musée en 1968.

Le prétoire était relié au cirque par des **tunnels voûtés★**, que l'on peut visiter actuellement. Emprunter ces longs tunnels reliant la ville haute et la ville basse, et chargés d'histoires macabres et inquiétantes, produit un effet saisissant.

Outre la visite des sous-sols de la ville, le musée offre la possibilité d'aller au sommet du prétoire, d'où s'offre une **vue★** excellente. On peut observer les ruines de l'amphithéâtre, le port et, à droite, le profil de Salou, ainsi que la silhouette particulière des « montagnes russes » du parc d'attractions de Port Aventura.

★★**Sarcophage d'Hippolyte** – C'est la plus importante des œuvres exposées dans ce musée. Récupéré au fond de la mer sur la côte tarraconaise en 1948, il présente quatre faces illustrant la légende de Phèdre et d'Hippolyte. On pense qu'il fut réalisé au début du 3ᵉ s. dans un atelier grec. Le dynamisme et la variété dans le rendu des personnages, la vraisemblance des scènes et le bon état de conservation font de ce sarcophage l'une des meilleures pièces de cette époque trouvées en Catalogne.

Cirque romain – Le cirque de Tarraco fut bâti à l'époque de Domitien, de 81 à 96, et servait aux courses de chevaux. Sa situation insolite, à l'intérieur des remparts, marquait la partition de la ville : le secteur public et officiel dans la partie élevée, le secteur résidentiel dans la partie basse. À partir du 14ᵉ s., le cirque subit d'importantes dégradations car on s'en servit pour y aménager des logements. Plus récemment, il fut sérieusement détérioré au cours des attaques françaises (août 1813).

Actuellement, il est difficile de se faire une idée de ses proportions, car de nombreuses constructions modernes le dissimulent presque entièrement. Les dimensions de cet édifice rectangulaire arrondi aux extrémités étaient impressionnantes : l'arène mesurait 325 m de long sur 115 m de large. On a conservé quelques gradins et une grande partie des voûtes qui les soutenaient, de même que certaines parties de la façade extérieure (trois arcs sur les soixante arcs d'origine), du podium et quelques monumentales portes d'accès. À l'une de ses extrémités fut élevée la **tour de los monges** (14ᵉ s.).

★★**Amphithéâtre** ☾ (**DZ**) – Tarraco a été l'une des rares villes d'Hispanie où l'on a construit un amphithéâtre (première moitié du 2ᵉ s.), ce qui confirme l'importance politique et sociale de cette colonie durant les premières années de notre ère.

Il est situé à l'Est de la ville, en dehors de l'enceinte, sur le versant de la colline du *præsidium*, qui était la base militaire des Scipions. On accède à ces ruines par le **Passeig de les Palmeras**, beau jardin reliant la Rambla Nova à la Rambla Vella.

Il présente un plan elliptique caractéristique de ce type d'édifice, avec, au centre, une arène, où étaient donnés tous les spectacles, entourée de gradins où s'asseyait le public. Il se trouve dans une **enclave**★ magnifique, sur le flanc d'une petite colline qui descend vers la mer. La pente naturelle du terrain fut utilisée pour aménager une partie des gradins. On dressa des voûtes et des arcs monumentaux, encore visibles. Sous l'arène furent creusées de nombreuses fosses, consacrées aux dépendances des gladiateurs, dépôts, cages, etc. Là furent brûlés vifs, en 259, saint Fructueux, premier évêque de Tarragone, et les diacres Augure et Euloge. Une basilique wisigothique à trois vaisseaux et abside en fer à cheval fut élevée (6e-7e s.) à l'endroit même de leur supplice. Au 12e s., au-dessus de cette première construction, on bâtit l'**église** romane **Santa Maria del Miracle**, au plan en croix latine, dont les vestiges sont actuellement visibles dans l'arène et sur une partie des gradins.

L'amphitéâtre romain

Forum Romà ⊘ (**CZ B**) – *L'entrée principale se trouve dans la Carrer de Lleida.* Le forum formait l'ensemble architectural le plus caractéristique des villes romaines. Il consistait, habituellement, en une large place entourée d'un portique, autour de laquelle se dressaient toutes sortes de bâtiments (temples, curie, tavernes...), où se déroulait la vie politique, juridique, religieuse et commerciale. Tarraco, en tant que capitale de l'Hispanie citérieure, possédait deux forums : l'un situé dans la ville haute, l'autre, consacré aux affaires locales de la colonie, érigé dans la partie basse. Au nombre des rares vestiges du forum, on remarquera quelques bas-reliefs historiés, des morceaux de frises, des tronçons de voie publique... Quoique l'ensemble offre un aspect fragmentaire, il est facile d'imaginer le temps où marchands, prêtres et orateurs circulaient parmi ces vieilles ruelles.

Musée et nécropole paléochrétienne ⊘ (**AY**) – *Fermée pour cause de travaux, la nécropole est actuellement transformée en musée. Pour le moment, seul un petit musée est ouvert à la visite.* Les vestiges ont été mis au jour en 1923, lors de la construction du bâtiment qui abrite la Régie des Tabacs.
Le type de sépulture le plus fréquent est la tegula, petit espace protégé par une simple structure de tuiles, sous laquelle étaient déposés le défunt et les amphores.

LA CITÉ MÉDIÉVALE *1/2 journée*

Au Moyen Âge, Tarragone avait une population très hétérogène : nobles, chevaliers, bourgeois, juifs, ecclésiastiques, artisans et pêcheurs. La très forte empreinte laissée par la civilisation romaine conditionna l'aspect de la ville, les vestiges romains s'intégrant – surtout dans la « Part Alta » – aux éléments propres à une communauté médiévale (château, cathédrale, marché, etc.).

Plaça del Pallol (**DZ**) – Cette place est l'un des endroits les plus calmes et les plus agréables de la partie haute de la ville. Des vestiges romains sont dissimulés sous les constructions médiévales. À côté du bâtiment de l'**Antiga Audiència**★ (ancien prétoire) subsistent des porches et de grandes fenêtres gothiques ainsi que des vestiges de la porte romaine du forum provincial.

TARRAGONA

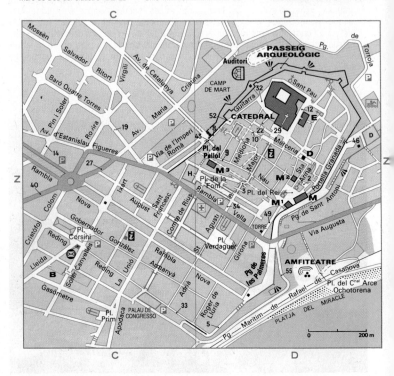

Carrer dels Cavallers (**DZ 9**) – Comme la rue Montcada à Barcelone, la **rue des Chevaliers**, ruelle pavée, était l'artère principale de la Tarragone médiévale. Elle est encore bordée par quelques maisons seigneuriales ayant appartenu aux familles les plus aisées de la ville (Casa Castellarnau, Casa Montoliu et ancien palais de la Généralité).

Museu-Casa Castellarnau ⊘ (**DZ M³**) – Construit entre les 14e et 15e s., cet édifice a toutes les caractéristiques des demeures nobles de l'époque. L'empereur Charles Quint y résida pendant son séjour à Tarragone en 1542. Vers la fin du 18e s., la famille Castellarnau acheta la maison et fit procéder à des travaux sur la façade et à l'intérieur, décoré de peintures de Flaugier.

Outre quelques expositions temporaires, le musée présente une collection très variée de mobilier d'époque. Grâce aux différents dons, on a réussi à recréer l'atmosphère d'une maison baroque cossue. On y voit un beau patio gothique et quelques détails décoratifs surprenants, comme les objets en marbre de la salle de bains.

★★**Cathédrale** ⊘ – Dédiée à la Vierge, c'est le monument médiéval le plus important de Tarragone. À sa mort, l'archevêque Hug de Cervelló légua des biens importants pour faire construire l'édifice, dont le chantier fut ouvert en 1174. Elle fut élevée sur l'emplacement d'un ancien temple de Jupiter, dont des restes sont encore visibles dans les galeries Nord et Ouest du cloître. L'archevêque Jean d'Aragon, fils du roi Jacques II, la consacra en 1331.

Bien qu'elle possède des chapelles latérales de style plateresque et baroque, elle appartient au style de transition romano-gothique, et c'est cette diversité architecturale qui la rend intéressante, surtout à l'intérieur, où les styles se superposent les uns aux autres, créant une impression d'opulence.

★**Façade** – Bien qu'inachevée, la façade principale – à laquelle on accède par un perron monumental – est une œuvre de grandes dimensions et d'une grande valeur artistique. Elle possède trois corps, de styles différents : les deux corps latéraux aux murs massifs s'inscrivent dans la tradition romane, tandis que le corps central est entièrement gothique.

Le portail, pourvu d'arcs ogivaux concentriques, est flanqué de deux piliers carrés, surmontés de belles pyramides gothiques bien travaillées.

Sur le **tympan**★ du **portail principal**★ est représenté le thème du Jugement dernier. Le Christ est entouré de deux anges portant les symboles de la Passion. À ses pieds, les douze bienheureux sortent de leurs sépulcres après avoir été appelés par sept anges. En dessous, les démons traînent les condamnés vers la gueule du monstre Léviathan, qui symbolise l'entrée de l'enfer. Cet ensemble de bas-reliefs est d'une singulière audace et atteint un tel degré d'expressivité que les personnages semblent sortir du cadre purement architectonique. Sur le trumeau figure la Vierge accueillant les fidèles. Cette belle œuvre en marbre fut réalisée (13e s.) par le maître Bartomeu. Elle domine cinq scènes d'Adam et Ève (l'une d'entre elles les représente vêtus au moment de leur expulsion du Paradis).

Les ébrasements portent de grandes représentations des Apôtres et des Prophètes. Toutes ces sculptures sont dues au maître Jaime Cascalls, auteur des sépulcres royaux de Poblet *(voir ce nom)* et l'un des grands artistes de l'art gothique catalan. Au-dessus d'une importante **rosace gothique** percée au milieu du frontispice devait s'ouvrir une baie, qui ne fut jamais réalisée.

★★**Intérieur** – Les nombreuses œuvres qui y sont rassemblées forment un véritable musée d'art sacré. Retables baroques et platéresques, chapelles peintes à fresque, grandes tapisseries suspendues à la voûte... tout un spectacle à demi éclairé par les rais de lumière filtrant à travers les vitraux et la rosace.

En forme de croix latine, la cathédrale comporte trois vaisseaux et un transept. La nef centrale est imposante (17 m de largeur pour 26 m de hauteur). L'abside, pourvue d'arcs en plein cintre, est de tradition romane alors que le vaisseau est gothique. Sur la croisée se dresse une tour-lanterne octogonale sur pendentifs. À l'extrémité des croisillons s'ouvrent deux rosaces encore parées de leurs vitraux du 14e s.

Dans la chapelle de la Vierge de Montserrat *(deuxième chapelle à gauche)*, un beau **retable**★ (15e s.) retient l'attention. Réalisé par Lluis Borrassà *(voir index)*, il est caractéristique du style de son auteur : une préciosité formelle, apportant une grande élégance et un dynamisme aux images, des couleurs orangées qui se mêlent aux dorés, etc. L'élégante chapelle du Saint-Sépulcre *(bas-côté gauche au niveau du cor)*, où fut réemployé un sarcophage, mérite aussi le détour

La **chapelle de los Sastres**★★ (Tailleurs) est l'une des plus flamboyantes de toute la cathédrale. Ayant appartenu, pendant un certain temps, à la corporation des tailleurs, elle en a pris le nom. Elle présente une voûte nervurée très complexe et spectaculaire. Cette chapelle forme un ensemble homogène, dominé par le retable du maître Aloi et décoré dans la partie supérieure de peintures et de sculptures.

La cathédrale

Détail du retable de sainte Thècle

Néanmoins, le vrai joyau de la cathédrale est le **grand retable de sainte Thècle**★★★ (1430), patronne de la ville. La légende veut qu'elle se convertit au christianisme en entendant la prédication de saint Paul. Maintes fois persécutée, même par sa propre mère, elle échappa miraculeusement au supplice grâce à une intervention divine.

Le retable occupe totalement l'abside centrale ; seules deux portes gothiques crénelées, flanquant cet important ouvrage, permettent le passage. L'auteur de cette œuvre magnifique est le grand sculpteur Pere Joan, qui montre la finesse de son art dans la prédelle, où il décrit la vie de sainte Thècle en six scènes. Le goût du détail, de l'ornementation et du pittoresque caractérise puissamment cette œuvre, aussi finement ciselée qu'une pièce d'orfèvrerie. En observant la prédelle de plus près, on découvre les détails : les expressions des visages, les coiffures, les regards, les sourires et, le plus surprenant de tout, les mouches sur la plaie du bœuf.

En dépassant l'abside, sur la droite, une porte conduit à la sacristie et à la salle du Trésor, coiffée d'un élégant **plafond artesonado**★ mudéjar (14ᵉ s.).

À droite de l'autel se trouve le **tombeau**★★ de l'archevêque Jean d'Aragon, l'une des grandes œuvres catalanes du 14ᵉ s., vraisemblablement réalisée par un maître italien. À noter aussi dans les chapelles Ste-Lucie et Ste-Hélène *(à l'arrière du cor)* les peintures murales du 14ᵉ s.

La chapelle consacrée à sainte Thècle *(troisième chapelle à droite)* recèle différents **reliefs**★ narrant la vie de la sainte. On appréciera la délicatesse et le caractère somptueux de ces ouvrages en marbre (1760-1775) qui relèvent davantage d'un courant romantique que de celui du temps de leur création.

Les tapisseries pendant de la voûte accentuent le caractère somptueux de l'intérieur. La plupart d'entre elles ont un caractère allégorique ; en les observant, on peut essayer de deviner le principe moral traité.

★★**Cloître** – La **porte romane**★ qui relie le cloître à l'intérieur de la cathédrale, réalisée dans un marbre particulièrement blanc, présente au tympan le Christ en majesté ; remarquer aussi le souci du détail dans les sculptures des chapiteaux. Le cloître surprend par ses grandes dimensions (45 m de côté) et par son originalité empreinte d'harmonie. La construction, commencée vers la fin du 12ᵉ s, s'est achevée au 13ᵉ s. Voûté sur croisées d'ogives, selon le premier style gothique, il a conservé la tradition romane pour les ornements sculptés bien que l'influence arabe soit sensible dans la décoration des arcs polylobés. De plan quadrangulaire, il compte quatre galeries comportant six arcs en lancette ; dans chaque arc s'inscrivent trois arcs en plein cintre soutenus par des colonnes géminées en marbre. Les deux oculi ajourés ouverts dans chaque lancette témoignent également de l'influence arabe, comme la bande d'arcatures polylobées qui borde le toit et la tour, visible depuis l'angle Nord-Est.

Les chapiteaux décorés de scènes bibliques, de légendes mythologiques et de motifs floraux sont très intéressants, mais, par sa singularité, le chapiteau situé à l'angle Nord-Est et représentant la « procession des rats » ressort de l'ensemble.

Clocher – Il s'élève dans l'angle formé par le transept et l'aile Est de l'édifice. Le premier corps fut réalisé en l'an 1200, le deuxième, en pierre blanche à bossages, fut construit entre 1321 et 1327. En 1330, on ajouta un troisième corps.
Haut de 70 m, il est visible depuis de nombreux points de la ville, et le poids de la cloche principale, appelée « Capona », est de 5 188 kg.

★**Musée diocésain** ⊘ – Les œuvres de ce musée sont réparties dans les différentes dépendances capitulaires. L'ensemble est extraordinaire, par la qualité et l'abondance des pièces exposées. Dans les salles, le visiteur pourra contempler des objets liturgiques très variés, des peintures, des retables et d'innombrables bas-reliefs, le tout d'une grande valeur artistique.

Salle I – C'est l'ancien dortoir des chanoines. Il montre un pan de mur roman percé d'une grande fenêtre. Au fond de la salle, une tapisserie relate l'histoire de Samson ébranlant les colonnes du temple des Philistins. Il est amusant d'observer l'expression des personnages, qui, loin d'être apeurés, ont des visages joyeux. Sont également exposés divers objets (poteries, piédestaux et monnaies) datant de l'époque romaine.

Salle II – La chapelle du Corpus Christi abrite nombre d'objets religieux, notamment la pièce n° 105, un **ostensoir**★ d'une grande richesse ornementale, réalisé à partir de pièces d'or. On trouve également le **relief de saint Jérôme**, œuvre du 16ᵉ s. en albâtre polychrome, pièce d'une grande finesse où l'auteur a parfaitement su exprimer la souffrance du saint.

Salle III – Le mur de l'ancienne salle capitulaire est orné de la tapisserie **La Bonne Vie**★ (15ᵉ s.), probablement réalisée à Arras, capitale de l'Artois, autrefois réputée pour ses tapisseries.

Arcades de la Carrer Merceria (**DZ**) – Ce sont les seuls vestiges de l'ancien marché médiéval. Ayant fait l'objet d'importants travaux de réhabilitation, elles sont actuellement dans un excellent état de conservation. L'été, elles sont l'endroit idéal pour se protéger de la chaleur.

Ancien hôpital (**DZ E**) – L'ancien hôpital Ste-Thècle (12ᵉ-14ᵉ s.) est actuellement le siège du Conseil comarcal. Le bâtiment surprend par la juxtaposition d'éléments modernes et anciens, comme la façade et le portail roman.

Quartier juif (**DZ**) – Du quartier juif ne subsistent que les arcades gothiques de la **Plaça dels Àngels** et quelques rues au tracé labyrinthique, comme celle de Santa Anna.

AUTRES CURIOSITÉS

Musée d'Art moderne ⊘ (**DZ M²**) – Ce musée a été inauguré en 1991 à la suite d'une remarquable réhabilitation du bâtiment qui l'abrite. On y trouve une harmonieuse collection d'objets de style Art nouveau. Le sculpteur tarragonais **Julio Antonio** (1889-1919), qui a réalisé le monument aux héros de 1811, sur la Rambla, y est bien représenté.
Il existe à Tarragone bon nombre d'œuvres modernistes (Marché Central, 1905, Abattoirs, 1902, maisons résidentielles de la Rambla Nova, etc.), les plus représentatives ayant été réalisées par **Josep M. Pujol** (1897-1939), qui dessina le plan d'agrandissement de la ville en 1922.

★**El Serrallo** (**AY**) – C'est le lieu, par excellence, où sont regroupés les meilleurs restaurants de poissons et fruits de mer de la ville. Dans ce quartier de bord de mer, créé au milieu du 19ᵉ s., se tient, tous les jours, une criée aux poissons renommée. La nuit tombée, El Serrallo devient un quartier récréatif animé, qui attire beaucoup de visiteurs.

ENVIRONS

★★**Aqueduc romain** – *Sortir par ④ et la N 240 en direction de Lérida.*
L'aqueduc romain (1ᵉʳ s.), plus connu sous le nom de « Pont du Diable » ou « Acueducto de les Ferreres » (aqueduc des forgerons), se trouve à 4 km de Tarragone. Situé dans une épaisse forêt de pins, une agréable promenade *(30 mn)* permet d'y accéder. De dimensions considérables – deux niveaux d'arcades, culminant à 27 m et s'étirant sur 217 m –, il est dans un parfait état de conservation. L'utilisation de pierres sans mortier laisse à penser qu'il fut l'un des premiers aqueducs construits par Auguste en Espagne.

★**Mausolée de Centcelles** ⊘ – *5 km au Nord-Ouest par l'avenue Ramón Cajal* (**AY**) *puis la N 420 par ③. Après avoir franchi le rio Francolí, tourner à droite. À Constantí, prendre, à droite, la route de Centcelles, puis un chemin (500 m environ). Juste avant d'arriver à Centcelles, tourner à gauche. La visite prévoit la projection d'un film audiovisuel sur le thème de la coupole.*

Les conditions climatiques, la situation géographique de la campagne tarragonaise
et l'importance de Tarraco favorisèrent la construction de nombreuses villas rurales
à caractère résidentiel. L'ensemble archéologique de Centcelles constituait l'une de
ces implantations, prospères jusqu'au 4e s. de notre ère, époque à laquelle on
construisit le grand mausolée.

On suppose que cette construction monumentale était la tombe de l'empereur
Constant, fils de Constantin le Grand, qui mourut en Gaule en l'an 350. Sa fonction de mausolée impérial explique ses dimensions importantes et la qualité des
mosaïques, qui constituent les plus anciens exemples d'art funéraire chrétien.

C'est un bâtiment de plan carré aux volumes très marqués. À l'intérieur se trouve
une vaste pièce circulaire, surmontée d'une grande coupole de 11 m de diamètre.
À la base s'ouvrent quatre niches en demi-cercle et une crypte. Cette construction
est reliée à une salle quadrilobée.

★★ **La coupole de mosaïques** – Découvertes tout à fait par hasard en 1877, les mosaïques
polychromes de Centcelles constituent un fantastique témoignage de l'enracinement du christianisme à la fin de l'Empire romain. Malgré la perte d'une grande
partie de l'ensemble, ce qu'il en reste est d'une extraordinaire beauté.

Sur la partie basse apparaît le cycle de la chasse aux cerfs. Outre la beauté des
chevaux et des cavaliers, il faut remarquer la forme des tuniques et la grâce des
animaux en mouvement. L'expression du personnage (probablement le défunt), qui
regarde vers le ciel, l'air absent, est surprenante.

Différentes bordures géométriques séparent la partie de chasse des scènes de
l'Ancien et du Nouveau Testament. Les 16 panneaux formant cette belle frise sont
d'une qualité nettement supérieure à celle du cycle de la chasse. La technique est
beaucoup plus soignée, le dessin est mieux exécuté et les tesselles dorées, symbole
d'opulence, sont nombreuses. Admirer le plafond représentant Daniel dans la fosse
aux lions : on ne voit qu'une partie du visage du prophète et la tête du lion au
regard surpris.

Dans la partie supérieure, 8 panneaux représentent les quatre saisons sous la forme
de petits amours portant les objets symboliques des activités agricoles.

★ **Tour des Scipions** – *Sortir par ① et la N 340 en direction de Barcelone, et, après
5 km, tourner à gauche.*

Chez les Romains, il était habituel d'enterrer les morts près des voies ou des
chemins d'une certaine importance. En Hispanie, le monument mortuaire le plus
usuel était la tour funéraire.

La tour des Scipions (1er s.), aux sobres proportions et construite sur plan carré,
possède trois corps superposés en ordre décroissant. Le corps supérieur présente
un bas-relief représentant deux personnages ; à l'intérieur se trouvait la chambre
funéraire contenant les cendres des défunts. Le deuxième corps montre deux personnages symétriques représentant Attis, divinité d'origine phrygienne associée
au culte funéraire. Pendant longtemps, on a pensé, de façon erronée, que ces
deux bas-reliefs représentaient les frères Scipion, qui avaient participé aux premières campagnes militaires romaines en Hispanie, d'où le nom donné au
monument.

Carrière de El Mèdol ⊘ – *À 7 km par ① et la N 340.*

Aux alentours de Tarraco, il y avait de nombreuses carrières qui approvisionnaient
les chantiers de la ville. L'une des plus actives était celle de El Mèdol, située près
de la Via Augusta. Juste au centre de cette ancienne carrière se dresse une impressionnante aiguille de 16 m de haut, indiquant le niveau initial de la roche avant les
opérations d'extraction. On remarque également les nombreuses marques sur les
parois, témoignant des manœuvres employées pour déplacer les énormes blocs de
pierre. La tour des Scipions, l'aqueduc, la villa de Els Munts et d'autres monuments, non moins importants, furent construits avec des pierres de taille provenant
de la carrière de El Mèdol.

★ **Villa romaine de Els Munts** ⊘ – *À 12 km par ① et la N 340.*

Sur le territoire de la commune d'**Altafulla**, nichée dans un paysage coloré et bucolique, se trouve l'antique villa romaine de Els Munts, qui se développa entre les
1er et 6e s. Elle occupe un **site**★★ privilégié, sur une colline doucement inclinée vers
la mer, les champs cultivés couvrant le versant opposé.

À l'intérieur, on peut voir le long portique en forme de L qui longe un jardin. Au
Sud de ce site archéologique se trouvent les anciens **thermes**★ romains, de structure très complexe avec hypocaustes, tepidariums, frigidariums et piscines. On
peut imaginer sans difficulté dans quelle opulence vivaient les propriétaires de la
villa.

La plupart des pièces de Els Munts étaient pavées de mosaïques polychromes et
les murs étaient revêtus de peintures murales, en partie encore conservées.

Par ailleurs, les fouilles ont permis de mettre au jour de splendides statues décoratives et de nombreux objets utilisés par les occupants de cette importante
demeure.

★**Arc de Berà** – *Sur la commune de Roda de Berà, à 20 km par ① et la N 340.* La Via Augusta, axe principal de liaison entre Rome et Cadix, franchissait l'Arc de Berà (1er s.). Cette porte monumentale possède une arche unique ; ses proportions et son agencement sont remarquables. Bâti avec des pierres de taille du pays, l'arc répond aux caractéristiques des édifices de ce genre érigés pour commémorer une victoire ou pour délimiter un point précis. Huit pilastres striés, surmontés de chapiteaux corinthiens, soutiennent l'entablement, dont la frise portait une inscription dédiée au consul Lucius Licinius Saura, qui avait financé les réformes faites au 2e s. Bien qu'il ait subi de nombreuses transformations, ce monument important conserve toute la majesté qui a dû le caractériser à l'époque romaine.

TÀRREGA

Urgell – Lleida – *11 344 habitants*
Carte Michelin n° 443 H 33 ou Atlas España-Portugal p. 31

La capitale de l'Urgel est située dans la vallée de l'Ondara. Ville dynamique et festive, Tàrrega est un important carrefour entre Lérida et Barcelone. Pendant les fêtes de la Saint-Éloi, au mois de septembre, a lieu la populaire **Fira de Teatre al Carrer** (Foire du théâtre de rue), qui transforme la ville en une immense scène présentant toutes sortes de spectacles. La Fira de Tàrrega a acquis une réputation internationale, tout en constituant une plate-forme de lancement pour de nombreuses troupes catalanes de théâtre et d'animation. Le premier dimanche de chaque mois se tient le marché aux monnaies et aux timbres anciens.

CURIOSITÉS

Santa Maria de Alba ⊘ – Œuvre classique (17e-18e s.) à trois vaisseaux et coupole couvrant la croisée, sa silhouette domine la Plaça Major où ont lieu de nombreuses manifestations culturelles : danses populaires, concerts et représentations théâtrales. En son centre se dresse une magnifique **croix**★ gothique (15e s.).

Plaça de Sant Antoni – En été, cette belle place bordée d'arcades est l'un des endroits les plus animés de la ville.

Sanctuaire Sant Eloi – Il est situé sur un petit promontoire au Nord de la ville. Bâti au 13e s., il fut transformé en fortin au 18e s. pendant la troisième guerre carliste. Au mois de septembre a lieu un *aplec* (rassemblement), où, au milieu des nombreuses compétitions, l'on déguste la pêche au coca et l'on danse la sardane.

ENVIRONS

Bellpuig – *10 km par la N II, en direction de Lérida.* Cette importante cité qui domine le plateau irrigué par le canal d'Urgell était le centre de l'ancienne baronnie de Bellpuig, appartenant à la lignée des Cardona.

Sant Nicolau ⊘ – Cet édifice du 16e s. recèle le magnifique **tombeau Renaissance**★★★ de Ramón Folc de Cardona, vice-roi de Sicile et de Naples. C'est l'un des plus beaux chefs-d'œuvre de la sculpture catalane du 16e s. Réalisé vers 1525 en marbre de Carrare par Giovanni Merliano de Nola, il représente des épisodes héroïques de la vie du vice-roi.

★**Couvent Sant Bartomeu** ⊘ – *Situé aux abords de la ville.* Quoique l'ambitieux projet initial n'ait jamais vu le jour, il subsiste une grande partie de l'œuvre originale (16e s.). Signalons les deux cloîtres : le premier, le plus simple avec ses arcs en lancette, le second (16e-17e s.) doté de grands arcs tendus entre les contreforts et d'une galerie supérieure rythmée de colonnes richement décorées.

Verdú – *3,5 km au Sud par la C 240.* Ce charmant village est surtout connu pour ses céramiques noires utilisées pour la fabrication des cruches qui conservent si bien l'eau fraîche. Jusqu'à l'expropriation de 1835 son histoire fut associée à celle du monastère de Poblet dont il dépendait depuis 1227. On ne manquera pas de visiter l'**église paroissiale Santa Maria**, agrémentée d'un élégant portail roman. À l'intérieur, on remarquera le **retable de la Purísima**★ (1619), représentant un arbre de Jessé et les douze tribus d'Israël, que couronne la Vierge enceinte. À proximité s'élève le **château gothique**★ ⊘ (12e-14e s.) ; en haut de ses murs se détache la silhouette du donjon cylindrique (25 m) classé dans le style des tours dites de Manresa. Signalons, à l'intérieur *(fermé à la visite)* les curieuses inscriptions datées du 15e s.

★**Guimerà** – *18 km au Sud. Prendre la C 240 en direction de Montblanc. Avant d'arriver à Ciutadilla, tourner à gauche dans la L 241.* L'admirable vieux quartier médiéval, aux ruelles étroites et aux maisons en pierre, est bâti en terrasses sur le versant d'une montagne. Remarquer les ruines du château, les murailles et, avant tout, l'élégante **façade gothique** (14e s.) de l'église paroissiale.

TERRASSA

Vallès Occidental – Barcelona – *157 442 habitants*
Carte Michelin n° 443 H 36 ou Atlas España-Portugal p. 32

La ville de Terrassa, dont l'origine remonte au *municipium* romain d'Egara, occupe la partie occidentale du pays du Vallès, cernée par le cirque de montagnes du **parc naturel de Sant Llorenç de Munt i Serra de l'Obac**. Ce centre important, connu pour son industrie textile, son architecture qui reflète l'essor économique du début du siècle, et ses bâtiments publics, a conservé, à travers l'ensemble d'églises Sant Pere, de précieux témoins de l'architecture préromane.

CURIOSITÉS

★★**Ensemble monumental des églises Sant Pere** ⊙ – Le remarquable ensemble d'églises Sant Pere, Santa Maria et Sant Miquel, qui relevaient de l'ancien évêché d'Egara au 5ᵉ s., se trouve au centre d'un quartier assez hétérogène. Ces trois édifices (du 9ᵉ au 12ᵉ s.), d'influence pyrénéenne, présentent un intérêt artistique exceptionnel et abritent, en outre, d'importants vestiges romains et wisigothiques.

★**Sant Miquel** – Cet ancien baptistère à plan carré et abside heptagonale, construit au 9ᵉ s., présente des éléments romans tardifs. La coupole est soutenue par huit colonnes surmontées, pour quatre d'entre elles, de chapiteaux romans et, pour les quatre autres, de chapiteaux wisigothiques. L'abside est décorée de peintures murales de l'époque préromane (9ᵉ-10ᵉ s.). La crypte possède trois absidioles dotées d'arcs en fer à cheval.

★**Santa Maria** – Il s'agit d'un exceptionnel exemple du style roman lombard. À l'entrée, on peut admirer les vestiges d'un pavement en mosaïque provenant de l'ancienne basilique (5ᵉ s.). Cette construction présente un plan en croix latine, une tour-lanterne et une coupole octogonale surmontée d'un clocher à deux niveaux. L'intérieur illustre cinq cents ans de peinture religieuse. L'abside arbore des restes de peintures murales préromanes (9ᵉ-10ᵉ s.). Dans l'absidiole du transept, on peut contempler la représentation du **martyre de Thomas de Canterbury** (13ᵉ s.), où un Christ Pantocrator aux couleurs très vives préside différentes scènes de la vie du saint. Néanmoins, le chef-d'œuvre de Santa Maria se trouve dans le bras gauche du transept. Le **retable des saints Abdon et Sennen**★★, de Jaume Huguet, constitue, par sa variété chromatique et sa conception avancée, un magnifique exemple de peinture « moderne » du 15ᵉ s.

Sant Pere – La construction de cette église rustique au plan trapézoïdal, à la croisée romane, a commencé au 6ᵉ s. Elle conserve, encastré dans l'abside, un rare **retable de pierre**★.

Museu ⊙ – Le château-chartreuse de Vallparadís (13ᵉ s.) abrite le musée, consacré à l'histoire de Terrassa et à ses monuments les plus importants.

Museu Tèxtil ⊙ – Il présente un panorama exhaustif sur l'élaboration du textile et un parcours à travers la mode du 19ᵉ s. Remarquer les belles étoffes orientales, dont quelques-unes de style copte (4ᵉ s.).

★ **Masía Freixa** – Cette maison bourgeoise (1907), abritant aujourd'hui le Conservatoire de musique, est située dans le parc Sant Jordi. On peut déceler dans cette œuvre de **Lluís Muncunill (1868-1931)** les caractéristiques fondamentales de l'architecture moderniste : absence de lignes droites, profusion de détails décoratifs et étirement des formes. Il est très curieux de remarquer l'utilisation répétitive de l'arc parabolique, auquel Muncunill avait fréquemment recours.

La Masía Freixa

★ **Museu de la Ciència i de la Técnic de Catalunya** ⏱ – Ce musée est installé dans l'ancienne usine Vapor Aymerich, Amat i Jover, construite en 1909 par Lluís Muncunill. Le **bâtiment** est un exemple très intéressant d'architecture industrielle moderniste. Dans la nef centrale, à côté des restes des chaudières et des énormes cheminées – symbole visuel de la ville de Terrassa –, sont exposées de remarquables machines, témoins des progrès scientifiques liés à l'industrialisation.

Sant Esperit ⏱ – Située à côté de l'emblématique **tour du château-palais** (12e s.), au beau milieu du quartier ancien, la basilique abrite un superbe **Christ gisant**, groupe sculpté de style Renaissance dû à Martí Diez de Liatzasolo.

TORROELLA DE MONTGRÍ★

Baix Empordà – Girona – 6 723 habitants
Carte Michelin n° 443 F 39 ou Atlas España-Portugal p. 19 – Schéma : COSTA BRAVA

La ville s'élève au bord du Ter, au pied de la montagne du Montgrí. Torroella propose des manifestations folkloriques et une gastronomie authentiquement régionales qui attirent de nombreux visiteurs.

> Vous recherchez un hôtel, un restaurant, consultez le carnet d'adresses de la Costa Brava.

Son quartier ancien garde la disposition d'un camp romain, avec deux rues principales qui se croisent sur une place bordée d'arcades.

Sant Genís ⏱ – C'est un bel exemple de gothique catalan (14e s.), qui présente une monumentale façade baroque. À l'intérieur, aux lignes très sobres, on trouve une seule nef, une abside polygonale et des chapelles latérales. Chaque été, l'église accueille le **Festival international de musique**, l'un des événements musicaux les plus prestigieux de Catalogne.

Château du Montgrí – *La montée à pied par un itinéraire balisé commence au bout de la Carrer Fátima. Compter 1 h.*
Cette imposante forteresse se dresse au sommet de la montagne du Montgrí. La solidité et l'uniformité de ses murs extérieurs font oublier qu'il s'agit d'une œuvre inachevée. Grâce à sa situation privilégiée, ce château forme un extraordinaire **belvédère★★** face au massif montagneux des Gavarres et à la mer. À quelques mètres de là se trouve le gisement archéologique du **Cau del Duc** (le repaire du duc), grotte que l'homme occupa il y a 300 000 ans. La visite au sommet du Montgrí se termine à l'**ermitage Santa Caterina**, lieu de vénération populaire situé dans la proche vallée du même nom.

Château du Montgrí

TORTOSA★

Baix Ebre – Tarragona – 29 717 habitants
Carte Michelin n° 443 J 31 ou Atlas España-Portugal p. 45

Pendant très longtemps, Tortosa fut la dernière ville avant la mer, chargée de défendre le seul pont de la région. Aujourd'hui, c'est une paisible ville agricole, établie dans un cadre où le gris des collines contraste avec les tons verdoyants de la vallée. L'Èbre, qui fut un élément vital pour la population pendant des siècles, traverse la ville comme une immense avenue.

Au point le plus élevé de Tortosa, où très probablement était située l'acropole romaine, se trouve la **Suda** (CY), ancien château arabe aujourd'hui aménagé en parador, offrant une superbe **vue panoramique** sur la ville et ses environs. La commune est très étendue et vit de ses ressources agricoles : les oliviers croissent sur les terrasses aménagées sur les zones les plus élevées, et, dans les secteurs les plus proches du fleuve, les orangers, les pêchers, le maïs et les primeurs sont protégés des vents marins par des rangées de cyprès. C'est un paysage d'une beauté fascinante qui respire l'opulence.

Un peu d'histoire – Tortosa intéressa beaucoup les Romains : Jules César lui octroya le rang de municipe et Octave celui de colonie (Julia Augusta Dertosa). Les Arabes, l'ayant conquise en 714, construisirent la Suda. En 1148, Raymond Bérenger IV occupa la ville et y maintint un gros contingent de Juifs et de Maures, population qui dynamisa la ville dans le domaine culturel (voir Col.legi Sant Lluís).

Le dernier siège subi par Tortosa, et le plus sanguinaire, s'acheva le 24 juillet 1938. Ce fut la bataille de l'Èbre, où tombèrent au moins 150 000 victimes.

> ## Avis aux amateurs de pâtisseries...
>
> Tortosa s'enorgueillit de ses pâtisseries d'exception. Vous ne manquerez pas de goûter aux **pastissets** (friandises garnies de cheveux d'ange) ou aux **garrofetes del Papa**, délicieux biscuits qui doivent leur nom au pape Bénédicte XIII, qui résida non loin à Peñíscola.

LA VIEILLE VILLE *1 journée*

★★**Cathédrale** ⏱ **(BY)** – Ce superbe monument, consacré à la Vierge, se dresse juste au-dessous de la Suda. Il a été construit à partir de 1347 dans le style gothique français sur l'emplacement du forum romain et d'un sanctuaire roman, dont il ne reste aucun vestige. Les travaux se prolongèrent jusqu'aux 16ᵉ et 17ᵉ s., adoptant alors le style propre au gothique catalan.

Tortosa vue de la Suda

Benoît XIII et le schisme d'Occident

Depuis 1309, la papauté, contrainte et forcée, s'était installée à Avignon, et, en 1378, le peuple romain imposa l'élection du pape Urbain VI afin de ramener la papauté à Rome. Les cardinaux non italiens lui opposèrent un pape d'origine française, Clément VII, qui s'établit à Avignon. La chrétienté fut alors partagée, et le schisme d'Occident commençait. En 1394, à la mort de Clément VII, les cardinaux avignonnais choisirent pour lui succéder un Aragonais, **Pedro de Luna**, qui avait promis de mettre fin au schisme en déposant la tiare s'il était élu, engagement qui lui avait valu le soutien du roi de France Charles VI. Mais dès qu'il eut coiffé la tiare sous le nom de **Benoît XIII**, il s'empressa d'oublier sa promesse. Abandonné par Charles VI qui le fit assiéger dans Avignon, déchu en 1409 par le concile de Pise puis en 1414 par celui de Constance, il se retira en pays valencien, à Peñíscola, en compagnie des deux seuls cardinaux qui lui étaient fidèles. Refusant obstinément de se plier aux décisions des conciles, il fit nommer pape par ses deux compagnons, avant sa mort en 1423, un chanoine barcelonais, Gil Muñoz, qui prit le nom de Clément VIII.

★ **Façade** – La façade baroque (18ᵉ s.), divisée en cinq sections par d'énormes pilastres, présente une richesse décorative exceptionnelle : chapiteaux aux motifs végétaux, colonnes galbées et reliefs flamboyants.
Cet ensemble relève pleinement du style baroque, où les formes les plus fantaisistes côtoient des éléments architecturaux d'une grande simplicité.

★ **Intérieur** – De lignes sobres, il est formé de trois vaisseaux séparés par des piliers à base polygonale. Les deux étages de la nef centrale sont soutenus par de très hautes arcades, et les collatéraux, très hauts également, se rejoignent autour de l'abside pour former un double déambulatoire. L'aspect du chevet n'est pas sans rappeler celui de la basilique Santa Maria de Manresa *(voir ce nom)*, où les contreforts intérieurs séparant les chapelles absidiales sont ajourés de remplages savamment ouvragés. Les plans prévoyaient cette superbe solution, mais le projet, trop onéreux, fut abandonné après la réalisation, sur le côté gauche, de deux de ces remplages seulement.
De nombreuses œuvres d'art ornent l'intérieur. La plus remarquable est le **grand retable de la Vierge**★, polyptyque en bois polychrome (1351), représentant des scènes de la vie du Christ et de la Vierge. Consacré à la Vierge des Étoiles, patronne de la cathédrale primitive, il comporte cinq panneaux : un au centre, deux sur les côtés et, aux extrémités, deux parties mobiles. Le revers est décoré de peintures polychromes d'influence italienne. Une autre œuvre importante, attribuée à Jaime Huguet, est le **retable de la Transfiguration**★ (deuxième moitié du 15ᵉ s.), finement décoré.
Dans la nef centrale, deux **chaires**★ de pierre du 15ᵉ s. sont décorées de magnifiques bas-reliefs, représentant, à gauche, les Évangélistes et leurs symboles, et, à droite, les docteurs de l'Église latine : saint Grégoire, saint Jérôme, saint Ambroise et saint Augustin.

★ **Chapelle Nostra Senyora de la Cinta** – *Deuxième chapelle à droite, accessible depuis le cloître.* La chapelle Notre-Dame-du-Ruban est la plus somptueuse et la plus riche des chapelles de la cathédrale. Bâtie entre 1642 et 1725 dans un style baroque très exubérant, elle est décorée de jaspe, de marbre et de peintures, et abrite le cordon qui, selon la tradition, servit de ceinture à la Vierge. Pendant la première semaine de septembre, les habitants de Tortosa viennent en foule déposer fleurs et fruits devant la statue de la Vierge.

Fonts baptismaux – *Première chapelle à droite.* On dit que ce bassin magnifique provient des jardins du palais de Peñíscola, où vécut **Benoît XIII** jusqu'à la fin de ses jours en 1423. Il est décoré de scènes relatant le schisme d'Occident et porte les armoiries du pape.

Cloître – Ce cloître austère du 14ᵉ s. est adossé au collatéral droit de la cathédrale. De plan trapézoïdal et de dimensions réduites, il a toute la simplicité du gothique catalan, comme en témoignent les arcs en lancette de ses galeries sans décoration. Un grand nombre de stèles et de reliefs funéraires sont encastrés dans les murs intérieurs, la pièce la plus ancienne étant la célèbre **pierre trilingue** (6ᵉ s.), gravée d'inscriptions en hébreu, latin et grec.

★ **Palau Episcopal** ⊙ **(BY)** – Ce magnifique édifice gothique fut construit entre les 13ᵉ et 14ᵉ s. La façade s'ouvre par une porte en plein cintre surhaussée et par deux niveaux de fenêtres. Après être passé sous les deux arcs en plein cintre, on accède au grand patio gothique catalan du 14ᵉ s. C'est par un escalier saillant, très caractéristique, que l'on accède au premier étage où se trouve une galerie d'arcades et de fines colonnes. À ce niveau, il faut signaler la **chapelle gothique**★, véritable petit chef-d'œuvre. Le passage du plan carré à la voûte étoilée octogonale est réalisé au moyen de trompes angulaires. À cette structure raffinée s'ajoutent des nervures, dont les supports sont ornés de personnages sculptés. Admirer les motifs ornementaux des fausses fenêtres.

TORTOSA

A Palau Oliver de Boteller
B Palau Despuig
C Palau Oriol

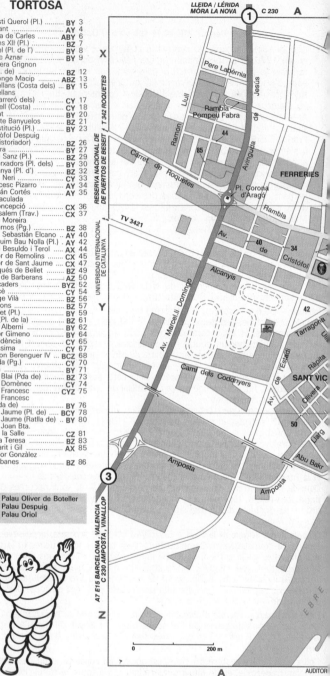

D'autres bâtiments sont remarquables : le **palais Oliver de Boteller** (BY A), actuellement siège des Services territoriaux de la Culture, dont la façade massive es surmontée de créneaux décoratifs, et le **palais Despuig** (BY B), admirable bâtimer qui présente les caractéristiques du gothique civil catalan au 15ᵉ s. Signalons, l'intérieur, le vaste patio rectangulaire pourvu d'un escalier saillant et d'une galeri d'arcs en lancette reposant sur de sveltes colonnes. À côté du palais Despuig s trouve le **palais Oriol** (BY C), qui héberge le Conservatoire de musique. Les deux éd fices auraient été reliés, semble-t-il, car, outre les analogies des façades, le mu gauche du palais Oriol comporte une série d'arcs aveugles qui pourraient corres pondre à une ancienne galerie.

★**Collèges royaux** ⊙ – L'empereur Charles Quint créa en 1564 ce bel ensemble d style Renaissance, qui abrite les établissements scolaires de Sant Lluís, Sant Jor et Sant Domènec.

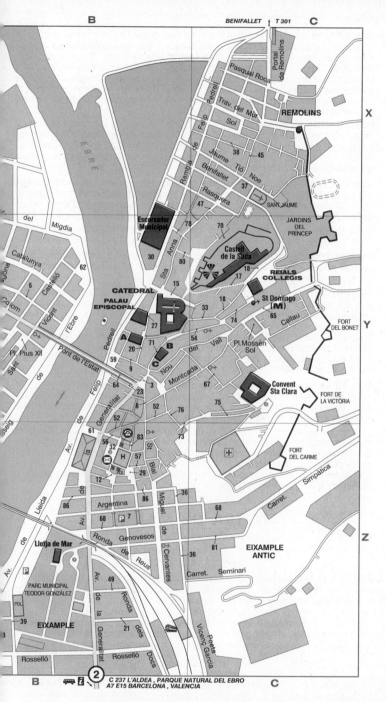

Ce faisant, le monarque prétendait ainsi encourager le développement culturel de la ville et, en même temps, former les « nouveaux chrétiens », essentiellement des musulmans convertis.

★**Col.legi Sant Lluís** (CY) – Dans cet établissement, appelé auparavant Sant Jaume et Sant Maties, on formait de jeunes musulmans convertis. Sa construction débuta en 1564 mais on ignore qui, précisément, dirigea le chantier.
Le **portail** de la façade principale a un caractère nettement symbolique. Il est organisé en trois registres : le registre inférieur est l'entrée proprement dite, le registre central porte le blason impérial avec l'aigle bicéphale flanqué de deux sphinx symbolisant la connaissance, et le registre supérieur comporte deux niches abritant les statues de saint Jacques et de saint Mathias, patrons de l'institution. L'ensemble fut conçu comme un arc de triomphe, symbolisant l'alliance de la raison et de l'esprit avec les valeurs strictement militaires.

Le **patio**★★, de plan rectangulaire, est l'une des œuvres les plus attrayantes de la Renaissance catalane. Il comporte trois niveaux : aux deux premiers, les arcades sont en plein cintre, au dernier, les arcs sont en anse de panier. En dépit de l'équilibre et de l'harmonie du bâtiment, c'est dans la décoration, à base de sculptures en relief, que son originalité est le plus évidente. Les personnages offrent une variété inépuisable d'attitudes et d'expressions. Du centre du patio, appuyé à la fontaine, le visiteur aura l'impression d'être observé par une multitude de personnages inconnus.

Col.legi Sant Jordi i Sant Domènec (CY) – La façade Renaissance est le seul vestige de l'ancien établissement dominicain. Elle présente deux parties dont la première est structurée comme un arc de triomphe aux colonnes doriques adossées. Une frise, portant l'inscription latine *Domus sapientiæ* (Maison de la connaissance), indique le caractère de ce bâtiment.

Sant Domènec ⊘ (CY) – Cette église, bâtie au 16ᵉ s. faisait partie des Collèges royaux. La façade est de facture classique, les éléments décoratifs sont typiques de la Renaissance hispanique : bustes dans des médaillons, statues d'anges ornant les archivoltes et motifs héraldiques dans la partie supérieure du portail.

Museu municipal – Y sont exposées les nombreuses découvertes archéologiques faites dans la région. La collection de monnaies anciennes ne manque pas d'intérêt.

Couvent Santa Clara ⊘ (CY) – Édifice du 14ᵉ s., le couvent possède un beau **cloître gothique** présentant des analogies architecturales avec les autres monastères franciscains de Catalogne.

Llotja de Mar (BZ) – Ayant été, pendant un certain temps, le lieu où l'on fixait le prix du blé pour l'ensemble du Bassin méditerranéen occidental, la **Bourse de commerce maritime**, témoignage de la puissance commerciale de la ville, est également connue sous le nom de Porxo del Blat (Porche du Blé).
C'est un bâtiment, typique du gothique catalan (14ᵉ s.), à deux nefs rectangulaires séparées par trois grandes arcatures en plein cintre qui lui donnent un aspect sobre. Situé auparavant dans la rue de la Llotja, il a été transféré en 1933 à l'emplacement qu'il occupe actuellement.

Quartier de Remolins (CV) – Ses ruelles labyrinthiques portent des noms qui indiquent l'ancienneté de leurs origines. Les Travessera de Jerusalem, Travesia del Mur, etc., témoignent du passé juif de Tortosa, et, malgré le peu de vestiges, ces ruelles évoquent l'une des périodes historiques les plus importantes de la ville.

Pour terminer, signalons l'importance du modernisme à Tortosa. Outre l'**Escorxador Municipal** (abattoirs – BY), auquel l'alternance de la pierre, de la brique rouge et de la céramique polychrome donne un caractère bigarré, plusieurs résidences modernistes parsèment l'**Eixample** (CZ).
En flânant parmi ces maisons, le visiteur pourra voyager dans le temps, passer de la période gothique et Renaissance au début du 20ᵉ s.

TOSSA DE MAR★

La Selva – Girona – 3 406 habitants
Carte Michelin n° 443 G 38 ou Atlas España-Portugal p. 33
Schéma : COSTA BRAVA

Situé au Sud de la Costa Brava, ce pittoresque village s'inscrit dans un environnement naturel d'une grande beauté. Les falaises abruptes, couvertes de pins et de chênes-lièges, les belles calanques et la plage forment quelques-uns de ses attraits.
Au sommet du cap de Tossa, au Nord de l'accueillante baie, s'étend la **vieille ville**★ (12ᵉ-14ᵉ s.). La remarquable enceinte fortifiée a gardé son périmètre d'origine, de sobres murs crénelés, et sept grosses tours à mâchicoulis, dont trois rondes.
La ville nouvelle, complexe moderne d'hôtels, d'appartements et de restaurants, s'étend parallèlement à la plage.

En quête d'un hôtel ou d'un restaurant, consultez le carnet d'adresses de la Costa Brava.

Les plages de Tossa – Le grand atout de cette ville réside dans ses extraordinaires plages de sable fin, idéales pour la baignade, car peu profondes. La **Platja Gran**, située en face de Vilanova, est la plus vaste et la plus fréquentée. Derrière la vieille ville se trouve la petite plage **Cala Codolar**, véritable havre de paix. Plus près de la ville se situent les calanques **Bona, Pola, Givarola** et **Llevado**, à partir desquelles on peut visiter le phare, niché à 60 m de haut sur une falaise.

Musée municipal ⊘ – Fondé en 1935, il occupe l'ancienne maison du gouverneur, ou « batlle ». De nombreux objets trouvés lors des fouilles archéologiques effectuées sur le site de la proche villa romaine de Els Ametllers (1ᵉʳ-4ᵉ s.) y sont exposés. Une importante **collection d'art contemporain**★ rassemble des œuvres d'artistes nationaux et étrangers (Chagall, André Masson, Rafael Benet...) ayant séjourné à Tossa dans les années trente.

TREMP★

Pallars Jussà – Lleida – 6 514 habitants
Carte Michelin n° 443 F 32 ou Atlas España-Portugal p. 17
Schéma : PYRÉNÉES CATALANES

Chef-lieu de la comarca et important centre de services, la ville est située au milieu de la Conca de Tremp, vaste dépression couverte de cultures et de végétation méditerranéenne.

> Vous recherchez un hôtel, un restaurant, consultez le carnet d'adresses des Pyrénées.

Vers Tremp convergent toutes les voies reliant la plaine à la haute montagne du Pallars. La ville conserve un intéressant quartier ancien, aux maisons romanes ou gothiques. Fortifiée jusqu'au 19ᵉ s., elle compte encore trois des six **tours** défensives qui l'entouraient.

Plaça de la Creu – Sur cette vaste place, constituant le cœur de la localité, se dressent l'hôtel de ville, de construction récente, ainsi que le svelte clocher de l'église Ste-Marie, élevé en 1638. De l'autre côté de la rue se trouve une croix dont la place tire son nom.

★**Santa Maria** ⊘ – Le bâtiment, d'origine gothique, a subi de nombreuses transformations tout au long des siècles. Sur le maître-autel trône l'impressionnante **statue**★ gothique (2 m de haut) de **Santa Maria de Valldeflors** (14ᵉ s.), réalisée en bois polychrome.

Ancien hôpital – Situé dans la carrer del Forn, l'ancien hôpital des pauvres connut de multiples utilisations. Ce sobre édifice du 16ᵉ s. présente des réminiscences gothiques.

ENVIRONS

★**Marais de Sant Antoni** – Au Nord de Tremp, les eaux calmes et tempérées du marais se prêtent à la pratique de la pêche, du canoë-kayak, de la voile, du ski nautique et de la planche à voile.

EXCURSIONS

★**Château de Mur** – *21 km au Sud-Ouest. Prendre la C 147 en direction de Balaguer, puis tourner à droite vers Guardia de Noguera. À 4 km de là, tourner à droite et monter sur 6 km.*
Ce château conserve, presque intacte, son enceinte de plan triangulaire et l'une de ses tours rondes. Occupant une position stratégique à 880 m d'altitude, il offre des **vues panoramiques**★★ exceptionnelles.
À côté se dressent les ruines de l'ancien **monastère** augustinien **Santa Maria**, dont le **cloître**★ roman (12ᵉ s.), aux colonnes simples surmontées de chapiteaux grossièrement travaillés, a fait l'objet de nombreuses restaurations.

La Conca Dellà

Cet itinéraire d'un peu plus de 30 km emprunte la route C 1412 qui longe le cours du rio Conques. Sur son parcours, le visiteur rencontrera des sites paléontologiques mettant au jour des restes de dinosaures ainsi que de belles églises romanes.

Figuerola d'Orcau – *10 km au Sud-Est de Tremp par la C 1412.* Ce petit village d'origine médiévale conserve un intéressant ensemble de rues dont certaines sont bordées de maisons et d'arcades.

Isona – *9 km à l'Est de Figuerola par la C 1412.* Ancienne cité romaine fondée vers 100 avant J.-C., Isona héberge l'intéressant **musée de la Conca Dellà** ⊘, consacré essentiellement à l'époque romaine et aux gisements de restes de dinosaures *(le musée organise des visites)* mis au jour dans la région. Son église paroissiale fut restaurée après la guerre civile de 1936.

Abella de Conca – *8 km au Nord-Ouest d'Isona en direction de Ca l'Isidre.* Village caméléon que l'on distingue à peine de la route, Abella se profile derrière le rocher de Sarsús. Visite obligée de l'**église romane Sant Esteve**★ (11ᵉ s.).
Rejoindre à nouveau Isona.

Covet – *À Isona, tourner à droite en direction de Covet, puis suivre une petite route de 3 km environ.*
L'**église Santa Maria**★ possède un bel intérieur. La nef centrale, voûtée en berceau, est renforcée par des arcs de soutien s'appuyant sur des colonnes surmontées de chapiteaux sculptés. Au niveau de la rosace s'ouvre une galerie ornée de quatre arcs en plein cintre.
Le **portail**★★ est l'élément le plus remarquable. Il comporte un beau tympan sculpté et des archivoltes reposant sur des colonnes aux chapiteaux habilement travaillés. Remarquer les sculptures représentant des anges, des musiciens, des monstres, des baladins, des scènes du livre de la Genèse et les personnages du groupe de la sainte Famille.

ULLASTRET★

Baix Empordà – Girona – 256 habitants
Carte Michelin n° 443 F 39 ou Atlas España-Portugal p. 19
Schéma : COSTA BRAVA

Ullastret fait partie des villages les plus pittoresques de l'arrière-pays de l'Ampurdan. Ses vieilles ruelles médiévales exhalent l'odeur caractéristique de la campagne. Dans les environs, on peut acheter les produits typiques de la région.

Sant Pere – Située au centre du village, cette église est un bel exemple du style roman de l'Ampurdan, avec son plan basilical et sa décoration lombarde. Remarquer un curieux ossuaire gothique ainsi que la représentation sur les impostes de personnages et d'animaux fantastiques.

ENVIRONS

★★**Ciutat Ibérica** ⊘ – *1 km à l'Est par la Gl 644.*
L'ancienne lagune d'Ullastret, asséchée vers la fin du 19ᵉ s., a fait place à une

Ruines du village ibérique

plaine, fertile et agréable, où croissent les cyprès et les oliviers. On y trouve également les vestiges d'un *oppidum* ibérique, rappelant l'occupation de la région par les Grecs phocéens *(voir Empúries).*
Les ruines de cette ancienne place forte forment un précieux témoignage archéologique, car elles permettent de reconstituer la vie de ses habitants aux 4ᵉ et 3ᵉ s. avant J.-C.
L'ancienne chapelle Sant Andreu héberge le **Museu Arqueològic d'Ullastret** ⊘, section du musée d'Archéologie de Catalogne. Y sont exposées les principales découvertes au cours des fouilles (monnaies, récipients et ustensiles divers).

Monastère de VALLBONA DE LES MONGES★★

Urgell – Lleida
Carte Michelin n° 443 H 33 ou Atlas España-Portugal p. 31

À l'extrémité Sud de la comarca d'Urgell, près de la Conca de Barberà, le monastère Santa Maria de Vallbona est le plus important monastère cistercien féminin en Catalogne. Lié aux monastères de Poblet et de Santes Creus – ils faisaient partie tous trois de l'ancien archidiocèse de Tarragone –, il occupe une situation géographique comparable, dans une vallée où abondent les sources. Au milieu de bois et de cultures typiquement méditerranéens, il se dresse sur le versant Nord de la sierra de Tallat.

Un peu d'histoire – En 1157, l'ermite Ramón de Vallbona et une communauté d'anachorètes fondèrent Santa Maria. Berengère de Cervera, dame de Verdú, y implanta l'ordre de Cîteaux (1175), et la première abbesse, venue de Navarre, en fut Oria Ramírez.
Alphonse Iᵉʳ le Chaste et Jacques Iᵉʳ le Conquérant accordèrent leur protection au monastère, qui reçut en 1201 du pape Innocent III le privilège pontifical de ne dépendre que du pape.
Les jeunes filles des principales familles nobles catalanes prononçaient leurs vœux à Vallbona, contribuant par leur dot à accroître les richesses du monastère.
La bibliothèque, le scriptorium, ainsi que l'école monacale, devenue un lieu d'études pour demoiselles nobles, acquirent de l'importance.
À partir de 1573 se constitua autour du monastère le village de Vallbona et, en dépit des changements et des vicissitudes survenus dans la première moitié du 19ᵉ s., notamment la perte des propriétés et la confiscation des droits seigneuriaux, la vie monacale s'y est maintenue.

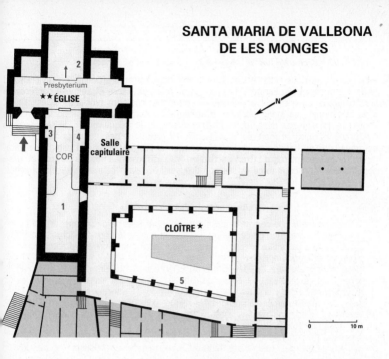

VISITE ⊘

L'ensemble architectural est d'une somptuosité qui le différencie de la plupart des monastères cisterciens féminins. Le monastère fut construit selon le schéma général des monastères de l'ordre, mais les trois enceintes d'origine, entourées de grandes murailles dont il ne subsiste aucun vestige, ont été grandement altérées.

En 1573, lorsque le concile de Trente prohiba l'établissement de couvents de femmes dans des endroits isolés, les gens du village voisin de Montesquiu vinrent vivre à Vallbona dans des dépendances cédées par les religieuses.

★★Église – Bâtie en grande partie aux 13ᵉ et 14ᵉ s., c'est un bel exemple de transition romano-gothique. Le plan en croix latine comporte une seule nef, très allongée, et trois absides rectangulaires ornées de sculptures grotesques (13ᵉ s.). Les voûtes sur croisées d'ogives ont été réalisées au 14ᵉ s. Le transept est coiffé d'une tour-lanterne octogonale sur trompes, voûtée d'ogives et percée de huit baies (13ᵉ s.). D'époque plus tardive (14ᵉ s.), le **clocher** (**1**), avec sa lanterne et ses fenêtres moulurées, est situé au centre de la nef.

À l'intérieur, on remarque les dalles funéraires des abbesses du couvent. Le presbyterium accueille le **sépulcre** (**2**) de la reine Yolande de Hongrie, femme de Jacques Iᵉʳ, et celui de sa fille. Remarquer également dans la chapelle gothique du Corpus Christi (**4**), une **statue de la Vierge** (**3**) en pierre polychrome (15ᵉ s.).

★Cloître – *Des travaux de réfection sont en cours afin de lui rendre son aspect du 14ᵉ s.* Chacune de ses galeries arbore un style différent. Celle de l'Est (13ᵉ s.) est percée d'oculi d'influence arabe, alors que la galerie méridionale est romane (12ᵉ-13ᵉ s.). La galerie Nord est gothique (14ᵉ s.) et les chapiteaux y sont ornés d'une fine décoration de motifs végétaux. Dans la galerie Ouest, bâtie au 15ᵉ s. selon le modèle roman, se trouve la **chapelle Nostra Senyora del Claustre** (N.-D. du Cloître – **5**), abritant une belle statue du 12ᵉ s., remaniée au 14ᵉ s.

Salle capitulaire – Cette magnifique salle gothique (14ᵉ s.) surprend par son austérité. Voûtée sur croisée d'ogives, elle conserve, encastrées au sol, d'intéressantes pierres tombales des abbesses du monastère. Remarquer également une **statue de Notre-Dame de la Miséricorde**, en terre cuite, attribuée à Pere Joan (15ᵉ s.).

VALLS★

Alt Camp – Tarragona – 20 124 habitants
Carte Michelin n° 443 I 33 ou Atlas España-Portugal p. 45

Ville ouverte et riche, Valls est enclavée entre deux torrents affluents du rio Francolí, le Sant Francesc et la Farigola. Les sierras de Montral, Cabra et Salmella confèrent à son territoire un relief très accidenté, où foisonnent chaînons montagneux et vallées, d'où son nom : Valls. Sa position stratégique au carrefour d'un important réseau routier a entraîné son développement commercial et la fréquentation de ses marchés (les premiers mardi et mercredi d'août a lieu **Firagost**, l'une des plus importantes foires commerciales de Catalogne, considérée comme la Festa Major de la campagne catalane). Ne possédant pas d'attrait particulier, Valls dispose néammoins de trois atouts : son folklore, son commerce et ses nombreuses spécialités culinaires exceptionnelles.

Valls, berceau des « castells »

On décerne à la ville ce titre honorifique. Pendant près de deux cents ans, Valls a fait vivre la tradition de ce folklore original et unique au monde. Actuellement, on élève des castells aux quatre coins de la Catalogne *(voir en Introduction : Folklore et traditions)*.

Le dimanche suivant le 21 octobre on célèbre la Santa Úrsula, fête « castellera » par excellence, au cours de laquelle s'opposent les deux principales équipes, ou colles : la Colla Vella et la Colla Nova. L'énorme rivalité entre ces deux groupes les amène à prendre des risques considérables, notamment à réaliser le « quatre de neuf », c'est-à-dire, neuf étages d'hommes avec quatre hommes par étage.

Ceux qui ne pourraient pas venir pour la Santa Úrsula peuvent être rassurés : Valls organise de nombreuses fêtes et les « castellers » saisissent toutes les occasions pour montrer leur savoir-faire. Le dimanche suivant la Saint-Antoine a lieu la fête des Tres Tombs, l'une des plus populaires de toute la Catalogne.

La « calçotada de Valls » – Si les *castells* sont la fierté de la ville, il en est de même pour ses *calçots*. De décembre à mars, dans la plupart des restaurants de Valls et de la région, a lieu le célèbre rituel de la *calçotada*.

Le menu est délicieux et original. On commence par les *calçots a la brasa*, sorte d'oignons tendres et doux, grillés au feu de sarments et servis sur des tuiles, qu'on accompagne de *salvitxada*, sauce préparée à base d'amandes effilées, de tomates, d'ail, de piments forts de Murcie et d'autres ingrédients. Mais attention ! Avant de goûter ce mets succulent, observez la façon d'émonder les calçots : ce n'est pas si facile ! Ensuite viennent les côtes d'agneau, la *botifarra* et la *longaniza* de Valls (des saucisses à la viande de porc) avec le traditionnel aïoli et le pain paysan, le tout arrosé d'un bon vin rouge du pays. Au dessert, on propose des oranges, des pâtisseries ou de la crème catalane, ainsi que le cava, le café et les liqueurs.

Le secret de cette spécialité unique, qui attire des milliers de gourmets, est très simple : une bonne *calçotada* doit se savourer à Valls, selon le rite et dans les règles. Avec la Sierra de Miramar en arrière-plan et devant le fin clocher de l'église Saint-Jean-Baptiste, les calçots seront beaucoup plus appétissants.

Se restaurer

VALEUR SÛRE

Cal Ganxo – L'Esglèsia, 13 – ☎ 977 60 02 25.
Calçotadas typiques de Valls et plats traditionnels catalans. Bonne cave.

Masia Bou – *Route de Montblanc* – ☎ *977 60 04 27* – *fermé le mardi en été*.
L'une des meilleures tables de la région où l'on vient déguster les célèbres calçotadas. Cuisine dans la plus pure tradition catalane. Qualité des vins.

★LE QUARTIER ANCIEN

Il garde son caractère médiéval, et si les murailles ont disparu, les rues tracées à leur emplacement en rappellent les noms : Muralla del Castell, de Sant Francesc, del Carme et de Sant Antoni. L'un des principaux axes du quartier ancien est la **Carrer de la Cort**, qui relie la petite plaça de l'Esglèsia à celle du Blat (blé), où ont lieu les plus remarquables défis des *castellers*. Remarquer également les vestiges de l'ancien quartier juif, visibles dans la Carrer del Call.

Sant Joan Baptista ⊙ – Cette église de style gothique tardif à façade Renaissance fut reconstruite après 1936. Elle abrite un grand retable baroque et l'**autel de Sant Aleix** (1769), œuvre du sculpteur Lluís Bonifaç (1730-1786), enfant de la ville.

Capilla del Roser ⓧ – Située sur la Carrer de la Cort, elle possède deux merveilleux **plafonds d'azulejos vernissés**★ de 1605, où sont représentées des scènes de la bataille de Lépante. L'un montre le pape Pie V octroyant la bannière de la chrétienté à don Juan d'Autriche ; l'autre relate une scène de la bataille navale (observer les voiles des bateaux et la couleur rougeâtre de la mer).

★**Teatre Principal** – Édifié dans la Carrer Jaume Huguet en 1884 selon les plans d'Ignasi Jordà, il présente un grand intérêt artistique et compte au nombre des théâtres classiques les plus originaux de Catalogne.
Sur la Plaça del Quarter se dresse le monument dédié à l'écrivain vallesain **Narcís Oller** (1846-1930), considéré comme le créateur du genre romanesque catalan et auteur de *Pilar Prim* et *La Fièvre d'or*.

El VENDRELL★

Baix Penedès – Tarragona – 15 456 habitants
Carte Michelin n° 443 I 34 ou Atlas España-Portugal p. 32
Schéma : COSTA DAURADA

El Vendrell est une ville de l'intérieur, qui, néanmoins, comprend trois importants quartiers situés en bordure de mer : Sant Salvador, Coma-ruga et El Francás.
La ville, d'origine médiévale, conserve l'**église Sant Salvador** ⓧ (18e s.), bâtiment néoclassique au clocher octogonal très gracile. À l'intérieur se trouve le précieux orgue baroque sur lequel **Pau Casals** (1876-1973) s'initia à la musique.
Adossée à l'une des anciennes portes de la muraille se dresse **Can Guimerà** ⓧ, résidence seigneuriale du 18e s., dont la façade est décorée de belles fresques et qui abrite actuellement un musée consacré au poète **Angel Guimerà** (1845-1924).
À El Vendrell, on peut déguster le *xató*, plat composé de scarole, de morue émiettée, de thon, d'anchois frais et d'olives, le tout assaisonné d'une sauce aux piments forts et fruits secs grillés, proche du *romesco*. Ce plat peut être accompagné de n'importe quel vin blanc de la région du Penedès.

★**Sant Salvador** – C'est le quartier le plus ancien et le plus important d'El Vendrell. De Sant Salvador ont été exportées, pendant le 18e s., de grandes quantités d'eaude-vie. C'est sur la plage de sable fin que **Pau Casals**, le génial violoncelliste, passait ses vacances estivales.

Coma-ruga – La plage de ce quartier est l'une des plus fréquentées de la Costa Daurada. C'était autrefois une zone marécageuse riche en sources minérales. Au début du siècle, la fréquentation des bains de Coma-ruga a marqué le début du tourisme à El Vendrell.

El Francás – C'est une grande plage, peu profonde, bordée d'hôtels et de logements formant un ensemble bigarré.

ENVIRONS

Aqualeón Parc ⓧ, à **Albinyana** – *8 km à l'Est. Prendre la C 246 vers Valls, puis tourner à gauche en direction d'Albinyana.*
Dans cette réserve d'animaux en liberté, les enfants observeront avec intérêt les mouvements lents des girafes, les lions, les tigres et d'autres espèces exotiques. Pour éviter les risques inutiles, il est interdit de descendre de voiture.

VIC★★

Osona – Barcelona – 29 113 habitants
Carte Michelin n° 443 G 36 ou Atlas España-Portugal p. 32

Ancienne capitale de la tribu ibérique des Ausetanos, Vic porta le nom d'Ausa à l'époque romaine. Située au centre de la plaine de Vic, au confluent des rios Gurri et Mèder, affluents du Ter, la ville exerce une importante activité commerciale et industrielle (cuirs, tissus et produits alimentaires). En outre, elle possède un beau patrimoine architectural d'époque médiévale comme les maisons seigneuriales.
Vic propose également un grand choix de spécialités gastronomiques, surtout dans le domaine de la **charcuterie** artisanale. À Vic, on décerne le label « Denominación de Calidad Llonganissa » aux saucissons, aux diverses saucisses (crue, aux œufs, blanche ou noire), et aux *somalla*, *fuet* et *bulls*. Le *pa de pessic* est une sorte de pain d'épice très doux et rond. Dans toute la région, vous pourrez demander l'*aigua-naf*, sorte d'eau-de-vie semblable au ratafia mais sans noix macérées.
Lors des Jeux olympiques de 1992 se déroulèrent à Vic les compétitions de hockey sur glace, sport qui compte un grand nombre d'amateurs dans la ville.
Le Cercle littéraire et la Troupe (Esbart) de Vic ont donné d'éminentes figures de la « Renaixença » catalane (Verdaguer, Collell et Martí Genís). Rappelons également que Vic est la ville natale du grand penseur **Jaume Balmes** (1810-1848).

VIC

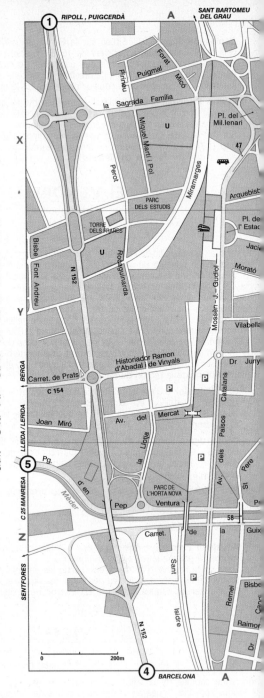

CURIOSITÉS

Temple Romà (CY) – On ignore à quelle divinité il était consacré. Bâti au 2e s., il se compose d'une petite cella de 10 m de long pour 12 m de haut et d'un atrium dont les colonnes lisses à base ionique sont surmontées de chapiteaux corinthiens. Une grande partie de l'ensemble a été restaurée.

★**Cathédrale** ⊘ (BY) – L'actuelle cathédrale néoclassique fut construite entre 1781 et 1803 pour remplacer un bâtiment du 11e s. élevé par l'abbé Oliba *(voir index)*, dont il ne subsiste que l'élégante tour-clocher – exemple typique du roman lombard – et la crypte.

★**Intérieur** – Entièrement décoré par **Josep Maria Sert** (1874-1945) en 1930, il fut ravagé par un incendie six ans plus tard, pendant la guerre civile. Plus tard, l'artiste reprit son œuvre mais la mort le surprit alors qu'il écrivait un poème sur les murs.

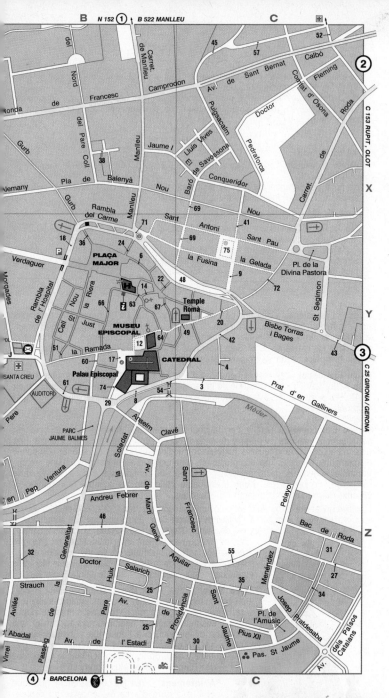

Ces **peintures**★★, caractérisées par une fougue et une impétuosité dignes de Michel-Ange, sont très symboliques. Les scènes gigantesques illustrent le mystère de la Rédemption, depuis le péché originel (transept) jusqu'à la Passion du Christ (abside) et le martyre des apôtres (nef). Au-dessus du portail d'entrée, trois scènes illustrent l'injustice humaine dans la vie de Jésus : se détachant sur un fond de cathédrale en feu, le Christ justicier expulse les marchands du Temple (à droite)† ; il est condamné à mourir sur la croix (à gauche) ; tandis que Pilate se lave les mains, la foule choisit l'acquittement de Barrabas (au centre). L'emploi appuyé du clair-obscur, du tracé sépia sur fond or, produit une singulière impression de relief et accroît la monumentalité de l'œuvre. L'ensemble s'harmonise bien avec les grandes dimensions de la nef et ses piliers cannelés. Remarquer dans le déambulatoire l'ancien **retable**★★ du maître-autel, en albâtre, sculpté au 15ᵉ s., resté fort heureusement à l'écart des transformations qui ont défiguré la cathédrale. Il est consacré à la Vierge et à saint Pierre, représentés au centre. En face, dans un tombeau gothique, repose le chanoine Bernardo Despuig, qui ordonna la réalisation du retable.

Cloître – Les galeries s'ouvrent par de grands arcs du 14e s. garnis de remplages sur le patio où se dresse, surmonté de sa statue, le mausolée de Jaume Balmes, le brillant philosophe né à Vic. Remarquer, dans l'une des galeries, le sarcophage contenant les restes de J. M. Sert ainsi que sa dernière œuvre, une Crucifixion qui devait remplacer celle se trouvant dans l'église.

Palau Episcopal (BY) – Il est constitué d'une série de bâtiments construits autour d'un patio. La décoration murale de la remarquable **salle des Synodes** fut restaurée en 1845. Les portraits des évêques du diocèse sont exposés, entourés de délicates inscriptions latines.

***Museu Episcopal** ⊘ (BY) – *Fermé pour travaux. Une sélection des œuvres est actuellement exposée à l'hôpital de la Santa Creu* (BY). Créé en 1889, il abrite une très riche collection d'œuvres provenant du diocèse de Vic et Solsona, composée de peintures murales, de sculptures et parements d'autel romans, d'une exceptionnelle collection de peintures gothiques, de précieuses pièces d'orfèvrerie religieuse, de broderies, d'une inestimable collection de monnaies, céramiques, vitraux, maroquins et d'objets préhistoriques.

L'édifice qui abrite le musée étant en cours de reconstruction totale, 200 chefs-d'œuvre sont actuellement exposés à l'**hôpital de la Santa Creu**, parmi lesquels on remarque le retable de Sainte Claire, de **Luis Borrassà**, coloriste illustre et chef de file du mouvement internationaliste en Espagne (remarquer les profils raffinés et les visages légèrement puérils), le retable de la Seu d'Urgell, de **Ramón Mur** et le retable de Verdú, œuvre singulière de Jaime Ferrer II.

***Plaça Major** (BY) – C'est là que se concentre l'animation commerciale de la ville. Sous ses arcades s'alignent terrasses et gargotes, où règne une ambiance populaire. Les belles façades néoclassiques apportent une touche de distinction à l'ensemble. Chaque samedi voit s'y dérouler un **marché** particulièrement fréquenté ; celui du samedi précédant le dimanche des Rameaux est le plus significatif.

***Ajuntament** ⊘ (BY H) – Ce bâtiment gothique (14e s.), doté d'arcs en lancette au rez-de-chaussée et, à l'étage supérieur, d'une salle connue sous le nom de « salle de la Colonne », a été entièrement remanié au 17e s.

EXCURSION

***Rupit** – *44 km au Nord-Est par la C 153. Quitter Vic par ②.*
Ce pittoresque village s'inscrit dans un cadre de grands bois de chêne alternant avec des prés. On y voit la spectaculaire cascade du **Salt de Sallent**. Dans la rue del Fossar, se trouve la forge (ferreria), maison typique reproduite au Poble Espanyol de Barcelone.

T. Vidal /GC (DICT)
Vierge romane

VIELHA

Vall d'Arán – Lleida – 3 220 habitants
Carte Michelin n° 443 D 32 ou Atlas España-Portugal p. 17
Schéma : PYRÉNÉES CATALANES

Vielha est située au centre du val d'Arán, sur le cours de la Garonne. Capitale du Vall et important centre touristique, la ville possède un splendide secteur ancien, où il faut signaler le **barri deth Cap dera Vila** (la Tête de ville), quartier rassemblant des demeures seigneuriales des 16e et 17e s.

> En quête d'un hôtel ou d'un restaurant dans le vall d'Arán, consultez le carnet d'adresses des Pyrénées.

La ville dispose également d'un large éventail de services et de loisirs, comme l'école d'équitation et le **Centre de Iniciativas Turísticas** (Syndicat d'Initiative), qui propose des activités sportives et renseigne sur les itinéraires en voiture, en véhicule tout terrain, en VTT et à pied.

Dans la rue Castièro, de nombreux restaurants permettent de goûter à la spécialité du pays : la **olha aranesa**, succulent pot-au-feu fait de viande d'agneau, de veau, de lard, de *botifarra (voir index)* noire et de légumes.

Au-dessus de Vielha, le parador du Vall d'Arán bénéficie d'une **vue** privilégiée : à l'arrière-plan se profile le cirque qui ferme là vallée au Sud, et, à droite, se dresse la redoutable barrière de la Maladeta.

Le très vaste territoire de la commune, dénommé **Vielha e Mijaran,** est parsemé de petits villages au charme certain, où l'on remarque le caractère populaire de l'architecture ainsi que de belles églises romanes et gothiques (**Gausac, Arrós,** etc.).

CURIOSITÉS

Sant Miquèu ⊘ – Ce bel édifice de transition romano-gothique (12e-13e s.) comporte une seule nef voûtée en berceau et renforcée d'arcs doubleaux. Sur le portail, caractéristique du roman aranais, est représenté le thème du Jugement Dernier à travers de subtiles allégories. Le clocher octogonal a été construit au 14e s.
Elle abrite le remarquable **retable** gothique de Sant Miquèu (15e s.), attribué à Pere Despallargues, et le célèbre buste du *Christ de Mijaran*★ en bois délicatement sculpté qui devait, certainement, faire partie d'une Descente de Croix du 12e s.

Musèu dera Val d'Aran ⊘ – Installé dans une élégante maison seigneuriale du 16e s., appelée Tor deth Generau Martinhon (tour du général Martinhon), il initie le visiteur à la géologie, à la glaciologie, à l'histoire et à la langue aranaises.

EXCURSIONS

Vall de la Artiga de Lin – *19 km au Sud-Ouest. À Es Bòrdes (8 km au Nord-Ouest par la N 230), tourner à droite vers le sanctuaire de l'Artiga de Lin.*
Le rio Joèu traverse de magnifiques bois de sapins et de hêtres. Au bout de l'itinéraire apparaissent les **Uelhs deth Joèu**★ (Güells del Joèu, ou Vagissements du Joèu), spectaculaires résurgences en provenance de la Maladeta, qui jaillissent après un long parcours souterrain.

Vall de Varradós – *30 km au Nord-Est. À Arrós (6 km par la N 230), suivre le cours du Varradós.*
Dans l'une des gorges du rio dévale une célèbre cascade, le **Sauth deth Pish.**

VILABERTRAN★

Alt Empordà – Girona – 791 habitants
Carte Michelin n° 443 F 38 ou Atlas España-Portugal p. 19 – Schéma : COSTA BRAVA

À 5 km à peine de Figueres, Vilabertran est un village dont le calme contraste avec l'agitation de la Costa Brava. Formé autour d'un ancien monastère augustinien, il fleure bon l'ambiance rurale, rare dans cette zone. Son tracé urbain, avec ses ruelles étroites et rectilignes – fait rare –, est très pittoresque. S'asseoir sur un banc de la Plaça Major face au monastère Santa Maria, ou longer ses rues bordées de maisons anciennes, dont certaines conservent des fenêtres gothiques d'une beauté incomparable, voilà quelques-uns des plaisirs qui s'offrent dans ce village, calme et typique, de l'arrière-pays ampurdanais.

CURIOSITÉ

★★**Monastère Santa Maria** ⊘ – Cet ancien monastère de chanoines augustins forme, pour sa plus grande partie et en dépit de nombreux remaniements, un remarquable et monumental ensemble roman. Il fut le théâtre du mariage de Jacques II et de Blanche d'Anjou, en 1295. Chaque année en septembre, Santa Maria perd son calme habituel pour accueillir le **Festival de musique,** manifestation culturelle de grand prestige.

★**Église** – Bâtie aux 11ᵉ et 12ᵉ s., elle présente un plan basilical à trois vaisseaux. C'est un édifice simple mais d'une grande beauté, avec ses piliers et leurs pilastres, qui lui confèrent une impression de légèreté contrastant avec la solidité des murs extérieurs. Trois absides s'ouvrent sur le transept. La nef centrale est voûtée en berceau, tandis que les collatéraux sont coiffés d'une voûte surbaissée et l'abside d'une voûte en cul-de-four. À droite se dresse le **clocher**, tour élancée à trois étages, percée de fenêtres géminées et décorée de bandes lombardes.

★**Cloître** – Le cloître roman (12ᵉ s.), de plan trapézoïdal, est entouré des dépendances monastiques (12ᵉ-14ᵉ s.). C'est un endroit calme, propice à la méditation. Construit selon les normes architectoniques de Cîteaux, il revêt un caractère austère. Les galeries, aux voûtes surbaissées, s'ouvrent sur des arcs en plein cintre surmontant des chapiteaux dépouillés.

★**Palais abbatial** – Ce magnifique bâtiment a été érigé par l'abbé Antonio Girgós (1410-1424). Remarquable exemple de style gothique, son aspect sobre, en parfaite harmonie avec les autres bâtiments religieux, accentue la solennité du monastère. La **façade** est percée d'un portail et de délicates baies vitrées gothiques.

VILAFRANCA DEL PENEDÈS★

Alt Penedès – Barcelona – 28 018 habitants
Carte Michelin n° 443 H 35 ou Atlas España-Portugal p. 32

Vilafranca, capitale régionale, est un important centre vinicole, situé au cœur de la grande plaine du Penedès, au milieu d'un agréable paysage campagnard. Ses vins sont protégés par un label d'appellation d'origine.

Ville importante au Moyen Âge, il y subsiste un riche patrimoine historique (basilique Santa Maria, palais des rois d'Aragon, palais des barons de Rocafort, etc.), que l'époque moderne a vu s'étoffer de quelques témoignages modernistes, édifiés par Eugeni Campllonch (Can Jané, dans la rue de la Cort) ou par Santiago Güell (Casa Miró-Inglada, sur la Rambla de Nostra Senyora).

Le samedi précédant Noël a lieu la Fira del Gall (Foire du coq), marché très fréquenté où l'on trouve toutes sortes de volailles et les fameux œufs blonds de Vilafranca.

Se loger

Sol i Vi – *À 8 km de Vilafranca, sur la route de San Sadurní de Noya C 243ᵃ – ☎ 93 899 32 04 – fax 93 899 34 35 – 25 chambres – 8 800 ptas.* Paisible motel, au bon rapport qualité-prix. Belles vues sur les vignes. Il est conseillé de réserver son séjour en haute saison.

Se restaurer

Cal Ton – *Casal, 8 – ☎ 93 890 37 41.* Ce restaurant puise dans le livre de recettes traditionnelles de la région. Bonne cave.

Casa Joan – *Plaça de l'Estació, 8 – ☎ 93 890 31 71.* Les plats sont cuisinés avec le plus grand soin. Les délicieux ragoûts faits maison feront votre régal.

CURIOSITÉS

Santa Maria ⏱ – La majestueuse silhouette de cette basilique domine le quartier ancien. De style gothique (14ᵉ s.), elle possède une seule nef aux proportions élégantes. La crypte (16ᵉ s.) est voûtée sur croisées d'ogives, très surbaissée. À l'intérieur, remarquer un groupe de sculptures de style moderniste représentant la Descente de croix et réalisé par Josep Llimona.

Palais royal ⏱ – C'est un bel exemple d'architecture militaire gothique édifié à la fin du 13ᵉ s. Il fut la demeure des rois de la couronne catalano-aragonaise ; c'est là, paraît-il, que mourut Pierre III le Grand (1285).

★**Musée** – Créé en 1934, il comporte six sections. La collection Pladellorens (**premier étage**) est composée de vingt-cinq peintures à l'huile, formant un bel échantillon de la peinture catalane du 19ᵉ s., et de différents objets décoratifs. La collection Bonet *(deuxième étage)* réunit un millier de céramiques du 16ᵉ au 19ᵉ s. Le legs Manuel Trenchs *(troisième étage)* compte un important fonds pictural, essentiellement des peintures d'artistes catalans, une intéressante collection de sculptures illustrant des thèmes religieux et divers objets liturgiques.

Signalons également la Collection ornithologique comarcale, présentation très exhaustive de la faune ornithologique autochtone et migratoire.

★ **Musée du Vin** – Situé au rez-de-chaussée et en sous-sol, il présente l'histoire du vin depuis l'Antiquité jusqu'au 19e s. On remarque la collection Toby-Jug, composée de verres anthropomorphes et de bouteilles reproduisant des bâtiments célèbres. Les dioramas, dont les scènes illustrent les vendanges, l'élaboration et la dégustation du vin, sont très curieux.

★ **Couvent Sant Francesc** ⊘ – Cet ancien couvent franciscain, aujourd'hui siège de l'hôpital comarcal et du Musée lapidaire (fragments d'architecture et pierres tombales romaines), se dresse à l'Ouest de la **Rambla de Sant Francesc.**

L'église, qui conserve son portail roman, abrite le précieux **retable gothique de Sant Jordi**★★ (14e s.), l'une des plus importantes œuvres de Lluis Borrassà *(voir index)*. Son style très raffiné met en scène un saint Georges d'une grande élégance ; à ses côtés figure une curieuse représentation de la Vierge enfant.

Signalons, dans le **cloître** gothique (14e s.), les deux fontaines de style rococo montrant le sermon de saint François aux oiseaux et celui de saint Antoine aux poissons ; la diversité des bateaux naviguant sur la mer ne manque pas d'étonner.

Sant Joan – Cette église, située sur la Plaça de la Vila, est un bel exemple d'architecture romane de transition. L'abside est percée de grandes fenêtres de style gothique primitif et surprend par la pureté exceptionnelle de ses lignes.

ENVIRONS

Caves Torres ⊘, à **Pacs** – *3 km à l'Ouest.*
Au cours d'un parcours touristique est expliqué le processus de fabrication des célèbres vins et cognacs de Miguel Torres.

Sant Sadurní d'Anoia – *12 km au Nord par la C 243.*
Située au Nord du ravin de Lavernó, près du rio Anoia, Sant Sadurní d'Anoia est la ville du cava par excellence. Actuellement, plus de 60 entreprises, parmi lesquelles on trouve Codorniu et Freixenet, élaborent ce produit exporté aux quatre coins du monde.

★ **Caves Codorniu** ⊘ – La masía Codorniu appartenait à la famille Raventós, qui introduisit en Catalogne la technique champenoise d'élaboration des vins mousseux. L'ancienne masía fut modernisée entre 1896 et 1906 par l'architecte Puig i Cadafalch *(voir p. 90)*, qui y adjoignit des bâtiments modernistes très intéressants, notamment un pavillon des expéditions (aujourd'hui salle de réception) éclairé par des verrières en cristal coloré, dont la voûte typiquement catalane est cloisonnée de grands arcs paraboliques. Dans les complexes structures souterraines vieillissent les cavas.

Caves Freixenet ⊘ – Dans cet ensemble industriel de style Art nouveau, construit entre 1918 et 1929 par l'architecte noucentiste Josep Ros, on découvre les différents moments d'élaboration du prestigieux cava.

Sant Sadurní d'Anoia, le pays du « cava »

Le vin champagnisé catalan s'élabore à partir du vin du Penedès, idéal en raison de sa douceur et de son arôme. Le vin, auquel on ajoute un peu de sucre et de levure, est mis en bouteilles dans les classiques « ampoules » à cava, où se produit une deuxième fermentation. Les bouteilles sont rangées dans les caves, empilées d'abord, puis disposées dans les pupitres, où on les change fréquemment de place pour éviter que la lie ne s'accumule sur le bouchon. Après avoir extrait tous les résidus, on bouche définitivement les bouteilles avec les muselets, si caractéristiques.

La préparation exige, néanmoins, quelques mois de vieillissement dans l'obscurité de la cave. C'est le Conseil régulateur de l'appellation Cava qui garantit la qualité du produit.

VILANOVA I LA GELTRÚ★

Garraf – Barcelona – 45 883 habitants

Carte Michelin n° 443 | 35 ou Atlas España-Portugal p. 32

Capitale de la région du Garraf, Vilanova est l'une des villes les plus actives de la côte catalane. Ville commerciale, elle acquit une grande importance au 18e s., grâce aux exportations et aux industries du coton créées par les « indianos » *(voir Barcelone, Porxos d'en Xifré, p. 86)*.

La ville, établie dans une petite baie, possède un important port de pêche et de plaisance. Ses plages de sable fin aux eaux peu profondes sont ses principaux atouts touristiques ; là peuvent se pratiquer tous types de sports nautiques (plongée sous-marine, voile et pêche sportive). Sur la Rambla, longue artère qui traverse toute la ville, se trouvent les principaux commerces. Le Passeig Marítim, bordé de chalets de style Art nouveau, est une zone de distraction fréquentée.

Gastronomie

La réputation gastronomique de Vilanova n'est plus à faire. Le poisson, accommodé avec les excellents produits de l'intérieur du pays, donne des plats succulents, comme la **soupe blanche**, composée de daurade, de mie de pain et d'aïoli, ainsi que l'*all cremat* (ail brûlé), ragoût incluant différentes sortes de poisson, une grande quantité d'ail, des tomates et des pommes de terre. Cependant, la grande spécialité culinaire de Vilanova est le *xató*, mets composé de scarole, de morue dessalée et émiettée, de thon, d'anchois frais, accompagné d'une délicieuse sauce à base de piment fort, d'amandes, de noisettes, d'ail et de vinaigre.

Pendant le Carnaval, on procède à la populaire *xatonada*, où le *xató* est servi avec plusieurs sortes d'omelettes (à la botifarra, aux artichauts et aux haricots secs) et l'on termine par le dessert traditionnel : la **meringue**.

Fêtes –Les fêtes de Vilanova sont nombreuses et pittoresques. Elles commencent au mois de janvier avec les **Tres Tombs**, l'une des fêtes les plus populaires de Catalogne. Le défilé de géants, de diables, de nains et de dragons est accompagné par une foule bruyante. Les rues s'emplissent de gens, qui dansent au rythme des trompettes et des tambours.

Le **Carnaval** est la fête la plus attendue. *Carnestoltes*, souverain de ces fêtes, règne sur la ville prise d'assaut par les gens masqués ou déguisés en bouffons ou en lutins. Le dimanche du Carnaval a lieu la fameuse « guerre des caramels », à laquelle participe toute la population.

Pendant la **Festa Major**, en août, ont lieu d'intéressantes manifestations folkloriques : danses traditionnelles, castells et théâtre en plein air.

Se loger

VALEUR SÛRE

Ribes Roges – *Joan d'Àustria, 7* – ☎ *93 815 03 61* – *fax 93 814 39 04* – *12 chambres – 9 000 ptas.*
Ce petit hôtel familial se trouve à deux pas de la plage de Ribes Roges. Il est agrémenté de chambres très confortables ainsi que d'une agréable terrasse.

Se restaurer

VALEUR SÛRE

Peixerot – *Passeig Marítim, 56* – ☎ *93 815 06 25* – *fermé le dimanche soir sauf en été.*
Ce restaurant de renom peut s'enorgueillir depuis des années de la qualité de ses plats de la mer et de sa cave.

La Fitorra – *Isaac Peral, 12* – ☎ *93 815 11 25* – *fermé le dimanche soir et le lundi.*
Jolie décoration et cuisine méditerranéenne pour ce restaurant installé dans l'hôtel César, et jouissant d'un grand prestige dans la ville.

Sortir

La vie nocturne se concentre dans le secteur du front de mer et de la Rambla Principal. Les buvettes abondent, comme par exemple, le **Trillas**, les pubs à l'animation musicale comme le **Stoglin**, enfin les **carpas** ou le **Planet Music**, mégadiscothèque où afflue une clientèle branchée.

CURIOSITÉS

★**Casa Papiol** ⊘ – Cette élégante demeure forme, avec la Casa Llopis de Sitges *(voir p. 225)*, le **Musée romantique**. Construite entre 1790 et 1801 par la famille Papiol, elle reflète bien l'esprit de la bourgeoisie industrielle du 19ᵉ s., dévote et éprise de luxe.

L'austérité règne dans la bibliothèque, riche tout de même de plus de 5 000 volumes datant du 16ᵉ au 19ᵉ s., dans la chapelle privée, qui abrite les reliques de sainte Constance, et dans la salle de réception, décorée de grisailles illustrant des thèmes religieux.

Dans les chambres, par contre, on apprécie les très beaux meubles, choisis avec un extrême raffinement. Pendant la guerre d'Indépendance, le **général Suchet** (1770-1826), commandant en chef de l'armée napoléonienne, auquel la victoire à Lérida puis la prise de Tortosa, de Tarragone et celle de Montserrat vaudront le bâton de maréchal de France, logea dans la chambre meublée en style Louis XVI qui présente des détails d'une grande élégance (remarquer la décoration du lit). La cuisine, ornée de carreaux de faïence du 19ᵉ s., est l'un des endroits les plus intéressants. À l'entresol et au rez-de-chaussée se trouvent les différentes dépendances : four, économat, cuisine de service et écuries pour les chevaux de selle et de trait.

Château de la Geltrú – Restauré au début du siècle par Font i Gumà, cet édifice médiéval, qui abrite aujourd'hui les archives municipales, comporte des éléments datant du 12ᵉ au 15ᵉ s. Les parties les plus anciennes sont les murs extérieurs, le donjon et quelques curieuses baies décorées de céramique vernissée.

Museu de Curiositats Marineres Roig Toqués ⊘ – Créé en 1948 par Francesc Roig Toqués, on trouve ici les objets les plus insolites relatifs à la marine. Parmi les nombreuses pièces entassées dans les vitrines et sur les étagères, signalons les plus exotiques : la cloche du destroyer *Sánchez Barcáiztegui* (1926), une carte dessinée par Christophe Colomb, une barque sculptée dans un grain de blé de deux millimètres et une magnifique figure de proue du 19ᵉ s.

★**Bibliothèque-musée Balaguer** ⊘ – Ce musée, créé en 1884 à l'initiative du poète, historien et homme politique progressiste **Víctor Balaguer** (1824-1901), est installé dans un éclectique bâtiment d'inspiration gréco-égyptienne décoré de fresques en façade.

Au-dessus de la porte d'entrée apparaît l'inscription latine *Surge et ambula* (Lève-toi et marche), tandis qu'en pénétrant, sur la gauche se trouve la bibliothèque riche de 40 000 ouvrages.

La première salle à droite présente le noyau de la collection de Balaguer, composée essentiellement de peintures et de sculptures du 19ᵉ s. réalisées entre autres par Alsina, Rusinyol, Casas et Fortuny. Au même niveau sont exposées de curieux exemples d'**art philippin**, issus de l'Exposition universelle de 1888, quelques pièces archéologiques locales et la première collection d'**art égyptien** que la Catalogne reçut du diplomate Eduardo Toda y Güell *(voir p. 181)*.

À l'étage, la **collection d'art contemporain** est constituée d'œuvres d'artistes catalans de renom des années cinquante et soixante (Ràfols Casamada, Hernández Pijuan, Guinovart et Tharrats), et le **Legs 56** réunit d'intéressants tableaux de petit format des 19ᵉ et 20ᵉ s. Est encore exposée une intéressante collection de peintures des 16ᵉ et 17ᵉ s. (le Greco, Murillo, Carducho, Maino, Carreño et Orente) provenant pour l'essentiel des monastères castillans supprimés par la loi d'expropriation.

★**Museu del Ferrocarril** ⊘ – *Installé dans un bâtiment proche de la gare.* Le **musée du Chemin de fer** présente la collection de locomotives la plus complète d'Espagne. Locomotives à vapeur aussi illustres que la *Mikado 141-F-2348* et la *Santa Fe*, anciens équipements ferroviaires et une grande plaque tournante forment les principales curiosités. Le musée propose une visite culturelle de Vilanova à bord du **train touristique**, train d'époque effectuant un parcours amusant à travers la ville.

Masia Can Cabanyes ⊘ – Cette élégante maison seigneuriale du 18ᵉ s. de style néoclassique a été aménagée en centre culturel et musée. On y expose différents objets personnels du poète romantique **Manuel de Cabanyes.**

Boutique moderniste

É. Buriez

Renseignements pratiques

En route pour la Catalogne !

ADRESSES UTILES AVANT LE DÉPART

Pour organiser son voyage, rassembler la documentation nécessaire, vérifier certaines informations, s'adresser en premier lieu à l'**Office espagnol du tourisme :**
– à **Paris :** 43, rue Decamps, 75016 – ☎ 01 45 03 82 50 (renseignements sur **Minitel :** 3615 ESPAGNE).
– à **Bruxelles :** rue de la Montagne 18, 1001 – ☎ 322 512 57 35.
– à **Genève :** 40 boulevard Helvétique, 67 rue du Rhône, 1207 – ☎ 41 22 735 95 95.
– à **Madrid :** Secretaria General de Turismo, c/ José Lázaro Galdeano 6, 28036 – ☎ 913 43 36 00.
On peut aussi s'adresser aux services relevant de la Generalitat de Catalunya, à **Barcelone :**
– Direcció General de Turisme, Passeig de Gràcia 105, 08008 – ☎ 93 484 95 00.
– Consorci de Promoció Turística de Catalunya, Passeig de Gràcia 105, 08008 – ☎ 93 484 99 00.

Quelques adresses à Paris :

Ambassade d'Espagne : 22, avenue Marceau, 75008 – ☎ 01 44 43 18 00.
Consulat général d'Espagne : 165, boulevard Malesherbes, 75017 – ☎ 01 47 66 03 32.
Instituto Cervantes (centre culturel) : 7, rue Quentin-Bauchart, 75008 – ☎ 01 40 70 92 92.
Centre d'études catalanes : 9, rue Ste-Croix-de-la-Bretonnerie, 75004 – ☎ 01 42 77 65 69.
Librairie espagnole : 72, rue de Seine, 75006 – ☎ 01 43 54 56 26.
Iberia (Cie aérienne) : 1, rue Scribe, 75009 – ☎ 01 40 47 80 90.
RENFE : Iberrail, 8, boulevard Poissonnière, 75009 – ☎ 01 48 01 97 80.

Quelques adresses à Bruxelles :

Chancellerie : rue de la Science 19, 1040 – ☎ (02) 230 03 40.
Section consulaire : boulevard du Régent 52, 1000 – ☎ (02) 509 87 70.
Office de Tourisme : avenue des Arts 21-22, 1000 – ☎ (02) 280 19 26.
Centre culturel belgo-espagnol : rue des Tanneurs 74, 1000 – ☎ (02) 512 78 32.
Iberia (Cie aérienne) : avenue Louise 54, 1050 – ☎ (02) 548 94 91.

Formalités d'entrée

Pièces d'identité – La carte nationale d'identité en cours de validité ou le passeport (même périmé depuis moins de 5 ans) sont valables pour les ressortissants des pays de l'Union européenne, d'Andorre, du Liechtenstein, de Monaco, de Suisse. Les mineurs voyageant seuls ont besoin d'un passeport en cours de validité. S'ils n'ont que la carte d'identité, il est demandé une autorisation parentale sous forme d'attestation délivrée par la mairie ou le commissariat de police.

Véhicules – Pour le conducteur : permis de conduire à trois volets ou permis international. Le conducteur doit être en possession d'une autorisation écrite du propriétaire, si celui-ci n'est pas dans la voiture. Outre les papiers du véhicule, il est nécessaire de posséder la carte verte d'assurance.

Animaux domestiques – Pour les chats et les chiens, un certificat de vaccination anti-rabique de moins d'un an et un certificat de bonne santé sont exigés.

Assurance sanitaire – Afin de profiter de la même assistance médicale que les Espagnols, les Français doivent se procurer avant le départ le formulaire E 111 auprès de leur centre de paiement de Sécurité sociale. Dès l'arrivée en Espagne, il faut solliciter auprès de la « Dirección provincial del Instituto Nacional de la Seguridad Social » un carnet à souches de soins de santé qui sera remis en échange de l'imprimé E 111.

Devises

Change et cartes de crédit – L'unité monétaire, jusqu'en 2001, est la peseta (environ 4 centimes français). On peut changer ses devises dans les aéroports, les banques, certaines gares, la plupart des hôtels et agences de voyages. Selon les lieux où l'on change, les taux peuvent varier. À compter du 1er janvier 2002, l'**euro** remplacera la peseta. Parité : 1 € = 166,386 pts.
Les chèques de voyage et les principales cartes de crédit internationales (dont la Carte bleue Visa) sont acceptés dans presque tous les commerces, hôtels et restaurants. La formule IBERCHEQUE (informations auprès d'Iberrail, ☎ 01 48 01 97 97) permet de disposer de chèques utilisables dans de nombreux hôtels ou permettant la location de voitures, l'achat de billets de chemin de fer ou des traversées vers les Baléares soit par avion, soit par ferry, en bénéficiant de tarifs réduits. En règle générale, il est préférable de se munir de chèques de voyage (Travellers chèques) et de n'avoir sur soi, outre sa carte de crédit, que le cash nécessaire à la vie de tous les jours.

Perte ou vol de Carte bleue/Visa (7 jours/7 ; 24 h/24) ☎ 08 36 69 08 80.
Perte ou vol de la Carte American Express (7 jours/7 ; 24 h/24) ☎ 01 47 77 72 00.

Distributeurs de billets : fonctionnent notamment avec la carte Visa internationale et Eurocard Mastercard.

Comment se rendre en Catalogne ?

En voiture

Située à l'extrémité Nord-Est de la péninsule Ibérique, la Catalogne est très facilement accessible depuis la France et tous les pays d'Europe.

Les cartes Michelin n° 970 Europe, n° 990 Espagne ou n° 989 France à 1/1 000 000 permettent de composer son itinéraire. Depuis la France, les services Minitel 3615 ou 3617 Michelin, vous proposent d'étudier vos itinéraires (temps de parcours, distances, routes à suivre).

Plus détaillées, les cartes Michelin n° 441 à 446 à 1/400 000 couvrent toute l'Espagne et la 443, plus particulièrement, la Catalogne. Cette dernière rendra service à ceux qui souhaitent éviter l'autoroute E 15 (A 9 en France et A 7 en Espagne) ou la route du littoral.

Passer les Pyrénées en traversant la Principauté d'Andorre, la Cerdagne (Bourg-Madame) ou le Vallespir (col d'Ares) permet d'aborder la Catalogne par l'intérieur, et de découvrir de merveilleux sites.

Quelques mots utiles sur la route :

catalan	espagnol	français
¡ atenció, perill !	¡ atención, peligro !	Attention, danger !
a la dreta	a la derecha	à droite
a l'esquerra	a la izquierda	à gauche
calçada relliscosa	calzada resbaladiza	chaussée glissante
cediu el pas	ceda el paso	cédez le passage
direcció prohibida	dirección prohibida	sens interdit
direcció ùnica	dirección única	sens unique
enceneu les llums	encender las luces	allumer les lanternes
obres	obras	travaux routiers
peatge	peaje	péage
vianants	peatones	piétons
¡ perill !	¡ peligro !	danger !
estacionament prohibit	prohibido aparcar	stationnement interdit
prohibit d'avançar	prohibido el adelantamiento	défense de doubler

Vitesse autorisée sur les routes espagnoles :

Autoroutes : 120 km/h pour les voitures de tourisme ; 80 km/h pour les voitures avec remorque ou caravane.

Voies rapides (non autoroutières mais à chaussées séparées) : 100 km/h pour les voitures de tourisme et 80 km/h avec remorque ou caravane.

Autres routes : 80 km/h

Circulation en agglomération : 50 km/h.

Attention de ne pas confondre autoroutes (**autopistas**) et voies rapides (**autovias**), risque d'autant plus grand que la signalisation routière de celles-ci est faite au moyen de panneaux à fond de couleur bleue, et ressemble donc à s'y méprendre à celle en usage sur les autoroutes françaises.

Autocar – Les principales villes européennes sont reliées à Barcelone par des services d'autocar. Se renseigner auprès des agences de voyages.

À Paris, s'adresser à la Cie Eurolines, gare internationale de Paris-Galliéni, 28, avenue du Général-de-Gaulle, 93541 Bagnolet Cedex, ☎ 01 49 72 51 51.

En avion

Plusieurs compagnies assurent des vols directs entre Paris, Bruxelles, Zurich ou de nombreuses autres villes européennes, et Barcelone. Lignes régulières, vols charters, vols à prix réduit, il est préférable de s'adresser à son agence de voyages habituelle afin de connaître les conditions offertes par les compagnies aériennes.

En France, Paris, Lyon, Marseille, Nice, Bâle-Mulhouse, Bordeaux et Toulouse ont des liaisons directes et régulières avec Barcelone. L'été, Lille, Montpellier, Nantes, Rennes, Strasbourg assurent des liaisons saisonnières avec cette même ville.

En Europe, Berne, Bruxelles, Genève et Luxembourg, pour ne citer que les villes de pays francophones, offrent une liaison avec la Catalogne.

L'aéroport de Barcelone-Prat est relié au centre-ville en 40 mn par bus (départ chaque 15 mn en semaine) et en 20 mn par rail (départ de la gare de Sants toutes les 30 mn).

En train

Depuis Paris (gare d'Austerlitz) le train Talgo « Joan Miró » gagne Barcelone en voyage de nuit. Depuis Paris, Bruxelles, Genève par TGV ou autres trains, on peut rejoindre Barcelone et la Costa Brava via Lyon, Montpellier et Perpignan.

Pour les horaires et les prix, consulter les bureaux SNCF ou les agences de voyages.

Vie pratique

Quelques adresses utiles en Catalogne

Consulat de France : Passeig de Gràcia 11, 08007 Barcelona – ☎ 933 17 81 50
Consulat de Belgique : Diputaciò 303 1°, 08009 Barcelona – ☎ 934 67 70 80
Ambassade de Suisse : Gran Via de Carles III 94, 7°, 08028 Barcelona – ☎ 933 30 92 11.

Secrétariat général de tourime de la Generalitat de Catalunya : Passeig de Gràcia, 105, 4º 08008 Barcelona, ☎ 93 484 95 00.

Consortium pour la promotion touristique de la Catalogne : Passeig de Gràcia, 105, 3º 08008 Barcelona, ☎ 93 484 99 00.

Office de tourisme de chaque localité : consulter les adresses et coordonnées téléphoniques des différents offices de tourisme au chapitre des Conditions de visite.

La Catalogne sur le Web

Vous trouverez ci-après la liste de quelques sites internet :
www.gencat.es/probert : page de la Généralité.
www.cataloniaweb.com : site intéressant procurant un grand nombre d'informations.
www.catalunya.net : site fournissant diverses informations sur la Catalogne.
www.bcn.es : page de la municipalité de Barcelone.
www.barcelonaturisme.com : page de l'Office du tourisme de Barcelone.
www.turismedelleida.com : excellent site sur la ville de Lérida.
www.lleidatur.es : site relatif à la province de Lérida.

Librairies de la Generalitat :

Barcelone : Rambla dels Estudis, 118 – ☎ 93 302 64 62.
Gérone : Gran Vía de Jaume I, 38 – ☎ 972 22 72 67.
Lérida : Rambla d'Aragó, 43 – ☎ 973 28 19 30.

Numéros utiles

Renseignements touristiques : 901 300 600 (du lundi au jeudi de 8 h 30 à 19 h 30, le vendredi de 8 h 30 à 14 h 30).
Service de renseignements : ☎ 1003
Renseignements internationaux : ☎ 1025
Urgences : ☎ 112
Urgences médicales : ☎ 061
Prévisions météorologiques : ☎ 906 36 53 65
Renseignements horaires : ☎ 093
Perte cartes de crédit : **Visa/MasterCard** (☎ 91 519 21 00) ; **American Express** (☎ 91 572 03 03) ; **Eurocard** (☎ 91 519 60 00) ; **Diners Club** ☎ 91 547 40 00.

Horaires

Pour apprécier son séjour en Catalogne, il est préférable de s'habituer aux horaires espagnols, très différents de ceux de tous les pays européens.

Vie quotidienne – De façon générale, la matinée *(mañana)* dure jusqu'à 14 heures, heure à laquelle on prend le déjeuner *(almuerzo* ou *comida)*. L'après-midi *(tarde)* commence vers 17 heures. Le dîner *(cena)* est servi à partir de 21 heures et la soirée peut se poursuivre jusqu'à une heure fort avancée de la nuit.

Bureaux de poste – Ouverts de 9 h à 14 h. Les bureaux principaux dans les grandes villes et les aéroports internationaux restent ouverts 24 h/24.

Banques – Bureaux ouverts en général de 9 h à 14 h en semaine, jusqu'à 13 h le samedi. En été, elles sont fermées le samedi.

Magasins – Généralement ouverts de 9 h 30 (ou 10 h) à 14 h et de 16 h 30 à 20 h (ou 20 h 30). Cependant, un nombre de plus en plus grand de commerces ouvrent sans interruption et même le samedi après-midi. Ils sont fermés le dimanche. En été, sur la Costa Brava, il n'est pas rare de trouver des commerces ouverts jusqu'à 22 h ou 23 h.

Pharmacies – Généralement ouvertes de 9 h 30 à 14 h et de 16 h 30 à 20 h. Service de garde assuré la nuit, les dimanches et jours fériés. La liste des établissements de garde est affichée en vitrine des pharmacies.

Poste et télécommunications

Courrier – Les bureaux de poste sont signalés par le terme **Correos**. Pour envoyer du courrier en poste restante, indiquer le nom du destinataire, « Apartado de Correos » et le nom de la ville précédé du code postal.
Les timbres *(sellos)* sont également en vente dans les bureaux de tabac *(estancos)*.

Téléphone – Pour appeler l'étranger depuis l'Espagne, composer le 00 suivi de l'indicatif du pays de destination (33 pour la France, 32 pour la Belgique, 352 pour le Luxembourg, 41 pour la Suisse) et du numéro du correspondant.
Les cabines téléphoniques fonctionnent avec des pièces de 5 ptas (appel urbain), 25 et 50 ptas pour l'étranger. Les cartes téléphoniques *(tarjetas telefónicas)* sont en vente dans les bureaux de poste et dans les *estancos*.

Jours fériés

- 1er janvier,
- 6 janvier,
- 19 mars,
- Jeudi saint,
- Vendredi saint,
- 1er mai,
- Fête-Dieu (Corpus Christi : 2e jeudi après la Pentecôte),
- 24 juin,
- 25 juillet,
- 15 août,
- 11 septembre,
- 12 octobre,
- 1er novembre,
- 6, 8, 25 et 26 décembre,

ainsi que, dans chaque ville, le jour de la fête patronale.

Visite des monuments, églises et musées

Les monuments et musées se visitent en général de 10 h à 13 h 30 et de 16 h à 19 h.

Les journaux

Les principaux quotidiens sont : *ABC, Diario, El Mundo, El País, La Vanguardia, El Periòdico de Catalunya*. Les hebdomadaires : *Cambio 16, El Siglo, Época, Tiempo* et *Tribuna*.

La télévision

Chaînes publiques nationales : TVE 1, La 2 – Privées : Antena 3, Tele 5.
Chaîne catalane : TV 3.

Pourboires

Même si le service est compris, il est de bon usage, en fonction de la prestation, de laisser un pourboire dans les bars, les restaurants, les hôtels ainsi qu'aux chauffeurs de taxi.

Hébergement

La Catalogne est l'une des principales régions touristiques de l'Europe. Ses capacités d'hébergement sont considérables. Pour organiser son séjour en haute saison, il est vivement recommandé de réserver suffisamment à l'avance.

Carnets d'adresses

Dans la partie descriptive de certaines localités du guide figure une sélection minutieuse d'hôtels, répartie en trois catégories, sur la base du prix hors taxes (TVA de 7 %) d'une chambre double en haute saison. À noter l'éventualité d'un écart de prix important entre les périodes de haute et de basse saison sur la région littorale en particulier. Nous vous recommandons de bien vérifier le montant du prix lors de la réservation :
– **À BON COMPTE** : prix des chambres inférieur à 9 000 ptas (11 000 ptas à Barcelone). En général, hôtels modestes mais confortables.
– **VALEUR SÛRE** : prix des chambres compris entre 9 000 et 20 000 ptas (11 000 et 20 000 ptas à Barcelone). Établissements agréables.
– **UNE PETITE FOLIE !** : hôtels au charme particulier, garantissant un séjour mémorable. Prix élevés, en rapport avec les prestations : supérieurs à 20 000 ptas.

Guide Rouge España-Portugal

Mis à jour chaque année, il recommande un large choix d'établissements avec indication de leur classe, de leur confort, de leur situation, de leur agrément (piscine, tennis, golf, jardin...), et de leur prix. Ce choix a été établi après visites et enquêtes sur place. Les établissements qui se distinguent par leur agrément et leur tranquillité (décor original, site, vue exceptionnelle) sont indiqués par des symboles rouges. Les localités qui disposent de tels hôtels sont repérées sur plusieurs cartes dans les pages d'introduction du guide.

Sur les cartes 441 à 446 les soulignés rouges signalent les localités offrant des ressources hôtelières sélectionnées dans le Guide Rouge.
Le secrétariat général de Tourisme de la Généralité de Catalogne édite aussi chaque année un guide des hôtels *(1 000 ptas)*. Ils y sont classés de 1 à 5 étoiles. Les prix varient selon les saisons mais aussi selon les localités. L'hébergement à Barcelone ou dans une station balnéaire de la Costa Brava peut se révéler plus élevé que dans une ville à quelques kilomètres de la côte. En règle générale, compter entre 4 000 et 20 000 pesetas pour une chambre avec salle de bains.

Paradors nationaux

Au chapitre de l'hôtellerie, les paradors de tourisme méritent une mention spéciale : la plupart sont installés dans des monuments historiques restaurés (châteaux, palais, monastères), et tous sont merveilleusement situés et pourvus de tout le confort. Le prix moyen pour une chambre double varie de 12 000 à 18 000 pesetas (plus la TVA). Ils proposent d'intéressantes formules valables le week-end ou pour un séjour de cinq nuits.
Centrale de réservation des Paradores de Turismo : Requena 3, 28013 Madrid, ☎ (00 34 1) 91 516 66 66, fax (00 34 1) 516 66 57, www.parador.es
Centrale de réservation en France : Iberrail France, 51, rue de la Chaussée-d'Antin, 75009 Paris, ☎ 01 40 82 63 64.
Les paradors sont indiqués sur les cartes Michelin 990 et 443 par le signe ⊡.

Petits budgets

Certaines chaînes hôtelières et nombre d'hôtels proposent des tarifs réduits le week-end. Il est également possible d'obtenir des coupons pour une ou plusieurs nuits à des prix très intéressants. Renseignez-vous à l'avance auprès des agences de voyages.
NH Hoteles *(☎ 902 115 116 (24 h/24)* et *www.nh-hoteles.es)* : offres spéciales le week-end, à partir de 5 000 ptas la nuit, par personne.
Halcón Viajes *(www.halconviajes.com ; renseignements et réservations : ☎ 902 300 600)* : coupons individuels *(une nuit pour une ou deux personnes)* à prix réduit.
Bancotel *(☎ 91 509 61 09* et *www.bancotel.com)* : chéquiers de cinq coupons, vendus exclusivement dans les agences de voyages et sur le site Internet. Hôtels de trois, quatre et cinq étoiles. Réductions très intéressantes par rapport aux prix affichés.
Hoteles Meliá *(☎ 971 224 500* et *www.solmeliá.com)* : carte de fidélité MAS et offres spéciales le week-end.

Camping, caravaning

La Catalogne possède un vaste réseau de campings. Une carte des terrains est disponible auprès des offices de tourisme *(voir adresses utiles p. 262)*. La carte Michelin 443 indique les localités possédant au moins un terrain de camping, et la Direcciò General de Turisme *(voir adresses utiles à la même page)* édite chaque année un guide *(300 ptas)* recensant les terrains existants.
On peut aussi se renseigner auprès de la Federaciò Catalana de Càmping i Caravaning, c/ General Mendoza 3, 4°, 17002 Girona, ☎ 972 20 86 67, de l'Associaciò de Camping de Barcelona, c/Gran Via de les Corts Catalanes, 608 3ª, 08007 Barcelona, ☎ 93 412 59 55 ou de la Federación Española de Empresarios de Campings, c/ SanBernardo 97-99, Edificio Colomina, 28015 Madrid, ☎ 91 448 12 34, fax 91 448 12 67.

Auberges de jeunesse (Albergueries de Jovent)

Les titulaires d'une carte de la Fédération internationale des Auberges de Jeunesse peuvent séjourner dans les 26 auberges réparties dans toute la Catalogne. Les prix en haute saison sont de 3 000 ptas *(pour les plus de 30 ans)* et de 2 350 ptas *(pour les moins de 30 ans)*. Information ☎ (00 34 1) 93 483 83 63 ou www.gencat.es/catalunyajove

Location d'appartements et de maisons

La Direcció General de Turisme édite annuellement un guide complet intitulé *Guía de residències y casas de pagès (600 ptas)*. Aucune association ne centralise les réservations pour toute la Catalogne. Néanmoins, il existe un certain nombre d'associations locales disposant d'une centrale de réservation : **FACI** (Federación d'Associacions de les Comarques de l'Interior de Catalunya – ☎ 93 822 26 57) et **Turisme rural Girona** (☎ 972 22 60 15).

Tourisme rural sur Internet

Le Web permet de mener à bien cette forme de recherche. Voici quelques exemples de sites intéressants :
www.turismerural.com : répertoire exhaustif des solutions d'hébergement dans toute la Catalogne.
www.actur.com : guide pratique des hébergements dans les Pyrénées.
www.ruralcat.com : guide complet recensant tous les types d'hébergement possibles à Tarragone.

Stations thermales

Le plus souvent admirablement situées au pied d'escarpements boisés, les villes thermales offrent un cadre reposant et le charme parfois nostalgique de leur environnement soigné et fleuri. Aujourd'hui, les cures de remise en forme voisinent avec les traditionnelles cures thermales.

Les services offerts et les installations sportives font de ces stations des lieux de vacances originaux. Chacune est en outre un point de départ idéal pour des excursions en Catalogne.

Quelques stations thermales

Station thermale et de montagne de Caldes de Boí – 1 500 m d'altitude. Proche du Parc national d'Aigüestortes.

Caldes d'Estrac – À 45 km de Barcelone, sur le littoral du Maresme. La mer, la sierra de Montnegre, le golf de Llavaneras sont quelques-uns des atouts de cette station fort connue.

Caldes de Montbui – Au Nord de Sabadell, à 28 km seulement de Barcelone. Station proche du Parc naturel de Sant Llorenç del Munt.

La Garriga – Au Nord de Granollers, au pied de la Sierra de Montseny. Entre mer et montagne, La Garriga, comme Caldes de Montbui, jouit d'un micro-climat particulier.

Caldes de Malavella et **Santa Coloma de Farners** – Proches de Gérone et facilement accessibles par l'autoroute A 7, ces deux stations sont au cœur d'un environnement boisé (chênes-liège).

Restauration

Les bars

Grands lieux de rencontre, on s'y retrouve pour l'apéritif **(chateo)**, tradition bien établie pour y boire entre amis un verre de vin en grignotant des **tapas** ou des **raciones**, hors-d'œuvre variés en petite quantité allant des olives aux calmars et aux pommes de terre à la mayonnaise. La télévision y est souvent omniprésente ainsi que les machines à sous. Ensuite, c'est l'heure du café : café noir se dit « café solo » ou « café », café au lait « café con leche » ou « café cortado ». Après le travail vient l'heure des **tertulias** où l'on parle entre hommes de l'actualité, de politique et de football – desderniers exploits du FC Barcelona, ou de l'Atlético et du Real Madrid –, où l'on raconte ces plaisanteries **(chistes)** qui réjouissent tous les assistants. En fin d'après-midi, on peut aller prendre un chocolat et des **churros**, délicieux beignets torsadés, longs de 15 cm et gros comme le doigt. En été, ce sera plutôt une **horchata de chufas**, boisson rafraîchissante extraite du souchet.

Les bars et les clubs sont à nouveau très fréquentés tard dans la nuit. Peut-être n'est-il pas inutile de préciser que les doses d'alcool servies en Espagne sont très sensiblement supérieures à ce qui est ordinairement servi dans d'autres pays !

Le repas

Traditionnellement, il se compose d'un **primero** ou hors-d'œuvre *(entremés)* : crudités, charcuterie ; d'un **segundo** comprenant viande *(carne)* ou poisson *(pescado)* ; d'un **postre**, dessert comprenant fruits *(frutas)*, pâtisserie *(repostería)* ou glace *(helado)*. De petits restaurants sympathiques proposent un menu « de la casa » accompagné du « vino de la casa » de bonne qualité et à des prix raisonnables.

Les campeurs, ou ceux qui préfèrent louer un studio ou un appartement, trouveront dans toutes les villes, et surtout sur le littoral, des traiteurs qui proposent une grande variété de spécialités, salades et légumes.

Carnets d'adresses

Dans la partie descriptive de certaines localités du guide figure une sélection de restaurants choisis pour leur cadre, leur ambiance ou leur caractère insolite et répartis en trois catégories : **À BON COMPTE** *(repas à moins de 3 500 ptas)*, **VALEUR SÛRE** *(repas compris entre 3 000 et 6 000 ptas)* et **UNE PETITE FOLIE !** *(repas à plus de 6 000 ptas)*. Bien que la Catalogne ne soit pas particulièrement réputée pour ses tapas, on a assisté ces derniers temps à un accroissement de l'offre des bars à tapas. Une petite sélection de ces établissements figure dans certaines localités des carnets d'adresses.

Le Guide Rouge España & Portugal

L'avoir sur soi permettra de s'arrêter dans de bonnes adresses, sélectionnées et revisitées régulièrement. Les établissements les plus simples, les auberges de campagne comme les maisons remarquables pour la qualité de leur cuisine (étoiles de bonne table) y sont recensées.

Boissons

L'**eau** (agua) naturelle peut se servir en carafe *(jarra)* mais on peut préférer l'eau minérale en bouteille ; dans ce cas, demander « agua mineral sin gas » (eau plate) ou « congas » (gazeuse). Le **vin** *(vino)* peut être blanc *(blanco)*, rouge *(tinto)* ou rosé *(rosado)*. Il peut se servir en bouteille *(botella)* mais aussi en pichet *(frasca)*. La Catalogne est la patrie du **cava**, un vin pétillant. On y élabore aussi d'excellents vins légers dans l'Empordà, blancs fruités dans le Penedès, et rouges dans le Priorat.

La **bière** *(cerveza)* peut être servie à la pression *(caña)* ou en bouteille *(botella)* ; les principales marques locales sont : San Miguel, Mahón, Aguila, Damm... Après un repas, on peut demander un **carajillo**, café, café cognac ou rhum.

La **sangría** peut se boire en guise d'apéritif accompagnée de quelques tapas ; le **Cuba libre** : Coca et gin *(ginebra)* ou Coca et rhum *(ron)* se boit bien frais avec de la glace.

Les spécialités

En Catalogne, la cuisine est typiquement méditerranéenne. Évoquons le pain à la tomate, les poivrons rouges à l'huile, et surtout les poissons préparés avec des sauces comme l'**aïoli**, la **samfaina** (tomate, piment et aubergine)ou la **picada** (pignons de pin, amandes, ail, pain grillé, pilés et allongés d'un bouillon).

Parmi les charcuteries se signalent : **botifarra** (la famille des botifarres va de la saucisse crue au boudin, voire aux tripes), saucisson et *fuet* de Vic.

La grande originalité de la cuisine catalane consiste le plus souvent à associer deux, trois ou quatre des composants suivants : mouton, porc, volaille, gibier, poisson, crustacés, à l'occasion accompagnés de champignons ou d'escargots, les Catalans professant un véritable culte pour ces deux derniers. Le goût pour une cuisine où sucré ou salé contrastent, héritage de la cuisine médiévale, va dans certaines régions jusqu'au mariage viande-fruits, avec les pommes et les pêches farcies, ou à l'union du chocolat avec le lapin ou les calmars. Ces alliances génèrent une cuisine proposant essentiellement des ragoûts ou des plats lentement mijotés.

Les fruits secs entrent dans la composition de nombreux plats ou se servent en fin de repas, mais peuvent également être utilisés dans l'élaboration de certaines pâtisseries : **carquinyolis** (croquignoles), **coques** (si l'on peut par l'étymologie et l'apparence rapprocher la *coca* de la *couque* de certaines régions françaises, celle-ci n'a cependant rien de commun avec la *coca de recapte*, sorte de pizza).

Mais le dessert le plus répandu est la **crème catalane**, crème renversée recouverte d'une fine pellicule de sucre caramélisé.

Lire aussi le chapitre Gastronomie, en Introduction.

Parcourir la Catalogne

En voiture

La Catalogne dispose d'un bon réseau routier dont les deux principales autoroutes sont : la **A 2** qui assure la liaison entre Saragosse, Lérida et Barcelone ainsi que l'autoroute de la Méditerranée, la **A 7**, qui relie la province de Tarragone à la frontière (La Junquera) et qui est très pratique pour gagner les localités côtières ainsi que l'intérieur de la province de Gérone. Pour se rendre dans les Pyrénées, il existe plusieurs possibilités : au départ de Lérida, la **N 230** se dirige vers le val d'Arán et la **C 1313** va en direction de l'Andorre ; au départ de Barcelone, la principale voie de communication est la **N 152** qui dessert Vic pour aboutir à Puigcerdà ; enfin, depuis la Costa Brava, la meilleure solution est de prendre la **N 260** qui relie les localités de Llançà, Figueres, Olot et Ripoll.

Cartes routières – pour l'ensemble de la Catalogne, utiliser la **carte Michelin nº 443** au 1/400 000 ou l'**Atlas routier Michelin Espagne & Portugal**.

Inforoute – Vous obtiendrez des informations sur l'état des routes par téléphone au ☎ 902 12 35 05. Pour plus de précisions sur le réseau routier catalan, contacter le ☎ 93 889 16 42 *(en espagnol uniquement)*.

Assistance sur route – RACE ☎ 900 11 22 22; **RACC** ☎ 902 106 106.

Location de voitures – Des agences de location sont installées dans les aéroports, les gares, les grands hôtels et les succursales des principales compagnies spécialisées :

Avis ☎ 901 13 57 90, www.avis.es

Budget ☎ 901 20 12 12, www.eurorenting.org/budget/

Europcar ☎ 901 10 20 20

Hertz ☎ 901 10 10 01, www.hertz.es

Bien que l'âge minimum requis pour conduire en Espagne soit de 18 ans, la plupart des agences de location refusent de confier un véhicule loué aux personnes de moins de 21 ans.

En train

La **RENFE** dispose d'un vaste réseau couvrant la totalité du territoire catalan. Renseignements 24 h/24 et réservations de 5 h 30 à 23 h 50 ☎ 902 24 02 02 ou www.renfe.es

Barcelone : Gare de Sants – Plaça dels Països Catalans – ☎ 93 490 02 02 *(lignes intérieures)* et ☎ 93 490 11 22 *(lignes internationales)*.

Gérone : Carrer Barcelona, près de la plaça d'Espanya – ☎ 972 20 70 93.

Lérida : Plaça de l'Estació – ☎ 973 22 02 02.

Tarragone : Plaça de la Estació – ☎ 977 24 02 02.

Gares vertes – Elles se trouvent à proximité de différents sites naturels. Haltes idéales pour les amateurs de randonnée, de VTT et tous ceux qui souhaitent partir à la découverte de la beauté de la Catalogne rurale. Renseignements gares et lignes : www.renfe.es/medio-ambiente

Ferrocarrils de la Generalitat de Catalunya – Cette compagnie ferroviaire propose des lignes reliant Barcelone aux localités de Manresa et de Sallent. Elle exploite aussi la ligne du train à crémaillère entre Ribes de Freser et Vall de Nuria ainsi que différents funiculaires comme celui de Montserrat. Renseignement ☎ 93 205 15 15 ou sur le Web : www.fgc.catalunya.net

> ### Transports de la Generalitat en ligne
>
> La Généralité de Catalogne fournit un service d'information très utile sur tous les moyens de transport : se connecter sur le site http://194.179.87.11/. Vivement conseillé.

En autocar

La Catalogne est parfaitement reliée au reste de l'Espagne ainsi qu'aux principales capitales européennes par les lignes de transport en autocar. Quelques lignes locales assurent les liaisons entre les différentes localités de la Costa Brava et des Pyrénées *(pour de plus amples détails, consulter les carnets d'adresses correspondants)*.

Barcelone : **Estació Vilanova-Nord** – Carrer d'Alí, 80 – ☎ 93 265 65 08. Située à 1,5 km du centre-ville, dans un élégant bâtiment du 19ᵉ s.

Gérone : Carrer Rafael Masó *(près de la gare ferroviaire)* – ☎ 972 21 23 19.

Lérida : Plaça de Saracíbar – ☎ 973 26 85 00.

Tarragone : Plaça Imperial Tàrraco – ☎ 977 22 91 26.

En avion

Aéroports – Outre l'aéroport international de Barcelone, la Catalogne est dotée de deux autres aéroports desservis par des lignes intérieures espagnoles :

Barcelone : l'aéroport de El Prat se trouve à 12 km au Sud de Barcelone. ☎ 93 298 38 38. Renseignements sur les vols www.aena.es

Gérone : l'aéroport se situe à Vilobí de Oñar, 15 km au Sud de Gérone. ☎ 972 18 66 00.

Reus-Tarragone : 12 km à l'Ouest de Tarragone ☎ 977 77 25 55.

En bateau

Sur la Costa Brava, on peut effectuer de petites croisières desservant plusieurs localités ou encore des excursions maritimes pour se rendre dans différentes îles ou calanques. Une des plus intéressantes conduit aux îles Medes *(pour des informations plus précises, voir p. 168)*. Des compagnies maritimes sont présentes dans la quasi-totalité des villes côtières *(s'adresser aux Offices de tourisme)*. En ce qui concerne le Sud de la Costa Brava, plusieurs bateaux de la compagnie CRUCETURS *(☎ 972 36 60 37/616 95 00 30 ; entre la Semaine sainte et octobre)* couvrent quotidiennement la ligne Palamós-Calella, avec des arrêts à Sant Feliu, Tossa, Lloret et Blanes, entre autres localités. À L'Escala, la compagnie CREUERS MARE NOSTRUM *(☎ 972 77 37 92)* organise des croisières vers d'autres destinations (Rosas, Cadaqués, Parc naturel du cap Creus...).

Sports et loisirs

BARCELONE

Séduisante Barcelone ! Élégante, active, la deuxième ville d'Espagne est toujours à la pointe de l'innovation. Place culturelle dont la créativité ne se dément pas, toujours vibrante, Barcelone vaut assurément à elle seule une longue visite. Il faut découvrir un à un les trésors de la ville, se laisser séduire par l'architecture attachante du modernisme et par les mille et une facettes de l'art contemporain qui s'expose généreusement partout en ville.

Il faut prendre le temps de flâner sur les grandes artères commerçantes de part et d'autre du Passeig de Gràcia et voir les dernières tendances de la mode dans l'incontournable « El Corte Inglès ».

Ensuite, on appréciera certainement un repos bien mérité au Parc Güell ou dans l'environnement moderne du Port Olimpic.

Certains, et ils sont nombreux, ne voudront pas quitter Barcelone sans visiter ses parcs d'attraction : le Montjuic, que l'on peut atteindre depuis la Barceloneta en empruntant un curieux téléphérique, et le Tibidabo, que l'on gagne en tramway et funiculaire. Et puis, le soir et fort tard dans la nuit, Barcelone c'est aussi une incomparable atmosphère de fête à l'image de ce qui se vit sur la célèbre Rambla.

Pour les renseignements pratiques, les adresses, se reporter à la rubrique BARCELONE dans la nomenclature du guide.

Plan Michelin n° 40 : Plan de Barcelone à 1/12 000
Plan Michelin n° 41 : Plan identique, avec index des rues

LA MÉDITERRANÉE

La Costa Brava et la Costa Daurada composent deux des atouts majeurs de la Catalogne.

Bon nombre de visiteurs font d'ailleurs le voyage uniquement pour profiter des joies de la mer. Côtes rocheuses et plages de galets ou de sable alternent. Natation, plongée, planche à voile, ski nautique et tous les sports de l'eau peuvent se pratiquer ici sans modération, tant la température de l'eau est idéale et le soleil rarement bouder ! Attention toutefois aux petits enfants : certaines plages peuvent présenter une assez forte déclivité. De même, pour le plus grand plaisir des plaisanciers, petites criques et ports de plaisance se succèdent tout au long de ces côtes.

La carte des lieux de séjour en tête de ce guide et la carte Michelin 443 à 1/400 000 localisent les stations balnéaires.

Plaisance

Du Nord au Sud, de la province de Gérone à celle de Tarragone, la Catalogne dispose d'une quarantaine de ports (embarcadères, marinas, bassins réservés, ports de plaisance) susceptibles d'accueillir les plaisanciers. La Direcció General de Ports i Transports (Ports Esportius), Av. Josep Tarradellas 2, 08029 Barcelona, ☎ 93 495 80 00, Fax 93 495 84 70, fournit toutes informations à leur sujet.

Le tableau ci-dessous signale les ports assurant un approvisionnement en essence et gazole. Le chiffre indique le nombre total de postes d'amarrage.

Province de Gérone

Llança	497	El Port de la Selva	479
Roses	220	Empuriabrava	2 500
L'Escala	600	L'Estartit	742
Aiguablava	62	Llafranc	142
Marina Palamós	869	Palamós	869
Port d'Aro	842	Sant Feliu de Guíxols	352
Colera	133	Portbou	361
Blanes	392	Canals de Sta. Margarita	500
Cala Canyelles	134		

Province de Barcelone

Arenys de Mar	609	Vilanova i la Geltrú	1 124
Mataró	1 071	El Balís	753
El Masnou	1 081	Premià de Mar	750
Barcelona Port Vell	409	La Ginesta	1 064
Barcelona Port Olimpic	755	Aiguadolç	742
Garraf	618		

Province de Tarragone

Port Segur	223	Coma-ruga	265
Salou	230	Cambrils	368
L'Hospitalet de l'Infant	575	Calafat	404
L'Ampolla	432	Sant Carles de la Ràpita	438
Les Cases d'Alcanar	157	L'Ametlla de Mar	256
Torredembarra	820	Tarragona	442

Plongée sous-marine

Les paysages sous-marins – Il n'existe pas de spectacle plus fascinant que celui du monde de la mer dont le silence est constamment zébré d'éclairs de lutte et de fuite. En Méditerranée, à une profondeur variant de 5 à 15 m selon l'exposition, les roches bien illuminées sont couvertes d'algues aux frondes rouges, vertes et ocre oscillant au gré des courants, ou en forme d'éventails ou de parasols. Dans cette épaisse couche végétale vivent les éponges rouges ou jaunes, les huîtres, les moules, les oursins, les mulets, les poulpes, des dizaines d'espèces qui consomment les algues et sont elles-mêmes consommées par d'autres espèces.

Plus bas, quand le paysage sous-marin est plongé dans la pénombre, se trouvent d'autres algues rouges abritant des colonies de faux corail, d'ascidies, d'anémones de mer ; dans les cavités rocheuses s'abritent la langouste, la galathée noire, la rascasse ou le mérou. À l'abri des coups de mer se développe la prairie de posidonies, où se cache une multitude de petits poissons argentés.

En dessous de 20 m, les algues calcaires et les coraux s'imbriquent, environnés sur le passage des courants par les gorgones. Dans cet enchevêtrement étrange vivent d'autres variétés d'éponges, de mollusques, de crustacés, et l'on y voit remonter roussettes et baudroies, raies et torpilles, qui évoluent en général sur les fonds détritiques.

Pratiques sous-marines – Sur les côtes catalanes, la réserve marine des îles Medes est le site idéal pour pratiquer la **plongée** sous-marine. Mais quel que soit le site choisi, il faut être en possession d'un permis délivré par la Direction générale de la marine marchande espagnole (pour la Catalogne, se renseigner auprès de la Comissió de Ports de la Generalitat, c/del Doctor Roux 63, 08017 Barcelona, ☎ 93 204 16 00, fax 93 205 66 65) ou d'un titre étranger équivalent certifié par l'un des clubs adhérant à la Federación Española de Actividades Subacuáticas (représentation à Barcelone : c/de Santaló 15-17, ☎ 93 200 67 69) ou à la Federació Catalana d'Activitats Subaquàtiques, Av. de Madrid 118, ☎ 93 330 44 72. De plus, une autorisation spéciale à caractère temporaire doit être délivrée par l'autorité locale de la Marine.

Le permis de **pêche** sous-marine est délivré par la Direcció General de Pesca Marítima relevant de la Conselleria d'Agricultura, Ramaderia i Pesca de la Generalitat de Catalunya, Gran Via de les Corts Catalanes 612-614, 08007 Barcelona, ☎ 93 304 67 00), sur présentation de la carte d'identité nationale et d'un certificat médical, ainsi que de la licence de la Fédération d'activités sub-aquatiques *(voir adresses ci-dessus)*.

LA MONTAGNE

La côte méditerranéenne est immédiatement bordée de plusieurs chaînes de montagne parallèles qui s'étagent de 400 à près de 800 m d'altitude en bordure de la mer (sierra de Montnegre, sierra de les Gavarres) et de 500 à environ 1 800 m au Nord-Est de l'autoroute A 7 (Sierra de Montseny).

Cette proximité de l'eau et de la montagne, boisée, rafraîchissante, fait une part du charme de la Catalogne, surtout dans sa partie Nord-Est.

Curieusement, cependant, on trouvera peut-être plus commode de gagner les Pyrénées catalanes depuis la France : N 125 et le val d'Arán, ou N 20 et Andorre ou Puigcerdà. Depuis la côte catalane jusqu'aux abords de Tarragone et de Barcelone, 5 grands axes relient les stations balnéaires aux Pyrénées. Ce sont, d'Ouest en Est :

– l'itinéraire par Lérida, Pont de Suert, Vielha et le val d'Arán,

– celui par Lérida, Balaguer, Tremp, le magnifique défilé de Collegats, Sort et la C 147 qui rejoint le val d'Arán en contournant le Parc national d'Aigüestortes (accès à l'étang de Sant Maurici par Espot). Itinéraire hors du commun qui allie les beautés d'une nature presque sauvage et les merveilles de l'art roman que l'on ne se lasse pas d'admirer dans chaque petite église villageoise.

– l'itinéraire qui, par Lérida et Balaguer ou par Tàrrega, atteint La Seu d'Urgell et Andorre,

– la C 1411 par Manresa, Berga et le tunnel du Cadí,

– la N 152 par Vic, Ripoll, La Molina et la Cerdagne : réserves naturelles, promenades inoubliables en altitude, stations de sports d'hiver.

Calme et majesté des grandes vallées de montagne, sérénité des immenses panoramas que l'on découvre des principaux sommets : loin de l'agitation de la côte, voilà un aspect inattendu de la Catalogne.

Hydrographie

Le fleuve le plus abondant de toute la Catalogne est l'**Èbre**, de régime pluvieux océanique ; il naît dans la cordillère Cantabrique, passe par les terres méridionales de Catalogne, se faufile à travers les précipices des montagnes du système méditerranéen et, après son passage à Tortosa, débouche sur un immense delta. C'est dans sa vaste cuvette que les eaux des grandes rivières des Pyrénées occidentales – le Segre et ses affluents, le Noguera Ribagorçana et le Noguera Pallaresa – sont recueillies.

Ski à Boí – Taüll

Stations de sports d'hiver

La pratique du ski en Catalogne est récente. Le début du siècle ne connaissait que deux stations : La Molina et Núria, accessible uniquement par chemin de fer à cré-maillère. L'amélioration et le développement du réseau routier ainsi que la généralisation du ski ont généré la création de nouvelles stations, aujourd'hui au nombre de 18, disposant en raison de leur jeunesse d'installations de qualité. La plus réputée d'entre elles est **Baqueira Beret,** dans le Vall d'Arán, où la famille royale d'Espagne séjourne chaque année. Bien que le relief pyrénéen se prête peu à la pratique du ski de fond, la Catalogne s'efforce de répondre à tous les désirs des skieurs en aménageant des stations plus spécialement destinées à cette forme de ski ; mais elles ne disposent pas, le plus souvent, de possibilités d'hébergement sur place.
La Federació Catalana d'Esports d'Hivern, c/de Casp 38, 080 10 Barcelona, ☎ 93 318 60 66, fax 93 412 45 49, fournit toutes informations sur les stations, et plus spé-cialement sur l'état de la neige.
Le tableau ci-dessous ne retient que les stations offrant des ressources hôtelières.

Station	Province	Altitude	Nombres de pistes de ski		Office de tourisme
			alpin	de fond	
Vall de Núria	Girona	2 020/2 268	8		Ribes de Freser, pl. Ajuntament 3 ☎ 972 72 77 28
La Molina	Girona	1 590/2 537	22	1	Av. Supermolina ☎ 972 89 20 31
Masella	Girona	1 600/2 535	38		
Port de Comte	Lleida	1 700/2 400	34	1	
Llessui	Lleida	1 450/2 500	22		
Super Espot	Lleida	1 480/2 320	10		Espot, Prat del Guarda 2 ☎ 973 62 40 36
Baqueira Beret	Lleida	1 500/2 505	41	1(7 km)	Salardú, Balmes 2 ☎ 973 64 50 30
Tuca Betren	Lleida	1 050/2 250	16		Vielha, Sarriulera 6 ☎ 973 64 01 10

Autres activités de montagne

Les Pyrénées catalanes peuvent également donner l'occasion de pratiquer d'autres activités sportives, que l'on aime les sensations fortes ou qu'au contraire on recherche le calme et la sérénité des grands espaces écartés du monde.
L'**alpinisme,** qui, dans les Pyrénées, présente aux yeux de qui recherche l'exploit sportif moins d'attrait que dans le massif alpin, est pratiqué dans le Ripollès et dans le Pallars, notamment sur les parois des Encantats dans la zone du parc naturel d'Aigüestortes (renseignements auprès de la Federació Catalana d'Esports de Montanya, Rambla 41 1°, 08002 Barcelona, ☎ 93 412 07 77).
La **descente de ravins** consiste à suivre le cours d'un torrent et combine natation et esca-lade dans le franchissement des obstacles naturels. Cela nécessite une bonne forme physique ainsi que la volonté de se dépasser dans l'effort tout en permettant de décou-vrir des paysages tout à fait étonnants.
Vol libre et parapente se pratiquent aisément dans l'Urgel, le Pallars, le val d'Arán et la Cerdagne surtout. Si les premiers vols demandent le concours d'un instructeur, on apprend rapidement à reconnaître la force et la direction du vent et à déterminer l'ins-

tant le plus favorable pour s'élancer et réaliser le rêve éternel d'Icare... Les mêmes secteurs pyrénéens peuvent aussi donner l'occasion de s'essayer au saut depuis un pont ou au saut à l'élastique, si l'on ne craint pas la sensation de chute.

Les torrents pyrénéens sont de parfaits terrains de jeux pour les amateurs de **rafting** et de ses variantes que sont l'hydrobob et l'hydrospeed, ou de **canoë-kayak.** C'est encore dans les comarcas du Pallars, du val d'Arán, de l'Urgel et de la Cerdagne que l'on trouve les torrents les plus propices, surtout au printemps, à la pratique de ces sports. Le Noguera Pallaresa, dans le val d'Arán, est l'une des meilleures rivières d'eaux vives en Europe, et le Rallye touristique international de Sort *(voir en fin de chapitre : Manifestations touristiques)* chaque année à la mi-juillet consacre cette réputation. Moins spectaculaires et présentant moins de risques mais exigeant endurance et entraînement, **trekking** et randonnée à cheval se pratiquent aussi dans plusieurs comarcas de Catalogne. La randonnée en montagne voit ses nombreux adeptes converger en été vers le parc national d'Aigüestortes, dont les nombreux parcours permettent une grande variété d'excursions, la présence de refuges autorisant les promenades sur plusieurs jours. Si l'on veut observer gypaètes, aigles royaux, isards et loutres, il ne faut pas manquer de consacrer une ou deux journées à ce parc.

Pour sa part, le **tourisme équestre** connaît une diffusion plus large sur l'ensemble de la Catalogne et peut être pratiqué dans les cordillères littorales. Plusieurs clubs proposent des excursions d'une journée ou des randonnées de plusieurs jours, tant dans les Pyrénées que dans les parcs naturels de la Garrotxa ou de les Gavarres, ou encore sur les plages de la Costa Brava.

Les Pyrénées, comme les cordillères littorales, sont sillonnées de sentiers de **grande randonnée,** dont le balisage est harmonisé avec celui des autres pays d'Europe. Le réseau catalan, constitué par une dizaine de sentiers présentant des variantes, dépasse les 3 000 km et permet une découverte différente de la nature et de petits villages méconnus. Chaque itinéraire est minutieusement décrit dans des topo-guides que l'on peut se procurer dans les librairies spécialisées ou en s'adressant à la Federació d'Entitats Excursionistes de Catalunya, Rambla 41, 1° – 08002 Barcelona – ☎ 93 412 07 77.

D'utiles informations peuvent être communiquées quant à la pratique de ces activités (noms et adresses de clubs, modalités pratiques, conditions d'hébergement) par les offices de tourisme des comarcas *(voir en Introduction le chapitre : Politique et Administration, où une carte donne les limites territoriales de ces subdivisions).* La liste ci-dessous récapitule les Offices des comarcas regroupant le plus grand nombre d'activités.

Comarcas	Adresse de l'Office de tourisme
Alt Urgell	Valls d'Andorra 33, 25700 La Seu d'Urgell, ☎ 973 35 15 11
Alt Ribagorça	Plaçà Mercadal 7, 25520 El Pont de Suert, ☎ 973 69 06 40
Alt Ribagorça	Carret, Caldes de Boí, 25527 Barruera, ☎ 973 69 40 00
Cerdanya	Area del Cadí, 25720 Bellver de Cerdanya, ☎ 973 51 02 33
Garrotxa	Carrer Bisbe Lorenzana 15, 17800 Olot, ☎ 972 26 01 41
Pallars Jussà	Plaçà de la Creu 1, 25620 Tremp, ☎ 973 65 00 05
Pallars Jussà	Carrer Verdaguer 35, 25500 La Pobla de Segur, ☎ 973 68 02 57
Pallars Sobirà	Avenida Comtes de Pallars 21, 25560 Sort, ☎ 973 62 10 02
Ripollès	Plaçà Ajuntament 3, 17534 Ribes de Freser, ☎ 972 72 77 28
Vall d'Arán	Sarriulera 6, 25530 Vielha, ☎ 973 64 01 10
Vall d'Arán	Eduard Aunós s/n, 25530 Bossòst, ☎ 973 64 72 79

Fr. Tur /GC (DICT)

AUTRES SPORTS ET LOISIRS

Activités nautiques

La Catalogne dispose de quelques plans d'eau intérieurs où l'on peut pratiquer **voile**, motonautisme ou rame. Si l'on pense en premier lieu au lac de Banyoles, aménagé pour certaines compétitions des Jeux olympiques de Barcelone, il ne faut pas omettre le superbe réservoir de Boadella, au Nord-Ouest de Figueres, ni ceux de Sau, au Nord-Est de Vic, de Oliana, au Sud de La Seu d'Urgell, de Riba-roja et de Fix, sur l'Èbre. Délaissant les exercices purement sportifs, on peut se laisser tenter par les activités ludiques et les spectaculaires toboggans aquatiques des 6 **bases de loisirs nautiques** réparties le long des côtes de Catalogne : Aqua Brava à Roses, Aquadiver à Platja d'Aro, Water World à Lloret de Mar, Isla Fantasía à Vilassar de Dalt, Aquàtic Paradís à Sitges et Acquapark à Salou.

Golf

Une trentaine de terrains sont répartis sur l'ensemble du territoire catalan mais se situent pour la plupart le long de la côte, avec une plus forte densité autour de Barcelone. De création souvent récente, ils offrent une grande diversité de services, depuis la location de clubs jusqu'aux practices d'entraînement. Certains constituent même à eux seuls de véritables bases de loisirs, voire des clubs de vacances, où piscines, courts de tennis et équitation diversifient l'éventail d'activités, tandis qu'hôtel et location d'appartements accueillent la clientèle pour des séjours d'une plus ou moins longue durée.

Au nombre de ces terrains, il convient de signaler pour les amateurs la présence de trois golfs rustiques.

Tous renseignements peuvent être obtenus auprès de la Federació Catalana de Golf, c/Aribau 282 2^n, 2^a, 08006 Barcelona, ☎ 93 414 52 62, fax 93 202 25 40.

Pêche en eau douce

Les amateurs de pêche seront peut-être tentés par une partie dans les torrents pyrénéens où abonde la truite commune, à l'exclusion cependant des petits fleuves de la partie orientale de la province de Gérone. Par contre, ces mêmes fleuves (río Muga, río Fluvià et río Ter) sont connus pour offrir des espèces plus variées : black-bass, carpe, brochet, entre autres. L'Èbre pour sa part est plutôt le domaine des cyprinidés : barbeau et chevaine surtout, que l'on trouve aussi dans la partie basse du Segre ou du Llobregat.

La période de pêche dure du 1er samedi de mars au 31 août, mais n'est pas autorisée partout ni tous les jours de la semaine ; il convient donc de s'informer auprès des mairies des sections de rivières d'accès libre ainsi que des jours autorisés, ceux-ci différant souvent d'une commune à l'autre. En outre, le permis ne peut être obtenu par avance depuis le territoire français et doit être pris sur place. D'un coût approximatif de 40 FF, il peut être obtenu en 24 h sur présentation de la carte d'identité nationale en se rendant directement à l'administration compétente, la Conselleria d'Agricultura, Ramaderia i Pesca de la Generalitat de Catalunya *(adresse ci-dessus au paragraphe consacré à la pêche sous-marine)*. Celle-ci possède un service territorial (Servei Territorial) dans chacune des trois autres provinces catalanes : à Gérone, Av. de Sant Francesc 29, à Lérida, Camp de Mart 35, et à Tarragone, Av. de Catalunya 50.

Club de golf El Mas Nou, à Platja d'Aro

Manifestations touristiques

Voir aussi en Introduction le chapitre Folklore et Traditions, qui fournit des explications complémentaires sur la nature de certaines fêtes.

Dimanche précédant le 17 janvier

Igualada................................ *Festes de Sant Antoni Abad* (Fêtes de saint Antoine abbé) – Bénédiction des animaux domestiques.

17 janvier

Barcelona,

Caldes de Montbuí .... *Festa de Els Tres Tombs* – Défilés équestres.

20 janvier

Tossa de Mar .... *Pelegri de Tosa* – Un pèlerinage parcourt le chemin séparant Tossa de Mar de Santa Coloma de Farnès pour commémorer un vœu du peuple catalan, prononcé au 14ᵉ s.

Dimanche de février précédant le carnaval

Balsareny............................ *Festa dels Traginers* (Fête des muletiers) – Un défilé de géants et grosses têtes précède une chevauchée de mulets et d'ânes.

15-21 février

Solsona .... *Carnaval.*

Vilanova i la Geltrú .... *Carnaval.*

Sitges................................... *Carnaval.*

Certains dimanches de mars et avril, éventuellement en mai

Représentation de certains passages de la Passion, soit à l'intérieur d'une église, soit sur une scène de théâtre, soit dans les rues sous forme de représentation ambulante :

Cervera .... *Misterio de la Passió.*

Esparreguera...................... *La Passió.*

Olesa .... *La Passió.*

Ulldecona............................ *Drama Sacre de la Passió.*

1ᵉʳ dimanche de mars

Sitges................................... *Rallye Internacional de coches de época Barcelona-Sitges* – Rallye international de voitures anciennes Barcelone-Sitges.

Samedi précédant le dimanche des Rameaux

Vic .... *Mercat del Ram* – Marché aux fleurs, vente d'animaux, etc.

Jeudi saint

Verges .... *Procesió de Jueves Santo* – Une impressionnante procession où figurent tous les acteurs de la Passion est suivie jusque dans l'église par cinq squelettes qui interprètent *la Dança de la Mort.*

23 avril (fête de saint Georges)

Barcelone .... *Dia del Llibre i de la Rosa.*

27 avril (fête de la Vierge de Montserrat, patronne de la Catalogne)

Montserrat .... Fête religieuse.

Dimanche suivant le 11 mai

Ripoll................................... *Festa de la Lana i Casament de pagès* (Fête de la laine et mariage paysan) – Fête célébrée en l'honneur des artisans, au cours de laquelle on tond les moutons. Le mariage paysan se déroule à la manière des mariages campagnards du 19ᵉ s., avec bal et participation de géants.

Pentecôte

Sant Feliu de Pallerols .... *Festa Major de la Vila* – C'est l'une des plus intéressantes fêtes patronales de Catalogne. Elle se déroule du vendredi précédant la Pentecôte au mardi suivant.

Fête-Dieu

Berga .... *La Patum* (se déroule sur 5 jours. Voir encadré à Berga).

Sitges .... À la coutume de couvrir d'herbes odorantes le chemin emprunté par la procession du Corpus Christi s'est substituée celle de créer, en Catalogne notamment, des tapis de fleurs sur l'ensemble du parcours. Le *concours de tapis de fleurs* de Sitges est le plus célèbre d'Espagne.

Autres fêtes associées à la Fête-Dieu

Barcelone .... *L'ou com balla* (Comment danse l'œuf) – Sur le jet d'eau du cloître de la cathédrale (ainsi que dans d'autres édifices du Quartier gothique), un œuf « danse » toute la journée sans jamais toucher le sol.

Sallent .... *Enramades* – Des guirlandes de feuillage décorent la ville pour commémorer une légende selon laquelle ses habitants la camouflèrent sous des branchages pour éviter un siège.

23 juin (nuit de la Saint-Jean)

Localités diverses .... *Festa de Sant Joan* – Feux de Saint-Jean et kermesses.

29 juin (fête de saint Pierre)

Sant Cugat del Vallès .... *Ball del Ventall i Ram* (danse de l'éventail et du bouquet) – L'une des plus anciennes danses du folklore catalan.

mi-juillet

Sort .... *Rallye Turistic Internacional del río Noguera Pallaresa* – Tandis que se déroulent des compétitions sur l'eau, une « Costellada Pallaresa » permet de déguster l'agneau rôti et le *pa amb tomàquet*.

24 juillet

Lloret de Mar .... *Festes de Santa Cristina* – La fête patronale est l'occasion de pratiquer la danse traditionnelle de la Morratxa.

Lleida .... *Els fanalets de Sant Jaume* – Défilés d'enfants portant des lanternes pour rappeler la légende selon laquelle saint Jacques arrivant en Espagne ôta une épine de son pied à la lueur d'une lanterne portée par un ange.

16 août

Amer .... *Festa Major* – C'est la seule fête au cours de laquelle est dansée la *Sardana del Battle*, sardane ouverte à laquelle se mêlent des géants.

Fin août-début septembre

Vilafranca del Penedès ...... *Festa Major de Sant Feliu* – L'une des plus représentatives fêtes patronales de Catalogne, avec ses *colles de castellers*, ses diables, ses géants, ses nains et la sardane.

8 septembre

Olot .... *Festa de la Mare de Déu del Tura* – Un bal réunissant géants, nains et grosses têtes voit la participation du *Lligamosques*.

Deuxième dimanche de septembre et les 2 jours suivants

Cardona .... *Festa major i « Corre de Bou »* – L'un des rares spectacles taurins de Catalogne, où les concurrents affrontent les taureaux en se mettant à l'abri dans des jarres en osier.

24 septembre

Barcelone .... *Festes de la Mare de Déu de la Mercè* – Quand tous les géants et grosses têtes de Catalogne se retrouvent avec les *corre-focs* (dragons crachant le feu) pour défiler dans les rues.

De nombreuses localités catalanes mettent sur pied des crèches vivantes, dites *pessebres* lorsqu'elles sont interprétées par les adultes ou *pastorets* lorsqu'elles le sont par des enfants. On peut voir les plus remarquables à :

Corbera de Llobregat

Sant Guim de la Plana

24 décembre

Localités diverses .... *Missa del Gall* (Messe du coq) – Vieille et fervente tradition catalane toujours pratiquée dans l'ensemble du territoire.

30 décembre

Centelles .... *Festa del Pi* (Fête du pin) – Les *galejadors* tirent du tromblon durant toute la fête au cours de laquelle les villageois vont chercher un pin dans la montagne, le hissent sur la place puis le transportent à l'église où il est décoré de branches de pommier et de pains de cire.

Conditions de visite

Les renseignements fournis ci-dessous sont donnés à titre indicatif en raison de l'évolution incessante du coût de la vie et des variations fréquentes dans les horaires d'ouverture des monuments. En règle générale, la vente de billets d'entrée est suspendue une demi-heure avant la fermeture des monuments et musées.

Ils s'adressent à des touristes voyageant isolément et ne bénéficiant pas de réduction. Les groupes peuvent obtenir, à la suite d'un accord préalable, des conditions spéciales, aussi bien pour les horaires que pour les tarifs.

N'hésitez pas à vous renseigner par téléphone avant de vous rendre sur un site ou d'entreprendre une visite : le patrimoine catalan étant important, des travaux de restauration peuvent amener la fermeture momentanée de certains monuments.

Les conditions de visite des églises ne sont précisées que si elles font l'objet de restrictions horaires ou qu'une partie de la visite est payante. Les lieux de culte, bien qu'ouverts pendant les offices, ne se visitent généralement pas alors et il convient d'observer une attitude respectueuse.

Dans la partie descriptive du guide, les curiosités soumises à des conditions de visite sont signalées par le symbole ⊘.

Les tarifs indiqués sont exprimés en pesetas, mais nous vous rappelons qu'à compter de janvier 2002, l'euro sera la monnaie unique dans les pays de la zone euro. Parité : 1 euro = 166,386 ptas.

A

AGRAMUNT

Santa Maria – Visite de 8 h à 21 h. ☎ 973 39 02 39.

Espace Guinovart – Visite du 21 juin au 21 septembre de 10 h à 13 h et de 17 h à 20 h (de 11 h à 14 h et de 17 h à 20 h le samedi) ; le reste de l'année de 10 h à 13 h et de 16 h à 19 h (de 11 h à 14 h et de 16 h à 19 h le samedi) ; les dimanches et jours fériés toute l'année de 11 h à 14 h. Fermé le lundi et les 1er janvier, 1er mai, 25 et 26 décembre. 200 ptas. ☎ 973 39 09 04.

Parc naturel AIGUAMOLLS DE L'EMPORDÀ

Visite du 1er avril au 30 septembre de 9 h 30 à 14 h et de 16 h 30 à 19 h (le reste de l'année de 9 h 30 à 14 h et de 15 h 30 à 18 h). Fermé les 1er, 6 janvier, 25 et 26 décembre. ☎ 972 45 42 22.

Parc national d'AIGÜESTORTES

Avant d'entreprendre toute visite, il est conseillé de se rendre aux centres d'accueil du parc : L'Estudi, Plaça del Treio 3, à **Boí** (☎ 973 69 61 89), ou c/ Prat del Guarda 2, à **Espot** ☎ 973 62 40 36, ouverts tous les jours (sauf les 1er janvier et 25 décembre) de 9 h à 13 h et de 15 h 30 à 18 h 45 (de 9 h à 14 h et de 15 h 30 à 18 h d'octobre à avril). Le transport vers le parc est assuré depuis les centres (600 ptas aller, 1 200 ptas A/R).

ALBINYANA

Aqualeón Parc – Visite du 15 mai au 17 septembre tous les jours de 10 h à 19 h ; du 20 avril au 14 mai et du 23 septembre au 29 octobre uniquement les samedis, dimanches et jours fériés de 10 h à 18 h. Fermé du 1er novembre au 28 février. 2 250 ptas (enfants 1 250 ptas). Dernière entrée 1 heure avant la fermeture du parc. ☎ 977 68 70 57 ou 902 211 49 97.

ALELLA

Coopérative vinicole – Visite guidée (1 h) sur rendez-vous. Fermé en septembre. ☎ 93 540 38 42.

ALTAFULLA   🛈 Pl. dels Vents, s/n – 43893 – ☎ 977 65 07 52

Villa romaine de Els Munts – Visite du 1er juin au 30 septembre de 10 h à 13 h 30 et de 16 h à 19 h 30 (15 h à 17 h 30 le reste de l'année). Dernière entrée 20 mn avant la fermeture. Fermé le lundi, l'après-midi les dimanches et jours fériés ainsi que les 1er janvier et 25 décembre. 300 ptas. Entrée libre le mardi. ☎ 977 63 62 09.

ARENYS DE MAR   🛈 Ample, 3bis – 08350 – ☎ 93 795 77 50

Santa Maria – Visite de 11 h à 13 h et de 17 h à 19 h. Fermé les samedis et dimanches, sauf à l'heure des offices. ☎ 93 792 00 96.

Museu Frederic Marès de la Punta – Visite toute l'année de 11 h à 13 h et de 18 h à 20 h. Fermé le lundi, l'après-midi les dimanches et jours fériés, ainsi que les 1er janvier, Vendredi saint, 25 et 26 décembre. 125 ptas. ☎ 93 792 17 84.

Museu Mollfulleda de Minéralogie – Mêmes conditions de visite que le Museu Frederic Marès. ☎ 93 792 17 84.

Cimetière municipal – Visite de 9 h à 13 h et de 16 h à 19 h (les dimanches et jours fériés de 9 h à 14 h seulement). Fermé le lundi. ☎ 93 792 28 72.

ARGENTONA

Museu del Càntir – Visite du mardi au vendredi de 10 h à 13 h et de 17 h à 20 h, le samedi de 11 h à 14 h et de 17 h à 20 h, les dimanches et jours fériés de 11 h à 14 h. Fermé le lundi, ainsi que les 1er janvier, Vendredi saint et 25 décembre. 300 ptas. Entrée libre le premier dimanche du mois. ☎ 93 756 05 22.

B

BALAGUER　　　　　　　🛈 Pl. Mercadal, 1 – 25600 – ☎ 973 44 66 06

Santa Maria – Visite du 21 juin au 21 septembre de 11 h à 14 h (les samedis, dimanches et jours fériés de 10 h à 13 h et de 14 h à 19 h) ; le reste de l'année les samedis, dimanches et jours fériés de 11 h à 15 h ; toute l'année du lundi au vendredi sur rendez-vous. ☎ 973 44 66 06.

Couvent Sant Domènec – Visite de 9 h à 21 h (sonner à la porte du cloître). ☎ 973 44 50 50.

BANYOLES　　　　　　　🛈 Pg. Indùstria, 25 – 17820 – ☎ 972 57 55 73

Santa Maria dels Turers – Visite de 9 h 30 à 12 h et de 17 h à 20 h, les dimanches et jours fériés de 9 h 30 à 13 h et de 18 h à 20 h, sauf pendant les offices. ☎ 972 57 04 95.

Museu Arqueològic Comarcal – Visite en juillet et août de 11 h à 13 h 30 et de 16 h à 20 h ; le reste de l'année de 10 h 30 à 13 h 30 et de 16 h à 18 h 30 ; toute l'année les dimanches et jours fériés de 10 h 30 à 14 h. Fermé le lundi, ainsi que les 1er et 6 janvier, 24 et 31 décembre. 300 ptas. ☎ 972 57 23 61.

Museu Municipal Darder d'Història Natural – Visite en juillet et août de 11 h à 13 h 30 et de 16 h à 20 h ; le reste de l'année de 10 h 30 à 13 h 30 et de 16 h à 18 h 30 ; toute l'année le dimanche de 10 h 30 à 14 h. Fermé le lundi, le mardi (lendemain d'un lundi férié), ainsi que du 1er au 6 janvier et du 24 au 31 décembre. 300 ptas. ☎ 972 57 44 67.

Monastère Sant Esteve – Visite sur rendez-vous. ☎ 972 57 02 24.

Santa Maria de Porqueres – Visite de 10 h à 20 h. ☎ 972 57 32 17.

BARBERÀ DEL VALLÈS

Santa Maria – Pour visiter, demander les clés à monsieur le curé. ☎ 93 718 01 50.

BARCELONE　　　　🛈 Passeig de Gràcia, 107 (Palau Robert) – 08008 – ☎ 93 238 40 00
　　　　　　　　　　　　　　🛈 Sants Estació – 08014 – ☎ 93 491 44 31
　　　　　　　　　　　　　　🛈 Plaça de Catalunya, 17 – 08002 – ☎ 906 30 12 82

Museu del Barça – Visite de 10 h à 18 h 30 (14 h les dimanches et jours fériés). Fermé les 1er janvier, 1er mai, 24 septembre, 25 et 31 décembre. 525 ptas. ☎ 93 496 36 08.

Laberint de Horta – Visite de mai à août de 10 h à 21 h (20 h en avril et septembre, 19 h en mars et octobre, 18 h le reste de l'année). Dernière admission dans les jardins 1 heure avant la fermeture. 275 ptas. Entrée libre les mercredis et dimanches. ☎ 93 424 38 09.

Parc d'attractions del Tibidabo – Consulter les horaires. Accès au parc : 650 ptas. Coupon donnant droit à toutes les attractions : 2 500 ptas. ☎ 93 442 31 75.

Museu de les Automates – Visite les samedis, dimanches et jours fériés de 12 h à 20 h. Fermé du 19 octobre jusqu'à la Semaine sainte. 1 200 ptas (billet incluant les visites du parc et du musée). ☎ 93 211 79 42.

Musée diocésain – Visite de 10 h à 14 h et de 17 h à 20 h (le dimanche de 11 h à 14 h seulement). Fermé le lundi. 300 ptas. ☎ 93 315 22 13.

Cathédrale – Visite de 8 h à 13 h 30 et de 16 h à 19 h 30, en ayant une attitude respectueuse pendant les offices. Fermé le samedi après-midi ainsi que les dimanches et jours fériés. 300 ptas (terrasse et cor). ☎ 93 315 15 54 ou 93 315 22 13.

Museu capitular – Visite de 11 h à 13 h et de 16 h à 19 h. Fermé le samedi après-midi. 100 ptas. ☎ 93 315 15 54.

Museu del Calçat – Visite de 11 h à 14 h. Fermé le lundi. 200 ptas. ☎ 93 301 45 33.

Palau de la Generalitat – Visite les deuxième et quatrième dimanches du mois de 10 h 30 à 13 h 30. Le samedi et les autres dimanches, visite possible sur rendez-vous. ☎ 93 402 46 00.

Ajuntament – Visite les samedis et dimanches de 10 h à 14 h. ☎ 93 402 73 00.

Museu d'Història de la Ciutat – Visite du 1er juillet au 30 septembre de 10 h à 20 h ; le reste de l'année de 10 h à 14 h et de 16 h à 20 h ; toute l'année les dimanches et jours fériés de 10 h à 14 h. Fermé le lundi et les 1er janvier, Vendredi saint, 1er mai, 24 juin, 25 et 26 décembre. 500 ptas. Entrée libre le premier samedi du mois. ☎ 93 315 11 11.

Museu Frederic Marès – Visite les mardis et jeudis de 10 h à 17 h (19 h les mercredis, vendredis et samedis, 15 h les dimanches et jours fériés). Fermé le lundi et les 1er janvier, Vendredi saint, 1er mai, 24 juin, 25 et 26 décembre. 500 ptas. ☎ 93 310 58 00.

Museu d'Art Contemporàni de Barcelona – Visite du 25 juin au 30 septembre de 11 h à 20 h (20 h 30 le jeudi), le samedi de 10 h à 20 h (15 h les dimanches et jours fériés) ; le reste de l'année de 11 h à 19 h 30 (20 h le samedi et 15 h les dimanches et jours fériés). Fermé le mardi ainsi que les 1er janvier et 25 décembre. 775 ptas. ☎ 93 412 08 10.

Centre de Cultura Contemporània de Barcelona – Visite du 20 juin au 21 septembre de 11 h à 20 h (15 h les dimanches et jours fériés) ; le reste de l'année de 11 h à 14 h et de 16 h à 20 h (les mercredis et samedis de 11 h à 20 h, les dimanches et jours fériés de 11 h à 19 h). Fermé le lundi ainsi que les 1er janvier et 25 décembre. 600 ptas. ☎ 93 306 41 00.

Centre d'Estudis i de Recurses Culturals – Visite de 9 h à 21 h. Fermé les samedis, dimanches et jours fériés. ☎ 93 402 25 65.

Santa Maria del Pi – Visite de 8 h 30 à 13 h et de 16 h 30 à 21 h (les dimanches et jours fériés de 9 h à 14 h et de 17 h à 21 h). S'abstenir pendant les offices religieux. ☎ 93 318 47 43.

Gran Teatre del Liceu – Visite de vendredi à lundi de 9 h 45 à 11 h. Dernière entrée à 10 h 15. 500 ptas. ☎ 93 485 99 00.

Palau Güell – Visite de 10 h à 14 h et de 16 h à 20 h. Fermé les dimanches et jours fériés. 300 ptas. ☎ 93 317 39 74.

Centre d'Art Santa Mònica – Visite de 11 h à 15 h et de 17 h à 20 h. Fermé l'après-midi les dimanches et jours fériés, ainsi que les 1er et 6 janvier, Vendredi saint et 25 décembre. ☎ 93 316 28 10.

Museu de Cera – Visite de juillet à septembre de 10 h à 22 h ; le reste de l'année de 10 h à 13 h 30 et de 16 h à 19 h 30 (les samedis, dimanches et jours fériés de 11 h à 14 h et de 16 h 30 à 20 h). 1 100 ptas. ☎ 93 317 26 49.

Monument Colomb – Visite du 1er juin au 24 septembre de 9 h à 20 h 30 ; du 25 septembre au 31 mars de 10 h à 13 h 30 et de 15 h 30 à 18 h 30 ; du 1er avril au 31 mai de 10 h à 14 h et de 15 h 30 à 19 h 30. Fermé les 1er janvier, 12 octobre, 25 et 26 décembre. 250 ptas. ☎ 93 302 52 24.

Museu Marítim – Visite de 10 h à 19 h. Fermé les 1er et 6 janvier ainsi que les 25 et 26 décembre. 800 ptas. Entrée libre le premier samedi du mois. ☎ 93 342 99 20.

Cine Imax – Voir horaires et tarifs. ☎ 93 225 11 11.

Aquarium du Port Vell – Visite en juillet et août de 9 h 30 à 23 h (21 h 30 en juin et septembre, 21 h le reste de l'année). Dernière entrée 1 h avant la fermeture. 1 450 ptas, enfants de 4 à 14 ans 950 ptas. ☎ 93 221 74 74.

La Mercè – Visite de juillet à septembre de 10 h à 13 h et de 18 h à 20 h (20 h 30 le samedi toute l'année) ; le reste de l'année de 9 h à 13 h et de 17 h 30 à 20 h ; les dimanches et jours fériés de 10 h à 14 h et de 19 h à 20 h 30. ☎ 93 310 51 51.

La Llotja – Visite guidée (30 mn) sur rendez-vous. ☎ 908 44 84 48.

Parc de la Ciutadella – Ouvert de 8 h à 21 h. ☎ 93 424 38 09.

Museu de Zoologia – Visite de 10 h à 14 h (18 h 30 le jeudi). Fermé le lundi et les 1er janvier et 25 décembre. 400 ptas. Entrée libre le premier dimanche du mois. ☎ 93 319 69 12.

Museu d'Art Modern – Visite de 10 h à 19 h (14 h 30 les dimanches et jours fériés). Fermé le lundi et les 1er janvier, 1er mai et 25 décembre. 500 ptas. Entrée libre le premier jeudi du mois. ☎ 93 319 57 28.

Parc Zoològic – Visite de mai à août de 9 h 30 à 19 h 30 ; en avril et septembre de 10 h à 19 h ; en mars et octobre de 10 h à 18 h ; le reste de l'année de 10 h à 17 h. Fermé le 25 décembre. 1 550 ptas (enfants 975 ptas). ☎ 93 225 67 80.

Museu de Geologia – Visite de 10 h à 14 h. Fermé le lundi. 400 ptas. Entrée libre le premier dimanche du mois. ☎ 93 319 68 95.

Sant Miquel del Port – Visite de 8 h à 13 h 30 (14 h les dimanches et jours fériés) ainsi que de 19 h 30 à 21 h le samedi. ☎ 93 221 65 50.

Museu d'Història de Catalunya – Visite de 10 h à 19 h (20 h le mercredi, 14 h 30 les dimanches et jours fériés). 500 ptas. ☎ 93 225 47 00.

Fondació Antoni Tàpies – Visite de 10 h à 20 h. Fermé le lundi ainsi que les 1er et 6 janvier, 25 et 26 décembre. 700 ptas. ☎ 93 487 03 15.

Fondació Arqueològic Clos (Museu Egipci de Barcelona) – Visite de 10 h à 14 h et de 16 h à 20 h. Fermé l'après-midi les dimanches et jours fériés, ainsi que les 1er janvier et 25 décembre. 900 ptas. ☎ 93 488 01 88.

Institut Amatller – Fermé pour restauration. ☎ 93 216 01 75.

Casa Milà (La Pedrera) – Visite de 10 h à 20 h. 1 000 ptas (visite complète). ☎ 93 484 59 95.

Museu de la Música – Visite de 10 h à 14 h (20 h le mercredi sauf les mois d'été). Fermé le lundi et les 1er janvier, Vendredi saint, 1er mai, 24 juin, 25 et 26 décembre. 300 ptas. Entrée libre le premier dimanche du mois. ☎ 93 416 11 57.

La Sagrada Familia – Visite d'avril à août de 9 h à 20 h (19 h en mars, septembre et octobre, 18 h en janvier et février, 13 h les 1er janvier et 25 décembre). 800 ptas. ☎ 93 207 30 31.

Park Güell – Visite de mai à août de 10 h à 21 h (20 h en avril et septembre, 19 h en mars et octobre, 18 h le reste de l'année). 200 ptas. ☎ 93 424 38 09.

Casa-Museu Gaudí – Visite de lundi à vendredi de 10 h à 18 h (19 h en mars, avril et octobre, 14 h toute l'année les dimanches et jours fériés). Fermé le samedi et les 1er, 6 janvier (après-midi), 25 et 26 décembre (après-midi). 400 ptas. ☎ 93 284 64 46.

Pavelló Mies van der Rohe – Visite de 10 h à 20 h. 400 ptas. ☎ 93 423 40 16.

Museu militar – Visite de 9 h 30 à 19 h 30 (20 h les dimanches et jours fériés). Fermé le lundi et les 1er janvier, Vendredi saint, 1er mai, 24 juin, 25 et 26 décembre. 250 ptas. ☎ 93 329 86 13.

Museu Nacional d'Art de Catalunya – Visite de 10 h à 19 h (14 h 30 les dimanches et jours fériés). Fermé le lundi et les 1er janvier, 1er mai et 25 décembre. 800 ptas. Entrée libre le premier jeudi du mois. ☎ 93 622 03 75/76.

Poble espanyol – Ouvert le lundi de 9 h à 20 h ; les mardis, mercredis et jeudis de 9 h à 2 h du matin ; les vendredis et samedis de 9 h à 4 h du matin ; le dimanche de 9 h à minuit. Fermeture des guichets 1 h avant la fermeture du village. Fermé les 1er janvier et 25 décembre. 975 ptas. ☎ 93 508 63 00.

Musée des Arts, Industries et Traditions populaires – Visite sur rendez-vous. ☎ 93 423 69 54.

Stade olympique – Visite guidée (1 h) sur rendez-vous, à condition qu'il n'y ait pas de manifestation sportive. Fermé en août. ☎ 93 426 20 89.

Palau Sant Jordi – Visite de 10 h à 13 h. ☎ 93 426 20 89.

Galerie olympique – Visite de juillet à septembre de 10 h à 14 h et de 16 h à 20 h ; d'octobre à mars de 10 h à 13 h et de 16 h à 18 h ; d'avril à juin de 10 h à 14 h et de 16 h à 19 h ; les dimanches et jours fériés de 10 h à 14 h. Fermé les samedis et dimanches d'octobre à mai, ainsi que les 1er janvier, 25 et 26 décembre. 400 ptas. ☎ 93 426 06 60.

Fondació Miró – Visite de juillet à septembre de 10 h à 20 h (19 h le reste de l'année, 21 h 30 le jeudi, 14 h 30 les dimanches et jours fériés). Dernière entrée 30 mn avant la fermeture. Fermé le lundi, les 1er, 6 janvier et 25 décembre. 800 ptas. ☎ 93 443 94 70.

Téléphérique – Fonctionne du 22 juin au 13 septembre de 12 h à 20 h (19 h du 14 septembre au 24 octobre, 17 h 40 du 25 octobre au 14 mars, 19 h du 15 mars au 21 juin). Fermé le lundi. 1 200 ptas aller/retour, 800 ptas aller simple. ☎ 93 441 48 20.

Museu Etnològic – Visite les mercredis, vendredis, samedis, dimanches et jours fériés de 10 h à 14 h (19 h les mardis et jeudis). Fermé le lundi et les 1er janvier, Vendredi saint, 1er mai, 25 et 26 décembre. 400 ptas. Entrée libre le premier dimanche du mois. ☎ 93 424 64 02.

Museu d'Arqueològia de Catalunya – Visite de 9 h 30 à 19 h (les dimanches et jours fériés de 10 h à 14 h 30). Fermé le lundi et les 1er janvier, 24 et 25 décembre. 400 ptas. Entrée libre les dimanches et jours fériés. ☏ 93 423 21 49.

Museu Picasso – Visite de 10 h à 20 h (15 h le dimanche). Fermé le lundi et les 1er janvier, Vendredi saint, 1er mai, 24 juin, 25 et 26 décembre. 725 ptas. ☏ 93 319 63 10.

Museu Tèxtil i de la Indumentària – Visite de 10 h à 20 h (15 h les dimanches et jours fériés). Fermé le lundi et les 1er janvier, Vendredi saint, 1er mai, 24 juin, 25 et 26 décembre. 400 ptas. Entrée libre le premier samedi du mois de 15 h à 20 h. ☏ 93 310 45 16.

Museu Barbier-Mueller d'Art precolombi – Visite de 10 h à 20 h (le dimanche de 15 h à 20 h). Fermé le lundi et les 1er janvier, 1er mai, 24 juin, 24 et 25 décembre. 500 ptas. Entrée libre le premier samedi du mois de 15 h à 20 h. ☏ 93 310 45 16.

Santa Maria del Mar – Visite de 10 h à 13 h 30 et de 16 h 30 à 20 h. ☏ 93 319 05 16.

Palau de la Música Catalana – Visite guidée (1 h) de 10 h à 15 h 30, en catalan, espagnol ou anglais. Fermé les 1er janvier et 25 décembre. 700 ptas. ☏ 93 268 10 00.

Monastère Santa Maria de Pedralbes – Visite de 10 h à 14 h. Dernière entrée à 13 h 30. Fermé le lundi et les 1er janvier, Vendredi saint, 1er mai, 24 juin, 25 et 26 décembre. 400 ptas. Entrée libre le premier dimanche du mois. ☏ 93 203 92 82.

Collection Thyssen-Bornemisza – Visite de 10 h à 14 h. Fermé le lundi. 400 ptas. Entrée libre le premier dimanche du mois. ☏ 93 280 14 34.

Museu de les Artes Decoratives – Visite de 10 h à 18 h (15 h les dimanches et jours fériés). Fermé le lundi et les 1er janvier, Vendredi saint, et 25 décembre. 400 ptas (par musée), 700 ptas (billet combiné). Entrée libre le premier dimanche du mois. ☏ 93 280 16 21.

Museu de la Ceràmica – Mêmes conditions de visite que le musée des Arts décoratifs. ☏ 93 280 16 21.

Pavillons Güell – Visite de 9 h à 13 h 30. ☏ 93 204 52 50.

Museu de la Ciència – Visite de 10 h à 20 h. Fermé le lundi et les 1er, 6 janvier et 25 décembre. 500 ptas. ☏ 93 212 60 50.

Église – Demander les clés à Mme Maria Vila, en face de l'église. ☏ 972 74 12 72.

Sant Nicolau – Visite sur rendez-vous. ☏ 973 32 03 68 ou 973 29 60 60.

Couvent Sant Bartomeu – Visite de juin à septembre de 10 h à 13 h 30 et de 15 h à 18 h 30 (17 h 30 le reste de l'année) ; toute l'année les dimanches et jours fériés de 10 h à 13 h 30. Fermé le lundi ainsi que les 1er janvier et 25 décembre. 400 ptas. Entrée libre le mardi. ☏ 973 32 02 92.

Sanctuaire Santa Maria de Queralt – Visite du 25 mars au 24 septembre de 9 h à 20 h ; le reste de l'année de 10 h à 19 h. ☏ 93 822 23 80 ou 93 821 06 05.

Sant Pere – Visite de 10 h à 14 h et de 16 h à 19 h. ☏ 972 59 12 40.

« Mikwa » – Mêmes horaires que l'église Sant Pere. Pour visiter, s'adresser à l'Office municipal de tourisme. 50 ptas. ☏ 972 59 12 40.

Sant Vicenç – Visite guidée sur rendez-vous. 200 ptas. ☏ 972 59 12 40.

Château-palais – Visite de mi-juin à mi-septembre du mardi au samedi de 10 h à 13 h et de 17 h 30 à 20 h 30 (le dimanche de 11 h à 14 h) ; le reste de l'année le samedi de 11 h à 14 h et de 17 h à 20 h, les dimanches et jours fériés le matin aux mêmes heures. 300 ptas. ☏ 972 64 51 66.

Santa Maria – Visite de 19 h 30 à 20 h 30 ; le dimanche de 8 h 30 à 10 h, de 11 h 30 à 13 h et de 19 h à 21 h. ☏ 972 64 00 96.

Jardin botanique « Marimurtra » – Visite d'avril à octobre de 9 h à 18 h (19 h en août) ; le reste de l'année de 10 h à 17 h ; les samedis, dimanches et jours fériés de 10 h à 14 h. Fermé les 1er, 6 janvier et 25 décembre. 350 ptas. ☏ 972 33 08 26.

Jardin botanique « Marimurtra »

BÒSSOST

🛈 Eduard Aunòs – 25550 – ☎ 973 64 72 79

Purificació de María – Visite de 10 h à 20 h 30. ☎ 973 64 82 53.

BREDA

Monastère Sant Salvador – Visite sur rendez-vous. ☎ 972 87 01 88.

C – D

CADAQUÉS

🛈 Cotxe, 2-A – 17488 – ☎ 972 25 83 15

Santa Maria – Visite de juin à septembre de 10 h 30 à 13 h et de 16 h à 20 h ; le reste de l'année sur rendez-vous. ☎ 972 25 80 84.

Museu de Geològia – Visite de juillet à mi-septembre de 19 h à 22 h ; le reste de l'année sur rendez-vous. Entrée libre. ☎ 972 25 88 00.

Casa-Museu Salvador Dalí – Visite de mi-juin à mi-septembre tous les jours de 10 h 30 à 21 h ; visite guidée (45 mn) sur rendez-vous du 15 mai au 14 juin et du 16 septembre au 6 janvier du mardi au dimanche. Fermé du 7 janvier au 14 mars et les 1er janvier et 25 décembre. 1 300 ptas. ☎ 972 25 10 15.

CALAFELL

🛈 Sant Pere, 29-31 – 43820 – ☎ 977 69 29 81

Église romane – Visite du 15 juillet au 13 septembre tous les jours de 11 h à 13 h et de 18 h à 21 h ; le reste de l'année le dimanche de 11 h à 14 h. ☎ 977 69 91 41.

CALDES DE MONTBUÍ

🛈 Pl. Font del Lleó, 20 – 08140 – ☎ 93 865 41 40

Santa Maria – Visite de 9 h à 13 h et de 19 h à 21 h. ☎ 93 865 00 82.

Musée (Thermalia) – Visite de 11 h à 14 h et de 17 h à 20 h. Fermé le lundi, l'après-midi les dimanches et jours fériés et les 1er janvier, 1er mai et 25 décembre. 300 ptas. ☎ 93 865 41 40.

CALELLA DE PALAFRUGELL

🛈 Les Voltes, 6 – 17210 – ☎ 972 61 44 75

Jardín Botànic del Cap Roig – Visite d'avril à mi-septembre de 9 h à 20 h (17 h le reste de l'année). 400 ptas. ☎ 972 61 45 82.

CAMBRILS DE MAR

🛈 Pl. Creu de la Missió, 1 – 43850 – ☎ 977 36 11 59

Museu Agrícola – Visite en juillet et août de 11 h à 14 h et de 18 h à 21 h ; le reste de l'année, le samedi de 11 h à 14 h et de 17 h à 20 h. Fermé le lundi et l'après-midi les dimanches et jours fériés, ainsi que les 1er, 6 janvier, 1er mai, 25 et 26 décembre. ☎ 977 36 07 19.

Molí de les Tres Eres – Visite en juillet et août de 11 h à 14 h et de 18 h à 21 h ; le reste de l'année, le samedi de 11 h à 14 h et de 17 h à 20 h. Fermé le lundi et l'après-midi les dimanches et jours fériés, ainsi que les 1er, 6 janvier, 1er mai, 25 et 26 décembre. ☎ 977 79 45 28.

CAMBRILS DE MAR

Parc Samà – Visite de juin à septembre de 10 h à 20 h (17 h le reste de l'année). 250 ptas. ☎ 977 82 65 14.

CAMPRODON

🚺 Pl. d'Espanya, 1 – 17867 – ☎ 972 74 00 10
🚺 Carretera Comarcal 151, km 23,5 – 17867 – ☎ 972 74 09 36

Monastère Sant Pere – Visite sur rendez-vous. ☎ 972 74 01 24 et 972 74 01 36.

CANET DE MAR

🚺 Cra. N-II, s/n – 08360 – ☎ 93 794 08 98

Casa-museu Dòmenech i Montaner – Visite de 10 h à 13 h. Fermé le lundi (en hiver les lundis, mercredis et vendredis). ☎ 93 795 46 15.

CAPELLADES

Museu-Molí Paperer – Visite guidée (1 h) de 10 h à 14 h (de 11 h à 14 h les samedis, dimanches et jours fériés). Fermé les 1er, 6 janvier et 25 décembre. Dernière entrée une heure avant la fermeture. 650 ptas. ☎ 93 801 28 50.

CARDONA

🚺 Av. del Rastrillo, s/n – 08261 – ☎ 93 869 27 98

Sant Vicenç – Visite de juin à septembre de 10 h à 13 h 30 et de 15 h à 18 h 30 (17 h 30 le reste de l'année). Fermé le lundi, l'après-midi les dimanches et jours fériés et les 1er janvier et 25 décembre. 400 ptas. Entrée libre le mardi. ☎ 93 868 41 69.

Museu de la Sal Josep Arnau – Visite de 11 h à 14 h et de 15 h à 19 h (les dimanches et jours fériés de 11 h à 14 h et de 17 h à 19 h). Fermé à Pâques et à Noël. 250 ptas. ☎ 93 869 23 47/10 49.

Montaña de la Sal – Visite guidée (1 h 30) de 10 h à 15 h ; les samedis, dimanches et jours fériés de 10 h à 17 h (18 h 30 en été). 1 200 ptas. ☎ 93 869 24 75.

CASTELL DE MUR

Château – Visite sur rendez-vous. ☎ 973 65 23 85 ou 609 72 15 63.

CASTELLFOLLIT DE LA ROCA

Sant Salvador – Visite sur rendez-vous. ☎ 972 29 41 03.

CASTELLÓ D'EMPÚRIES

🚺 Pl. dels Homes, 1 – 17486 – ☎ 972 15 62 33

Santa Maria – Visite de 9 h à 20 h. ☎ 972 25 05 19 ou 972 15 80 19.

CERCS

Sant Quirze de Pedret – Visite de juillet à septembre, le samedi de 11 h à 14 h et de 17 h à 19 h (le dimanche de 11 h à 14 h seulement) ; le reste de l'année, le dimanche de 11 h à 14 h. 300 ptas. ☎ 93 822 86 37/15 00.

CERVERA

🚺 Pg. Balmes, 12 baixos – 25200 – ☎ 973 53 13 03

Université – Visite guidée sur rendez-vous. ☎ 973 53 13 03 ou 973 53 14 28.

Casa-Museu Duran i Sanpere – Visite de juillet à septembre de 11 h à 13 h 30 et de 18 h à 21 h, les dimanches et jours fériés de 12 h à 14 h ; le reste de l'année sur rendez-vous. Fermé le lundi. ☎ 973 53 04 88.

Santa Maria – Visite guidée sur rendez-vous. ☎ 973 53 13 03 ou 973 53 14 28.

COLL DE NARGÓ

Sant Climent – Visite de 9 h à 13 h. ☎ 973 38 30 48.

COVET

Santa Maria – Visite de 10 h à 20 h. Entrée par la porte latérale. ☎ 973 66 50 62.

DELTA DE L'ÈBRE

Bureau d'accueil-Écomusée du parc – Ouvert de 10 h à 14 h (13 h les samedis, dimanches et jours fériés) et de 15 h (15 h 30 le samedi) à 18 h. Fermé l'après-midi les dimanches et jours fériés, ainsi que les 1er janvier et 25 décembre. 200 ptas. C/ Doctor Martín Buera, 22 – Deltebre – ☎ 977 48 96 79.

Casa de Fusta – Ouvert de 10 h à 14 h et de 15 h à 18 h. Fermé le lundi. ☎ 977 26 10 22.

E – F

EMPÚRIES

Neápolis – Visite de juin à septembre de 10 h à 20 h (18 h le reste de l'année). Fermé les 1er janvier et 25 décembre. 400 ptas. ☎ 972 77 02 08.

L'ESPLUGA DE FRANCOLÍ
🔲 c/ Torres Jordi, 16 – 43440 – ☎ 977 87 12 20

Ancienne église Sant Miquel – Visite de 9 h à 14 h et de 16 h à 19 h. Fermé l'après-midi les dimanches et jours fériés. 100 ptas. ☎ 977 87 12 20.

Musée de la Vie rurale – Visite de 11 h à 13 h 30 et de 16 h à 19 h 30 ; les dimanches et jours fériés de 11 h à 14 h et de 16 h à 20 h. Fermé le lundi. ☎ 977 87 05 76.

Cova-Museu de la Font Major – Visite de 11 h à 13 h 30 et de 16 h 30 à 19 h ; les dimanches et jours fériés de 10 h 30 à 12 h et de 16 h 30 à 19 h. Fermé le lundi. ☎ 977 87 11 66.

Cellier – Visite de 10 h à 13 h et de 15 h à 18 h ; les samedis, dimanches et jours fériés de 10 h à 14 h. 350 ptas. ☎ 977 87 01 61.

L'ESTANY

Monastère Santa Maria – Visite de 10 h à 13 h et de 16 h à 19 h (18 h 30 en hiver). 200 ptas. ☎ 93 830 31 39.

FIGUERES
🔲 Pl. del Sol, s/n – 17600 – ☎ 972 50 31 55

Sant Pere – Visite de 8 h 15 à 12 h 45 et de 15 h 30 à 21 h. ☎ 972 50 31 55.

Teatre-Museu Dalí – Visite du 1er juillet au 30 septembre tous les jours de 9 h à 19 h 45 ; le reste de l'année de 10 h 30 à 17 h 15. Fermé le lundi ainsi que les 1er janvier et 25 décembre. 1 000 ptas. ☎ 972 67 75 00.

Museu de l'Empordà – Visite de 11 h à 19 h ; les dimanches et jours fériés de 10 h à 14 h. Fermé le lundi, ainsi que les 1er janvier, 25 et 26 décembre. 300 ptas. ☎ 972 50 23 05.

Museu de Joguets – Visite de juillet à septembre de 10 h à 13 h et de 16 h à 19 h 30 (les dimanches et jours fériés de 11 h à 13 h 30 et de 17 h à 19 h 30) ; le reste de l'année de 10 h à 13 h et de 16 h à 19 h (les dimanches et jours fériés de 11 h à 13 h 30). Fermé le mardi (d'octobre à juin) et les 1er janvier et 25 décembre. 750 ptas. ☎ 972 50 45 85.

Château Sant Ferran – Visite guidée (2 h) du 1er juillet au 15 septembre de 10 h 30 à 20 h ; le reste de l'année de 10 h 30 à 14 h. Fermé les 1er janvier, 30 mai et 25 décembre. 350 ptas. Entrée libre le 3 mai. ☎ 972 50 26 53.

G

GANDESA
🔲 Av. Catalunya, s/n – 43780 – ☎ 977 42 06 14

Cave moderniste – Visite de 9 h à 13 h et de 15 h à 19 h ; le samedi après-midi, les dimanches et jours fériés sur rendez-vous. Fermé le premier dimanche de septembre, ainsi que les 1er janvier et 25 décembre. ☎ 977 42 00 17.

Environs

Sanctuaire de la Fontcalda – Visite en juillet et août ; le reste de l'année, demander la clé à monsieur le curé de Gandesa. ☎ 977 42 01 34.

GIRONA
🔲 Rambla de la Llibertat, 1 – 17004 – ☎ 972 22 65 75

Centre Bonastruc ça Porta – Visite du 1er mai au 31 octobre de 10 h à 20 h (15 h les dimanches et jours fériés) ; le reste de l'année de 10 h à 18 h (fermé les dimanches et jours fériés). Fermé les 1er, 6 janvier et 25 décembre. 200 ptas. ☎ 972 21 67 61.

Cathédrale – Visite du 1er juillet au 30 septembre de 8 h à 20 h ; d'octobre à février de 8 h à 14 h et de 16 h à 18 h (19 h le reste de l'année) ; les dimanches et jours fériés de 8 h à 14 h. Fermé le lundi. Trésor : 500 ptas. ☎ 972 21 44 26.

Museu d'Art – Visite de mars à septembre de 10 h à 19 h (18 h le reste de l'année, minuit le mercredi de juillet à septembre, 14 h les dimanches et jours fériés). Fermé le lundi et les 1er, 6 janvier, dimanche de Pâques, 25 et 26 décembre. 200 ptas. Entrée libre les dimanches et jours fériés. ☎ 972 20 38 34.

Sant Feliu – Visite de 9 h à 10 h 30 et de 16 h à 18 h. Fermé le matin les dimanches et jours fériés. S'abstenir pendant les offices. ☎ 972 20 14 07.

Musée d'art de Gérone – *La poutre de Crüilles*

Banys Àrabs – Visite du 1er avril au 30 septembre de 10 h à 19 h (14 h le reste de l'année ainsi que les dimanches et jours fériés). Fermé le lundi, ainsi que du 1er avril au 20 septembre et les 1er, 6 janvier, dimanche de Pâques, 25 et 26 décembre. 200 ptas. ☎ 972 21 32 62.

Sant Pere de Galligants (Museu Arqueològic) – Visite de 10 h à 14 h (10 h 30 à 13 h 30 du 1er juin au 30 septembre) et de 16 h à 19 h. Fermé le lundi et l'après-midi les dimanches et jours fériés ainsi que les 1er janvier, dimanche de Pâques, 25 et 26 décembre. 200 ptas. Entrée libre le dimanche. ☎ 972 20 46 37.

Hôpital Santa Caterina – Visite sur rendez-vous. ☎ 972 20 38 34.

Museu del Cinema – Visite du 1er mai au 30 septembre de 10 h à 20 h (18 h le reste de l'année). 500 ptas. ☎ 972 41 27 77.

H – I

HORTA DE SANT JOAN
🛈 Pl. Catalunya, s/n – 43596 – ☎ 977 43 56 00

Centre Picasso – Visite de 11 h à 13 h 30 ; en juillet et août, ouverture supplémentaire de 18 h à 20 h. Fermé le lundi (et le dimanche en juillet et août) et le 25 décembre. 300 ptas. ☎ 977 43 53 30.

Couvent de la Mare de Déu dels Àngels – Visite sur rendez-vous. ☎ 977 43 56 00.

IGUALADA
🛈 Pl. San Miguel, 5 – 08700 – ☎ 93 805 15 85

Santa Maria – Visite de 10 h à 12 h et de 18 h à 20 h. ☎ 93 803 18 15.

Museu comarcal d'Anoia – Visite de 11 h à 13 h (14 h les dimanches et jours fériés) et de 16 h à 18 h 30. Fermé le lundi et les 1er janvier et 25 décembre. 485 ptas. ☎ 93 864 67 52.

ISONA
🛈 Pl. de l´Assumpció, 2-3 – 25650 – ☎ 973 66 50 62

Musée de la Conca Dellà – Visite du 16 juin au 14 septembre de 10 h à 14 h et de 17 h à 20 h (les dimanches et jours fériés de 11 h à 13 h et de 17 h à 20 h) ; le reste de l'année de 11 h à 13 h et de 17 h à 19 h (les dimanches et jours fériés de 11 h à 13 h seulement). Fermé le lundi. ☎ 973 66 50 62.

L

LLANÇÀ
🛈 Av. Europa, 37 – 17490 – ☎ 972 38 08 55

Sant Vicenç – Ouvert aux heures de culte. ☎ 972 38 01 37.

LLEIDA
🛈 Av. de Madrid, 36 – 25002 – ☎ 973 27 09 97
🛈 c/Mayor, 31 bis – 25007 – ☎ 973 70 03 19

La Seu Vella – Visite de juin à septembre de 10 h à 13 h 30 et de 16 h à 19 h 30 (15 h à 17 h 30 le reste de l'année). Dernière entrée 20 mn avant la fermeture. Fermé le lundi et l'après-midi les dimanches et jours fériés ainsi que les 1er janvier et 2 décembre. 400 ptas. Entrée libre le mardi. ☎ 973 23 06 53 ou 93 316 27 40.

Museu de la Paeria – Visite de 11 h à 14 h et de 17 h à 20 h. Fermé l'après-midi les dimanches et jours fériés. ☎ 973 70 03 19.

Hôpital Santa Maria – Visite du 1er juin au 30 septembre de 12 h à 14 h et de 18 h à 21 h (les samedis et jours fériés de 11 h à 14 h et de 19 h à 21 h, le dimanche de 11 à 14 h seulement) ; le reste de l'année de 10 h à 14 h et de 17 h 30 à 20 h 30 (les samedis et jours fériés de 12 h à 14 h et de 17 h 30 à 20 h 30, le dimanche de 12 h à 14 h seulement). Fermé le lundi et les 1er, 6 janvier et 25 décembre. Entrée libre. ☎ 973 27 15 00.

La Seu Nova – Visite de 9 h à 12 h 30 et de 18 h à 19 h. ☎ 973 26 94 70.

Sant Llorenç – Visite de 9 h à 13 h et de 17 h à 20 h 30. ☎ 973 26 79 94.

Museu de Arte Jaume Morera – Visite de 11 h à 14 h et de 17 h à 20 h. Fermé le lundi et l'après-midi les dimanches et jours fériés. Entrée libre. ☎ 973 27 36 65.

Palau Episcopal (Musée diocésain) – Visite de 10 h à 13 h 30 et de 18 h à 20 h. Fermé le lundi, l'après-midi les dimanches et jours fériés ainsi que les 1er, 6 janvier, Vendredi saint, 1er et 11 mai, 25 et 26 décembre. ☎ 973 25 57 03.

Sant Martí – Même horaire que le Palais épiscopal. ☎ 973 27 32 30.

LLÍVIA
🛈 Forns, 4 – 17527 – ☎ 972 89 63 13

Musée municipal – Visite d'avril à septembre de 10 h à 13 h et de 15 h à 19 h (18 h le reste de l'année) ; les dimanches et jours fériés de 10 h à 14 h. Fermé le lundi (sauf en juillet et août). 150 ptas. ☎ 972 89 63 13.

M

MANRESA
🛈 Pl. Major, 1 – 08240 – ☎ 93 878 23 01

Basilique-collégiale Santa Maria – Visite de 10 h à 13 h et de 16 h à 20 h. ☎ 93 872 15 12.

Santa Cova ou **Cova de Sant Ignaci** – Visite de mars à octobre de 10 h à 13 h et de 16 h à 19 h (15 h à 18 h le reste de l'année). ☎ 93 875 15 79.

Casa de la Ciutat – Visite de 9 h à 14 h. Fermé les samedis, dimanches et jours fériés. ☎ 93 878 23 01.

MATARÓ
🛈 c/La Riera, 48 (Ajuntament) – 08301 – ☎ 93 758 21 21

Musée – Visite toute l'année de 18 h à 21 h ainsi que de 11 h à 14 h les samedis, dimanches et jours fériés. Fermé le lundi et les 1er janvier, Vendredi saint, lundi de Pâques, 1er mai, 27 juillet, 11 septembre, 12 octobre et 25 décembre. ☎ 93 758 24 01.

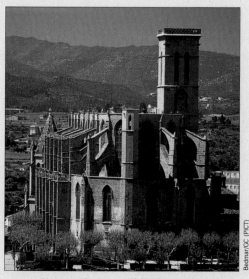

Manresa – Basilique-collégiale Santa Maria

Ensemble archéologique Torre Llauder – Visite du 15 juin au 14 septembre de 17 h à 20 h ; le reste de l'année les samedis, dimanches et jours fériés de 11 h à 14 h. Visites suspendues en cas de pluie. Fermé en août ainsi que le lundi et les 1er janvier, Vendredi saint, lundi de Pâques, 1er mai, 27 juillet, 11 septembre, 12 octobre et 25 décembre. ☎ 93 758 24 01.

MIRAVET

Château – Visite de juin à septembre 10 h à 13 h 30 et de 16 h à 19 h 30 (15 h à 17 h 30 le reste de l'année). Fermé le lundi et l'après-midi les dimanches et jours fériés, ainsi que les 1er janvier et 25 décembre. 400 ptas. Entrée libre le mardi. ☎ 977 40 73 68 ou 93 316 27 40.

MONTBLANC
🚹 Plaça Sant Francesc, s/n – 43400 – ☎ 977 86 17 33

Santa Maria – Visite de 8 h à 20 h. ☎ 977 86 22 91.

Museu d'Art Frederic Marès – Visite d'avril à septembre de 10 h à 14 h et de 16 h à 20 h (19 h le reste de l'année). ☎ 977 86 03 49.

Museu Comarcal de la Conca de Barberà – Visite du 1er juin au 30 septembre de 10 h à 14 h et de 17 h à 20 h ; le reste de l'année de 10 h à 13 h et de 16 h à 19 h ; toute l'année les dimanches et jours fériés de 10 h à 14 h. Fermé le lundi, ainsi que les 1er janvier, 24 juin et 25 décembre. 375 ptas. ☎ 977 86 03 49.

Museu Molins de la Vila – Visite sur rendez-vous. 275 ptas. ☎ 977 86 03 49.

Sant Miquel – Visite sur rendez-vous. ☎ 977 86 22 91.

Couvent Sant Francesc – Visite sur rendez-vous. ☎ 977 86 22 91.

Couvent de la Serra – Visite de 8 h à 20 h. ☎ 977 86 22 91.

MONTCLAR

Château – Visite guidée (1 h 15) le dimanche à 11 h et 12 h 30 ; les autres jours de la semaine, visite sur rendez-vous. Fermé en août. 700 ptas. ☎ 973 40 20 45.

Sierra de MONTSERRAT

Monastère – Visite de 9 h à 20 h 30 (21 h les samedis, dimanches et jours fériés). ☎ 93 877 77 77.

Funiculaire de Sant Joan – Fonctionne en juillet et août de 10 h à 19 h (17 h 40 en avril, mai, juin, septembre et octobre); en janvier, février, mars, novembre et décembre de 11 h à 16 h (les samedis, dimanches et jours fériés de 10 h à 16 h). Départ toutes les 20 mn. Fermé du 16 au 21 février. Aller et retour : 925 ptas. ☎ 93 205 15 15.

La MORERA DE MONTSANT

La Cartoixa d'Escaladei – Visite du 1er juin au 30 septembre de 10 h à 13 h 30 et de 16 h à 19 h 30 (15 h à 17 h 30 le reste de l'année). Fermé le lundi et l'après-midi les dimanches et jours fériés, ainsi que les 1er janvier et 25 décembre. 400 ptas. ☎ 977 82 70 06 ou 93 316 27 40.

N – O

Vall de NÚRIA

Train à crémaillère – Consulter les horaires. Fermé du 2 au 30 novembre. 2 200 ptas aller et retour. ☎ 972 73 20 20.

OLOT
🚹 Bisbe Lorenzana, 15 – 17800 – ☎ 972 26 01 41
🚹 Mulleres, 33 Ed. Pl. del Mercat – 17800 – ☎ 972 27 02 42

Sant Esteve – Visite sur rendez-vous. ☎ 972 26 04 74.

Santa Maria del Tura – Visite de 10 h à 12 h et de 14 h à 17 h. Fermé les samedis, dimanches et jours fériés ainsi que du 30 août au 9 septembre.

Museu Comarcal de la Garrotxa – Visite de 11 h à 14 h et de 16 h à 19 h. Fermé le mardi et l'après-midi les dimanches et jours fériés, ainsi que les 1er janvier et 25 décembre. 300 ptas. Entrée libre le premier dimanche du mois. ☎ 972 27 91 30.

Casal dels Volcans – **Centre d'information du parc naturel** (Av. Santa Coloma, s/n – ☎ 972 26 62 02) : ouvert du 1er juillet au 30 septembre de 10 h à 14 h et de 17 h à 19 h (16 h à 18 h le reste de l'année). Fermé le mardi, l'après-midi les dimanches et jours fériés, ainsi que les 1er janvier et 25 décembre. 300 ptas. **Musée** : entrée libre le premier dimanche du mois. ☎ 972 26 67 62.

ORISTÀ

Sant Andreu – Ouverte le dimanche durant les offices, le reste de la semaine visite sur rendez-vous. ☎ 93 812 80 30.

P

PALAFRUGELL

🖪 Carrilet, 2 – 17200 – ☎ 972 30 02 28
🖪 Plaça de l'Església – 17200 – ☎ 972 61 18 45

Museu del Suro – Visite de mi-juin à mi-septembre de 10 h à 14 h et de 16 h à 22 h (dimanches et jours fériés inclus) ; le reste de l'année de 17 h à 20 h (les dimanches et jours fériés de 10 h 30 à 13 h 30). Fermé le lundi (sauf en été) ainsi que les 1er et 6 janvier, 1er mai, 25 et 26 décembre. 300 ptas. ☎ 972 30 39 98.

Jardín Botànic del Cap Roig – Visite du 1er avril au 30 septembre de 9 h à 20 h (18 h le reste de l'année). 400 ptas. ☎ 972 61 45 82.

PERALADA

Museu del Castell (Convento del Carme) – Visite guidée (50 mn) du 1er juillet au 15 septembre à 10 h, 11 h, 12 h, 16 h, 17 h, 18 h, 19 h et 20 h ; le reste de l'année à 10 h, 11 h, 12 h, 16 h 30, 17 h 30 et 18 h 30 (les dimanches et jours fériés uniquement le matin). Fermé le lundi en basse saison. 500 ptas. ☎ 972 53 81 25.

Centre Sant Domènec – Renseignements ☎ 972 53 80 06 ou 972 53 80 25.

PERATALLADA

Sant Esteve – Ouverte durant les offices. ☎ 972 63 40 60.

El PINELL DEL BRAI

Cave coopérative – Visite guidée (40 mn) toute l'année de 11 h à 13 h et de 16 h à 19 h ; les dimanches et jours fériés en été de 11 h à 14 h et en hiver de 11 h à 13 h et de 15 h 30 à 18 h 30. Fermé les 1er et 25 décembre. 500 ptas. ☎ 977 42 62 34.

POBLET

Monastère – Visite guidée (1 h) de 10 h à 12 h 30 et de 15 h à 18 h (17 h 30 de novembre à mars). Fermé les 1er janvier et 25 décembre. 500 ptas. ☎ 977 87 02 54.

PRADES

Ermitage de L'Abellera – Pour visiter, demander les clés au Bar Tomaset. ☎ 977 86 80 18.

PÙBOL

Casa-Museu Castell Gala-Dalí – Visite du 1er juillet au 30 septembre tous les jours de 10 h 30 à 19 h 30 ; du 15 mars au 30 juin et en octobre du mardi au dimanche de 10 h 30 à 18 h. Dernière entrée 30 mn avant la fermeture. Fermé du 2 novembre au 14 mars. 700 ptas. ☎ 972 48 86 55 ou 972 67 75 00.

PUIGCERDÀ

🖪 Querol – 17520 – ☎ 972 88 05 42

Sant Domènec – Visite de 9 h à 13 h et de 17 h à 20 h 30. ☎ 972 88 04 62.

R

REUS

🖪 Pl. Llibertat – 43201 – ☎ 977 34 59 43
🖪 Dr. Ferran, 8 – 43202 – ☎ 977 32 21 55

Centre de lectura – Visite guidée sur rendez-vous. Fermé les 1er janvier, Vendredi saint, lundi de Pâques, 25 et 26 décembre. ☎ 977 77 31 12.

Casa Navàs – Pour visiter, s'adresser à l'Office de tourisme. Fermé le dimanche, les 1er et 6 janvier, Vendredi saint, 24 et 29 juin, 15 août, 11 et 25 septembre, 1er novembre, 25 et 26 décembre. 800 ptas. ☎ 977 34 59 43.

Museu comarcal Salvador Vilaseca – Visite de 10 h à 13 h et de 17 h à 19 h (18 h à 21 h les samedis, dimanches et jours fériés). Fermeture hebdomadaire de la section d'Art et Industries populaires le lundi, de la section d'Archéologie le samedi. Fermé les 1er janvier, 1er mai, 11 septembre, 24 et 26 décembre. ☎ 977 34 48 33 ou 977 34 54 18.

RIPOLL

🖪 Pl. de l'Abat Oliba, s/n – 17500 – ☎ 972 70 23 51

Ancien monastère Santa Maria – Visite de 8 h à 13 h et de 15 h à 20 h ; cloître de 10 h à 13 h et de 15 h à 19 h. Fermé le lundi sauf en été. 100 ptas. ☎ 972 70 02 43.

RIPOLL

Museu Etnogràfic – Visite du 21 mars au 20 septembre de 9 h 30 à 13 h 30 et de 15 h 30 à 19 h ; le reste de l'année de 9 h 30 à 13 h et de 15 h 30 à 18 h. Fermé le lundi, ainsi que les 1ᵉʳ et 6 janvier, 25 et 26 décembre. 400 ptas. ☎ 972 70 31 44.

RIUDECANYES

Château-monastère d'Escornalbou – Visite du 1ᵉʳ juin au 30 septembre de 10 h à 13 h 30 et de 15 h à 18 h 30 (17 h 30 le reste de l'année). Fermé le lundi et l'après-midi les dimanches et jours fériés, ainsi que les 1ᵉʳ janvier et 25 décembre. 400 ptas. Entrée libre le mardi. ☎ 977 83 40 07 ou 93 316 27 40.

ROSES   🖪 Av. Rhode, 101 – 17480 – ☎ 972 25 73 31 ou 972 15 05 37

Citadelle – Visite en été de 9 h à 20 h (18 h le reste de l'année). Entrée libre. ☎ 972 15 14 66.

Santa Maria – Visite de 9 h à 13 h et de 16 h à 21 h. ☎ 972 25 63 91.

S

SALARDÚ   🖪 Balmes, 2 – 25998 – ☎ 973 64 50 30

Sant Andreu – Visite tous les jours. ☎ 629 79 10 95.

SANT CELONI

Sant Martí – Visite de 8 h à 11 h et de 18 h à 20 h ; les dimanches et jours fériés de 8 h 30 à 13 h et de 18 h à 21 h. ☎ 93 867 03 42.

SANT CUGAT DEL VALLÈS

Monastère – Visite du 1ᵉʳ juin au 30 septembre de 10 h à 13 h 30 et de 15 h à 18 h 30 (17 h 30 le reste de l'année). Fermé le lundi et l'après-midi les dimanches et jours fériés. 300 ptas. Entrée libre le mardi. ☎ 93 590 29 74.

SANT FELIU DE GUÍXOLS   🖪 Pl. del Monestir, 54 – 17220 – ☎ 972 82 00 51

Église-monastère Sant Feliu – Visite de 8 h à 11 h et à 22 h 30 ; les dimanches et jours fériés, prière de respecter les offices à 8 h, 10 h 30, 12 h 30, 16 h 30 et 17 h 30. Fermé le lundi ainsi que les 1ᵉʳ janvier et 25 décembre. ☎ 972 82 15 75.

Museu d'Història de la Ciutat – Visite de 11 h à 14 h et de 18 h à 21 h (17 h à 20 h d'octobre à mai). Fermé le lundi et l'après-midi les dimanches et jours fériés, ainsi que les 1ᵉʳ janvier et 25 décembre. 200 ptas. ☎ 972 82 15 74.

Chapelle Sant Elm – Visite sur rendez-vous. ☎ 972 82 15 75.

Cloître du monastère de Sant Cugat del Vallès

SANT FRUITÓS DE BAGES

Monastère Sant Benet de Bages – Visite de 10 h à 14 h et de 16 h à 19 h. 300 ptas. ☎ 93 831 00 06.

SANT JOAN DE LES ABADESSES ⊟ Plaça de la Abadía, 9 – 17860 – ☎ 972 72 05 99

Monastère – Visite en juillet et août de 10 h à 19 h ; en mai, juin et septembre de 10 h à 14 h et de 16 h à 19 h ; en mars, avril et octobre de 10 h à 14 h et de 16 h à 18 h ; de novembre à février de 10 h à 14 h ; toute l'année les samedis, dimanches et jours fériés de 10 h à 14 h et de 16 h à 18 h. 200 ptas. ☎ 972 72 00 13.

SANT JOAN D'ISIL

Église – Pour visiter, demander les clés à monsieur le curé d'Esterri d'Àneu. ☎ 973 62 61 38.

SANT LLORENÇ DE MORUNYS

Sant Llorenç – Visite de 9 h à 20 h 30 ; les dimanches et jours fériés de 10 h à 12 h et de 13 h à 21 h 30. S'abstenir aux heures des offices. ☎ 973 49 23 80.

SANT PERE DE RODES

Monastère – Visite de juin à septembre de 10 h à 12 h 15 et de 15 h à 20 h (17 h 30 le reste de l'année). Dernière entrée 20 mn avant la fermeture. Fermé le lundi ainsi que les 1er janvier et 25 décembre. 600 ptas. Entrée libre le mardi. ☎ 972 28 75 59 ou 91 316 27 40.

SANT SADURNÍ D'ANOIA

Caves Codorniu – Visite de 9 h à 17 h (13 h les samedis, dimanches et jours fériés). 200 ptas les samedis et dimanches. Entrée libre les autres jours. ☎ 93 818 32 32.

Caves Freixenet – Visite guidée (1 h 30) du lundi au jeudi à 9 h, 10 h, 13 h 30, 15 h 30 et 17 h, le vendredi à 9 h, 10 h et 11 h 30. Ouvert en décembre les dimanches et jours fériés de 9 h à 13 h (en novembre également le samedi). Entrée libre. ☎ 93 891 70 00.

SANTA COLOMA DE FARNERS

Sanctuaire de la Mare de Déu de Farners – Visite sur rendez-vous. ☎ 972 84 02 41.

Sant Pere Cercada – Demander les clés au poste de Police municipale. ☎ 972 84 02 41.

SANTES CREUS

Monastère – Visite de mi-mars à mi-septembre de 10 h à 13 h 30 et de 15 h à 19 h (18 h de mi-janvier à mi-mars, 17 h 30 de mi-septembre à mi-janvier. Dernière entrée 45 mn avant la fermeture. Fermé le lundi, ainsi que les 1er janvier et 25 décembre. 600 ptas. Entrée libre le mardi. ☎ 977 63 83 29 ou 93 316 27 40.

SERINYÀ

Sant Andreu – Pour visiter, demander les clés au bureau de tabac sur la place. ☎ 972 59 31 28.

Gisements archéologiques – Visite de juillet à septembre de 11 h à 19 h ; de mars à juin de 10 h à 16 h (les samedis, dimanches et jours fériés de 11 h à 18 h) ; le reste de l'année de 10 h à 15 h (les samedis, dimanches et jours fériés de 11 h à 17 h). 250 ptas. ☎ 972 57 35 50 ou 972 59 33 10.

La SEU D'URGELL ⊟ Av. Valls d'Andorra, 33 – 25700 – ☎ 973 35 15 11

Cathédrale Santa Maria – Visite de juin à septembre de 10 h à 13 h et de 16 h à 19 h (les samedis, dimanches et jours fériés le matin seulement) ; le reste de l'année de 12 h à 13 h (les samedis, dimanches et jours fériés de 11 h à 13 h). 350 ptas. ☎ 973 35 32 42.

Musée diocésain – Visite du 1er juillet au 30 septembre de 10 h à 13 h et de 16 h à 18 h (les samedis, dimanches et jours fériés de 11 h à 13 h seulement) ; le reste de l'année de 12 h à 13 h (les samedis, dimanches et jours fériés de 11 h à 13 h). 350 ptas. ☎ 973 35 32 42.

SITGES ⊟ Sinia Morera, 1 – 08870 – ☎ 93 894 05 84/42 51

Museu del Cau Ferrat – Visite de mi-juin à septembre de 9 h 30 à 14 h et de 16 h à 21 h (18 h le reste de l'année et le samedi sans interruption à l'heure du déjeuner jusqu'à 20 h). Fermé le lundi et l'après-midi les dimanches et jours fériés, ainsi que les 1er janvier, 25 août, 25 et 26 décembre. 500 ptas. Entrée libre le premier mercredi du mois. ☎ 93 894 03 64.

Museu Maricel del Mar – Mêmes conditions de visite que le musée du Fer forgé. 500 ptas. ☎ 93 894 03 64.

Casa Llopis (Musée romantique) – Visite de mi-juin à septembre du lundi au samedi de 10 h à 14 h et de 17 h à 21 h (16 h à 18 h 30 le reste de l'année, 20 h le samedi) ; toute l'année les dimanches et jours fériés de 9 h 30 à 14 h. Visite guidée du musée (50 mn) aux heures d'affluence. 500 ptas. Entrée libre le premier mercredi ouvrable du mois. ☎ 93 894 29 69.

Sanctuaire du Vinyet – Visite de 11 h à 13 h et de 16 h à 19 h. ☎ 93 894 01 23.

SOLSONA   🆔 Carret. Basella, 1 – 25280 – ☎ 973 48 23 10

Cathédrale – Visite en juillet et août de 8 h à 13 h et de 17 h à 21 h (16 h à 20 h le reste de l'année). Les dimanches et jours fériés, respecter les horaires des offices ☎ 973 48 01 23.

Musée diocésain et comarcal – Visite de mai à septembre de 10 h à 13 h et de 16 h 30 à 19 h (16 h à 18 h le reste de l'année). Fermé les lundis non fériés et l'après-midi les dimanches et jours fériés, ainsi que les 1er janvier et 25 décembre. 300 ptas. ☎ 973 48 21 01.

Museu del Ganivet – Visite de 10 h à 14 h et de 16 h à 19 h. Fermé le lundi et l'après-midi les dimanches et jours fériés. ☎ 973 48 15 69.

T – U

TARRAGONA   🆔 Fortuny, 4 – 43001 – ☎ 977 23 34 15
🆔 Major, 39 – 43003 – ☎ 977 24 52 64

Passeig Arqueològic – Visite de juin à septembre de 9 h à 21 h ; le reste de l'année de 10 h à 13 h 30 et de 15 h 30 à 17 h 30 (18 h en avril et mai) ; les dimanches et jours fériés de 9 h à 14 h (15 h d'avril à septembre). Fermé le lundi, ainsi que les 1er et 6 janvier, 1er mai, 11 septembre, 24, 25, 26 et 31 décembre. 300 ptas. ☎ 977 24 57 96.

Museu Nacional Arqueològic – Visite de juin à septembre de 10 h à 20 h ; le reste de l'année de 10 h à 13 h 30 et de 16 h à 19 h ; les dimanches et jours fériés de 10 h à 14 h. 400 ptas (billet combiné pour la visite du Museu i Necròpolis Paleocristianas). ☎ 977 23 62 09.

Ensemble monumental du Pretori et cirque Romà – Visite de juin à septembre de 9 h à 21 h (15 h les dimanches et jours fériés) ; le reste de l'année de 10 h à 13 h 30 et de 16 h à 18 h 30 (les dimanches et jours fériés de 10 h à 14 h). Fermé le lundi, ainsi que les 1er et 6 janvier, 1er mai, 25 et 26 décembre. 300 ptas. ☎ 977 24 22 20.

Amphithéâtre – Visite de juin à septembre de 9 h à 20 h (15 h les dimanches et jours fériés) ; en avril et mai de 10 h à 13 h 30 et de 15 h 30 à 18 h 30 (les dimanches et jours fériés de 10 h à 14 h) ; le reste de l'année de 10 h à 13 h 30 et de 15 h 30 à 17 h 30 . Fermé le lundi, ainsi que les 1er et 6 janvier, 1er mai, 11 septembre, 25, 26 et 31 décembre. 300 ptas. ☎ 977 24 25 79.

Forum Romà – Mêmes conditions de visite que l'amphithéâtre. ☎ 977 23 34 15.

Musée et nécropole paléochrétienne – Mêmes conditions de visite que le Musée archéologique. ☎ 977 21 11 75.

Museu-Casa Castellarnau – Mêmes conditions de visite que l'ensemble monumental Palais du prétoire/cirque Romà. ☎ 977 24 22 20.

Cathédrale – Visite du 1er juillet au 15 octobre de 10 h à 19 h ; du 16 mars au 30 juin de 10 h à 13 h et de 16 h à 19 h ; du 16 octobre au 15 novembre de 10 h à 12 h 30 et de 15 h à 18 h ; du 16 novembre au 15 mars de 10 h à 14 h. Fermé les dimanches et jours fériés. 300 ptas. ☎ 977 23 86 85.

Musée diocésain – Mêmes conditions de visite que la cathédrale.

Musée d'Art moderne – Visite de 10 h à 20 h (interruption le samedi de 15 h à 17 h) ; les dimanches et jours fériés de 11 h à 14 h. Fermé le lundi, ainsi que les 1er et 6 janvier, 1er mai, 24 juin, 11 septembre, 25 et 26 décembre. ☎ 977 23 50 32.

Environs

Mausolée de Centcelles – Visite de juin à septembre de 10 h à 13 h 30 et de 16 h à 19 h 30 (15 h à 17 h 30 le reste de l'année). Fermé le lundi, l'après-midi les dimanches et jours fériés, ainsi que les 1er et 6 janvier, 1er mai, 11 septembre, 25, 26 et 31 décembre. 300 ptas. ☎ 977 52 33 74.

Carrière de El Mèdol – Visite du 1er juin au 30 septembre de 9 h à 20 h (15 h les dimanches et jours fériés) ; le reste de l'année de 10 h à 16 h (9 h à 15 h les dimanches et jours fériés). Fermé le lundi, ainsi que les 1er et 6 janvier, 1er mai, 11 septembre, 25, 26 et 31 décembre. ☎ 977 24 22 20.

Santa Maria de Alba – Visite de 9 h à 11 h, les dimanches et jours fériés de 11 h à 12 h. ☎ 973 31 03 77.

TAÜLL

Sant Climent – Visite de 11 h à 13 h et de 16 h à 19 h ; les dimanches et jours fériés de 11 h à 14 h. Fermé les 1er janvier et 25 décembre. 100 ptas. ☎ 973 69 40 00.

Santa Maria – Visite de 10 h à 19 h. ☎ 973 69 40 00.

Ensemble monumental des églises Sant Pere – Visite de 10 h à 13 h 30 et de 16 h à 19 h, le dimanche de 11 h à 14 h seulement. Fermé les lundis et jours fériés. ☎ 93 739 70 10 ou 93 789 27 55.

Musée – Visite de 10 h à 13 h 30 et de 16 h à 19 h, le dimanche de 11 h à 14 h seulement. Fermé le lundi ainsi que les 1er et 6 janvier, 1er mai, fêtes locales, 25 et 26 décembre. Entrée libre. ☎ 93 789 27 55.

Museu Tèxtil – Visite de 9 h à 18 h (21 h le jeudi), le samedi et le dimanche de 10 h à 14 h seulement. Fermé les lundis et jours fériés. 300 ptas. Entrée libre le dimanche. ☎ 93 731 49 80/52 02.

Museu de la Ciència i de la Técnic de Catalunya – Visite en juillet et août de 10 h à 14 h 30 ainsi que toute l'année les samedis, dimanches et jours fériés (19 h le reste de l'année du lundi au vendredi). Fermé le lundi, ainsi que les 1er et 6 janvier, 25 et 26 décembre. 500 ptas. ☎ 93 736 89 66.

Sant Esperit – Visite de 7 h 30 à 10 h et de 18 h 30 à 20 h 45 ; les dimanches et jours fériés de 8 h 30 à 13 h et de 19 h à 21 h. Respecter les horaires des offices. ☎ 93 783 04 66.

Sant Genís – Visite de 19 h à 21 h ; les dimanches et jours fériés de 9 h à 12 h et de 19 h à 21 h. ☎ 972 75 82 93.

Cathédrale – Visite de 8 h à 13 h et de 17 h à 20 h. Prière de respecter les offices. ☎ 977 44 17 52

Palau Episcopal – Visite de 10 h à 14 h. Fermé les dimanches et jours fériés. ☎ 977 44 07 00.

Collèges royaux – Visite du lundi au vendredi de 9 h à 13 h 30 et de 16 h à 19 h et le premier samedi du mois de 9 h à 14 h. Fermé le deuxième lundi du mois et les jours fériés. Entrée libre. ☎ 977 44 15 25.

Sant Domènec – Visite de juin à mi-septembre de 8 h à 15 h ; le reste de l'année de 9 h à 13 h 30 et de 16 h à 19 h ; le samedi de 9 h à 14 h. Fermé les dimanches et jours fériés. ☎ 977 44 15 25.

Couvent Santa Clara – Visite le samedi de 11 h à 13 h et de 18 h 30 à 19 h 30 ; les autres jours sur rendez-vous de 16 h à 18 h. ☎ 977 44 16 22.

Musée municipal – Visite de juin à septembre de 10 h à 13 h et de 15 h à 19 h (18 h le reste de l'année). Fermé le lundi (sauf en été) et le 25 décembre. 500 ptas. ☎ 972 34 07 09.

Santa Maria – Visite de 9 h à 13 h et de 17 h 30 à 19 h 30. ☎ 973 65 06 90.

ULLASTRET

Ciutat Ibérica – Visite de 10 h à 14 h et de 15 h à 18 h. **Gisements** : visite de 10 h à 18 h (20 h de juin à septembre). Fermé le lundi, ainsi que les 1er janvier, 1er mai, 25 et 26 décembre. 300 ptas. ☎ 972 17 90 58. **Museu Arqueològic** : mêmes conditions de visite que les gisements. 300 ptas. Entrée libre le mardi. ☎ 972 17 90 58.

V

VALLBONA DE LES MONGES
⊟ Pg. Montesquiu, s/n – 25268 – ☎ 973 33 05 67

Monastère Santa Maria – Visite guidée (45 mn) de 10 h 30 à 13 h 30 et de 16 h 30 à 18 h 45 (18 h du 1ᵉʳ novembre au 28 février). Fermé le lundi et les 1ᵉʳ janvier et 25 décembre. 300 ptas. ☎ 973 33 02 66.

VALLS
⊟ Pl. del Blat, 1 – 43800 – ☎ 977 60 10 50

Sant Joan Baptista – Visite de 10 h à 13 h et de 17 h 30 à 20 h (le samedi de 11 h à 13 h). ☎ 977 60 02 67.

Chapelle du Rosaire – Visite de 10 h 30 à 13 h et de 17 h à 20 h ; entre-temps, demander les clés à la maison Mussoles, en face de la chapelle. Fermé l'après-midi les samedis, dimanches et jours fériés. ☎ 977 60 02 67.

El VENDRELL
⊟ Dr. Robert, 33 – 43700 – ☎ 977 66 02 92

Sant Salvador – Visite de 7 h à 20 h. Respecter les horaires des offices. ☎ 977 66 01 48.

Can Guimerà (Museu Ángel Guimerà) – Visite en juillet et août de 10 h (11 h le samedi) à 14 h et de 18 h à 20 h (17 h à 19 h le reste de l'année) ; le samedi de 11 h à 14 h et de 17 h à 20 h, les dimanches et jours fériés de 11 h à 14 h seulement. Fermé les 1ᵉʳ et 6 janvier, lundi de Pâques, 24 juin, 25 et 26 décembre. ☎ 977 66 56 84.

VERDÚ

Château gothique – Visite sur rendez-vous. ☎ 973 34 70 07.

VIC
⊟ Pl. Major, 1 – 08500 – ☎ 93 886 20 91

Cathédrale – Visite de 10 h à 13 h et de 16 h à 19 h, en respectant les horaires des offices. Fermé le lundi. 300 ptas. ☎ 93 886 44 49.

Museu Episcopal – Visite tous les jours de 10 h à 13 h (et de 16 h à 18 h de mi-mai à mi-octobre). Fermé le 25 décembre. 300 ptas. Entrée libre le premier dimanche du mois. ☎ 93 885 64 52.

Ajuntament – Visite de 8 h à 15 h ; le samedi de 9 h à 14 h. Fermé les dimanches et jours fériés. ☎ 93 886 20 91.

VIELHA
⊟ Sarriulera, 6 – 25530 – ☎ 973 64 01 10

Sant Miquèu – Visite de 8 h à 20 h (sauf aux heures des offices). ☎ 973 64 12 91.

Plage de Sa Tuna, sur la Costa Brava

Musèu dera Val d'Aran – Visite de juillet à septembre de mardi à samedi de 10 h à 13 h et de 17 h à 20 h ; le reste de l'année de mardi à vendredi de 17 h à 20 h (et également de 10 h à 13 h le samedi). Fermé les lundis et jours fériés ainsi que l'après-midi le dimanche. 200 ptas. Entrée libre le 18 mai. ☎ 973 64 18 15.

VILABERTRAN

Monastère Santa Maria – Visite de juin à septembre de 10 h à 13 h 30 et de 15 h à 18 h 30 (17 h 30 le reste de l'année). Fermé le lundi et l'après-midi les dimanches et jours fériés, ainsi que les 1er janvier et 25 décembre. 400 ptas. Entrée libre le mardi. ☎ 972 50 87 87 ou 93 316 27 40.

VILAFRANCA DEL PENEDÈS   🛈 Cort, 14 – 08720 – ☎ 93 892 03 58

Santa Maria – Visite de 8 h à 13 h et de 18 h à 19 h. ☎ 93 892 06 46.

Palais royal – Visite de juin à août de 9 h à 21 h ; le reste de l'année de 10 h à 14 h et de 16 h à 19 h (20 h le samedi). Dernière entrée une heure avant la fermeture. Fermé le lundi et l'après-midi les dimanches et jours fériés, ainsi que les 1er et 6 janvier, 31 août, 1er septembre, 25 et 26 décembre. 400 ptas. ☎ 93 890 05 82.

Couvent Sant Francesc – Visite guidée (30 mn) sur rendez-vous. ☎ 93 892 06 46.

Caves Torres – Visite guidée (1 h) sur rendez-vous. Fermé les 1er et 6 janvier ainsi que les 25 et 26 décembre. ☎ 93 817 74 87.

VILANOVA I LA GELTRÚ   🛈 Pg. Del Carmen, s/n – 08880 – ☎ 93 815 45 17

Casa Papiol (Musée romantique) – Visite guidée (1 h) de 9 h 30 à 13 h 15 et de 16 h à 17 h 15 (de 10 h à 13 h et de 16 h à 17 h le samedi). Fermé le lundi, le dimanche après-midi et les jours fériés. 200 ptas. Entrée libre le dimanche. ☎ 93 893 03 82.

Museu de Curiositats Marineres Roig Toqués – Visite de 12 h à 14 h et de 17 h à 20 h. Entrée libre. ☎ 93 815 42 63.

Bibliothèque-musée Balaguer – Visite de 10 h à 13 h 30 et de 16 h à 18 h 30 (de 18 h à 20 h 30 toute l'année le jeudi, de 16 h 30 à 19 h de juin à septembre les autres jours). Fermé le lundi et l'après-midi les dimanches et jours fériés, ainsi que les 1er janvier, Semaine sainte, 1er mai, 5 août, 25 et 26 décembre. 300 ptas. Entrée libre le jeudi soir et le premier dimanche du mois. ☎ 93 815 42 02.

Museu del Ferrocarril – Visite du 1er juin au 10 novembre de 16 h 30 à 20 h 30 (les samedis, dimanches et jours fériés de 10 h à 13 h et de 16 h à 20 h 30) ; le reste de l'année de 10 h à 15 h (le samedi de 10 h à 19 h). 500 ptas. Entrée libre le dernier samedi du mois. ☎ 93 815 84 91.

Masia Can Cabanyes – Fermé pour restructuration. ☎ 93 814 00 00.

Fr. Gomà/GC (PICT)

Index

Notes